高等职业院校土建专业创新系列教材

建筑工程法律法规
(第 2 版)

赵海玲　主　编

郭文娟　王　凯　副主编

清华大学出版社
北京

内 容 简 介

本书结合当前我国建筑方面立法与工程管理政策制度的最新精神，结合工程实际案例，基于工程建设的基本程序，围绕建筑工程活动的全过程，重点阐述建筑工程各阶段所涉及的法律、法规以及重要的规范性文件，强调基础知识，注重理论联系实际，突出专业特色。

全书共 9 章，分别介绍了建筑工程法律法规概述、建筑工程许可法律法规、建筑工程发包与承包法律法规、建筑工程合同管理法律法规、建筑工程安全生产管理法律法规、建筑工程质量管理法律法规、建筑工程监理法律法规、劳动合同法律法规、与建筑工程相关的法律法规。

本书借鉴了大量的工程建设案例，并根据国家相关的法律法规对这些案例进行了深入分析，通过这些案例可以清楚地了解我国的立法轨迹和现状，因此具有较强的指导性和实用性。

本书适合全国高职院校建筑类专业的学生使用，还可作为工程建设管理人员的培训教材和资格考试参考用书。

本书封面贴有清华大学出版社防伪标签，无标签者不得销售。
版权所有，侵权必究。举报：010-62782989，beiqinquan@tup.tsinghua.edu.cn。

图书在版编目(CIP)数据

建筑工程法律法规/赵海玲主编. —2 版. —北京：清华大学出版社，2022.6（2024.9 重印）
高等职业院校土建专业创新系列教材
ISBN 978-7-302-60792-2

Ⅰ．①建… Ⅱ．①赵… Ⅲ．①建筑法—中国—高等职业教育—教材 Ⅳ．①D922.297

中国版本图书馆 CIP 数据核字(2022)第 075829 号

责任编辑：石　伟
封面设计：刘孝琼
责任校对：李玉茹
责任印制：宋　林

出版发行：清华大学出版社
网　　址：https://www.tup.com.cn，https://www.wqxuetang.com
地　　址：北京清华大学学研大厦 A 座　　邮　编：100084
社 总 机：010-83470000　　邮　购：010-62786544
投稿与读者服务：010-62776969，c-service@tup.tsinghua.edu.cn
质量反馈：010-62772015，zhiliang@tup.tsinghua.edu.cn
课件下载：https://www.tup.com.cn，010-62791865

印 装 者：三河市龙大印装有限公司
经　　销：全国新华书店
开　　本：185mm×260mm　　印　张：17.75　　字　数：430 千字
版　　次：2014 年 9 月第 1 版　2022 年 7 月第 2 版　印　次：2024 年 9 月第 4 次印刷
定　　价：49.80 元

产品编号：086068-01

前　言

《建筑工程法律法规》第 1 版自 2014 年出版以来，受到了广大读者的欢迎，随着《中华人民共和国民法典》的制定实施，《中华人民共和国建筑法》《中华人民共和国招标投标法》《中华人民共和国环境影响评价法》等法律的修订，《建筑业企业资质管理规定》《建设工程质量保证金管理办法》《必须招标的工程项目规定》的实施，以及《建设工程施工合同(示范文本)》(GF—2017—0201)的制定，进一步规范建筑市场秩序，有力地推动了建筑业的快速发展。第 2 版在修订过程中将以上这些建筑领域最新的法律法规和规范融入其中，以便读者能适应我国工程法治建设的要求及职业活动的需要。

本书融入课程思政，以马克思主义理论和习近平新时代中国特色社会主义思想为指导，进一步融入社会主义核心价值观，落实"立德树人"根本任务，在授课过程中引导学生树立远大的理想、正确的价值取向，使学生具有社会责任感、良好的法治意识、高尚的道德修养、敬业的工匠精神，培养学生成为德才兼备、全面发展的社会主义建设者和接班人。

本书系统、全面地介绍了当前我国工程建设领域的最新法律法规，以案说法、以案学法，从而形成了本书的独特风格。

1. 教材内容新颖、实用、全面

本书借鉴最新颁布或修改的法律法规和规范，吸收工程建设中司法实践的最新成果，内容全面、新颖，语言通俗易懂，既有理论又结合实际。

2. 教学案例经典丰富

本书注重培养应用型人才，在编写过程中借鉴了大量典型实用的案例，具有较强的应用性和实践性。

3. 教学设计力求创新

本书知识体系完整，每章后设置习题，便于教师教学和学生自学，有助于学生加强对所学知识的综合应用能力。

本书由内蒙古建筑职业技术学院赵海玲任主编，内蒙古建筑职业技术学院郭文娟、呼和浩特职业学院王凯任副主编，内蒙古建筑职业技术学院席银花任主审。具体编写分工如下：第 1、9 章由内蒙古建筑职业技术学院史永红编写，第 2 章由王凯编写，第 3、7 章由郭文娟编写，第 4、8 章由赵海玲编写，第 5、6 章由内蒙古建筑职业技术学院白静编写。全书由赵海玲统稿。席银花对本书进行了审读并提出了许多宝贵意见，在此表示感谢！

由于编者水平有限，书中不妥之处在所难免，敬请广大读者和同行批评、指正。

编　者

目 录

第1章 建筑工程法律法规概述 1

- 1.1 建筑工程法律法规的基本概念、调整对象和立法原则 2
  - 1.1.1 建筑工程法律法规的基本概念 2
  - 1.1.2 建筑工程法律法规的调整对象 2
  - 1.1.3 建筑工程法律法规的立法原则 3
- 1.2 建筑工程法律法规体系 5
  - 1.2.1 建筑工程法律法规体系概述 5
  - 1.2.2 建筑工程法律法规体系的构成 5
- 1.3 建筑法概述 7
  - 1.3.1 建筑法的立法目的 7
  - 1.3.2 建筑法的适用范围 8
  - 1.3.3 建筑法的基本原则 9
- 1.4 建筑工程法律关系的构成要素及产生、变更与终止 10
  - 1.4.1 建筑工程法律关系的概念与特征 10
  - 1.4.2 建筑工程法律关系的构成要素 10
  - 1.4.3 建筑工程法律关系的产生、变更和终止 13
- 1.5 建筑工程纠纷概述 15
  - 1.5.1 建筑工程纠纷的主要种类 15
  - 1.5.2 民事纠纷的法律解决途径 16
  - 1.5.3 行政纠纷的法律解决途径 17
- 1.6 建筑工程法律责任概述 18
  - 1.6.1 建筑工程法律责任的概念 18
  - 1.6.2 建筑工程法律责任的特征 18
  - 1.6.3 建筑工程法律责任的分类 18
- 习题与思考题 22

第2章 建筑工程许可法律法规 25

- 2.1 建筑工程报建 26
  - 2.1.1 建筑工程报建的范围和内容 27
  - 2.1.2 建筑工程报建的程序 27
  - 2.1.3 建筑工程报建的审批权限和职责 27
- 2.2 建筑工程施工许可 28
  - 2.2.1 施工许可证的适用范围 28
  - 2.2.2 申请领取施工许可证的条件 30
  - 2.2.3 申请办理施工许可证的程序 32
  - 2.2.4 施工许可证的管理 33
- 2.3 从业单位资格许可 35
  - 2.3.1 从业单位的条件 35
  - 2.3.2 从业单位的资质 36
- 2.4 专业技术人员执业资格许可 45
  - 2.4.1 注册造价工程师 45
  - 2.4.2 注册建造师 49
- 习题与思考题 53

第3章 建筑工程发包与承包法律法规 55

- 3.1 建筑工程发包与承包概述 56
  - 3.1.1 建筑工程发包与承包的概念 56
  - 3.1.2 建筑工程发包方式 56
  - 3.1.3 建筑工程发包的相关规定 57
  - 3.1.4 建筑工程承包方式 58
  - 3.1.5 建筑工程承包的相关规定 60
- 3.2 建筑工程招标概述 61
  - 3.2.1 建筑工程招标的概念 61
  - 3.2.2 建筑工程招标的项目范围和规模标准 61
  - 3.2.3 招标项目应满足的条件 62
  - 3.2.4 招标方式 63
  - 3.2.5 招标组织形式 64

3.2.6　招标程序 66
　　3.2.7　招标人的禁止行为 71
3.3　建筑工程投标 71
　　3.3.1　投标人 71
　　3.3.2　投标的程序 72
　　3.3.3　投标行为的要求 74
3.4　开标、评标与中标 76
　　3.4.1　建筑工程开标 76
　　3.4.2　建筑工程评标 77
　　3.4.3　建筑工程中标 83
3.5　招标投标的法律责任 85
　　3.5.1　招标人的法律责任 85
　　3.5.2　投标人的法律责任 86
　　3.5.3　中标人的法律责任 86
　　3.5.4　招标代理机构的法律责任 87
　　3.5.5　评标委员会成员的法律责任 87
　　3.5.6　国家机关及工作人员的法律
　　　　　责任 88
习题与思考题 90

第4章　建筑工程合同管理法律法规 97

4.1　建筑工程合同概述 98
　　4.1.1　合同概述 98
　　4.1.2　建筑工程合同的概念 100
4.2　建筑工程施工合同的订立 100
　　4.2.1　建筑工程施工合同的订立
　　　　　形式 100
　　4.2.2　建筑工程合同的内容 100
　　4.2.3　建设工程施工合同(示范
　　　　　文本) 102
　　4.2.4　建筑工程合同的签订过程 103
4.3　建筑工程合同的效力 107
　　4.3.1　合同生效 107
　　4.3.2　无效合同 107
　　4.3.3　效力待定的合同 109
　　4.3.4　可撤销合同 110
4.4　建筑工程合同的履行 112
　　4.4.1　合同履行的概念和原则 112
　　4.4.2　抗辩权与保全措施 114

　　4.4.3　建筑工程合同履行的担保 117
4.5　建筑工程合同的变更和转让 120
　　4.5.1　合同的变更 120
　　4.5.2　合同的转让 121
4.6　建筑工程合同的终止 123
　　4.6.1　合同终止的概念 123
　　4.6.2　合同终止的原因 123
4.7　建筑工程合同违约责任 126
　　4.7.1　违约责任概述 126
　　4.7.2　违约责任的承担方式 126
　　4.7.3　违约责任的免除 128
4.8　建筑工程施工合同纠纷 129
　　4.8.1　对开工日期的争议问题 129
　　4.8.2　对竣工日期的争议问题 129
　　4.8.3　建筑工程质量不符合约定
　　　　　情况下责任承担问题 130
　　4.8.4　对合同计价的争议问题 132
　　4.8.5　对工程量的争议问题 134
习题与思考题 135

第5章　建筑工程安全生产管理法律
　　　　法规 139

5.1　建筑工程安全生产管理法规概述 140
　　5.1.1　建筑工程安全生产的基本
　　　　　概念 140
　　5.1.2　建筑工程安全生产管理 140
　　5.1.3　生产经营单位的安全生产
　　　　　管理 143
5.2　建筑工程安全生产管理的基本
　　制度 144
　　5.2.1　安全生产责任制度和群防
　　　　　群治制度 144
　　5.2.2　安全生产教育培训制度 146
　　5.2.3　特种作业人员持证上岗
　　　　　制度 148
　　5.2.4　安全生产检查制度 148
　　5.2.5　生产安全事故的报告制度 148
　　5.2.6　工伤保险制度 149
　　5.2.7　安全责任追究制度 149

5.3 建筑工程各参与单位安全生产
   管理的责任和义务.................150
   5.3.1 建设单位的安全责任
         和义务.........................152
   5.3.2 勘察、设计单位的安全责任
         和义务.........................154
   5.3.3 工程监理单位的安全责任
         和义务.........................155
   5.3.4 建筑施工企业的安全责任
         和义务.........................156
5.4 生产安全事故的报告和调查处理......161
   5.4.1 建筑工程生产安全事故的
         报告制度......................161
   5.4.2 建筑工程事故的调查..........163
   5.4.3 建筑工程事故的处理..........165
5.5 建筑工程安全生产许可证制度......166
   5.5.1 安全生产许可证的申请
         条件............................166
   5.5.2 安全生产许可证的申请
         和颁发.........................167
   5.5.3 安全生产许可证的监督
         管理............................167
习题与思考题..................................168

第6章 建筑工程质量管理法律法规......171

6.1 建筑工程质量管理法规概述...........172
   6.1.1 建筑工程质量的概念..........172
   6.1.2 建筑工程质量管理法律法规的
         调整对象和适用范围.........172
6.2 建筑工程质量责任制度....................173
   6.2.1 建设单位的质量责任
         和义务.........................173
   6.2.2 勘察、设计单位的质量责任
         和义务.........................175
   6.2.3 施工单位的质量责任
         和义务.........................177
   6.2.4 工程监理单位的质量责任
         和义务.........................181

   6.2.5 建筑材料、构配件生产
         及设备供应单位的质量
         责任和义务....................183
6.3 建筑工程质量管理的相关制度......183
   6.3.1 工程质量监督管理制度......183
   6.3.2 质量体系认证制度............184
   6.3.3 工程质量事故报告制度......186
   6.3.4 工程竣工验收制度............193
   6.3.5 工程质量保修制度............195
习题与思考题..................................198

第7章 建筑工程监理法律法规...........201

7.1 建筑工程监理概述..........................202
   7.1.1 建筑工程监理的概念..........202
   7.1.2 建筑工程监理的原则..........203
7.2 建筑工程监理的范围、依据
    和内容...203
   7.2.1 建筑工程监理的范围和规模
         标准............................203
   7.2.2 建筑工程监理的依据..........205
   7.2.3 建筑工程监理的任务
         与内容.........................206
7.3 建筑工程监理合同..........................210
   7.3.1 建筑工程监理合同概述......211
   7.3.2 监理合同的订立................213
   7.3.3 监理合同的履行................214
   7.3.4 建设工程监理的法律责任...216
7.4 建筑工程监理活动中各方关系......220
   7.4.1 建设单位与监理企业的
         关系............................220
   7.4.2 监理企业与承包商的关系...220
   7.4.3 建设单位与承包商的关系...221
习题与思考题..................................221

第8章 劳动合同法律法规...................225

8.1 劳动合同法律法规概述..................226
   8.1.1 劳动合同法的概念............226
   8.1.2 劳动合同法的作用............226
   8.1.3 劳动合同法的适用范围......226

8.2 劳动合同的概念和订立 227
 8.2.1 劳动合同的概念 227
 8.2.2 劳动合同的订立 227
8.3 劳动合同的履行和变更 235
 8.3.1 劳动合同的履行 235
 8.3.2 劳动合同的变更 237
8.4 劳动合同的解除和终止 238
 8.4.1 劳动合同的解除 238
 8.4.2 劳动合同的终止 243
8.5 劳动争议的解决 246
 8.5.1 劳动争议的范围 246
 8.5.2 劳动争议的解决方式 246
习题与思考题 248

第9章 与建筑工程相关的法律法规 251

9.1 环境保护法律制度 252
 9.1.1 环境保护的概念和目的 252
 9.1.2 环境保护法的基本制度 252
 9.1.3 环境噪声污染防治的规定 254
 9.1.4 大气污染防治的规定 257
 9.1.5 固体废物污染环境防治的规定 259
 9.1.6 水污染防治的规定 260
9.2 标准化法律制度 262
 9.2.1 工程建设标准概述 262
 9.2.2 工程建设标准分类 262
9.3 节约能源法律制度 265
 9.3.1 能源的概念 265
 9.3.2 建筑节能规定 265
 9.3.3 施工节能规定 266
9.4 档案法律制度 267
 9.4.1 档案的概念 267
 9.4.2 建筑工程档案的种类 267
9.5 保险法律制度 268
 9.5.1 保险概述 268
 9.5.2 工程保险的种类 269
习题与思考题 271

参考文献 274

第 1 章 建筑工程法律法规概述

【学习要点及目标】

- 熟悉建筑工程法律法规的调整对象和立法原则。
- 了解建筑工程法律法规体系的构成。
- 熟悉建筑法的概念和适用范围。
- 掌握建筑工程法律关系的构成要素及产生、变更与终止。
- 掌握建筑工程纠纷的主要种类和解决途径。
- 了解建筑工程法律责任及其分类。

【核心概念】

建筑工程法律法规　建筑法　建筑工程法律关系　建筑工程法律责任等

【引导案例】

某建筑公司与某学校签订了一栋教学楼施工合同,明确施工单位要保质保量保工期地完成学校的教学楼施工任务。工程竣工后,承包方向学校提交了竣工报告。学校为了不影响学生上课,在没有经过正式验收的情况下就直接投入使用。在使用过程中,校方发现教学楼存在质量问题,墙体裂缝较多,屋顶漏水严重,于是要求施工单位维修。施工单位认为上述工程质量问题是由于学校提前使用造成的,不予进行维修。

请思考:

(1) 本案例中建筑工程法律关系的三要素分别是什么?
(2) 本案例中建筑主体的权利、义务是如何产生和终止的?
(3) 本案例的纠纷可以通过哪些途径解决?

1.1 建筑工程法律法规的基本概念、调整对象和立法原则

党的十八届四中全会通过的《中共中央关于全面推进依法治国若干重大问题的决定》中指出,全面推进依法治国总目标是建设中国特色社会主义法治体系,建设社会主义法治国家,为此要坚持依法治国、依法执政、依法行政共同推进,坚持法治国家、法治政府、法治社会一体化建设,实现科学立法、严格执法、公正司法、全民守法,促进国家治理体系和治理能力现代化。在建筑活动中运用法律规范,有利于加强国家对建筑工程活动的监督管理,维护建筑市场的秩序,保证建筑工程的质量和安全,协调整个建筑市场的有效运转,促进建筑行业的健康发展。

1.1.1 建筑工程法律法规的基本概念

建筑工程法律法规是指由国家权力机关或其授权的行政机关制定的,旨在调整国家机关及其有关机构、企业事业单位、社会团体、公民之间在住房和城乡建筑活动中发生的各种社会关系的法律规范的总称。

建筑工程法律法规的概念体现了三个方面的含义:一是由国家权力机关或其授权的行政机关制定的,法律法规体系构成以强制性规范为主;二是以国家机关及其有关机构、企业事业单位、社会团体、公民作为调整主体;三是以建筑法律关系作为特定的调整对象。

在人类建筑活动领域中,存在着多种社会关系,有横向的民事关系、纵向的行政管理关系以及侵犯公共利益的刑事关系。建筑工程法律法规对建筑活动领域进行全面调整,并统一发挥其确认、促进、协调社会关系的功能。

1.1.2 建筑工程法律法规的调整对象

建筑工程法律法规的调整对象具有双重性:一是调整建筑活动中社会与自然或者说人与自然的关系,二是调整建筑活动中的社会关系。

1. 建筑活动中社会与自然的关系

建筑活动中社会与自然的关系,要求人类在建筑活动中应当遵守客观规律,社会与自

然应当和谐共荣。建筑活动的目的是生产建筑产品，而其质量与人民的生命财产安全紧密相连。为保证建筑产品的质量和保护人民的生命财产安全，需要对建筑法律法规加以规范和调整。建筑法律法规中包含了大量的技术规范，这些规范是人类遵循自然规律和合理利用科学技术、生产工具、劳动对象及自然资源的行为规则，它由技术标准、技术评估办法、技术鉴定手段、技术操作规程等构成，如各种设计规范、施工规范、验收规范、产品质量监测规范等。

2．建筑活动中的社会关系

建筑活动中的社会关系包括行政管理关系、经济协作关系和其他民事关系。

1) 行政管理关系

建筑活动中的行政管理关系，是指国家及其建设行政主管部门同建设单位、设计单位、施工单位及其他有关单位(如中介服务机构)之间发生的管理与被管理关系，如工程开工前建设单位申领施工许可证的行为。它包括两个方面：一是规划、指导、协调与服务关系，二是检查、监督、控制与调节关系。要明确各级建设行政管理部门相互之间及内部的责、权、利关系，还要科学地建立建设行政管理部门同各类建筑活动主体及中介服务机构之间规范的管理关系。

2) 经济协作关系

建筑活动中的经济协作关系是一种平等自愿、互利互助的横向协作关系，一般通过各类建筑合同的形式确定。如建设单位和施工单位通过施工合同明确各自的权利和义务，有序地开展工程建设活动。这种关系是从事建筑活动的主体自身经济利益和需求的客观要求，体现了建筑活动的连续性，促进了建筑、房地产等相关产业的发展。

3) 其他民事关系

建筑活动中的民事关系是指在建筑活动中产生的自然人之间、法人之间、自然人和法人之间的财产关系和人身关系。它主要包括：在建筑活动中发生的有关自然人的损害、侵权、赔偿关系；建筑设计、工程设计著作权的财产关系、人身关系；建筑领域从业人员的人身和经济权利保护关系；房地产交易中的买卖、租赁、产权关系；土地征用、房屋拆迁导致的拆迁安置关系等。

由此可以看出，建筑工程法律法规的调整对象彼此之间既相互关联，又各具自身的属性，它们都是在从事建筑活动过程中形成的社会关系，都必须由法律法规加以规范和调整，以形成建筑法律法规体系。

1.1.3 建筑工程法律法规的立法原则

建筑工程法律法规的立法原则是指建筑工程法律法规立法时所必须遵循的准则和要求。

1．法制统一原则

一个国家的所有法律都有着内在的联系，在此基础上才能构成一套完备的法律体系。建筑工程法律法规体系是我国法律体系的一个组成部分，建筑法律、行政法规和部门规章，以及地方性建筑法规、规章，必须遵循宪法等法律的有关规定。

建筑工程法律法规的立法要坚持法制统一的基本原则，这不仅是立法规范化、科学化的要求，也是为了便于实际操作，不会因法律规定的自相矛盾而导致在实际操作中无所适从。

2．遵循科学规律，保证建筑工程安全与质量原则

建筑工程安全是指建筑工程对人身和财产的安全。建筑工程质量是指根据国家规定和合同约定对建筑工程的适用、安全、经济、美观等一系列指标的要求。建筑工程安全与质量是整个建筑活动的核心，是关系生命、财产安全的重大问题，因此，必须将建筑工程的安全与质量管理纳入法制化的轨道，建立健全建筑技术法规，确保建筑活动符合有关安全、质量等各项指标的要求，确保建筑工程对人身和财产的安全。

建筑工程法律法规的立法能大力推动建筑领域的科学技术研究，通过采用先进技术、先进设备、先进工艺、新型建筑材料和现代管理方式，努力提高建筑活动的精细化程度和劳动生产率，鼓励节约能源和保护环境，走可持续发展的建设之路。

3．遵循市场经济规律原则

第八届全国人大第一次会议通过的《中华人民共和国宪法修正案》规定"国家实行社会主义市场经济"，这不仅是宪法的基本原则，也是建筑法律法规的立法原则。

（1）遵循市场经济规律反映在建筑工程法律法规立法中要建立健全市场主体的法律体系，规定建筑市场主体的法律地位，对建筑市场主体在建筑活动中的权利和义务作出明确规定。

（2）遵循市场经济规律要求建筑工程法律法规通过立法确立统一和开放的建筑市场体系。建筑立法应当确立规划与设计市场、工程发承包的招投标市场、建筑资金市场等多元化的建筑活动大市场，同时建筑工程管理、房地产管理、市政公用事业管理等应当能够保障建筑市场健康、有序、协调、统一地发展。

（3）遵循市场经济规律要求建筑工程法律法规通过立法确立以间接手段为主的宏观调控体系。建筑主体在具体的建筑行为中享有独立性和自主性，国家对其行为实施的调控不是直接干预，而是通过建筑法律法规对建筑主体的行为进行调整，体现间接手段为主的调控体系。

（4）遵循市场经济规律要求建筑工程法律法规立法本身具有完备性。要把建筑行为纳入法制轨道，必须先使建筑法律法规自身完备，这样才能有效地规范建筑市场主体行为，维护建筑市场的活动秩序。

4．民主立法原则

民主立法原则是指国家权力机关及其授权的行政机关在进行建筑立法时，应通过多种方式、渠道听取各方面的意见，保证民众能够广泛地参与行政立法。例如，第十三届全国人大常委会第十五次会议于2019年12月28日在审议《中华人民共和国民法典(草案)》并决定将草案提请第十三届全国人大第三次会议审议后，随即通过官网向社会公布了《中华人民共和国民法典(草案)》的征求意见稿，2020年5月28日，第十三届全国人大三次会议表决通过了《中华人民共和国民法典》，自2021年1月1日起施行，体现了民主立法原则。

5．责、权、利相一致原则

立法是对有限的社会资源进行制度性的、权威的、有效的资源分配、财富分配，通过权利、义务的分配，运用社会控制、社会调整，实现社会动态平衡。因此在建筑立法上，责、权、利相一致是对建筑活动主体的权利和义务或责任提出的一项基本要求。其具体表现为：①建筑工程法律法规主体享有的权利和履行的义务是统一的，权利和义务不可分离。任何一个主体享有建筑工程法律法规规定的权利，同时必须履行建筑工程法律法规规定的义务。②建设行政主管部门履行行政管理既是其权利，也是其责任或义务。

1.2　建筑工程法律法规体系

建筑工程法律法规覆盖建筑行业领域的全过程，使建筑活动的各个方面都有法可依、有章可循，使建筑行政管理的每个环节都纳入法制轨道，因此，需要建立完备的建筑工程法律法规体系来规范建筑领域的各项活动。

1.2.1　建筑工程法律法规体系概述

1．法律法规体系的概念

法律法规体系是指由一国现行的全部法律规范分类组合为不同的法律部门而形成的有机联系的统一整体。在法律法规体系中，因各种法律法规所调整的社会关系的性质不同而划分为不同的部门法，如宪法、刑法、民法、行政法、刑事诉讼法、民事诉讼法等，它们是组成法律法规体系的基本要素。

2．建筑工程法律法规体系的概念

建筑工程法律法规体系是指由国家制定或认可的，并以国家强制力保证其实施，调整住房和城乡建筑活动中产生的社会关系的法律法规，按照一定的原则、功能、层次所组成的相互联系、相互补充、相互制约、协调一致的有机整体。

建筑工程法律法规体系是国家法律法规体系的重要组成部分，具有相对独立的完整体系。根据法制统一原则，建筑法律法规体系必须服从国家法律体系的总要求，必须与宪法和相关的法律保持一致，符合宪法精神，不与其他体系的法律法规相冲突。在建筑工程法律法规体系内部，纵向上不同层次的法律法规之间应当相互衔接，不能抵触；横向上同层次的法律法规之间应协调配套，不能互相矛盾、重复或者留有"空白"。

1.2.2　建筑工程法律法规体系的构成

建筑工程法律法规体系的构成是指建筑工程法律法规体系采取的框架或结构，是由宪法、民法、行政法、经济法、刑法、诉讼与非诉讼程序法等构成。

1．宪法

宪法是由全国人民代表大会依照特别程序制定的具有最高效力的根本法。宪法是国家的根本大法，在我国法律体系中具有最高的法律地位和法律效力，是我国的最高法律形式，其他任何法律法规都必须符合宪法的规定，而不得与之相抵触。

宪法是国家进行建设管理、监督的权力基础，是建筑业的立法依据。《中华人民共和国宪法》规定，"国务院行使下列职权：……(6)领导和管理经济工作和城乡建设、生态文明建设；县级以上地方各级人民政府依照法律规定的权限，管理本行政区域内的……城乡建设事业……行政工作，发布决定和命令，任免、培训、考核和奖惩行政工作人员。"

2．法律

法律是指由全国人民代表大会或全国人民代表大会常务委员会制定、颁布的属于国务院建设行政主管部门主管业务范围的各项法律，是建筑工程法律法规体系的核心和基础。

建筑法律既包括专门的建设领域的法律，也包括与建设活动相关的其他法律，如《中华人民共和国城乡规划法》《中华人民共和国建筑法》《中华人民共和国招标投标法》等。

3．行政法规

行政法规是指国务院依法制定并颁布的属于建设行政主管部门业务范围的各项行政法规，其效力低于法律，在全国范围内有效。现行的建设行政法规主要有《建设工程质量管理条例》《建设工程安全生产管理条例》《建设工程勘察设计管理条例》《城市房地产开发经营管理条例》等。

4．地方性法规

地方性法规是指在不与宪法、法律、行政法规相抵触的前提下，由省、自治区、直辖市人民代表大会及其常务委员会以及省级人民政府所在地的市和经国务院批准的较大的市人民代表大会及其常务委员会根据本行政区域的具体情况和实际需要制定并发布的法规。

经济特区所在地的省、市人民代表大会及其常务委员会根据全国人民代表大会的授权决定制定法规，在经济特区范围内实施。民族自治地方的人民代表大会有权依照当地民族政治、经济和文化的特点，制定自治条例和单行条例。

目前，各地都制定了规范建筑活动的地方性法规，如《天津市城乡规划条例》《内蒙古自治区建筑市场管理条例》等。

5．部门规章

部门规章是指住房和城乡建设部根据国务院规定的职责范围，或由住房和城乡建设部与国务院有关部门联合制定并发布的法规。国务院各部、委员会和具有行政管理职能的直属机构，可以根据法律和国务院的行政法规、决定、命令，在本部门的权限范围内，依法制定并颁布各项规章。如住房和城乡建设部发布的《建筑施工许可管理办法》、国家发展和改革委员会发布的《必须招标的工程项目规定》等。

6．地方政府规章

地方政府规章是指省、自治区、直辖市和设区的市、自治州的人民政府根据法律、行政法规和地方性法规制定并颁布的规章。

目前，省、自治区、直辖市和较大的市的人民政府都制定了地方政府规章，如《内蒙古自治区建设工程造价管理办法》《辽宁省国土规划管理办法》等。

7．国际条约、国际惯例和国际标准

国际条约是指我国与外国缔结、参加、承认的双边条约、多边条约、协定和其他具有条约性质的文件。我国参加或与外国签订的调整经济关系的国际条约、国际惯例和国际上

通用的建筑技术规程等都属于建筑法规的范畴，都应当遵守和实施。我国加入世界贸易组织后，世界贸易组织中与工程建设有关的协定也对我国的建设活动产生了约束力。

1.3 建筑法概述

为了加强对建筑活动的监督管理，维护建筑市场秩序，保证建筑工程的质量和安全，促进建筑业健康发展，我国于 1997 年 11 月 1 日经第八届全国人民代表大会常务委员会第二十八次会议通过了《中华人民共和国建筑法》(以下简称《建筑法》)，依据 2019 年 4 月 23 日第十三届全国人民代表大会常务委员会第十次会议进行第二次修正。

《建筑法》是我国第一次以法律的形式规范建筑活动。它的颁布，确立了我国建筑活动的基本法律制度，标志着建筑活动开始走上依法管理的轨道。它的施行，对加强建筑活动的监督管理，维护建筑市场秩序，保障建筑工程的质量和安全，促进建筑业的健康发展，保护建筑活动当事人的合法权益，具有十分重要的意义。该法包括总则、建筑许可、建筑工程发包与承包、建筑工程监理、建筑安全生产管理、建筑工程质量管理、法律责任及附则等内容。

1.3.1 建筑法的立法目的

《建筑法》第一条规定："为了加强对建筑活动的监督管理，维护建筑市场秩序，保证建筑工程的质量和安全，促进建筑业健康发展，制定本法。"

1. 加强对建筑活动的监督管理

改革开放以来，随着建筑业的快速发展，建筑活动更加复杂和重要，因此，《建筑法》的首要目的就是加强对建筑活动的监督管理，规范建筑市场。

对建筑活动的监督管理包括宏观和微观两个方面：宏观的监督管理主要是指从产业政策、行业标准上对建筑活动进行组织、协调、控制、监督和惩治等制定相关措施；微观的监督管理主要是指有关部门对建筑项目的施工许可、从业者资质与资格认定、建筑工程发包与承包以及建筑安全生产和工程质量的管理。

2. 维护建筑市场秩序

随着改革开放和社会主义市场经济体制的建立，我国建筑业逐渐由过去的封闭性、计划性向开放性、竞争性转变，施工企业也从单纯生产向生产经营型、效益型转变，以招标、投标竞争机制为主线的建筑市场体系和市场机制正日益完善。

我国建筑市场在形成和发展过程中存在一些扰乱市场秩序、违反市场规则的行为，主要表现在以下几个方面：一是发包方的行为不规范，主要是某些建设单位不遵守建设程序，不报建、不招标，搞私下交易，任意肢解工程，强行要求垫资承包，强行指定购买质次价高的材料设备，不合理地压价和拖欠工程款等；二是承包方的行为不规范，主要是某些设计、施工单位无证或者超越资质承包设计、施工任务，转包或层层分包，以及在施工过程中偷工减料；三是中介机构的行为不规范，主要是某些中介机构缺乏专业人员，服务水平低，机构功能不健全，内部管理混乱等。

因此,《建筑法》的制定就要从根本上改变建筑市场的混乱状况,确立与社会主义市场经济相适应的建筑市场管理制度,以维护建筑市场的正常秩序,建立统一、开放、竞争、有序的建筑市场。

3．保证建筑工程安全和质量

由于建筑产品使用的长期性和固定性以及建筑活动的特殊性和复杂性,建筑工程安全和质量对公众安全、社会财富、国民经济发展的影响重大。

近年来,随着建筑市场的快速发展,竞争日趋激烈,出现了设计不合理、施工质量差、建筑材料性能不过关等方面的问题。在建筑生产方面,安全事故频繁发生,在社会上造成了不良的影响。如2016年4月13日东莞市麻涌镇大盛村龙门吊倒塌;2019年1月25日东阳市南马镇花园村花园家居用品市场建设工地在进行三楼屋面构架混凝土浇筑施工时发生坍塌等。在建筑工程领域相继发生了一些重大质量事故,如2019年5月16日上海昭化路厂房坍塌事故;2019年5月20日广西壮族自治区百色市右江区东州大道0776酒吧发生钢结构楼顶坍塌事故;2020年3月7日福建省泉州市鲤城区欣佳酒店房屋坍塌事故等。因此,《建筑法》的制定就是为了有效地保障建筑工程的安全和质量。

4．促进建筑业健康发展

自十一届三中全会以来,随着国民经济的发展和改革开放的不断深化,我国城市建设、村镇建设和住宅建设等规模不断扩大,建筑业的地位和作用也越来越重要,成为国民经济的重要物质生产部门,是国家重要的支柱产业之一。建筑活动直接影响我国固定资产投资的效果和效益,从而影响国民经济的健康发展。《建筑法》的制定有利于保障建筑业在国民经济和社会发展中的重要地位和作用,促进建筑业的健康发展。

1.3.2　建筑法的适用范围

《建筑法》第二条规定:"在中华人民共和国境内从事建筑活动,实施对建筑活动的监督管理,应当遵守本法。本法所称建筑活动,是指各类房屋建筑及其附属设施的建造和与其配套的线路、管道、设备的安装活动。"

建筑法的适用范围包括以下三层含义。

(1) 调整的地域范围是中华人民共和国境内,但不包括香港、澳门、台湾地区。

(2) 调整的主体是建设单位、勘察设计单位、施工企业、监理单位、建筑行政管理机关,同时也包括从事建筑活动的个人,如注册建筑师、注册建造师、注册监理师、注册造价师等。

(3) 调整的行为是各类房屋建筑及其附属设施的新建、改建、扩建、维修、拆除、装饰装修活动,以及与其配套的线路、管道、设备的安装活动。

《建筑法》虽然规定的是调整各类房屋建筑的建筑活动,但也同样适用于其他专业(如铁路工程、民航工程、交通运输工程、水利工程等)的建筑活动。《建筑法》第八十一条规定:"本法关于施工许可、建筑施工企业资质审查和建筑工程发包、承包、禁止转包,以及建筑工程监理、建筑工程安全和质量管理的规定,适用于其他专业建筑工程的建筑活动,具体办法由国务院规定。"

小提示

有些工程不可能完全按照《建筑法》的规定进行,如省、自治区、直辖市人民政府确定的小型房屋建筑工程;有些工程需要依照有关法律执行,如古建筑等的修缮;有些工程根本不适用《建筑法》的规定,如抢险救灾等工程;有些工程需要另行制定管理办法,如军用房屋建筑工程等。因此,《建筑法》第八十三条规定:"省、自治区、直辖市人民政府确定的小型房屋建筑工程的建筑活动,参照本法执行。依法核定作为文物保护的纪念建筑物和古建筑等的修缮,依照文物保护的有关法律规定执行。抢险救灾及其他临时性房屋建筑和农民自建低层住宅的建筑活动,不适用本法。"《建筑法》第八十四条规定:"军用房屋建筑工程建筑活动的具体管理办法,由国务院、中央军事委员会依据本法制定。"

1.3.3 建筑法的基本原则

建筑法的基本原则是《建筑法》的主旨和基本准则,它是制定和实施《建筑法》的出发点。建筑法的基本原则贯穿于整个《建筑法》的条文中。

1. 建筑活动应当确保工程安全和质量,符合国家的建筑工程安全标准

建筑活动是向社会提供建筑产品、固定资产和社会基础设施的特殊的社会活动,这些产品就是社会的物质财富,确保工程安全和质量就是确保全社会物质财富的安全和质量。按照《中华人民共和国标准化法》(以下简称《标准化法》)的规定:"国家标准、行业标准分为强制性标准和推荐性标准。保障人体健康,人身、财产安全的标准和法律、行政法规规定强制执行的标准是强制性标准,其他标准是推荐性标准。工程建设的质量、安全、卫生标准及国家需要控制的其他工程建设标准属于强制性标准。"依照《建筑法》和《标准化法》的规定,凡是依法制定的有关建筑工程安全的国家标准和行业标准,属于强制性标准,必须严格遵照执行。

2. 国家支持建筑科学技术研究,扶持建筑业的发展

《建筑法》确立了国家支持建筑科学技术研究的原则,建筑企业应当结合自身的实际情况,加强建筑科学技术研究,提高房屋建筑设计水平,在建筑活动中采用先进技术、先进设备、先进工艺、新型建筑材料和现代管理方式及人才,不断地提高建筑科技水平和建筑技术的科技含量。

节约能源是国家发展经济的一项长远战略方针,保护环境是我国的基本国策。国家鼓励在保证建筑安全、质量的前提下,尽量降低能耗,应优先采用节能材料、设备,并应当淘汰和改造能耗高的建筑设备产品;应积极采用新型建材,重视节能型建筑材料产品的开发;应加强建筑节能标准化工作;应对节能产品、节能试点建筑给予税收优惠和贷款支持,大力推广和宣传,达到提高建筑功能、改善生活环境的目的。

3. 从事建筑活动应当遵纪守法,不得损害社会公共利益和他人的合法权益

从事建筑活动既要遵守《建筑法》的规定,又要遵守其他有关的法律法规。社会公共利益是指社会成员的共同利益,法律保护社会公共利益不受损害,同样,他人的合法权益也受法律保护，不容侵犯。进行建筑活动，不得损害社会公共利益和他人的合法权益，例如，不得因自己的建筑活动，影响相邻他人的正当权益和正常生活。

1.4 建筑工程法律关系的构成要素及产生、变更与终止

社会关系是指在生产和共同生活的过程中形成的人与人之间的关系，它一旦被法律所调整，就成为法律关系。

法律关系是指在法律规范所调整的一定社会关系中形成的人与人之间的权利和义务关系。

1.4.1 建筑工程法律关系的概念与特征

1．建筑工程法律关系的概念

建筑工程法律关系是法律关系中的一种，它是指由建筑法律规范所确认和调整的，在建筑管理和建筑活动中所产生的权利和义务关系，如建筑工程管理关系、建筑工程合同关系等。

2．建筑工程法律关系的特征

(1) 综合性：建筑工程法律规范是由与建筑工程有关的行政法律、民事法律和技术法规等构成。这些法律规范在调整建筑活动中是相互作用、综合运用的。

(2) 科学性：建筑工程法律规范的制定来自大量的科学论证与工程实践检验，是建筑业执业人员普遍遵守的科学规范。

(3) 系统性：作为一个工程项目，从项目论证到设计、施工、验收等各个环节的技术法规是相互衔接、相互制约的。

1.4.2 建筑工程法律关系的构成要素

建筑工程法律关系的构成要素是指建筑工程法律关系不可缺少的组成部分，它由三个要素构成，分别是建筑工程法律关系的主体、建筑工程法律关系的客体和建筑工程法律关系的内容。

1．建筑工程法律关系的主体

建筑工程法律关系的主体是指建筑活动的参加者，即建筑法律规范所调整的在法律上享有权利和承担义务的当事人。在我国，建筑活动中可能出现的法律关系主体一般包括国家机关、社会组织和自然人。

1) 国家机关

(1) 国家权力机关。国家权力机关是指全国人民代表大会及其常务委员会和地方各级人民代表大会及其常务委员会。国家权力机关在建筑活动中行使的职能是审查、批准国家建设计划和国家预、决算，制定和颁布建设法律，监督、检查国家各项建设法律的执行。

(2) 国家行政机关。国家行政机关是指国务院及其所属各部、各委、地方各级人民政

府及其职能部门。国家行政机关在建筑活动中的职能是依照国家宪法和法律行使国家行政职权，组织管理国家行政事务。它主要有以下几个部门。

① 国家计划机关：主要是指国家发展和改革委员会以及各级地方人民政府发展和改革委员会。其职权是负责编制长期、中期和年度建设计划，组织计划的实施，督促各部门严格执行工程建设程序等。

② 国家建设行政主管部门：主要是指国家住房和城乡建设部以及各级地方建设行政主管部门。其职权是制定建筑法规，对城市建设、村镇建设、工程建设、建筑业、房地产业、市政公用事业进行组织管理和监督。

③ 国家建设监督部门：主要包括国家财政机关、中国人民银行、国家审计机关、国家统计机关等。

国家机关还有审判机关和检察机关，但不是以管理者的身份成为建筑法律关系的主体，而是对建筑工程进行监督与保护的重要机关。

2) 社会组织

作为法律关系主体的社会组织一般应为法人。《中华人民共和国民法典》(以下简称《民法典》)第五十七条规定："法人是具有民事权利能力和民事行为能力，依法独立享有民事权利和承担民事义务的组织。"第五十八条规定："法人应当依法成立。法人应当有自己的名称、组织机构、住所、财产或者经费。法人成立的具体条件和程序，依照法律、行政法规的规定。设立法人，法律、行政法规规定须经有关机关批准的，依照其规定。"

(1) 建设单位。建设单位是指进行工程投资建设的国家机关、企业或事业单位。建设单位作为工程的需要方，是建筑投资的支配者，也是工程建设的组织者和监督者。在我国建筑市场上，建设单位一般被称为业主方或甲方。由于建设项目的多样化，作为业主方的社会组织也是种类繁多的，有工业企业、商业企业、文化教育部门、医疗卫生单位、国家各机关等。

建设项目设计任务书没有被批准之前，任何一个社会组织都不能以权利主体资格参加工程建设。当建设项目被列入建设计划、获得国家批准时，这个社会组织方能成为建设单位，以已经取得的法人资格及组织的名义对外进行经济活动和法律行为。

(2) 承包单位。承包单位是指有一定生产能力、机械设备、流动资金，具有承包工程建设任务的经营资格和相应资质条件，在建筑市场中能够按照业主方的要求，提供不同形态的建筑产品，并最终得到相应工程价款的建筑企业。

在我国建筑市场上，承包单位一般被称为建筑企业或乙方，在国际工程承包中习惯被称为承包商。按照生产的主要形式，承包单位主要有勘察设计企业、建筑安装施工企业、建筑装饰施工企业、混凝土构配件、非标准预制件等生产厂家，以及商品混凝土供应站、建筑机械租赁单位和专门提供建筑劳务的企业等。

应用案例 1-1

地处 A 市的某设计院承担了坐落在 B 市的某项"设计—采购—施工"承包任务。该设计院将工程的施工任务分包给 B 市的某施工单位。设计院在施工现场派驻了包括甲在内的项目管理班子，施工单位则以乙为项目经理组成了项目经理部。施工任务完成后，施工单位以设计院尚欠工程款为由向仲裁委员会申请仲裁，主要依据是有甲签字确认的所增加的工程量。设计院认为甲并不是自己的项目经理，不承认甲签字的效力。经查实，甲既不是合同中约定的设计院的授权负责人，也没有设计院的授权委托书。合同中约定的授权负责人基本上没有去过该项目现场。事实上该项目一直由甲实际负责，且有设计院曾经认可甲签字付款的情形。

问题：

设计院是否应当承担付款责任？为什么？

案例评析：

设计院应当承担付款责任。因为由于设计院方面的管理原因，让施工单位认为甲具有签字付款的权利，致使本案付款纠纷的出现。《民法典》第一百七十条规定："执行法人或者非法人组织工作任务的人员，就其职权范围内的事项，以法人或者非法人组织的名义实施民事法律行为，对法人或者非法人组织发生效力。法人或者非法人组织对执行其工作任务的人员职权范围的限制，不得对抗善意相对人。"由于种种原因，我国目前经常存在名义上的项目负责人不在现场进行管理的情况。本案的真实背景是设计院认为甲被施工单位买通而拒绝付款。本案对施工单位的教训是：施工单位需要让发包或总包单位签字时，一定要找其授权人；如果发包或总包单位变更授权人的，应当要求发包单位完成变更的手续。

(3) 中介组织。中介组织是指具有相应的专业服务资质，在建筑市场中受发包方、承包方或政府管理机关的委托，对工程建设进行估算测量、咨询代理、监理等高智能服务，并取得服务费用的咨询服务机构和其他建筑专业中介服务组织。

在市场经济运行中，中介组织作为政府、市场、企业之间联系的纽带，具有政府行政管理不可替代的作用。从市场中介组织的工作内容和作用来看，中介组织可分为建筑业协会、建设监理协会；为工程建设服务的专业会计师事务所，律师事务所，资产与资信评估机构，公证机构，合同纠纷的仲裁机构，招标代理机构，监理公司，质量检查、监督、认证机构，以及其他产品检测、鉴定机构等。

3) 自然人

自然人也可以成为建筑工程法律关系的主体。如建筑企业工作人员(如建筑工人、专业技术人员、注册执业人员等)与用人单位签订劳动合同时，即成为劳动法律关系主体。

2. 建筑工程法律关系的客体

建筑工程法律关系的客体是指参加建筑工程法律关系的主体享有的权利和承担的义务所共同指向的对象。建筑工程法律关系的客体分为财、物、行为和非物质财富。

(1) 财：一般是指资金及各种有价证券。在建筑工程法律关系中表现为财的客体主要是建筑资金，即工程款等资金。

(2) 物：是指可为人们控制的并具有经济价值的生产资料和消费资料。在建筑工程法律关系中表现为物的客体一般是指建筑材料、机械设备、建筑物或构筑物等有形实体，建筑项目本身也可以成为建筑工程法律关系的客体。

(3) 行为：法律意义上的行为是指人的有意识的活动。在建筑工程法律关系中，行为多表现为完成一定的工作，如在勘察设计活动中完成一定的勘察设计任务，在建筑工程承包活动中按期完成一定质量要求的施工行为等。

(4) 非物质财富：也称智力成果，是指人类通过脑力劳动取得的成果或智力方面的创作。如设计单位提供的具有创造性的设计成果，该设计单位依法可以享有专有权，使用单位未经允许不能无偿使用。

3．建筑工程法律关系的内容

建筑工程法律关系的内容是指建筑活动参与主体依法享有的权利和应当承担的义务，两者是相互对立统一的。

1) 建筑权利

建筑权利是指建筑工程法律关系主体在法定范围内，根据国家行政管理要求和自己的业务活动需要，有权进行各种工程建设活动。权利主体可要求其他主体做出一定的行为和抑制一定的行为，以实现自己的工程建筑权利。因其他主体的行为而使工程建筑权利不能实现时，权利主体有权要求国家机关加以保护并予以制裁。

2) 建筑义务

建筑义务是指建筑工程法律关系主体按照法律规定或约定应承担的责任。建筑工程法律关系主体应自觉履行建筑义务，如果不履行或不适当地履行建筑义务，就要承担相应的法律责任。

1.4.3　建筑工程法律关系的产生、变更和终止

1．建筑工程法律关系的产生、变更和终止的概念

建筑工程法律关系的产生是指建筑工程法律关系主体之间形成一定的权利和义务关系。如某建设单位与承包商签订了建筑工程承包合同，主体双方就确立了相应的权利和义务，建筑工程法律关系随即产生。

建筑工程法律关系的变更是指建筑工程法律关系的三个要素发生了变化：主体变更、客体变更、内容变更。

(1) 主体变更：是指建筑工程法律关系主体数目增多或减少，也可以是主体改变。在建筑合同中，主体改变，客体不变，相应的权利义务不变，此时称为合同转让。

(2) 客体变更：是指建筑工程法律关系中权利义务所指向的对象发生变化。客体变更可以是其范围变更，也可以是其性质变更。

(3) 内容变更：是指因为建筑工程法律关系主体与客体的变更，必然导致相应的权利和义务的变更。

建筑工程法律关系的终止是指建筑工程法律关系主体之间的权利义务不复存在，彼此丧失了约束力。建筑工程法律关系的终止形式有以下三种。

(1) 自然终止：是指某类建筑工程法律关系规定的义务得到履行，取得了各自的利益，实现了各自的目的，从而使该法律关系消灭。

(2) 协议终止：是指建筑工程法律关系主体之间通过协商，提前解除某类建筑工程法律关系规定的权利和义务，致使该法律关系归于消灭。

(3) 违约终止：是指由于建筑工程法律关系主体一方违约，致使另一方的权利不能实现，导致解约事由的产生，另一方行使解约权而使双方的权利义务归于消灭。

应用案例 1-2

甲房地产公司和乙施工企业签订了工程施工合同，乙企业通过加强施工现场的管理，如期交付了符合合同约定质量标准的工程，甲公司随即按约定支付了工程款。请问：这种合同法律关系的终止属于哪一种终止？

案例评析：

这种终止属于自然终止，因为甲公司和乙企业各自按合同约定履行义务，实现了各自的目的，所以该法律关系消灭。

应用案例 1-3

甲企业与乙施工企业签订了厂房施工合同，在合同履行过程中，乙企业偷工减料，监理公司多次要求其返工重建，但乙企业拒绝返工重建的要求，于是甲企业向乙企业发出解除合同的通知。请问：这种合同法律关系的终止属于哪一种终止？

案例评析：

这种终止属于违约终止，因为乙企业在履行合同时违反约定，偷工减料，又不按甲企业要求返工重建，致使甲企业的权利不能实现，所以甲企业可以解除合同，使双方权利义务归于消灭。

2. 建筑工程法律关系产生、变更和终止的原因

建筑工程法律关系的产生、变更和终止只有在一定的情况下才能出现，这种引起建筑工程法律关系产生、变更和终止的情况就是法律事实，即法律事实是引起建筑工程法律关系产生、变更和终止的原因。

1) 法律事实的概念

法律事实是指能够引起建筑工程法律关系产生、变更和终止的客观现象和事实。建筑工程法律关系不会自然而然地产生，只有通过一定的法律事实，才能在当事人之间产生一定的法律关系，或者使原来的法律关系发生变更或终止。

2) 法律事实的分类

法律事实按是否包含当事人的意志分为事件和行为两类。

(1) 事件，是指不以当事人的意志为转移而产生的现象。如地质灾害导致工程延期，致使建筑承包合同不能履行。

事件产生大致有以下两种情况。

① 自然现象引起的，如地震、台风、水灾、火灾等。

② 社会现象引起的，如战争、动乱、恐怖活动等。

(2) 行为，是指人们有意识的活动。积极的作为或消极的不作为，都能引起法律关系的产生、变更或终止。行为通常表现为立法行为、行政行为、合法行为、违法行为和司法行为。

1.5 建筑工程纠纷概述

建筑工程纠纷是指建筑工程各方主体在履行合同中发生的有关权利义务方面的争议，建筑工程纠纷的种类不同，解决的途径也不同。

1.5.1 建筑工程纠纷的主要种类

1．建筑工程民事纠纷

民事纠纷，是指平等主体之间发生的，以民事权利义务为内容的社会纠纷(可处分性的)，即违反调整平等主体间人身关系和财产关系的相关法律规范的行为就会引起民事纠纷。

民事纠纷有以下特点。

(1) 民事纠纷主体之间的法律地位平等。

(2) 民事纠纷的内容是对民事权利义务的争议。

(3) 民事纠纷的可处分性。这主要是针对有关财产关系的民事纠纷，而有关人身关系的民事纠纷多具有不可处分性。

在建筑工程领域，较为普遍和重要的民事纠纷主要是合同纠纷、侵权纠纷。发包人和承包人就有关工期、质量、造价等方面产生的建筑工程合同争议，是建筑工程领域最常见的民事纠纷。

2．建筑工程行政纠纷

行政纠纷是指国家行政机关之间或国家行政机关同企事业单位、社会团体以及公民之间由于行政管理而引起的纠纷。

在建筑工程领域，行政机关容易引发行政纠纷的具体行政行为主要有以下几种。

(1) 行政许可，即行政机关根据公民、法人或者其他组织的申请，经依法审查，准予其从事特定活动的行政管理行为，如施工许可、专业人员执业资格注册、企业资质等级核准、安全生产许可等。行政许可容易引发的行政纠纷通常是行政机关的行政不作为、违反法定程序等。

(2) 行政处罚，即行政机关或其他行政主体依照法定职权、程序对于违法但尚未构成犯罪的相对人给予行政制裁的具体行政行为。常见的行政处罚有警告、罚款、没收违法所得、取消投标资格、责令停止施工、责令停业整顿、降低资质等级、吊销资质证书等。行政处罚容易引发的行政纠纷通常是行政处罚超越职权、滥用职权、违反法定程序、事实认定错误、适用法律错误等。

(3) 行政奖励，即行政机关依照条件和程序，对为国家、社会和建设事业作出重大贡献的单位和个人，给予物质或精神鼓励的具体行政行为，如表彰建设系统先进集体、劳动模范和先进工作者等。行政奖励容易引发的行政纠纷通常是违反程序、滥用职权、行政不作为等。

(4) 行政裁决，即行政机关或法定授权的组织，依照法律授权，对平等主体之间发生的与行政管理活动密切相关的、特定的民事纠纷(争议)进行审查，并作出裁决的具体行政行为，如对特定的侵权纠纷、损害赔偿纠纷、权属纠纷、国有资产产权纠纷以及劳动工资、经济补偿纠纷等的裁决。行政裁决容易引发的行政纠纷通常是行政裁决违反法定程序、事实认定错误、适用法律错误等。

1.5.2 民事纠纷的法律解决途径

建筑工程民事纠纷的处理方式主要有和解、调解、仲裁、诉讼。

1. 和解

和解是指民事纠纷的当事人在自愿互谅的基础上，就已经发生的争议进行协商、妥协与让步并达成协议，自行(无第三方参与劝说)解决争议的一种方式。它不仅从形式上消除了当事人之间的对抗，还从心理上消除了对抗。

小提示

和解可以在民事纠纷的任何阶段进行，无论是否已经进入诉讼或仲裁程序，只要终审裁判未生效或者仲裁裁决未作出，当事人均可自行和解。和解也可与仲裁、诉讼程序相结合：当事人达成和解协议，已提请仲裁的，可以请求仲裁庭根据和解协议作出裁决书或调解书；已提起诉讼的，可以请求人民法院在和解协议的基础上制作调解书，或者由当事人双方达成和解协议，由人民法院记录在卷。

2. 调解

调解是指双方当事人以外的第三方(即调解人)应纠纷当事人的请求，以法律、法规、政策、合同约定或社会公德为依据，对纠纷双方当事人进行疏导、劝说，促使他们相互谅解，进行协商，自愿达成协议，解决纠纷的方式。

在我国，调解的主要方式有人民调解、行政调解、仲裁调解、司法调解、行业调解以及专业机构调解。

3. 仲裁

仲裁是指当事人根据纠纷发生前或纠纷发生后达成的协议，自愿将纠纷提交第三方(仲裁机构)作出裁决，纠纷各方都有义务执行该裁决的解决纠纷的方式。

根据《中华人民共和国仲裁法》(以下简称《仲裁法》)的规定，该法的调整范围仅限于民商事仲裁，即平等主体的公民、法人和其他组织之间发生的合同纠纷和其他财产权纠纷，劳动争议以及依法应当由行政机关处理的行政争议等不受《仲裁法》的调整。

仲裁的特点有：自愿性、专业性、独立性、保密性、经济性和灵活性。

4. 诉讼

诉讼是指人民法院在当事人和其他诉讼参与人的参加下，以审理、裁判、执行等方式解决民事纠纷的活动，以及由此产生的各种诉讼关系的总和。民事诉讼、行政诉讼和刑事诉讼构成了我国基本的诉讼制度。

小提示

《中华人民共和国民事诉讼法》(以下简称《民事诉讼法》)是调整和规范人民法院及诉讼参与人的各种民事诉讼活动的基本法律。诉讼参加人,包括当事人(原告、被告、共同诉讼人、第三人)和诉讼代理人(法定代理人、委托代理人),以及其他诉讼参与人(证人、鉴定人、勘验人员和翻译人员)。

民事诉讼的基本特征为公权性、程序性和强制性。

1) 公权性

民事诉讼是由人民法院代表国家行使审判权解决民事争议的。它既不同于群众自治组织性质的人民调解委员会以调解的方式解决纠纷,也不同于由民间性质的仲裁委员会以仲裁的方式解决纠纷。

2) 程序性

民事诉讼是依照法定程序进行的诉讼活动,无论是人民法院还是当事人或者其他诉讼参加人,均不得干涉法定程序。

3) 强制性

民事诉讼的强制性既表现在案件的受理上,也反映在裁判的执行上。只要原告符合《民事诉讼法》规定的起诉条件,无论被告是否愿意,诉讼均会发生。同时,若当事人不自动履行生效裁判所确定的义务,人民法院可以依法强制执行。

1.5.3 行政纠纷的法律解决途径

行政纠纷的法律解决途径主要有两种,即行政复议和行政诉讼。

1. 行政复议

行政复议是指作为行政相对人的公民、法人或其他组织认为行政机关的具体行政行为侵犯了其合法权益,依法请求法定的行政复议机关审查该具体行政行为的合法性、适当性,该行政复议机关依照法定程序对该具体行政行为进行审查,并作出行政复议决定的法律制度。行政复议的法律依据是《中华人民共和国行政复议法》。

行政复议的特点如下。

(1) 提出行政复议的当事人,必须是认为行政机关行使职权的行为侵犯了其合法权益的公民、法人和其他组织。

(2) 当事人提出行政复议,必须是在行政机关已经作出行政决定之后。如果行政机关尚未作出决定,则不存在复议问题。

(3) 当事人对行政机关的行政决定不服,只能按照法律规定向有行政复议权的行政机关申请复议。

(4) 行政复议以书面审查为主,以不调解为原则。行政复议的结论作出后,即具有法律效力。只要法律未规定复议决定为终局裁决的,当事人对行政复议决定不服的,可以按《中华人民共和国行政诉讼法》(以下简称《行政诉讼法》)的规定,向人民法院提起诉讼。

2．行政诉讼

行政诉讼是指人民法院应当事人的请求，通过审查行政行为合法性的方式，解决特定范围内行政争议的活动。行政诉讼的法律依据是《行政诉讼法》。

行政诉讼的主要特征如下。

(1) 行政诉讼是人民法院解决行政机关实施具体行政行为时与公民、法人或其他组织发生的争议。

(2) 行政诉讼既为公民、法人或其他组织提供法律救济，也具有监督行政机关依法行政的功能。

(3) 行政诉讼的被告与原告是特定的，即原告是作为行政行为相对人的公民、法人或其他组织，被告只能是行政机关，不可以互易诉讼身份。

1.6 建筑工程法律责任概述

1.6.1 建筑工程法律责任的概念

法律责任是指因违反法定义务或合同约定义务，或不当地行使法律权利、权力所产生的，由行为人承担的不利后果。法律责任是由特定法律事实所引起的对损害予以补偿、强制履行或接受惩罚的特殊义务，亦即由于违反第一性义务而引起的第二性义务。

建筑工程法律责任是指违反《建筑法》以及其他法律规范而应承担的法律后果，是法律责任的组成部分之一。

1.6.2 建筑工程法律责任的特征

(1) 法定性。法定性主要表现为法律的强制性，即违反法律就必然受到法律的制裁，这是国家强制力在法律规范中的具体体现。

(2) 以法律义务的存在为前提。这是指违反法律上的义务而承担的法律后果。

(3) 依照法定程序进行认定和追究。这是指依据法律的规定而让违法者承担一定的责任，必须由专门的国家机关和部门来认定，其他单位和个人无权认定法律责任。

(4) 承担不利的后果。违反法定义务或合同约定义务，或不当行使法律权利、权力，就必须承担因此产生的不利后果。

1.6.3 建筑工程法律责任的分类

根据建筑工程违法行为的不同和违法者承担法律责任的方式不同，建筑工程法律责任主要分为民事责任、行政责任和刑事责任三种。

1．建筑工程民事责任

民事责任是指民事主体不履行或者不完全履行民事义务应当依法承担的不利后果。民事责任的功能主要是一种民事救济手段，使受侵害人被侵犯的权益得以恢复。

1) 建筑工程民事责任的法律特征

(1) 民事责任与民事义务直接相关。民事义务是指当事人之间约定或法律规定的民事主体应履行的作为或不作为行为。民事义务与民事责任息息相关，民事主体不履行其民事义务，就要承担相应的责任。

(2) 民事责任的形式应具备法律规定的要件：民事主体有主观过错、客观上有违法行为、违法行为和侵害事实之间有因果关系。没有以上要件，就不构成民事责任。

(3) 民事责任的目的是制止民事主体违反民事义务的行为发生，保护各民事主体的合法利益不受侵犯。

(4) 民事责任具有强制性。受到违法行为侵害的权利人可以请求人民法院或仲裁机关追究违反民事义务人的法律责任。

(5) 民事责任的承担方式多种多样。违反民事义务的行为往往会侵害民事主体的财产权利，造成财产损失，因此，在实践中民事责任多体现为财产责任。但民事责任不仅限于财产责任，还包括行为责任等。

2) 建筑工程民事责任的主要承担方式

《民法典》第一百七十九条规定，"承担民事责任的方式主要有：(一)停止侵害；(二)排除妨碍；(三)消除危险；(四)返还财产；(五)恢复原状；(六)修理、重作、更换；(七)继续履行；(八)赔偿损失；(九)支付违约金；(十)消除影响、恢复名誉；(十一)赔礼道歉。法律规定惩罚性赔偿的，依照其规定。本条规定的承担民事责任的方式，可以单独适用，也可以合并适用。"

(1) 返还财产。

最高人民法院《关于审理建设工程施工合同纠纷案例适用法律问题的解释》规定，当建设工程施工合同无效、被撤销后，应当返还财产。执行返还财产的方式是"折价返还"，即承包人已经施工完成的工程，发包人按照"折价返还"的规则支付工程价款。它主要有两种方式：一是参照无效合同中的约定价款，二是按当地市场价、定额量据实结算。

(2) 修理、重作、更换。

施工合同的承包人对施工中出现质量问题的建筑工程或者竣工验收不合格的建筑工程，应当负责返修。

(3) 赔偿损失。

合同当事人由于不履行合同义务或者履行合同义务不符合约定，给对方造成财产上的损失时，违约方依法或依照合同约定应承担损害赔偿责任。

(4) 支付违约金。

按照法律规定或当事人约定，一方当事人违约时，应向另一方当事人支付违约金。

2．建筑工程行政责任

行政责任是指违反有关行政管理的法律法规规定，但尚未构成犯罪的行为，依法应承担的法律后果，包括行政处罚和行政处分。

1) 行政处罚

行政处罚的种类：警告，罚款，没收违法所得，没收非法财物，责令停产停业，暂扣或者吊销许可证，暂扣或者吊销执照，行政拘留，法律、行政法规规定的其他行政处罚。

在建筑工程领域，法律、行政法规所设定的行政处罚主要有：警告、罚款、没收违法所得、责令限期改正、责令停业整顿、取消一定期限内的投标资格、责令停止施工、降低资质等级、吊销资质证书(同时吊销营业执照)、责令停止执业、吊销执业资格证书或其他许可证等。

2) 行政处分

行政处分是指国家机关、企业事业单位对所属的国家工作人员尚不构成犯罪的违法失职行为，依据法律法规所规定的权限而给予的一种惩戒。行政处分的种类有：警告、记过、记大过、降级、撤职、开除。《建设工程质量管理条例》规定，国家机关工作人员在建设工程质量监督管理工作中玩忽职守、滥用职权、徇私舞弊，构成犯罪的，依法追究刑事责任；尚不构成犯罪的，依法给予行政处分。

3．建筑工程刑事责任

刑事责任是指因实施犯罪行为而由国家司法机关依照刑事法律对其犯罪行为及其本人所作出的否定性评价和谴责。

1) 刑事责任的特点

(1) 产生刑事责任的原因在于行为人行为的严重社会危害性。

(2) 刑事法律是追究刑事责任的唯一法律依据，罪刑法定。

(3) 刑事责任是一种惩罚性责任，因此是所有法律责任中最严厉的一种。

刑罚分为主刑和附加刑。主刑的种类有：管制、拘役、有期徒刑、无期徒刑、死刑。附加刑的种类有：罚金、剥夺政治权利、没收财产。

2) 常见的建筑工程刑事法律责任

(1) 重大责任事故罪。

《中华人民共和国刑法》(以下简称《刑法》)第一百三十四条规定："工厂、矿山、林场、建筑企业或者其他企业、事业单位的职工，由于不服管理、违反规章制度，或者强令工人违章冒险作业，因而发生重大伤亡事故或者造成其他严重后果的，处三年以下有期徒刑或者拘役；情节特别恶劣的，处三年以上七年以下有期徒刑。"

(2) 重大劳动安全事故罪。

《刑法》第一百三十五条规定："工厂、矿山、林场、建筑企业或者其他企业、事业单位的劳动安全设施不符合国家规定，经有关部门或者单位职工提出后，对事故隐患仍不采取措施，因而发生重大伤亡事故或者造成其他严重后果的，对直接责任人员，处三年以下有期徒刑或者拘役；情节特别恶劣的，处三年以上七年以下有期徒刑。"

(3) 工程重大安全事故罪。

《刑法》第一百三十七条规定："建设单位、设计单位、施工单位、工程监理单位违反国家规定，降低工程质量标准，造成重大安全事故的，对直接责任人员，处五年以下有期徒刑或者拘役，并处罚金；后果特别严重的，处五年以上十年以下有期徒刑，并处罚金。"

(4) 串通投标罪。

《刑法》第二百二十三条规定："投标人相互串通投标报价，损害招标人或者其他投标人利益，情节严重的，处三年以下有期徒刑或者拘役，并处或者单处罚金。投标人与招标人串通投标，损害国家、集体、公民的合法利益的，依照前款的规定处罚。"

应用案例 1-4

某市一栋在建住宅楼发生楼体倒覆事故，造成一名工人身亡。经调查分析，事故调查组认定这是一起重大责任事故。其直接原因是：紧贴该楼北侧短时间内堆土过高，最高处达 10 m；紧邻该楼南侧的地下车库基坑正在开挖，开挖深度为 4.6 m，大楼两侧的压力差使土体产生水平位移，过大的水平力超过了桩基的抗侧能力，导致房屋倾倒。此外，还存在以下间接原因：一是土方堆放不当。在未对天然地基进行承载力计算的情况下，开发商随意指定将开挖土方短时间内集中堆放于该楼北侧。二是开挖基坑违反相关规定。土方开挖单位在未经监理方同意、未进行有效监测、不具备相应资质的情况下，没有按照相关技术要求开挖基坑。三是监理不到位。监理方对开发商、施工方的违法违规行为未进行有效的监督管理，对施工现场的事故隐患未及时报告。四是管理不到位。开发商管理混乱，违章指挥，违法指定施工单位压缩施工工期。五是安全措施不到位。施工方对基坑开挖及土方处置未采取专项防护措施。六是围护桩施工不规范。施工方未严格按照相关要求组织施工，施工速度快于规定的技术标准要求。

事故发生后，该楼盘所在地的副区长和镇长、副镇长等公职人员，因对辖区内建设工程安全生产工作负有领导责任，分别被给予行政警告、行政记过、行政记大过处分；开发商、总包单位对事故发生负有主要责任，土方开挖单位对事故发生负有直接责任，基坑围护及桩基工程施工单位对事故发生负有一定责任，分别给予经济罚款，其中，对开发商、总包单位均处以法定最高限额罚款 50 万元，并吊销总包单位的建筑施工企业资质证书及安全生产许可证，待事故善后处理工作完成后吊销开发商的房地产开发企业资质证书；监理单位对事故发生负有重要责任，吊销其工程监理企业资质证书；工程监测单位对事故发生负有一定责任，予以通报批评处理。监理单位、土方开挖单位的法定代表人等 8 名责任人员，对事故发生负有相关责任，被处以吊销执业证书、罚款、解除劳动合同等处罚。秦某某、张某某、夏某某、陆某某、张某某、乔某某等 6 人，犯重大责任事故罪，被追究刑事责任，分别被判处有期徒刑 3~5 年。

该楼的 21 户购房户，有 11 户业主退房，10 户置换，分别获得了相应的赔偿。

问题：

1. 本案中的民事责任有哪些？
2. 本案中的行政责任有哪些？
3. 本案中的刑事责任有哪些？

案例评析：

本案中所涉及的法律关系复杂，产生多个法律责任。

1. 本案中存在着多个合同关系，这些合同关系都会产生民事责任。首先是开发商与购房者存在商品房买卖合同，由于发生楼体倒覆事故，开发商无法交付房屋，应当承担违约责任，方式是赔偿损失。

2. 本案中的行政责任有行政处分和行政处罚。副区长和镇长、副镇长等公职人员，对辖区内建设工程安全生产工作负有领导责任，分别给予行政警告、行政记过、行政记大过处分，即属于行政处分。对开发商、总包单位等处以罚款、吊销资质证书等，对责任人处以吊销执业证书、罚款等，属于行政处罚。

本案中的被告人秦某某、张某某、夏某某、陆某某、张某某、乔某某在该楼工程项目中，分别作为建设方、施工方、监理方的工作人员以及土方施工的具体实施者，在工程施工的不同岗位和环节中违反了安全管理规定，不履行或者不能正确履行或者消极履行各自的职责与义务，最终导致该楼房整体倾倒的重大工程安全事故，致 1 人死亡，并造成重大经济损失，6 名被告人均已构成重大责任事故罪，且属于情节特别恶劣，依法应予以惩处，承担相应的刑事责任。

习题与思考题

一、单选题

1. 建筑工程法律法规是指由( )制定的，旨在调整国家机关及其有关机构、企业事业单位、社会团体、公民之间在住房和城乡建筑活动中发生的各种社会关系的法律规范的总称。
   A. 国家权力机关或其授权的行政机关   B. 地方法院
   C. 公安机关   D. 地方检察院

2. 下列法律形式属于建筑行政法规的是( )。
   A. 《建筑法》   B. 《民法典》
   C. 《建设工程质量管理条例》 D. 《建筑业企业资质管理规定》

3. ( )是我国第一次以法律的形式规范建筑活动的行为。
   A. 《建筑法》   B. 《民法典》
   C. 《中华人民共和国招标投标法》   D. 《中华人民共和国环境保护法》

4. 发电厂甲与施工单位乙签订了价款为 5000 万元的固定总价建设工程承包合同，则这笔 5 000 万元的工程价款是( )。
   A. 建筑工程法律关系的主体   B. 建筑工程法律关系的客体
   C. 建筑工程法律关系的内容   D. 建筑工程法律关系内容中的义务

5. 下面不属于法律事实中的事件的是( )。
   A. 海啸   B. 暴雨   C. 战争   D. 盗窃

6. 建筑工程法律关系的内容是指( )。
   A. 法律权利和法律义务   B. 客体   C. 标的   D. 价款

二、多选题

1. 建筑工程法律法规的调整对象中，建筑活动中的社会关系包括( )。
   A. 行政管理关系   B. 经济协作关系   C. 其他民事关系
   D. 社会与自然的关系   E. 人与自然的关系

2. 《建筑法》的立法目的包括( )。
   A. 加强对建筑活动的监督管理   B. 维护建筑市场秩序
   C. 提高施工企业地位   D. 保证建筑工程安全和质量
   E. 促进建筑业健康发展

3. 可以作为建筑工程法律关系主体的国家机关包括( )。
   A. 国家权力机关   B. 国家司法机关   C. 国家检察机关
   D. 行政机关   E. 党的机关

4. 以下属于建筑工程法律法规形式的有( )。
   A. 某省人大常委会通过的《建筑市场管理条例》
   B. 住房和城乡建设部发布的《注册建造师管理办法》
   C. 某省人民政府制定的《招投标管理办法》
   D. 某市人民政府办公室下发通知要求公办学校全部向外来务工子女开放，不收取任何赞助费用
   E. 某省建设行政主管部门下发的加强安全管理的通知
5. 建筑工程法律关系的变更包括( )。
   A. 建筑工程法律关系主体的变更　　B. 合同形式的变更
   C. 纠纷解决方式的变更　　　　　　D. 建筑工程法律关系客体的变更
   E. 建筑工程法律关系内容的变更

三、简答题

1. 建筑工程法律法规调整的对象是什么？
2. 建筑工程法律法规的立法原则有哪些？
3. 简述建筑工程法律法规体系的构成。
4. 浅析建筑法的立法目的、调整对象和立法原则。
5. 建筑工程法律关系的构成要素有哪些？
6. 建筑工程法律关系产生、变更和终止的原因是什么？
7. 建筑工程民事纠纷的解决方式有哪些？请分别介绍。
8. 谈谈你对建筑工程法律责任的认识。

第2章 建筑工程许可法律法规

【学习要点及目标】

- 了解建筑工程报建制度。
- 掌握施工许可的范围、条件。
- 熟悉从业单位的资质申请与审批。
- 了解专业技术人员执业资格许可。

【核心概念】

工程报建 施工许可 资质许可 执业资格等

【引导案例】

2016 年 7 月 31 日，荔浦 A 公司与黄某签订了《荔浦 B 公司工程承包合同》，合同约定 A 公司将 B 公司第一期工程发包给黄某施工。11 月，黄某将承包项目其中的三个工程施工分包给三组农民工，共 17 人，三组工人随即进场施工。12 月 12 日，由于未给付工人施工费用，黄某出具了三份结算单(每组一份)，写明了尚欠的工程款，分别为砌体工程组 31970 元、地表工程组 28110 元、抹灰班组 29380 元，共 89460 元，最后的落款人均为黄某。由于追讨工程款未果，工人于 2018 年向荔浦市法律援助中心申请援助，将黄某、A 公司及 B 公司诉至荔浦法院，要求给付剩余钱款。经查明：黄某在庭审中确认无专业承包资质，目前已收到 A 公司给付的工程款 20 万元，尚有工程款未予结算。

请思考：工人请求黄某、A 公司、B 公司连带偿付工程款能否得到支持？法律依据是什么？

工程建设活动是人类基本生产活动的重要组成部分，同时也是专业性、技术性极强、极复杂的系统工程。随着国民经济的发展，从城市到农村，各类建设项目比比皆是，工程建设总量巨大，建筑业已经逐步发展成为国民经济的重要支柱产业之一。对建筑工程进行事前控制，审查是否具备施工的条件以及对从事施工活动的从业单位和专业技术人员进行从业资格管理，对规范建筑市场秩序、保证建筑工程质量和施工安全生产、提高投资效益、保障公民生命财产安全和国家财产安全，具有十分重要的意义。

建筑许可是指建设行政主管部门或者其他有关行政主管部门准许、变更和终止公民、法人或其他组织从事建设活动的具体行政行为，主要表现为建筑工程程序许可和从业资格许可。《建筑法》和《工程建设项目报建管理办法》对建设工程实行报建、施工许可，对建筑从业单位和从业人员资格许可进行严格管理，体现了国家对工程项目建设过程及从业主体的有效监管。

2.1　建筑工程报建

为有效地掌握建设规模，规范工程建设实施阶段程序管理，统一工程项目报建的有关规定，达到加强建筑市场管理的目的，建设行政主管部门要求建设单位或其代理机构在工程项目可行性研究报告或其他立项文件被批准后，必须向当地建设行政主管部门或其授权机构进行报建登记，交验工程项目立项的批准文件，包括银行出具的资信证明以及批准的建设用地等有关文件。

🌐 小提示

工程建设项目是指各类房屋建筑、土木工程、设备安装、管道线路敷设、装饰装修等固定资产投资的新建、扩建、改建以及技改等建设项目。

在工程建设准备阶段，工程报建是一个重要的环节，起着承上启下的作用。工程报建标志着工程建设前期准备阶段的工作已经完成，可以进入工程建设的实施阶段。

2.1.1 建筑工程报建的范围和内容

1. 建筑工程报建的范围

按照《工程建设项目报建管理办法》的规定：凡在中华人民共和国境内投资兴建的工程建设项目，包括外国独资、合资、合作的工程项目，都必须实行报建制度，接受当地建设行政主管部门或其授权机构的监督管理。工程建设项目的投资和建设规模有变化时，建设单位应及时到当地建设行政主管部门或其授权机构进行补充登记；筹建负责人变更时，应重新登记。凡未办理报建登记的工程建设项目，不得办理招标投标手续和发放施工许可证，勘察、设计、施工单位不得承接该项工程的勘察、设计和施工。

2. 建筑工程报建的内容

建筑工程报建的内容主要包括以下几方面：①工程名称；②建设地点；③投资规模；④资金来源；⑤当年投资额；⑥工程规模；⑦开工、竣工日期；⑧发包方式；⑨工程筹建情况。

2.1.2 建筑工程报建的程序

建筑工程报建由建设单位或其代理机构申请办理，一般按下列程序进行。
(1) 建设单位到建设行政主管部门或其授权机构领取《工程建设项目报建表》。
(2) 按《工程建设项目报建表》的内容及要求认真填写。
(3) 向建设行政主管部门或其授权机构报送《工程建设项目报建表》及相关材料，并按要求进行招标准备。

小提示

项目报建需提交的相关材料有：①企业法人营业执照或其他组织证明；②建设工程立项的批准文件原件和复印件；③建设单位工程专业技术人员和管理人员核定申报表；④专业技术人员和管理人员技术职称证书原件和复印件；⑤法定代表人授权委托书(委托经办人办理报建)。

(4) 接受报建的建设行政主管部门或其授权机构，对报建的文件、资料进行认真核验、审查，合格的发给《工程发包许可证》。

2.1.3 建筑工程报建的审批权限和职责

按照《工程建设项目报建管理办法》的规定，工程建设项目报建实行分级管理，分管的权限由各地自行规定。

建设行政主管部门在下列几方面对工程建设项目报建实施管理。
(1) 贯彻实施《建筑市场管理规定》和有关的方针政策。
(2) 监督管理工程项目的报建登记。
(3) 对报建的工程建设项目进行核实、分类、汇总。
(4) 向上级主管机关提供综合的工程建设项目报建情况。

(5) 查处隐瞒不报违章建设的行为。

2.2 建筑工程施工许可

建筑工程施工许可是指由国家授权有关行政主管部门,在建筑工程施工开始以前,对该项工程是否符合法定的开工条件进行审查,对符合条件的建筑工程发给施工许可证或者批准开工报告,允许该工程开工建设的一项制度。

建设单位是建设项目的投资者,做好各项施工准备工作是法定义务,因此施工许可证的申领应当由建设单位来承担。施工许可证是建设单位在建筑工程开始施工前向建设行政主管部门申请的可以施工的证明,是建设单位能够从事建筑工程开工活动的法律凭证。

2.2.1 施工许可证的适用范围

1. 需要办理施工许可证的建筑工程

《建筑法》第七条规定:"建筑工程开工前,建设单位应当按照国家有关规定向工程所在地县级以上人民政府建设行政主管部门申请领取施工许可证;但是,国务院建设行政主管部门确定的限额以下的小型工程除外。按照国务院规定的权限和程序批准开工报告的建筑工程,不再领取施工许可证。"这个规定确立了我国工程建设的施工许可制度。

《建筑工程施工许可管理办法》第二条规定:"在中华人民共和国境内从事各类房屋建筑及其附属设施的建造、装修装饰和与其配套的线路、管道、设备的安装,以及城镇市政基础设施工程的施工,建设单位在开工前应当依照本办法的规定,向工程所在地的县级以上地方人民政府住房和城乡建设主管部门(以下简称发证机关)申请领取施工许可证。"

小提示

《住房和城乡建设部办公厅关于工程总承包项目和政府采购工程建设项目办理施工许可手续有关事项的通知》中规定:各级住房和城乡建设主管部门可以根据工程总承包合同及分包合同确定设计、施工单位,依法办理施工许可证。对在工程总承包项目中承担分包工作,且已与工程总承包单位签订分包合同的设计单位或施工单位,各级住房和城乡建设主管部门不得要求其与建设单位签订设计合同或施工合同,也不得将上述要求作为申请领取施工许可证的前置条件。

对依法通过竞争性谈判或单一来源方式确定供应商的政府采购工程建设项目,应严格执行《建筑法》《建筑工程施工许可管理办法》等的规定,对符合申请条件的,应当颁发施工许可证。

2. 不需要办理施工许可证的建筑工程

1) 国务院建设行政主管部门确定的限额以下的小型工程

按照《建筑法》的规定,国务院建设行政主管部门确定的限额以下的小型工程,可以不申请办理施工许可证。

《建筑工程施工许可管理办法》第二条规定:"工程投资额在 30 万元以下或者建筑面

积在 300 平方米以下的建筑工程,可以不申请办理施工许可证。省、自治区、直辖市人民政府住房和城乡建设主管部门可以根据当地的实际情况,对限额进行调整,并报国务院住房和城乡建设主管部门备案。"

2) 按照国务院规定的权限和程序批准开工报告的建筑工程

开工报告制度是我国建设项目开工管理制度,是建设行政主管部门对建设单位开工条件进行确认的行政许可,主要审查资金到位情况、投资项目市场预测、设计图纸是否满足施工要求、现场条件是否具备"三通一平"等要求。开工报告的审批内容和施工许可证的内容基本相同,已通过国家机关的批准,因此没有必要再进行审批。

3) 抢险救灾工程及其他临时性建筑

由于此类工程的特殊性,《建筑法》第八十三条规定此类工程开工前不需要申请施工许可证。

4) 农民自建低层住宅工程

对于村庄建设规划范围内的农民自建两层(含两层)以下住宅,不受《建筑法》的调整。

5) 作为文物保护的建筑工程

《建筑法》第八十三条规定:"依法核定作为文物保护的纪念建筑物和古建筑等的修缮,依照文物保护的有关法律规定执行。"

6) 军用房屋建筑

由于此类工程涉及军事秘密,《建筑法》第八十四条规定:"军用房屋建筑工程建筑活动的具体管理办法,由国务院、中央军事委员会依据本法制定。"

应用案例 2-1

某乡镇为改善当地的经济环境,大力发展果品产业。在镇政府的倡导下,某果品加工厂决定投资 800 万元建设果汁生产分厂,计划用地 30 亩,用于水果储存加工。经镇政府土地管理科批准,颁发了《建设工程用地许可证》和《建设工程规划许可证》。在工程建设中,县建设局在巡视过程中发现了此项违规建设,责令立即停工并限期拆除非法建筑,返还农业用地。

问题:

本案中果品加工厂有何过错?应如何处理?

案例评析:

《建筑法》第七条规定:"建筑工程开工前,建设单位应当按照国家有关规定向工程所在地县级以上人民政府建设行政主管部门申请领取施工许可证。"该果品加工厂未取得施工许可证,却擅自开工建设厂房和果库,属于违反施工许可法律规定的行为。按照《建筑法》第六十四条规定:"违反本法规定,未取得施工许可证或者开工报告未经批准擅自施工的,责令改正,对不符合开工条件的责令停止施工,可以处以罚款。"《建设工程质量管理条例》第五十七条规定:"违反本条例规定,建设单位未取得施工许可证或者开工报告未经批准,擅自施工的,责令停止施工,限期改正,处工程合同价款 1%以上 2%以下的罚款。"据此,县建设局应当责令其停工并限期拆除非法建筑,返还农业用地,还可以根据具体情况处以工程合同价款 1%以上 2%以下的罚款。

此外，该果品加工厂开工建设所依据的《建设工程用地许可证》和《建设工程规划许可证》为镇政府土地管理科领发，超越了法律规定的职权，还应当依据《城乡规划法》对有关机构和责任人作出相应处罚。

2.2.2 申请领取施工许可证的条件

根据《建筑法》第八条和《建筑工程施工许可管理办法》第四条的规定，建设单位申请领取施工许可证，应当同时具备下列条件，并提交相应的证明文件。

1. 已经办理该建筑工程用地批准手续

办理用地批准手续是建筑工程依法取得土地使用权的必经程序，也是建筑工程取得施工许可的必要条件。

《土地管理法》规定，任何单位和个人进行建设，需要使用土地的，必须依法申请使用国有土地。依法申请使用的国有土地包括国家所有的土地和国家征收的原属于农民集体所有的土地。经批准的建设项目需要使用国有建设用地的，建设单位应当持法律、行政法规规定的有关文件，向有批准权的县级以上人民政府土地行政主管部门提出建设用地申请，经土地行政主管部门审查，报本级人民政府批准。

2. 依法应当办理建设工程规划许可证的，已经取得建设工程规划许可证

《中华人民共和国城乡规划法》(以下简称《城乡规划法》)第三十七条规定："在城市、镇规划区内以划拨方式提供国有土地使用权的建设项目，经有关部门批准、核准、备案后，建设单位应当向城市、县人民政府城乡规划主管部门提出建设用地规划许可申请，由城市、县人民政府城乡规划主管部门依据控制性详细规划核定建设用地的位置、面积、允许建设的范围，核发建设用地规划许可证。"

《城乡规划法》第三十八条规定："在城市、镇规划区内以出让方式提供国有土地使用权的，在国有土地使用权出让前，城市、县人民政府城乡规划主管部门应当依据控制性详细规划，提出出让地块的位置、使用性质、开发强度等规划条件，作为国有土地使用权出让合同的组成部分。未确定规划条件的地块，不得出让国有土地使用权。以出让方式取得国有土地使用权的建设项目，建设单位在取得建设项目的批准、核准、备案文件和签订国有土地使用权出让合同后，向城市、县人民政府城乡规划主管部门领取建设用地规划许可证。城市、县人民政府城乡规划主管部门不得在建设用地规划许可证中，擅自改变作为国有土地使用权出让合同组成部分的规划条件。"

建设单位在取得建设用地规划许可证后，方可向县级以上地方人民政府土地主管部门申请用地，经县级以上人民政府审批后，由土地主管部门划拨土地。

在城市、镇规划区内进行建筑物、构筑物、道路、管线和其他工程建设的，建设单位或者个人应当向城市、县人民政府城乡规划主管部门或者省、自治区、直辖市人民政府确定的镇人民政府申请办理建设工程规划许可证。

小提示

建设单位取得国有土地使用权可以通过两种方式：出让和划拨。土地使用权出让是指国家以土地所有者的身份将土地使用权在一定年限内让与土地使用者，并由土地使用者向国家支付土地使用权出让金的行为。土地使用权出让可以采取招标、拍卖、挂牌出让或者双方协议的方式。凡商业、旅游、娱乐和商品住宅等各类经营性用地，必须以招标、拍卖或者挂牌方式出让。土地使用权划拨是指有批准权的人民政府依法批准，在用地者缴纳补偿、安置等费用后将该土地交其使用，或者将土地使用权无偿交给土地使用者使用的行为。

申请办理建设工程规划许可证，应当提交使用土地的有关证明文件、建设工程设计方案等材料。需要建设单位编制修建性详细规划的建设项目，还应当提交修建性详细规划。对符合控制性详细规划和规划条件的，由城市、县人民政府城乡规划主管部门或者省、自治区、直辖市人民政府确定的镇人民政府核发建设工程规划许可证。

3. 需要拆迁的，其拆迁进度符合施工要求

通常根据建设工程项目的具体情况决定施工场地应该具备的基本施工条件，例如，已进行场区的施工测量，设置永久性经纬坐标桩、水准基桩和工程测量控制网；做好"三通一平"或"七通一平"；施工现场设安全纪律牌、施工公告牌、安全标志牌等。

《民法典》第二百四十三条规定："为了公共利益的需要，依照法律规定的权限和程序可以征收集体所有的土地和组织、个人的房屋以及其他不动产。"

需要先期进行征收的，征收进度必须满足建筑工程开始施工和连续施工的要求。

建筑工程的施工必须由具备相应资质的建筑施工企业来完成。只有确定了建筑施工企业，才具有开工的可能。因此，在建设工程开工前，建设单位必须依法通过招标或直接发包的方式确定承包该建筑工程的施工企业，并签订建筑工程承包合同，明确双方的责任、权利和义务。

4. 有满足施工需要的资金安排、施工图纸及技术资料

建设资金的落实是建筑工程开工后能否顺利实施的关键。各级住房和城乡建设主管部门要加强对建设资金落实情况的监督检查，要求建设单位申请领取施工许可证时，提供建设资金已经落实承诺书。建设单位要确保建设资金落实到位，不得提供虚假承诺。发证机关应当在施工许可证核发后一个月内对申请人履行承诺的情况进行检查，对申请人未履行承诺的，撤销施工许可决定并追究申请人的相应责任。同时，建立黑名单制度，将申请人不履行承诺的不良行为向社会公开，构建"一处失信、处处受限"的联合惩戒机制。

技术资料是建筑工程施工的重要前提条件。在建筑工程开工前，必须有满足施工需要的技术资料。技术资料包括地形、地质、水文和气象等自然条件资料和主要原材料、燃料来源、水电供应和运输条件等技术经济条件资料。

施工图设计是建筑设计的最后阶段，其内容主要包括：确定全部工程尺寸和用料，绘制建筑结构、设备等全部施工图纸，编制工程说明书、结构计算书和预算书等。

《建设工程勘察设计管理条例》规定，编制施工图设计文件，应当满足设备材料采购、非标准设备制作和施工的需要，并注明建设工程合理使用年限。

县级以上人民政府建设行政主管部门或者交通、水利等有关部门应当对施工图设计文件中涉及的公共利益、公众安全、工程建设强制性标准的内容进行审查。施工图设计文件未经审查批准的，不得使用。

> **小提示**
>
> 编制建设工程勘察、设计文件，应当以下列规定为依据：项目批准文件；城乡规划；工程建设强制性标准；国家规定的建设工程勘察、设计深度要求。
>
> 编制建设工程勘察文件，应当真实、准确，满足建设工程规划、选址、设计、岩土治理和施工的需要。

5. 有保证工程质量和安全的具体措施

建筑工程的质量直接关系人身和财产安全，是至关重要的问题，因此，在工程施工作业中必须把保证工程质量和安全放在首位。《建设工程质量管理条例》规定，建设单位在开工前，应当按照国家有关规定办理工程质量监督手续。工程质量监督手续可以与施工许可证或者开工报告合并办理。

《建设工程安全生产管理条例》规定，建设单位在申请领取施工许可证时，应当提供建设工程有关安全施工措施的资料。建设行政主管部门在审核发放施工许可证时，应当对建设工程是否有安全施工措施进行审查，对没有安全施工措施的，不得颁发施工许可证。

《建筑工程施工许可管理办法》进一步规定，施工企业编制的施工组织设计中有根据建筑工程特点制定的相应质量、安全技术措施。建立工程质量安全责任制并落实到人。专业性较强的工程项目编制了专项质量、安全施工组织设计，并按照规定办理工程质量、安全监督手续。

> **小提示**
>
> 建设单位在申请领取施工许可证时，应当提供建筑工程有关安全施工措施资料，一般包括：工程中标通知书；工程施工合同；施工现场总平面布置图；临时设施规划方案和已搭建情况；施工现场安全防护设施搭设(设置)计划、施工进度计划、安全措施费用计划；专项安全施工组织设计(方案、措施)；拟进入施工现场使用的施工起重机械设备(塔式起重机、物料提升机、外用电梯)的型号、数量；工程项目负责人、安全管理人员及特种作业人员持证上岗情况；建设单位安全监督人员名册、工程监理单位人员名册；以及其他应提交的材料。

上述各项法定条件必须同时具备，缺一不可。县级以上地方人民政府住房和城乡建设主管部门不得违反法律法规规定，增设办理施工许可证的其他条件。

应当申请领取施工许可证的建筑工程未取得施工许可证的，一律不得开工。任何单位和个人均不得将应当申请领取施工许可证的工程项目分解为若干限额以下的工程项目，规避申请领取施工许可证。

2.2.3　申请办理施工许可证的程序

建设单位申请办理施工许可证，应当按照下列程序进行。

(1) 建设单位向发证机关领取《建筑工程施工许可证申请表》。

(2) 建设单位持加盖单位及法定代表人印鉴的《建筑工程施工许可证申请表》，并附规定的证明文件，向发证机关提出申请。

(3) 发证机关在收到建设单位报送的《建筑工程施工许可证申请表》和所附证明文件后，对于符合条件的，应当自收到申请之日起 7 日内颁发施工许可证；对于证明文件不齐全或者失效的，应当当场或者 5 日内一次告知建设单位需要补正的全部内容，审批时间可以自证明文件补正齐全后作相应顺延；对于不符合条件的，应当自收到申请之日起 7 日内书面通知建设单位，并说明理由。

建筑工程在施工过程中，建设单位或者施工单位发生变更的，应当重新申请领取施工许可证。

2.2.4 施工许可证的管理

1．施工许可证的有效期与延期

建设单位应当自领取施工许可证之日起 3 个月内开工。因故不能按期开工的，应当在期满前向发证机关申请延期，并说明理由；延期以两次为限，每次不超过 3 个月。明确规定施工许可证的时长，可以督促建设单位及时开工，保证施工组织的顺利进行，提高投资效益，维护施工许可证的严肃性。

因故不能按期开工的客观原因一般是指"三通一平"没有完成，材料、构配件、必要的施工设备等没有按照计划进场。

2．施工许可证的自行废止

施工许可证自行废止有两种情况：一是自领取之日起 3 个月内未开工，又没有申请延期；二是超过延期的次数和时限，即建设单位在申请的延期内仍没有开工。施工许可证废止后，建设单位需按规定重新领取施工许可证方可开工。

3．中止施工与恢复施工

为了加强对建筑施工的监督管理，保证建筑工程质量和安全生产，《建筑法》和《建筑工程施工许可管理办法》都对中止施工和恢复施工作出了明确规定。

在建的建筑工程因故中止施工的，建设单位应当自中止施工之日起一个月内向发证机关报告，报告内容包括中止施工的时间、原因、在施部位、维修管理措施等，并按照规定做好建筑工程的维护管理工作。

建筑工程恢复施工时，应当向发证机关报告；中止施工满一年的工程恢复施工前，建设单位应当报发证机关核验施工许可证。

中止施工是指建筑工程开工后，在施工过程中因为发生特殊情况而暂时停止施工的一种行为。在建筑工程施工过程中，造成中止施工的特殊情况主要有以下几方面。

(1) 地震、洪水、台风等不可抗力事件。
(2) 宏观调控压缩基建规模。
(3) 停建、缓建在建工程。
(4) 建设资金不到位等。

恢复施工是指建筑工程中止施工后，造成中止施工的情况消除，建设单位可以继续进行施工的一种行为。建筑工程恢复施工时，中止施工不满一年的，建设单位应当向发证机关报告恢复施工的有关情况；中止施工满一年的工程在恢复施工前，建设单位应当报发证机关核验施工许可证。发证机关重新确定其是否仍具备组织施工的条件,对于符合条件的,施工许可证继续有效,允许恢复施工;对于不符合条件的,收回施工许可证,不允许恢复施工,待具备条件后,建设单位重新申领施工许可证。

4. 建筑工程开工报告的管理

按照国务院规定的权限和程序批准开工报告的建筑工程,不再领取施工许可证。按照国务院有关规定批准开工报告的建筑工程,因故不能按期开工或者中止施工的,应当及时向批准机关报告情况。因故不能按期开工超过 6 个月的,应当重新办理开工报告的批准手续。

在施工过程中,因发生特殊情况而中途停止施工的,建设单位应当尽快向发证机关报告中止施工的有关情况,包括中止施工的时间、原因、施工现状、维护管理措施等。

5. 未取得施工许可证或者开工报告未经批准擅自开工的后果

《建筑法》第六十四条规定:"违反本法规定,未取得施工许可证或者开工报告未经批准擅自施工的,责令改正,对不符合开工条件的责令停止施工,可以处以罚款。"

《建筑工程施工许可管理办法》第十二条规定:"对于未取得施工许可证或者为规避办理施工许可证将工程项目分解后擅自施工的,由有管辖权的发证机关责令停止施工,限期改正,对建设单位处工程合同价款 1%以上 2%以下罚款;对施工单位处 3 万元以下罚款。"

应用案例 2-2

2019 年 1 月 9 日,台州市椒江区综合行政执法局的执法人员在巡查过程中发现,某项目 C 地块工地(位于台州市椒江区)涉嫌在未取得施工许可证的情况下,擅自进行围护桩基施工作业。当事人 A 置业有限公司作为建设单位,具有房地产开发企业资质,于 2019 年 1 月 8 日取得《建设工程规划许可证》后,为了加快工程进度,在未取得施工许可证的情况下,将基坑围护工程承包给当事人 B 建设有限公司进行施工作业。据 A 公司提供的《某项目 C 地块围护桩基工程合同》,确认该地块围护桩基工程合同价款为 10219137.25 元。经仔细核实相关材料,执法人员立即依法向 A 公司项目负责人孙某、B 公司现场负责人严某送达《责令停止违法(章)行为通知书》,要求立即停止施工行为。

问题:

1. 施工许可证应该由谁负责领取?
2. 各违法主体应承担什么法律责任?

案例评析:

1. 《建筑法》第七条规定:"建筑工程开工前,建设单位应当按照国家有关规定向工程所在地县级以上人民政府建设行政主管部门申请领取施工许可证。"因此,申领施工许可证的主体应当为 A 公司,即该项目的建设单位。

2. 该项目在未取得施工许可证的情况下进行围护桩基施工,其行为已违反了《建筑工程施工许可管理办法》第三条的规定:应当申请领取施工许可证的建筑工程未取得施工许可证的,一律不得开工。

《建筑工程施工许可管理办法》第十二条规定:"对于未取得施工许可证或者为规避

办理施工许可证将工程项目分解后擅自施工的,由有管辖权的发证机关责令停止施工,限期改正,对建设单位处工程合同价款1%以上2%以下罚款;对施工单位处3万元以下罚款。"

第十五条规定:依照本办法规定,给予单位罚款处罚的,对单位直接负责的主管人员和其他直接责任人员处单位罚款数额5%以上10%以下罚款。单位及相关责任人受到处罚的,作为不良行为记录予以通报。

根据《建筑工程施工许可管理办法》第十二条及第十五条的规定,建设单位、建设单位直接负责的主管人员和其他直接责任人员、施工单位直接负责的主管人员和其他直接责任人员都是本案违法主体。该局经集体讨论后,责令A公司立即补办施工许可手续,并作出以下行政处罚。

(1) 对A公司处以基坑围护工程合同价款1.5%的罚款,计153287.06元。
(2) 对孙某处以A置业有限公司罚款数额10%的罚款,计15328.71元。
(3) 对B公司处以罚款计5000元。
(4) 对严某处以B公司罚款数额10%的罚款,计500元。

2019年1月17日,台州市椒江区综合行政执法局将本案办结情况抄告给台州市住房和城乡建设局椒江分局,由台州市住房与城乡建设局椒江分局对当事人的不良行为予以通报。

2.3 从业单位资格许可

为了建立和维护建筑市场的正常秩序,确立建筑活动主体进入建筑市场从事建筑活动的准入规则,世界绝大多数国家都对从事建筑活动的主体必须具备的资格作出了严格规定,要求从事建筑工程的新建、扩建、改建和拆除等活动的单位,必须在资金、技术、装备等方面具备相应的资质条件。我国《建筑法》《建筑业企业资质管理规定》规定了从事建筑活动的建筑施工企业、勘察单位、设计单位、工程监理单位等进入建筑市场应当具备的条件和资质审查制度。从业单位资格许可包括从业单位的条件和从业单位的资质。

2.3.1 从业单位的条件

《建筑法》第十二条规定,从事建筑活动的建筑施工企业、勘察单位、设计单位和工程监理单位,应当具备下列条件。

1. 有符合国家规定的注册资本

注册资本是指从事建筑活动的单位在按照国家有关规定进行注册登记时,申报并确定的资金总额。它反映的是企业法人的财产权,也是判断企业经济力量的依据。建筑施工企业、勘察单位、设计单位和工程监理单位在申请设立注册登记时,应当达到国家规定的注册资本的数量标准。如《建筑业企业资质标准》中规定建筑工程施工总承包特级资质要求企业注册资本金3亿元以上。

2. 有与其从事的建筑活动相适应的主要人员

建筑活动的专业性、技术性决定从事建筑活动的企业和单位不仅需要懂经营、懂管理的经营管理人员,更需要有与其从事的建筑活动相适应的专业技术人员。但为了简化企业资质考核指标，住房和城乡建设部《关于简化建筑业企业资质标准部分指标的通知》(建市〔2016〕226号)要求，除各类别最低等级资质外，取消关于注册建造师、中级以上职称人员、持有岗位证书的现场管理人员、技术工人的指标考核，取消通信工程施工总承包三级资质标准中关于注册建造师的指标考核。

住房和城乡建设部办公厅《关于取消建筑业企业最低等级资质标准现场管理人员指标考核的通知》(建办市〔2018〕53号)进一步要求，取消建筑业企业最低等级资质标准中关于持有岗位证书现场管理人员的指标考核。

3．有从事相关建筑活动所应有的技术装备

从事建筑活动的建筑施工企业、勘察单位、设计单位和工程监理单位必须有从事相关建筑活动所应有的技术装备，否则建筑活动无法正常进行。如从事建筑施工活动，必须有相应的施工机械设备与质量检验测试手段等，没有相应的技术装备，不得从事建筑活动。

4．法律、行政法规规定的其他条件

建筑施工企业、勘察单位、设计单位和监理单位除了应具备以上三项条件外，还应当具备法律、行政法规规定的从事经营活动所具备的其他条件。

小提示

《中华人民共和国公司法》(以下简称《公司法》)规定，设立有限责任公司，应当具备下列条件：股东符合法定人数；有符合公司章程规定的全体股东认缴的出资额；股东共同制定公司章程；有公司名称，建立符合有限责任公司要求的组织机构；有公司住所。设立股份有限公司，应当具备下列条件：发起人符合法定人数；有符合公司章程规定的全体发起人认购的股本总额或者募集的实收股本总额；股份发行、筹办事项符合法律规定；发起人制定公司章程，采用募集方式设立的经创立大会通过；有公司名称，建立符合股份有限公司要求的组织机构；有公司住所。

2.3.2 从业单位的资质

从事建筑活动的建筑施工企业、勘察单位、设计单位和工程监理单位的资质等级，是反映这些单位从事建筑活动的经济、技术能力和水平的标志，规定从事建筑活动的单位只能在其经依法核定的资质等级许可的范围内从事有关建筑活动，是保证建筑工程质量、维护建筑市场正常秩序的重要措施，所有从事建筑活动的单位必须严格执行。

《建筑法》第十三条规定："从事建筑活动的建筑施工企业、勘察单位、设计单位和工程监理单位，按照其拥有的注册资本、专业技术人员、技术装备和已完成的建筑工程业绩等资质条件，划分为不同的资质等级，经资质审查合格，取得相应等级的资质证书后，方可在其资质等级许可的范围内从事建筑活动。"

《建筑业企业资质管理规定》第三条规定："企业应当按照其拥有的资产、主要人员、已完成的工程业绩和技术装备等条件申请建筑业企业资质，经审查合格，取得建筑业企业资质证书后，方可在资质许可的范围内从事建筑施工活动。"

1. 建筑业企业资质管理

1) 资质等级与资质标准

建筑业企业资质分为施工总承包资质、专业承包资质、施工劳务资质三个序列。

施工总承包资质、专业承包资质按照工程性质和技术特点分别划分为若干资质类别，各资质类别按照规定的条件划分为若干资质等级。施工劳务资质不分类别与等级。

建筑业企业资质标准和取得相应资质的企业可以承担工程的具体范围，由国务院住房和城乡建设主管部门会同国务院有关部门制定。

小提示

按照《建筑业企业资质标准》的规定，施工总承包资质序列设有12个类别，分别是：建筑工程施工总承包、公路工程施工总承包、铁路工程施工总承包、港口与航道工程施工总承包、水利水电工程施工总承包、电力工程施工总承包、矿山工程施工总承包、冶金工程施工总承包、石油化工工程施工总承包、市政公用工程施工总承包、通信工程施工总承包、机电工程施工总承包。

专业承包序列设有36个类别，分别是：地基基础工程专业承包、起重设备安装工程专业承包、预拌混凝土专业承包、电子与智能化工程专业承包、消防设施工程专业承包、防水防腐保温工程专业承包、桥梁工程专业承包、隧道工程专业承包、钢结构工程专业承包、模板脚手架专业承包、建筑装修装饰工程专业承包、建筑机电安装工程专业承包、建筑幕墙工程专业承包、古建筑工程专业承包、城市及道路照明工程专业承包、公路路面工程专业承包、公路路基工程专业承包、公路交通工程专业承包、铁路电务工程专业承包、铁路铺轨架梁工程专业承包、铁路电气化工程专业承包、机场场道工程专业承包、民航空管工程及机场弱电系统工程专业承包、机场目视助航工程专业承包、港口与海岸工程专业承包、航道工程专业承包、通航建筑物工程专业承包、港航设备安装及水上交管工程专业承包、水工金属结构制作与安装工程专业承包、水利水电机电安装工程专业承包、河湖整治工程专业承包、输变电工程专业承包、核工程专业承包、海洋石油工程专业承包、环保工程专业承包、特种工程专业承包。

施工总承包资质一般分为四个等级，即特级、一级、二级和三级。

(1) 申请特级资质，必须具备以下条件。

① 企业资信能力：企业注册资本金3亿元以上；企业净资产3.6亿元以上；企业近3年上缴建筑业营业税均在5000万元以上；企业银行授信额度近3年均在5亿元以上。

② 企业主要管理人员和专业技术人员要求：企业经理具有10年以上从事工程管理工作经历；技术负责人具有15年以上从事工程技术管理工作经历，且具有工程序列高级职称及一级注册建造师或注册工程师执业资格；主持完成过两项及以上施工总承包一级资质要求的代表工程的技术工作或甲级设计资质要求的代表工程或合同额2亿元以上的工程总承包项目；财务负责人具有高级会计师职称及注册会计师资格；企业具有注册一级建造师(一级项目经理)50人以上；企业具有本类别相关的行业工程设计甲级资质标准要求的专业技术人员。

③ 科技进步水平：企业具有省部级(或相当于省部级水平)及以上的企业技术中心；企业近3年科技活动经费支出平均达到营业额的0.5%以上；企业已建立内部局域网或管理信

息平台，实现了内部办公、信息发布、数据交换的网络化；已建立并开通了企业外部网站；使用了综合项目管理信息系统和人事管理系统、工程设计相关软件，实现了档案管理和设计文档管理。

④ 企业工程业绩：近 5 年承担过下列五项工程总承包或施工总承包项目中的三项，且工程质量合格：高度 100 米以上的建筑物；28 层以上的房屋建筑工程；单体建筑面积 5 万平方米以上的房屋建筑工程；钢筋混凝土结构单跨 30 米以上的建筑工程或钢结构单跨 36 米以上的房屋建筑工程；单项建安合同金额 2 亿元以上的房屋建筑工程。

(2) 申请一级资质，必须具备以下条件。

① 企业资产：净资产 1 亿元以上。

② 企业主要人员：技术负责人具有 10 年以上从事工程施工技术管理工作经历，且具有结构专业高级职称。

③ 企业工程业绩：近 5 年承担过下列四类中的两类工程的施工总承包或主体工程承包，且工程质量合格：地上 25 层以上的民用建筑工程一项或地上 18~24 层的民用建筑工程 2 项；高度 100 米以上的构筑物工程一项或高度 80~100 米(不含)的构筑物工程两项；建筑面积 12 万平方米以上的建筑工程一项或建筑面积 10 万平方米以上的建筑工程两项；钢筋混凝土结构单跨 30 米以上(或钢结构单跨 36 米以上)的建筑工程一项或钢筋混凝土结构单跨 27~30 米(不含)(或钢结构单跨 30~36 米(不含))的建筑工程两项。

(3) 申请二级资质，必须具备以下条件。

① 企业资产：净资产 4000 万元以上。

② 企业主要人员：技术负责人具有 8 年以上从事工程施工技术管理工作经历，且具有结构专业高级职称或建筑工程专业一级注册建造师执业资格。

③ 企业工程业绩：近 5 年承担过下列四类中的两类工程的施工总承包或主体工程承包，且工程质量合格：地上 12 层以上的民用建筑工程一项或地上 8~11 层的民用建筑工程两项；高度 50 米以上的构筑物工程一项或高度 35~50 米(不含)的构筑物工程两项；建筑面积 6 万平方米以上的建筑工程一项或建筑面积 5 万平方米以上的建筑工程两项；钢筋混凝土结构单跨 21 米以上(或钢结构单跨 24 米以上)的建筑工程一项或钢筋混凝土结构单跨 18~21 米(不含)(或钢结构单跨 21~24 米(不含))的建筑工程两项。

(4) 申请三级资质，必须具备以下条件。

① 企业资产：净资产 800 万元以上。

② 企业主要人员：建筑工程、机电工程专业注册建造师合计不少于 5 人，其中建筑工程专业注册建造师不少于 4 人；技术负责人具有 5 年以上从事工程施工技术管理工作经历，且具有结构专业中级以上职称或建筑工程专业注册建造师执业资格；建筑工程相关专业中级以上职称人员不少于 6 人，且结构、给排水、电气等专业齐全；持有岗位证书的施工现场管理人员不少于 15 人，且施工员、质量员、安全员、机械员、造价员、劳务员等人员齐全；经考核或培训合格的中级工以上技术工人不少于 30 人；技术负责人(或注册建造师)主持完成过本类别资质二级以上标准要求的工程业绩不少于两项。

2) 承包工程范围

(1) 特级资质。

① 取得施工总承包特级资质的企业可承担本类别各等级工程施工总承包、设计及开

展工程总承包和项目管理业务。

② 取得房屋建筑、公路、铁路、市政公用、港口与航道、水利水电等专业中任意一项施工总承包特级资质和其中两项施工总承包一级资质，即可承接上述各专业工程的施工总承包、工程总承包和项目管理业务，及开展相应设计主导专业人员齐备的施工图设计业务。

③ 取得房屋建筑、矿山、冶炼、石油化工、电力等专业中任意一项施工总承包特级资质和其中两项施工总承包一级资质，即可承接上述各专业工程的施工总承包、工程总承包和项目管理业务，及开展相应设计主导专业人员齐备的施工图设计业务。

(2) 一级资质。

可承担下列建筑工程的施工。

① 高度 200 米以下的工业、民用建筑工程。

② 高度 240 米以下的构筑物工程。

(3) 二级资质。

可承担下列建筑工程的施工。

① 高度 100 米以下的工业、民用建筑工程。

② 高度 120 米以下的构筑物工程。

③ 建筑面积 15 万平方米以下的建筑工程。

④ 单跨跨度 39 米以下的建筑工程。

(4) 三级资质。

可承担下列建筑工程的施工。

① 高度 50 米以下的工业、民用建筑工程。

② 高度 70 米以下的构筑物工程。

③ 建筑面积 8 万平方米以下的建筑工程。

④ 单跨跨度 27 米以下的建筑工程。

3) 资质申请与许可

(1) 建筑业企业资质管理体制。

《建筑业企业资质管理规定》规定：国务院住房和城乡建设主管部门负责全国建筑业企业资质的统一监督管理。国务院交通运输、水利、工业信息化等有关部门配合国务院住房和城乡建设主管部门实施相关资质类别建筑业企业资质的管理工作。

省、自治区、直辖市人民政府住房和城乡建设主管部门负责本行政区域内建筑业企业资质的统一监督管理。省、自治区、直辖市人民政府交通运输、水利、通信等有关部门配合同级住房和城乡建设主管部门实施本行政区域内相关资质类别建筑业企业资质的管理工作。

企业违法从事建筑活动的，违法行为发生地的县级以上地方人民政府住房和城乡建设主管部门或者其他有关部门应当依法查处，并将违法事实、处理结果或者处理建议及时告知该建筑业企业资质的许可机关。

(2) 资质申请。

企业可以申请一项或多项建筑业企业资质。企业首次申请或增项申请资质，应当申请最低等级资质。

企业申请建筑业企业资质，应当提交以下材料：建筑业企业资质申请表及相应的电子文档；企业营业执照正副本复印件；企业章程复印件；企业资产证明文件复印件；企业主要人员证明文件复印件；企业资质标准要求的技术装备的相应证明文件复印件；企业安全生产条件有关材料复印件；按照国家规定应提交的其他材料。

住房和城乡建设部办公厅《关于实行建筑业企业资质审批告知承诺制的通知》(建办市〔2019〕20号)中规定，我部负责审批的建筑工程、市政公用工程施工总承包一级资质(不含重新核定、延续)实行告知承诺审批。企业根据建设工程企业资质标准作出符合审批条件的承诺，我部依据企业承诺直接办理相关资质审批手续，不再要求企业提交证明材料。着力强化审批事中事后监管力度，实现对企业承诺的业绩现场核查全覆盖。对以虚构、造假等欺骗手段取得资质的企业，依法撤销其相应资质，并列入建筑市场主体"黑名单"。

(3) 资质许可。

下列建筑业企业资质，由国务院住房和城乡建设主管部门许可。

① 施工总承包资质序列特级资质、一级资质及铁路工程施工总承包二级资质。

② 专业承包资质序列公路、水运、水利、铁路、民航方面的专业承包一级资质及铁路、民航方面的专业承包二级资质；涉及多个专业的专业承包一级资质。

申请上述所列资质的，应当向企业工商注册所在地省、自治区、直辖市人民政府住房和城乡建设主管部门提出申请。其中，国务院国有资产管理部门直接监管的建筑企业及其下属一层级的企业，可以由国务院国有资产管理部门直接监管的建筑企业向国务院住房和城乡建设主管部门提出申请。

省、自治区、直辖市人民政府住房和城乡建设主管部门应当自受理申请之日起20个工作日内初审完毕，并将初审意见和申请材料报国务院住房和城乡建设主管部门。

国务院住房和城乡建设主管部门应当自省、自治区、直辖市人民政府住房和城乡建设主管部门受理申请材料之日起60个工作日内完成审查，公示审查意见，公示时间为10个工作日。其中，涉及公路、水运、水利、通信、铁路、民航等方面资质的，由国务院住房和城乡建设主管部门会同国务院有关部门审查。

下列建筑业企业资质，由企业工商注册所在地省、自治区、直辖市人民政府住房和城乡建设主管部门许可。

① 施工总承包资质序列二级资质及铁路、通信工程施工总承包三级资质。

② 专业承包资质序列一级资质(不含公路、水运、水利、铁路、民航方面的专业承包一级资质及涉及多个专业的专业承包一级资质)。

③ 专业承包资质序列二级资质(不含铁路、民航方面的专业承包二级资质)；铁路方面专业承包三级资质；特种工程专业承包资质。

以上资质许可程序由省、自治区、直辖市人民政府住房和城乡建设主管部门依法确定，并向社会公布。

下列建筑业企业资质，由企业工商注册所在地设区的市人民政府住房和城乡建设主管部门许可。

① 施工总承包资质序列三级资质(不含铁路、通信工程施工总承包三级资质)。

② 专业承包资质序列三级资质(不含铁路方面专业承包资质)及预拌混凝土、模板脚手架专业承包资质。

③ 施工劳务资质。

④ 燃气燃烧器具安装、维修企业资质。

以上资质许可程序由设区的市级人民政府住房和城乡建设主管部门依法确定,并向社会公布。

(4) 不予批准资质升级申请和增项申请的规定。

企业申请建筑业企业资质升级、资质增项,在申请之日起前一年至资质许可决定作出前,有下列情形之一的,资质许可机关不予批准其建筑业企业资质升级申请和增项申请:超越本企业资质等级或以其他企业的名义承揽工程,或允许其他企业或个人以本企业的名义承揽工程的;与建设单位或企业之间相互串通投标,或以行贿等不正当手段谋取中标的;未取得施工许可证擅自施工的;将承包的工程转包或违法分包的;违反国家工程建设强制性标准施工的;恶意拖欠分包企业工程款或者劳务人员工资的;隐瞒或谎报、拖延报告工程质量安全事故,破坏事故现场、阻碍对事故调查的;按照国家法律、法规和标准规定需要持证上岗的现场管理人员和技术工种作业人员未取得证书上岗的;未依法履行工程质量保修义务或拖延履行保修义务的;伪造、变造、倒卖、出租、出借或者以其他形式非法转让建筑业企业资质证书的;发生过较大以上质量安全事故或者发生过两起以上一般质量安全事故的;其他违反法律、法规的行为。

(5) 资质证书的延续与变更。

资质证书有效期为 5 年。建筑业企业资质证书有效期届满,企业继续从事建筑施工活动的,应当于资质证书有效期届满 3 个月前,向原资质许可机关提出延续申请。

资质许可机关应当在建筑业企业资质证书有效期届满前作出是否准予延续的决定;逾期未作出决定的,视为准予延续。

企业在建筑业资质证书有效期内名称、地址、注册资本、法定代表人等发生变更的,应当在工商部门办理变更手续后 1 个月内办理资质证书变更手续。

由国务院住房和城乡建设主管部门颁发的建筑业企业资质证书的变更,企业应当向企业工商注册所在地省、自治区、直辖市人民政府住房和城乡建设主管部门提出变更申请,省、自治区、直辖市人民政府住房和城乡建设主管部门应当自受理申请之日起 2 日内将有关变更证明材料报国务院住房和城乡建设主管部门,由国务院住房和城乡建设主管部门在 2 日内办理变更手续。

前述规定以外的资质证书的变更,由企业工商注册所在地的省、自治区、直辖市人民政府住房和城乡建设主管部门或者设区的市人民政府住房和城乡建设主管部门依法另行规定。变更结果应当在资质证书变更后 15 日内,报国务院住房和城乡建设主管部门备案。

涉及公路、水运、水利、通信、铁路、民航等方面的建筑业企业资质证书的变更,办理变更手续的住房和城乡建设主管部门应当将建筑业企业资质证书变更情况告知同级有关部门。

企业需更换、遗失补办建筑业企业资质证书的,应当持建筑业企业资质证书更换、遗失补办申请等材料向资质许可机关申请办理。资质许可机关应当在 2 个工作日内办理完毕。

企业遗失建筑业企业资质证书的,在申请补办前应当在公众媒体上刊登遗失声明。

企业发生合并、分立、重组以及改制等事项,需承继原建筑业企业资质的,应当申请重新核定建筑业企业资质等级。

(6) 资质证书的撤回、撤销和注销。

取得建筑业企业资质证书的企业不再符合相应建筑业企业资质标准要求条件的,县级以上地方人民政府住房和城乡建设主管部门、其他有关部门,应当责令其限期改正并向社会公告,整改期限最长不超过 3 个月;企业整改期间不得申请建筑业企业资质的升级、增项,不能承揽新的工程;逾期仍未达到建筑业企业资质标准要求条件的,资质许可机关可以撤回其建筑业企业资质证书。

被撤回建筑业企业资质证书的企业,可以在资质证书被撤回后 3 个月内,向资质许可机关提出核定低于原等级同类别资质的申请。

有下列情形之一的,资质许可机关应当撤销建筑业企业资质:资质许可机关工作人员滥用职权、玩忽职守准予资质许可的;超越法定职权准予资质许可的;违反法定程序准予资质许可的;对不符合资质标准条件的申请企业准予资质许可的;依法可以撤销资质许可的其他情形。

以欺骗、贿赂等不正当手段取得资质许可的,应当予以撤销。

有下列情形之一的,资质许可机关应当依法注销建筑业企业资质,并向社会公布其建筑业企业资质证书作废,企业应当及时将建筑业企业资质证书交回资质许可机关:资质证书有效期届满,未依法申请延续的;企业依法终止的;资质证书依法被撤回、撤销或吊销的;企业提出注销申请的;法律、法规规定的应当注销建筑业企业资质的其他情形。

应用案例 2-3

某村镇企业(以下简称甲方)与本村具有维修和承建小型非生产性建筑工程资质的工程队(以下简称乙方)订立了建筑工程承包合同。合同规定:乙方为甲方建设框架结构的厂房,总造价为 98.9 万元;承包方式为包工包料;开、竣工日期为 2008 年 11 月 2 日至 2010 年 3 月 10 日。自开工至 2010 年年底,甲方付给乙方工程款共 101.6 万元,到合同规定的竣工期限工程仍未能完工,并且部分工程质量不符合要求。因此,双方发生纠纷。

问题:

1. 本案中的乙方有何违法行为?
2. 本案中的违法行为应当承担哪些法律责任?

案例评析:

《建筑法》和《建设工程质量管理条例》均明确规定,禁止施工单位超越本单位资质等级许可的业务范围承揽工程。本案中乙方资质证书的经营范围仅为维修和承建小型非生产性建筑工程,其违法行为是超越资质等级许可的业务范围承揽框架结构的生产性厂房工程。同时,甲方将工程发包给不具有相应资质条件的承包单位,也构成了违法行为。

《建筑法》第六十五条规定:"发包单位将工程发包给不具有相应资质条件的承包单位的,或者违反本法规定将建筑工程肢解发包的,责令改正,处以罚款。超越本单位资质等级承揽工程的,责令停止违法行为,处以罚款,可以责令停业整顿,降低资质等级;情节严重的,吊销资质证书;有违法所得的,予以没收。"《建设工程质量管理条例》第五十四条规定:"建设单位将建设工程发包给不具有相应资质等级的勘察、设计施工单位,或者委托给不具有相应资质等级的工程监理单位的,责令改正,处 50 万元以上 100 万元以下的罚款。"第六十条规定:"勘察、设计、施工、工程监理单位超越本单位资质等级承揽工程的,责令停止违法行为,对勘察、设计单位或者工程监理单位处合同约定的勘察费、设计费或监理酬金 1 倍以上 2 倍以下的罚款，对施工单位处工程合同价款 2%以上 4%以下的罚款，可以责令停业整顿，降低资质等级；情节严重的，吊销资质证书；有违法所得的，予以没收。"据此，本案中的甲方、乙方应当分别受到相应的处罚。

2. 建筑工程勘察设计企业资质

《建设工程勘察设计资质管理规定》对勘察设计企业的资质等级及标准、申请与审批、业务范围等作出了明确规定。从事建设工程勘察、工程设计活动的企业，应当按照其拥有的注册资本、专业技术人员、技术装备和勘察设计业绩等条件申请资质，经审查合格，取得建设工程勘察、工程设计资质证书后，方可在资质许可范围内从事建设工程勘察、工程设计活动。

1) 资质等级

工程勘察资质分为工程勘察综合资质、工程勘察专业资质、工程勘察劳务资质；综合类包括工程勘察所有的专业；专业类是指岩土工程、水文地质勘察、工程测量专业资质，其中岩土工程专业类可以是岩土工程勘察、设计、物探测试检测监测等岩土工程(分项)专业资质；劳务类是指岩土工程钻探和凿井。

工程勘察综合资质只设甲级；岩土工程、岩土工程设计、岩土工程物探测试检测监测专业资质设甲、乙两个级别；岩土工程勘察、水文地质勘察、工程测量专业资质设甲、乙、丙三个级别。工程勘察劳务资质不分等级。

工程设计资质分为工程设计综合资质、工程设计行业资质、工程设计专业资质和工程设计专项资质。

工程设计综合资质只设甲级；工程设计行业资质、工程设计专业资质、工程设计专项资质设甲、乙级两个级别。根据工程性质和技术特点，个别行业、专业、专项资质可以设丙级，建筑工程专业资质可以设丁级。

2) 承担业务范围

取得工程勘察综合资质的企业可以承担各专业(海洋工程勘察除外)、各等级工程勘察业务；取得工程勘察专业资质的企业，可以承接相应等级相应专业的工程勘察业务；取得工程勘察劳务资质的企业可以承担岩土工程治理、工程钻探、凿井等工程勘察劳务业务。

取得工程设计综合资质的企业，可以承接各行业、各等级的建设工程设计业务。取得工程设计行业资质的企业，可以承接相应行业相应等级的工程设计业务及本行业范围内同级别的相应专业、专项(设计施工一体化资质除外)工程设计业务。取得工程设计专业资质的企业，可以承接本专业相应等级的专业工程设计业务及同级别的相应专项工程设计业务(设计施工一体化资质除外)。取得工程设计专项资质的企业，可以承接本专项相应等级的专项工程设计业务。

3. 建筑工程监理企业资质

为了加强工程监理企业的资质管理，规范建设工程监理活动，维护建筑市场秩序，从事建设工程监理活动的企业，应当按照本规定取得工程监理企业资质，并在工程监理企业资质证书许可的范围内从事工程监理活动。

1) 资质等级和资质标准

工程监理企业资质分为综合资质、专业资质和事务所资质。其中，专业资质按照工程性质和技术特点划分为若干工程类别。

综合资质、事务所资质不分级别。专业资质分为甲级、乙级；其中，房屋建筑、水利水电、公路和市政公用专业资质可设立丙级。

2) 业务范围

综合资质可以承担所有专业工程类别建设工程项目的工程监理业务。

专业资质甲级资质可承担相应专业工程类别建设工程项目的工程监理业务。

专业资质乙级可承担相应专业工程类别二级以下(含二级)建设工程项目的工程监理业务。

专业资质丙级可承担相应专业工程类别三级建设工程项目的工程监理业务。

事务所资质可承担三级建设工程项目的工程监理业务，但是，国家规定必须实行强制监理的工程除外。

工程监理企业可以开展相应类别建设工程的项目管理、技术咨询等业务。

3) 资质申请与审批

申请综合资质、专业甲级资质的，可以向企业工商注册所在地的省、自治区、直辖市人民政府住房和城乡建设主管部门提交申请材料。

省、自治区、直辖市人民政府住房和城乡建设主管部门收到申请材料后，应当在5日内将全部申请材料报审批部门，并将初审意见和申请材料报国务院住房和城乡建设主管部门。

国务院住房和城乡建设主管部门应当自省、自治区、直辖市人民政府建设主管部门受理申请材料之日起20日内作出审批决定，公示审查结果，公示时间为10日。其中，涉及铁路、交通、水利、通信、民航等专业工程监理资质的，由国务院住房和城乡建设主管部门送国务院有关部门审核。国务院有关部门应当在15日内审核完毕，并将审核意见报国务院住房和城乡建设主管部门。国务院住房和城乡建设主管部门根据初审意见审批。

专业乙级、丙级资质和事务所资质由企业所在地省、自治区、直辖市人民政府住房和城乡建设主管部门审批。

专业乙级、丙级资质和事务所资质许可。延续的实施程序由省、自治区、直辖市人民政府住房和城乡建设主管部门依法确定。

省、自治区、直辖市人民政府住房和城乡建设主管部门应当自作出决定之日起10日内，将准予资质许可的决定报国务院住房和城乡建设主管部门备案。

工程监理企业资质证书的有效期为5年。

资质有效期届满，工程监理企业需要继续从事工程监理活动的，应当在资质证书有效期届满60日前，向原资质许可机关申请办理延续手续。

对在资质有效期内遵守有关法律、法规、规章、技术标准，信用档案中无不良记录，且专业技术人员满足资质标准要求的企业，经资质许可机关同意，有效期延续5年。

工程监理企业不得有下列行为。

(1) 与建设单位串通投标或者与其他工程监理企业串通投标，以行贿手段谋取中标。

(2) 与建设单位或者施工单位串通弄虚作假、降低工程质量。

(3) 将不合格的建设工程、建筑材料、建筑构配件和设备按照合格签字。

(4) 超越本企业资质等级或以其他企业名义承揽监理业务。

(5) 允许其他单位或个人以本企业的名义承揽工程。
(6) 将承揽的监理业务转包。
(7) 在监理过程中实施商业贿赂。
(8) 涂改、伪造、出借、转让工程监理企业资质证书。
(9) 其他违反法律、法规的行为。
4) 监督与管理

县级以上人民政府建设主管部门和其他有关部门应当依照有关法律、法规和《工程监理企业资质管理规定》，加强对工程监理企业资质的监督管理。

工程监理企业违法从事工程监理活动的，违法行为发生地的县级以上地方人民政府建设主管部门应当依法查处，并将违法事实、处理结果或处理建议及时报告该工程监理企业资质的许可机关。

工程监理企业取得工程监理企业资质后不再符合相应资质条件的，资质许可机关根据利害关系人的请求或者依据职权，可以责令其限期改正；逾期不改的，可以撤回其资质。

以欺骗、贿赂等不正当手段取得工程监理企业资质证书的，应当予以撤销。

有下列情形之一的，工程监理企业应当及时向资质许可机关提出注销资质的申请，交回资质证书，国务院建设主管部门应当办理注销手续，公告其资质证书作废。
(1) 资质证书有效期届满，未依法申请延续的。
(2) 工程监理企业依法终止的。
(3) 工程监理企业资质依法被撤销、撤回或吊销的。
(4) 法律、法规规定的应当注销资质的其他情形。

2.4 专业技术人员执业资格许可

建筑工程的技术要求比较复杂，建筑工程的质量和安全生产直接关系到人身安全及公共财产安全，责任重大。因此，对从事建设工程活动的专业技术人员，只有依法取得相应执业资格证书的专业技术人员，方可在其执业资格证书许可的范围内从事建筑工程活动。

《建筑法》第十四条明确规定："从事建筑活动的专业技术人员，应当依法取得相应的执业资格证书，并在执业资格证书许可的范围内从事建筑活动。"目前，我国已建立注册建造师、注册建筑师、注册结构工程师、注册监理工程师、注册造价工程师等执业资格制度。本节重点介绍的是注册造价工程师、注册建造师制度。

2.4.1 注册造价工程师

注册造价工程师是指通过土木建筑工程或者安装工程专业造价工程师职业资格考试取得造价工程师职业资格证书或者通过资格认定、资格互认，并按照规定注册后，从事工程造价活动的专业人员。注册造价工程师分为一级注册造价工程师和二级注册造价工程师。

国务院住房和城乡建设主管部门对全国注册造价工程师的注册、执业活动实施统一监督管理，负责实施全国一级注册造价工程师的注册，并负责建立全国统一的注册造价工程师注册信息管理平台；国务院有关专业部门按照国务院规定的职责分工，对本行业注册造价工程师的执业活动实施监督管理。

省、自治区、直辖市人民政府住房和城乡建设主管部门对本行政区域内注册造价工程师的执业活动实施监督管理，并实施本行政区域二级注册造价工程师的注册。

1．注册造价工程师的考试

造价工程师执业资格考试实行全国统一大纲、统一命题、统一组织的办法，原则上每年举行一次。

报考条件如下。

(1) 一级造价工程师报考条件。凡遵守中华人民共和国宪法、法律、法规，具有良好的业务素质和道德品行，具备下列条件之一者，可以申请参加一级造价工程师职业资格考试。

① 具有工程造价专业大学专科(或高等职业教育)学历，从事工程造价业务工作满5年；具有土木建筑、水利、装备制造、交通运输、电子信息、财经商贸大类大学专科(或高等职业教育)学历，从事工程造价业务工作满6年。

② 具有通过工程教育专业评估(认证)的工程管理、工程造价专业大学本科学历或学位，从事工程造价业务工作满4年；具有工学、管理学、经济学门类大学本科学历或学位，从事工程造价业务工作满5年。

③ 具有工学、管理学、经济学门类硕士学位或者第二学士学位，从事工程造价业务工作满3年。

④ 具有工学、管理学、经济学门类博士学位，从事工程造价业务工作满1年。

⑤ 具有其他专业相应学历或者学位的人员，从事工程造价业务工作年限相应增加1年。

(2) 二级造价工程师报考条件。凡遵守中华人民共和国宪法、法律、法规，具有良好的业务素质和道德品行，具备下列条件之一者，可以申请参加二级造价工程师职业资格考试。

① 具有工程造价专业大学专科(或高等职业教育)学历，从事工程造价业务工作满2年；具有土木建筑、水利、装备制造、交通运输、电子信息、财经商贸大类大学专科(或高等职业教育)学历，从事工程造价业务工作满3年。

② 具有工程管理、工程造价专业大学本科及以上学历或学位，从事工程造价业务工作满1年；具有工学、管理学、经济学门类大学本科及以上学历或学位，从事工程造价业务工作满2年。

③ 具有其他专业相应学历或者学位的人员，从事工程造价业务工作年限相应增加1年。

小提示

造价工程师职业资格考试设基础科目和专业科目。

一级造价工程师职业资格考试设4个科目，包括："建设工程造价管理""建设工程计价""建设工程技术与计量"和"建设工程造价案例分析"。其中，"建设工程造价管理"和"建设工程计价"为基础科目，"建设工程技术与计量"和"建设工程造价案例分析"为专业科目。

二级造价工程师职业资格考试设两个科目，包括："建设工程造价管理基础知识"和"建设工程计量与计价实务"。其中，"建设工程造价管理基础知识"为基础科目，"建设工程计量与计价实务"为专业科目。

造价工程师职业资格考试专业科目分为 4 个专业类别，即土木建筑工程、交通运输工程、水利工程和安装工程，考生在报名时可根据实际工作需要选择其一。

2. 注册造价工程师的注册管理

1) 注册条件
(1) 取得执业资格。
(2) 受聘于一个工程造价咨询企业或者工程建设领域的建设、勘察设计、施工、招标代理、工程监理、工程造价管理等单位。
(3) 无不予注册的情形。

符合注册条件的人员申请注册的，可以向聘用单位工商注册所在地的省、自治区、直辖市人民政府住房和城乡建设主管部门或者国务院有关专业部门提出注册申请。

2) 初始注册

取得职业资格证书的人员，可自职业资格证书签发之日起 1 年内申请初始注册。逾期未申请者，须符合继续教育的要求后方可申请初始注册。初始注册的有效期为 4 年。

申请初始注册的，应当提交下列材料：初始注册申请表；职业资格证书和身份证件；与聘用单位签订的劳动合同；取得职业资格证书的人员，自职业资格证书签发之日起 1 年后申请初始注册的，应当提供当年的继续教育合格证明；外国人应当提供外国人就业许可证书。

3) 延续注册

注册造价工程师注册有效期满需继续执业的，应当在注册有效期满 30 日前，按照规定的程序申请延续注册。延续注册的有效期为 4 年。

申请延续注册的，应当提交下列材料：延续注册申请表；注册证书；与聘用单位签订的劳动合同；继续教育合格证明。

申请延续注册时，造价工程师本人和单位应对其前一个注册的工作业绩进行承诺，并由注册机关调查核实。

4) 变更注册

在注册有效期内，注册造价工程师变更执业单位的，应当与原聘用单位解除劳动合同，并按照规定的程序，到新聘用单位工商注册所在地的省、自治区、直辖市人民政府住房和城乡建设主管部门或者国务院有关专业部门办理变更注册手续。变更注册后延续原注册有效期。

申请变更注册的，应当提交下列材料：变更注册申请表；注册证书；与新聘用单位签订的劳动合同。

注册造价工程师的初始、变更、延续注册，通过全国统一的注册造价工程师注册信息管理平台实行网上申报、受理和审批。

5) 不予注册的情形
(1) 不具有完全民事行为能力的。
(2) 申请在两个或者两个以上单位注册的。
(3) 未达到造价工程师继续教育合格标准的。
(4) 前一个注册期内工作业绩达不到规定标准或未办理暂停执业手续而脱离工程造价

业务岗位的。

(5) 受刑事处罚,刑事处罚尚未执行完毕的。

(6) 因工程造价业务活动受刑事处罚,自刑事处罚执行完毕之日起至申请注册之日止不满 5 年的。

(7) 因前项规定以外原因受刑事处罚,自处罚决定之日起至申请注册之日止不满 3 年的。

(8) 被吊销注册证书,自被处罚决定之日起至申请注册之日止不满 3 年的。

(9) 以欺骗、贿赂等不正当手段获准注册被撤销,自被撤销注册之日起至申请注册之日止不满 3 年的。

(10) 法律、法规规定不予注册的其他情形。

3. 注册造价工程师的执业范围

1) 一级造价工程师执业范围

包括建设项目全过程的工程造价管理与咨询等,具体工作内容有:

(1) 项目建议书、可行性研究投资估算与审核,项目评价造价分析;

(2) 建设工程设计概算、施工(图)预算的编制和审核;

(3) 建设工程招标投标文件工程量和造价的编制与审核;

(4) 建设工程合同价款、结算价款、竣工决算价款的编制与管理;

(5) 建设工程审计、仲裁、诉讼、保险中的造价鉴定,工程造价纠纷调解;

(6) 建设工程计价依据、造价指标的编制与管理;

(7) 与工程造价管理有关的其他事项。

2) 二级造价工程师执业范围

二级造价工程师主要协助一级造价工程师开展相关工作,可独立开展以下具体工作:

(1) 建设工程工料分析、计划、组织与成本管理,施工图预算、设计概算的编制;

(2) 建设工程量清单、最高投标限价、投标报价的编制;

(3) 建设工程合同价款、结算价款和竣工决算价款的编制。

造价工程师应在本人工程造价咨询成果文件上签章,并承担相应责任。工程造价咨询成果文件应由一级造价工程师审核并加盖执业印章。

4. 注册造价工程师的权利和义务

1) 注册造价工程师享有的权利

(1) 使用注册造价工程师名称。

(2) 依法从事工程造价业务。

(3) 在本人执业活动中形成的工程造价成果文件上签字并加盖执业印章。

(4) 发起设立工程造价咨询企业。

(5) 保管和使用本人的注册证书和执业印章。

(6) 参加继续教育。

2) 注册造价工程师应当履行的义务

(1) 遵守法律、法规、有关管理规定,恪守职业道德。

(2) 保证执业活动成果的质量。

(3) 接受继续教育,提高执业水平。

(4) 执行工程造价计价标准和计价方法。
(5) 与当事人有利害关系的，应当主动回避。
(6) 保守在执业中知悉的国家秘密和他人的商业、技术秘密。

2.4.2 注册建造师

注册建造师是指通过考核认定或考试合格取得中华人民共和国建造师资格证书并按照规定注册，取得中华人民共和国建造师注册证书和执业印章，担任施工单位项目负责人及从事相关活动的专业技术人员。注册建造师分为一级注册建造师和二级注册建造师。

未取得注册证书和执业印章的，不得担任建设工程项目的施工单位项目负责人，不得以注册建造师的名义从事相关活动。

国务院住房和城乡建设主管部门对全国注册建造师的注册、继续教育、执业活动实施统一监督管理；国务院交通运输、水利、工程信息化等有关部门按照国务院规定的职责分工，对全国有关专业工程注册建造师的执业活动实施监督管理。

县级以上地方人民政府住房和城乡建设主管部门对本行政区域内的注册建造师的注册、执业活动实施监督管理；县级以上地方人民政府交通运输、水利、工业信息化等有关部门在各自的职责范围内，对本行政区域内有关专业工程注册建造师的执业活动实施监督管理。

1．注册建造师的考试

一级建造师执业资格实行统一大纲、统一命题、统一组织的考试制度，由人事部、建设部共同组织实施，原则上每年举行一次考试。建设部负责编制一级建造师执业资格考试大纲和组织命题工作，统一规划建造师执业资格的培训等有关工作。

二级建造师执业资格实行全国统一大纲，各省、自治区、直辖市命题并组织考试的制度。建设部负责拟定二级建造师执业资格考试大纲，人事部负责审定考试大纲。

凡遵守国家法律、法规，具备以下条件之一者，可以申请参加一级建造师执业资格考试。

(1) 取得工程类或工程经济类专业大学专科学历，从事建设工程项目施工管理工作满4年。

(2) 取得工学门类、管理科学与工程类专业大学本科学历，从事建设工程项目施工管理工作满3年。

(3) 取得工学门类、管理科学与工程类专业硕士学位，从事建设工程项目施工管理工作满2年。

(4) 取得工学门类、管理科学与工程类专业博士学位，从事建设工程项目施工管理工作满1年。

凡遵纪守法，具备工程类或工程经济类中等专科以上学历并从事建设工程项目施工管理工作满2年的人员，可报名参加二级建造师执业资格考试。

一级、二级建造师执业资格考试合格人员，分别获得《中华人民共和国一级建造师执业资格证书》《中华人民共和国二级建造师执业资格证书》。

2．注册建造师的注册

取得资格证书的人员，经过注册方能以注册建造师的名义执业。

1) 初始注册

初始注册者，可自资格证书签发之日起 3 年内提出申请。逾期未申请者，符合本专业继续教育的要求后方可申请初始注册。

申请初始注册需要提交下列材料：注册建造师初始注册申请表；资格证书、学历证书和身份证明复印件；申请人与聘用单位签订的聘用劳动合同复印件或其他有效证明文件；逾期申请初始注册的，应当提供达到继续教育要求的证明材料。

申请初始注册时应当具备以下条件：经考核认定或考试合格取得资格证书；受聘于一个相关单位；达到继续教育要求；没有不予注册的情形。

2) 延续注册

注册有效期满需继续执业的，应当在注册有效期届满 30 日前，申请延续注册。延续注册的，有效期为 3 年。

申请延续注册的，应当提交下列材料：注册建造师延续注册申请表；原注册证书；申请人与聘用单位签订的聘用劳动合同复印件或其他有效证明文件；申请人注册有效期内达到继续教育要求的证明材料。

3) 变更注册

在注册有效期内，注册建造师变更执业单位，应当与原聘用单位解除劳动关系，并按照规定办理变更注册手续，变更注册后仍延续原注册有效期。

申请变更注册的，应当提交下列材料：注册建造师变更注册申请表；注册证书和执业印章；申请人与新聘用单位签订的聘用合同复印件或有效证明文件；工作调动证明(与原聘用单位解除聘用合同或聘用合同到期的证明文件、退休人员的退休证明)。

4) 不予注册的情形

申请人有下列情形之一的，不予注册。

(1) 不具有完全民事行为能力的。

(2) 申请在两个或者两个以上单位注册的。

(3) 未达到注册建造师继续教育要求的。

(4) 受到刑事处罚，刑事处罚尚未执行完毕的。

(5) 因执业活动受到刑事处罚，自刑事处罚执行完毕之日起至申请注册之日止不满 5 年的。

(6) 因前项规定以外的原因受到刑事处罚，自处罚决定之日起至申请注册之日止不满 3 年的。

(7) 被吊销注册证书，自处罚决定之日起至申请注册之日止不满 2 年的。

(8) 在申请注册之日前 3 年内担任工程项目负责人期间，所负责项目发生过重大质量和安全事故的。

(9) 申请人的聘用单位不符合注册单位要求的。

(10) 年龄超过 65 周岁的。

(11) 法律、法规规定不予注册的其他情形。

取得一级建造师资格证书并受聘于一个具有建设工程施工或勘察、设计、监理、招标代理、造价等咨询资质的企业，由本人提出申请，其聘用企业确认后上报。涉及铁路、公路、港口与航道、水利水电、通信与广电专业的，住房和城乡建设部会同国务院有关部门审查。

符合条件的，由省、自治区、直辖市人民政府住房和城乡建设主管部门核发由国务院住房和城乡建设主管部门统一印制的《中华人民共和国一级建造师注册证书》，并在核发证书后 30 个工作日内送国务院住房和城乡建设主管部门备案。

对申请一级建造师初始注册、增项注册、重新注册的，省、自治区、直辖市人民政府住房和城乡建设主管部门应当自受理申请之日起，20 个工作日内审查完毕。

对申请一级建造师变更注册、延续注册的，省、自治区、直辖市人民政府住房和城乡建设主管部门应当自受理申请之日起 5 日内审查完毕。国务院住房和城乡建设主管部门应当自收到省、自治区、直辖市人民政府住房和城乡建设主管部门上报材料之日起，10 个工作日内审批完毕。

取得二级建造师资格证书的人员申请注册的受理和审批程序由省、自治区、直辖市人民政府住房和城乡建设主管部门依法规定。对批准注册的，在核发证书后 30 个工作日内送国务院住房和城乡建设主管部门备案。

3．注册建造师的执业

注册建造师的执业范围包括：从事建设工程项目总承包管理或施工管理；建设工程项目管理服务；建设工程技术经济咨询；法律、行政法规和国务院住房和城乡建设主管部门规定的其他业务。一级建造师可以担任特级、一级建筑业企业资质的建筑工程项目施工的项目经理；二级建造师可以担任二级及以下建筑业企业资质的建筑工程项目施工的项目经理。

取得资格证书的人员应当受聘于一个具有建设工程勘察、设计、施工、监理、招标代理、造价咨询等一项或者多项资质的单位，经注册后方可从事相应的执业活动。注册建造师不得同时在两个大、中型规模的建设工程项目上担任施工单位项目负责人。担任施工单位项目负责人的，应当受聘并注册于一个具有建筑业企业资质的单位。

建设工程施工活动中形成的有关工程施工管理文件，应当由注册建造师签字。施工单位签署质量合格的文件上，必须有注册建造师的签字。

注册建造师执业信息实行登记制度，注册建造师应当及时通过注册单位将执业信息向注册部门备案。

4．注册建造师的权利和义务

1）注册建造师享有的权利
(1) 使用注册建造师名称。
(2) 在规定范围内从事执业活动。
(3) 在本人执业活动中形成的文件上签字并加盖执业印章。
(4) 保管和使用本人注册证书、执业印章。
(5) 对本人执业活动进行解释和辩护。
(6) 接受继续教育。
(7) 获得相应的劳动报酬。

(8) 对侵犯本人权利的行为进行申述。

2) 注册建造师应当履行的义务

(1) 遵守法律、法规和有关管理规定,恪守职业道德。
(2) 执行技术标准、规范和规程。
(3) 保证执业成果的质量,并承担相应责任。
(4) 完整、及时上报执业信息。
(5) 接受继续教育,努力提高执业水准。
(6) 保守在执业中知悉的国家秘密和他人的商业、技术等秘密。
(7) 接受住房和城乡建设主管部门或有关部门依职权进行的监督检查。
(8) 协助注册管理机关完成相关工作。

应用案例2-4

2013年12月10日,原告赵某与被告方正建设管理有限公司签订了一份劳务协议书,双方约定:原告持"一级建造师职业资格证书""造价工程师执业证书"在被告单位注册执业,每月被告给付原告3000元工资,每年支付一次,时间从2014年6月4日计算。协议生效后,被告只支付2014年至2015年的工资,2015年6月应付工资没有付,到2016年12月总计欠原告工资54000元。原告曾多次向被告催要工资和两本执业证书,被告以各种理由拒付。因此,原告认为被告已经违反双方的协议约定,并已无继续履行协议的诚意,故诉至法院。原告赵某提出诉讼请求:请求法院判令被告给付工资54000元,解除双方劳务协议;判令被告将原告"一级建造师职业资格证书"和"造价工程师执业证书"两本证书还给原告;判令诉讼费用由被告承担。

问题:

此案应如何审理?

案例评析:

1. 辽宁省沈阳市沈河区人民法院受理此案,法院认为:

根据《建筑法》第十三条的规定,"从事建筑活动的建筑施工企业、勘察单位、设计单位和工程监理单位,按照其拥有的注册资本、专业技术人员、技术装备和已完成的建筑工程业绩等资质条件,划分为不同的资质等级,经资质审查合格,取得相应等级的资质证书后,方可在其资质等级许可的范围内从事建筑活动。"《注册建造师管理规定》第二十六条明确规定,"注册建造师不得有下列行为:(一)不履行注册建造师义务;(二)在执业过程中,索贿、受贿或者谋取合同约定费用外的其他利益;(三)在执业过程中实施商业贿赂;(四)签署有虚假记载等不合格的文件;(五)允许他人以自己的名义从事执业活动;(六)同时在两个或者两个以上单位受聘或者执业;(七)涂改、倒卖、出租、出借或以其他形式非法转让资格证书、注册证书和执业印章;(八)超出执业范围和聘用单位业务范围从事执业活动;(九)法律、法规、规章禁止的其他行为。"

根据以上规定可以看出,由于建筑工程事关社会公共利益和人民的生命财产安全,技术专业性很强,需要施工企业和施工人员认真负责地对待,因此,我国对建筑施工企业、从业人员均有严格的准入和特别许可制度。

本案原告具有一级建造师执业资格证书及造价工程师执业证书，其与被告签订协议，将上述证书放于被告处，由被告注册，但却不在被告处工作，也不为被告所承揽施工的工程负责，双方除了将原告的证书挂靠在被告处之外，无任何关系，原告将证书挂靠在被告处是为了获得报酬，而并非由原告本人实际履行其义务，这种行为危害了工程质量和安全，损害了社会公共利益，应属无效。

无效的协议自始无效，不发生法律效力，不存在解除协议之说，故对于原告要求被告返还一级建造师职业资格证书及造价工程师执业证书的诉求，本院予以支持，对原告的其他诉求，本院不予支持。

2. 中华人民共和国住房和城乡建设部 2018 年 5 月 15 日针对此案件在官网作出如下通报。

赵某经辽宁省沈阳市沈河区人民法院民事判决书(〔2016〕辽 0103 民初 13857 号)认定，你将一级建造师注册在沈阳方正建设管理有限公司期间，除了将一级建造师执业资格证书挂靠在该单位外，与该单位无任何关系，存在隐瞒不在该单位工作的事实，以欺骗手段取得注册证书的行为。

我部于 2018 年 4 月 8 日向你发出《住房和城乡建设部撤销行政许可意见告知书》(建督撤告字〔2018〕27 号)，你于 2018 年 4 月 20 日签收，未在规定时间内提出书面陈述、申辩。

依据《中华人民共和国行政许可法》第六十九条、第七十九条和《注册建造师管理规定》(建设部令第 153 号)第三十四条，我部决定撤销你于 2007 年 12 月 6 日获准的一级建造师注册许可(建筑工程专业)，且你自撤销注册之日起 3 年内不得再次申请建造师注册。请你在收到本决定书之日起 15 日内，持一级建造师注册证书和执业印章到辽宁省住房和城乡建设厅办理相关手续。

习题与思考题

一、单选题

1. 工程项目报建标志着工程建设的( )已经结束。
   A. 可行性研究工作　　　　B. 立项审批工作
   C. 前期准备工作　　　　　D. 资金筹集工作
2. 根据《建筑法》的规定，开工报告制度是指( )。
   A. 建设单位对施工企业具备开工条件的确认
   B. 政府主管部门的一种行政审批制度
   C. 监理单位对施工企业开工准备工作的确认
   D. 政府主管部门对施工企业开工条件的确认
3. 某建设单位于 2017 年 7 月 5 日领取施工许可证，最迟应当自( )开工，否则应该申请办理延期手续。
   A. 2017 年 8 月 5 日　　　　B. 2017 年 9 月 5 日
   C. 2017 年 10 月 5 日　　　D. 2018 年 5 月 5 日
4. 某建设单位 2016 年 3 月 5 日领取施工许可证，由于周边关系协调问题一直没有开工，也未办理延期手续。同年 12 月 7 日准备开工，下列表述正确的是( )。

A. 建设单位应当向发证机关报告
B. 建设单位应当报发证机关核验施工许可证
C. 建设单位应当重新领取施工许可证
D. 是否重新办理施工许可证由发证机关决定

5. 下列人员中不属于建筑工程从业人员的是(　　)。
A. 注册资产评估师　　　　　　B. 注册建造工程师
C. 注册建筑师　　　　　　　　D. 注册监理工程师

二、多选题

1. 以下工程不需要申请施工许可证的有(　　)。
A. 某公园的喷泉工程投资38万元　B. 某配电房建筑面积200 m^2
C. 已经领取开工报告的会议中心　D. 为修建青藏铁路而建的临时性建筑
E. 某军区建的军事指挥所

2. 下列申报施工许可证的材料中,不符合颁发施工许可证条件的有(　　)。
A. 已经缴了土地出让金,但土地证尚未办好
B. 没有规划许可证,但规划局出具正在办理的便函
C. 有拆迁许可证,拆迁已经结束
D. 已经订立施工合同,但中标施工企业的资质不能满足要求
E. 办理了质量监督手续

3. 我国对建筑业不同专业从业人员的资格管理的共同点有(　　)。
A. 可以用同一专业的资格在两个不同的单位进行注册
B. 需要进行注册
C. 需要参加不同专业的统一考试
D. 有各自的执业范围
E. 必须接受继续教育

4. 建筑业企业的资质分为(　　)。
A. 设计承包　　　　　B. 施工总承包　　　　　C. 监理承包
D. 专业承包　　　　　E. 劳务分包

5. 某公司改建办公大楼,该工程由某建筑集团承建,根据《建筑法》关于施工许可证的有关规定,下列说法正确的有(　　)。
A. 该工程无须领取施工许可证
B. 应由该公司向建设行政主管部门申请领取施工许可证
C. 应由该建筑集团向建设行政主管部门申请领取施工许可证
D. 即使未领取施工许可证,该工程也可以开工
E. 未领取施工许可证,该工程不得开工

三、简答题

1. 建筑活动从业单位应该具备哪些条件?
2. 施工许可证的有效期与延期的含义是什么?

第 3 章 建筑工程发包与承包法律法规

【学习要点及目标】

- 了解建筑工程项目的发包方式和承包方式。
- 掌握发包和承包的具体行为规范。
- 了解招标投标的适用对象与活动原则。
- 熟悉招标范围、规模及程序。
- 掌握投标的注意事项,以及开标、评标和中标的相关规定。

【核心概念】

建筑工程发包　建筑工程承包　公开招标　邀请招标　联合体投标　评标方法　中标通知书

【引导案例】

某房地产开发公司打算开发一房地产项目，按法律规定整个项目发包必须经过招投标程序。公司内部认为招投标程序过于烦琐，为了节约成本，决定采取将工程分割成几个部分，使得每一部分的合同价都没有达到招投标的规模标准，这样分别发包，就不用采取招投标方式了。

在项目开发过程中，公司的行为被当地招投标管理机构发现，招投标管理机构对公司进行了处罚，公司认为自己是合理节约成本的行为，对处罚表示不接受。

请思考：该房地产开发公司的做法对吗？

3.1 建筑工程发包与承包概述

3.1.1 建筑工程发包与承包的概念

建筑工程发包与承包制度，是建筑业适应市场经济的产物。建筑工程从业单位通过市场竞争来承揽建筑工程项目，激发企业活力，有利于建筑业健康发展。

建筑工程发包与承包是指建设单位(或总承包单位)委托具有从事建筑活动的法定从业资格的单位为其完成某一建筑工程的全部或部分的交易行为。

建筑工程发包，是指建设单位(或总承包单位)将建筑工程(勘察、设计、施工等)的全部或部分通过招标或其他方式，交付给具有从事建筑活动的法定从业资格的单位完成，并按约定支付报酬的行为。

建筑工程承包，与建筑工程发包相对应，是指具有从事建筑活动的法定从业资格的单位，通过投标或者其他方式，承揽建筑工程任务，并按照约定取得报酬的行为。

3.1.2 建筑工程发包方式

《建筑法》第十九条规定："建筑工程依法实行招标发包，对不适于招标发包的可以直接发包。"由此可知，建筑工程的发包方式有两种：招标发包和直接发包。

1. 招标发包

招标发包是指发包方通过招标公告或者其他方式，发布拟建工程的有关信息，表明其将招请合格的承包商承包工程项目的意向，由各承包商按照发包方的要求提出各自的工程报价和其他承包条件，参加承揽工程的竞争，最后由发包方从中择优选定中标者作为该项工程的承包方，与其签订工程承包合同的发包方式。

根据《中华人民共和国招标投标法》(以下简称《招标投标法》)的规定，招标发包又分为公开招标和邀请招标两种方式。

2. 直接发包

直接发包是指由发包方直接选定特定的承包商，与其进行一对一的协商谈判，就双方的权利义务达成一致后，与其签订建筑工程承包合同的发包方式。这种方式简便易行，节省发包费用，但缺乏竞争带来的优越性。

《招标投标法》第六十六条规定："涉及国家安全、国家秘密、抢险救灾或者属于利用扶贫资金实行以工代赈、需要使用农民工等特殊情况，不适宜进行招标的项目，按照国家有关规定可以不进行招标。"

《房屋建筑和市政基础设施工程施工招标投标管理办法》第九条规定，"工程有下列情形之一的，经县级以上地方人民政府建设行政主管部门批准，可以不进行施工招标：(一)停建或者缓建后恢复建设的单位工程，且承包人未发生变更的；(二)施工企业自建自用的工程，且该施工企业资质等级符合工程要求的；(三)在建工程追加的附属小型工程或者主体加层工程，且承包人未发生变更的；(四)法律、法规、规章规定的其他情形。"

应用案例 3-1

某学校自筹资金进行教学楼施工，该工程由 A 建筑公司承建。为进一步发挥该教学楼的功能，该校在距离工程竣工 3 个月前，拟在教学楼东侧加建一幢二层小楼，建筑面积为 205 m^2，将教学楼的一些配套设施移至该二层小楼内。该附属工程已经得到发改委、规划、建设等管理部门的批准，设计单位也已经按照消防的要求完成了该附属工程的设计工作，资金能够满足工程发包的需要。

问题：

1. 该附属工程是否具备进行施工招标的条件？为什么？
2. 该附属工程是否可以不招标而直接发包？为什么？
3. 如果该附属工程采用招标方式确定施工单位，应注意哪些问题？

案例评析：

1. 依据材料背景，该附属工程已经取得了建设前的合法手续，满足相关条件，可以采取招标方式确定承包人。
2. 该附属工程可以不招标而直接发包，但须履行相应审批手续。
3. 该附属工程采用招标方式确定施工单位须注意以下几点。
(1) 处理好原承包人与附属工程承包人的工作及管理界限，落实相应的责任。
(2) 两个承包人与一个承包人延续施工相比，涉及第二个承包人大型机械、设备进出场、现场临时设施的设置等施工准备事项，合同结算工作量大，合同价格较原承包人延续施工会有所增加。
(3) 施工组织过程中，施工进度、材料运输、施工场地安排等争议调解量会增大。因此，除非发生特殊情况，一般不宜就该附属工程重新选择承包人。

3.1.3 建筑工程发包的相关规定

依据《建筑法》及其他有关法规的规定，建筑工程发包时必须遵守以下规定。

(1) 政府及其所属部门不得滥用行政权力，限定发包单位将招标发包的建筑工程发包给指定的承包单位。

(2) 提倡对建筑工程实行总承包，禁止将建筑工程肢解发包。
建筑工程的发包单位可以将建筑工程的勘察、设计、施工、设备采购一并发包给一个工程总承包单位,也可以将建筑工程勘察、设计、施工、设备采购的一项或者多项发包给一个工程总承包单位;但不得将应当由一个承包单位完成的建筑工程肢解成若干部分发包给几个承包单位。

(3) 按照合同约定,建筑材料、建筑构配件和设备由工程承包单位采购的,发包单位不得指定承包单位购入用于工程的建筑材料、建筑构配件和设备或者指定生产商、供应商。

3.1.4 建筑工程承包方式

承包建筑工程的单位应当持有依法取得的资质证书,并在其资质等级许可的业务范围内承揽工程。禁止建筑施工企业超越本企业资质等级许可的业务范围或者以任何形式用其他建筑施工企业的名义承揽工程。禁止建筑施工企业以任何形式允许其他单位或者个人使用本企业的资质证书、营业执照,或以本企业的名义承揽工程。

1. 按工程承包范围即承包内容划分

1) 建设全过程承包

建设全过程承包也叫"一揽子承包",即通常所说的"交钥匙工程"。这种承包方式是近年来建筑业一种新的发展趋势,是由建设单位提出使用要求和竣工期限,承包单位对项目建议书、可行性研究、勘察设计、设备询价与选购、材料订货、工程施工直至竣工投产,实行全过程、全面的总承包,并负责对各项分包任务进行综合管理、协调和监督的工作。这种承包方式主要适用于各种大中型建设项目,承包单位必须具有雄厚的技术经济实力和丰富的组织管理经验,充分利用已有的经验,节约投资,缩短建设周期并保证建设的质量,提高经济效益。

2) 阶段承包

阶段承包的内容是建设过程中某一阶段或某些阶段的工作,例如可行性研究、勘察设计、建筑安装施工等。在施工阶段可根据承包内容的不同分为以下方式。

(1) 包工包料。即承包工程施工所用的全部人工和材料。这是国际上较为普遍采用的施工承包方式。

(2) 包工不包料。即承包人仅提供劳务而不承担供应任何材料的义务。在国内外的建筑工程中都存在这种承包方式。

3) 专项承包

专项承包的内容是某一建设阶段中的某一专门项目,由于专业性较强,多由有关的专业承包单位承包,故称专业承包。例如勘察设计阶段的工程地质勘察、供水水源勘察、基础或结构工程设计、供电系统、空调系统及防灾系统的设计,以及施工阶段的基础施工、金属结构制作和安装、通风设备和电梯安装等。

2. 按承包者所处地位划分

在工程承包中,承包单位与建设单位之间,以及不同承包单位之间的关系不同,地位不同,也就形成了不同的承包方式。

1) 总承包

取得施工总承包资质的企业(以下简称施工总承包企业),可以承接施工总承包工程。施工总承包企业可以对所承接的施工总承包工程内各专业工程全部自行施工，也可以将专业工程或劳务作业依法分包给具有相应资质的专业承包企业或劳务分包企业，这样的承包方式叫作总承包。我国的工程总承包公司就是总包单位的一种组织形式。

2) 分承包

分承包是指从事工程总承包的单位将所承包的建筑工程的一部分依法发包给具有相应资质的承包单位的行为，该总承包人并不退出承包关系，其与分包人就分包人完成的工作成果向发包人承担连带责任。建筑工程总承包单位可以将承包工程中的部分工程发包给具有相应资质条件的分包单位，但是，除总承包合同中约定的分包外，必须经建设单位认可。施工总承包的，建筑工程主体结构的施工必须由总承包单位自行完成。建筑工程总承包单位按照总承包合同的约定对建设单位负责；分包单位按照分包合同的约定对总承包单位负责。总承包单位和分包单位就分包工程对建设单位承担连带责任。禁止总承包单位将工程分包给不具备相应资质条件的单位。禁止分包单位将其承包的工程再分包。

禁止承包单位将其承包的全部建筑工程转包给他人，禁止承包单位将其承包的全部建筑工程肢解以后以分包的名义分别转包给他人。其主要表现为：承包单位承包建设工程后，不履行合同约定的责任和义务，将其承包的全部建设工程转给他人的；承包单位承包建设工程后，不履行合同约定的责任和义务，将其承包的全部建设工程肢解后以分包的名义分别转给其他单位的；建设部明确规定，承包单位在承接工程后，承包单位对其承包的建设工程未派出项目管理班子或其技术管理人员数量明显低于正常水平的；不进行质量、安全、进度管理，不依照约定履行承包义务，以转包行为论处；法律、法规、规章规定的其他转包建设工程行为。

小提示

连带责任是指依照法律规定或者当事人约定，两个或者两个以上当事人对其共同债务全部承担或部分承担，并能因此引起其内部债务关系的一种民事责任。当责任人为多人时，每个人都负有清偿全部债务的责任，各责任人之间有连带关系。

3) 联合承包

联合承包是指由两个以上的单位共同组成非法人的联合体，以该联合体的名义承包某项建筑工程的承包形式。在联合承包中，由参加联合承包的各承包单位共同组成的联合体作为一个承包主体，与发包方签订承包合同，承担履行合同义务的全部责任。在联合体内部，以协议约定联合体的各方在联合承包中的权利、义务，包括联合体的管理方式及共同管理机构的产生办法、各方负责承担的工程任务的范围、利益分享与风险分担的办法等。

联合承包形式适用于大中型建筑工程和结构复杂的建筑工程。这类建筑工程任务量大、技术要求复杂、建设周期较长，需要承包方有较强的经济、技术实力和抗风险能力。由多家单位组成联合体共同承包，可以集中各方的经济、技术力量，发挥各自的优势，大大增强投标竞争的实力；对发包方来说，也有利于提高投资效益，保证工程建设质量。

小提示

联合体各方均应当具备《招标投标法》或者国家规定的资格条件和承担招标项目的相应能力。

(1) 联合体各方均应具有承担招标项目必备的条件,如相应的人力、物力、资金等。

(2) 国家或招标文件对投标人资格条件有特殊要求的,联合体各个成员都应当具备规定的相应的资格条件。

(3) 同一专业的单位组成的联合体,应当按照资质等级较低的单位确定联合体的资质等级。

(4) 联合体各方应当签订共同投标协议,明确约定各方拟承担的工作和责任,并将共同投标协议连同投标文件一并提交招标人。联合体中标的,联合体各方应当共同与招标人签订合同,就中标项目向招标人承担连带责任。

3.1.5 建筑工程承包的相关规定

(1) 禁止承包单位将其承包的全部建筑工程转包给他人,禁止承包单位将其承包的全部工程肢解以后以分包的名义分别转包给他人。

转包指的是承包单位承包建筑工程后,不履行合同约定的责任和义务,将其承包的全部建设工程转给他人或者将其承包的全部建设工程肢解以后再以分包的名义分别转给其他单位承包的行为。

建筑工程承包合同的订立是承发包双方的行为,发包方往往经过慎重选择,与其所信任并具有相应资质条件的承包商订立承包合同。承包方将承包工程转包给他人,擅自变更合同主体的行为,违背了发包方的意志,损害了发包方的利益,是法律所不允许的。

(2) 禁止承包单位将其承包的建筑工程违法分包。《建筑法》明确规定:禁止总承包单位将工程分包给不具备相应资质条件的单位。也禁止分包单位将其承包的工程再分包。

《建设工程质量管理条例》进一步将违法分包界定为以下几种情形。

① 总承包单位将建设工程分包给不具备相应资质条件的单位。

② 建设工程总承包合同中未有约定,又未有建设单位认可,承包单位将其承包的部分建设工程交由其他单位完成。

③ 施工总承包单位将建设工程主体结构的施工分包给其他单位。

④ 分包单位将其承包的建设工程再分包。

小提示

《最高人民法院关于审理建设工程施工合同纠纷案件适用法律问题的解释》第一条规定:"建设工程施工合同具有下列情形之一的,应当依据《民法典》第一百五十三条第一款的规定,认定无效。(一)承包人未取得建筑业企业资质或者超越资质等级的;(二)没有资质的实际施工人借用有资质的建筑施工企业名义的;(三)建设工程必须进行招标而未招标或者中标无效的。承包人因转包、违法分包建设工程与他人签订的建设工程施工合同,应当依据《民法典》第一百五十三条第一款及第七百九十一条第二款、第三款的规定,认定无效。"《民法典》第一百五十三条规定:"违反法律、行政法规的强制性规定的民事法律行为无效。但是，该强制性规定不导致该民事法律行为无效的除外。"第七百九十一条规定："发包人可以与总承包人订立建设工程合同，也可以分别与勘察人、设计人、施工人订立勘察、设计、施工承包合同。发包人不得将应当由一个承包人完成的建设工程肢解成若干部分发包给数个承包人。总承包人或者勘察、设计、施工承包人经发包人同意，可以将自己承包的部分工作交由第三人完成。第三人就其完成的工作成果与总承包人或者勘察、设计、施工承包人向发包人承担连带责任。承包人不得将其承包的全部建设工程转包给第三人或者将其承包的全部建设工程肢解以后以分包的名义分别转包给第三人。"

3.2 建筑工程招标概述

3.2.1 建筑工程招标的概念

建筑工程招标是指招标人就拟建工程发布公告，通过法定程序和方式吸引承包单位参加竞争，从中择优选定承包方完成工程建设任务的法律行为。

《招标投标法》第八条规定："招标人是依照本法规定提出招标项目、进行招标的法人或者其他组织。"

3.2.2 建筑工程招标的项目范围和规模标准

1. 必须进行招标的项目

《招标投标法》第三条规定：在中华人民共和国境内进行下列工程建设项目，包括项目的勘察、设计、施工、监理以及与工程建设有关的重要设备、材料等的采购，必须进行招标。

(1) 大型基础设施、公用事业等关系社会公共利益、公众安全的项目。
(2) 全部或者部分使用国有资金投资或者国家融资的项目。
(3) 使用国际组织或者外国政府贷款、援助资金的项目。

🔔 小提示

《中华人民共和国招标投标法实施条例》(以下简称《招标投标法实施条例》)第二条规定："招标投标法第三条所称工程建设项目，是指工程以及与工程建设有关的货物、服务。前款所称工程，是指建设工程，包括建筑物和构筑物的新建、改建、扩建及其相关的装修、拆除、修缮等；所称与工程建设有关的货物，是指构成工程不可分割的组成部分，且为实现工程基本功能所必需的设备、材料等；所称与工程建设有关的服务，是指为完成工程所需的勘察、设计、监理等服务。"

《必须招标的工程项目规定》2018年第16号令第二条规定，全部或者部分使用国有资金投资或者国家融资的项目包括：(一)使用预算资金200万元人民币以上，并且该资金占投资额10%以上的项目；(二)使用国有企业事业单位资金，并且该资金占控股或者主导地位的项目。

第三条规定，使用国际组织或者外国政府贷款、援助资金的项目包括：(一)使用世界银行、亚洲开发银行等国际组织贷款、援助资金的项目；(二)使用外国政府及其机构贷款、援助资金的项目。

第四条规定：不属于本规定第二条、第三条规定情形的大型基础设施、公用事业等关系社会公共利益、公众安全的项目，必须招标的具体范围由国务院发展改革部门会同国务院有关部门按照确有必要、严格限定的原则制订，报国务院批准。

第五条规定：本规定第二条至第四条规定范围内的项目，其勘察、设计、施工、监理以及与工程建设有关的重要设备、材料等的采购达到下列标准之一的，必须招标：(一)施工单项合同估算价在400万元人民币以上；(二)重要设备、材料等货物的采购，单项合同估算价在200万元人民币以上；(三)勘察、设计、监理等服务的采购，单项合同估算价在100万元人民币以上。

同一项目中可以合并进行的勘察、设计、施工、监理以及与工程建设有关的重要设备、材料等的采购，合同估算价合计达到前款规定标准的，必须招标。

2. 可以不进行招标的项目

《招标投标法》和《招标投标法实施条例》规定了可以不进行招标的特殊情况，具体如下。

(1) 涉及国家安全、国家秘密、抢险救灾或者属于利用扶贫资金实行以工代赈、需要使用农民工等特殊情况，不适宜进行招标的项目。

(2) 需要采用不可替代的专利或者专有技术。

(3) 采购人依法能够自行建设、生产或者提供。

(4) 已通过招标方式选定的特许经营项目，投资人依法能够自行建设、生产或者提供。

(5) 需要向原中标人采购工程、货物或者服务，否则将影响施工或者功能配套要求。

(6) 国家规定的其他特殊情形。

招标人为适用前款规定弄虚作假的，属于《招标投标法》第四条规定的规避招标。

🌐 小提示

以工代赈是指政府投资建设基础设施工程，受赈济者参加工程建设获得劳务报酬，以此取代直接救济的一种扶持政策。现阶段，以工代赈是一项农村扶贫政策。国家安排以工代赈投入建设农村小型基础设施工程，贫困农民参加以工代赈工程建设，获得劳务报酬，直接增加收入。

3.2.3 招标项目应满足的条件

根据《房屋建筑和市政基础设施工程施工招标投标管理办法》等相关规定，工程施工招标应当具备下列条件。

(1) 招标人已依法成立。

(2) 按照国家有关规定需要履行项目审批手续的，已经履行审批手续。

(3) 招标范围、招标方式和招标组织形式等应当履行核准手续的，已经核准。

(4) 有相应的建设资金或资金来源已经落实。

(5) 有满足施工招标需要的设计文件及其他技术资料。
(6) 符合法律、法规、规章规定的其他条件。

具备上述条件后，招标人即可向当地建设行政主管部门或其招标办事机构提出招标申请，经审查合格后，才能开展招标活动。

3.2.4 招标方式

依据《招标投标法》的规定，招标方式分为公开招标和邀请招标两种方式。

1. 公开招标

公开招标是指招标人以招标公告的方式邀请不特定的法人或者其他组织投标，依法必须进行招标的项目，招标人通过在指定的报刊、信息网络或者其他媒介上发布招标公告，吸引众多投标人参加投标竞争，招标人从中择优选择中标单位的招标方式。

依法必须招标项目的招标公告和公示信息应当在"中国招标投标公共服务平台"或者项目所在地省级电子招标投标公共服务平台(以下统一简称"发布媒介")发布。发布媒介应当免费提供依法必须招标项目的招标公告和公示信息发布服务，并允许社会公众和市场主体免费、及时地查阅前述招标公告和公示的完整信息。

> **小提示**
>
> 公开招标常适用于工程项目规模较大、建设周期长、技术复杂的开发项目，是目前建筑市场常见的招标方式。

国务院发展计划部门确定的国家重点建设项目和各省、自治区、直辖市人民政府确定的地方重点建设项目，以及全部使用国有资金投资或者国有资金投资占控股或者主导地位的工程建设项目，应当公开招标。

2. 邀请招标

邀请招标是指招标人以投标邀请书的方式邀请特定的法人或者其他组织投标。招标人采用邀请招标方式的，应当向三个以上具备承担招标项目的能力、资信良好的特定的法人或者其他组织发出投标邀请书。

国务院发展计划部门确定的国家重点项目和省、自治区、直辖市人民政府确定的地方重点项目不适宜公开招标的，经国务院发展计划部门或省、自治区、直辖市人民政府批准，可以进行邀请招标。

《招标投标法实施条例》第八条规定，"国有资金占控股或者主导地位的依法必须进行招标的项目，应当公开招标；但有下列情形之一的，可以邀请招标：(一)技术复杂、有特殊要求或者受自然环境限制，只有少量潜在投标人可供选择；(二)采用公开招标方式的费用占项目合同金额的比例过大。"

《工程建设项目施工招标投标办法》第十一条规定：依法必须进行公开招标的项目，有下列情形之一的，可以邀请招标：(一)项目技术复杂或有特殊要求，或者受自然地域环境限制，只有少量潜在投标人可供选择；(二)涉及国家安全、国家秘密或者抢险救灾，适宜招标但不宜公开招标；(三)采用公开招标方式的费用占项目合同金额的比例过大。

全部使用国有资金投资或者国有资金投资占控股或者主导地位的并需要审批的工程建设项目的邀请招标，应当经项目审批部门批准，但项目审批部门只审批立项的，由有关行政监督部门批准。

📖 应用案例 3-2

W 自来水厂建设项目(以下简称 W 项目)使用国债资金，在确定施工招标方案时，招标人决定 W 项目自行招标，并采取邀请招标方式选择施工队伍。

问题：

1. W 项目施工是否必须进行招标？为什么？
2. W 项目是否可以由招标人自行决定采用邀请招标的方式确定施工队伍？为什么？

案例评析：

1. 必须招标。因为 W 项目使用国债资金，属于全部或者部分使用国有资金投资或者国家融资的项目，其项目建设必须经过审批部门审批，其施工依法必须进行招标。

2. 不可以。如果采取邀请招标，须符合相关规定，并且需要得到项目审批部门的批准。因为 W 项目使用国债资金，如果采用邀请招标方式，按照规定应当得到项目审批部门的批准。

3.2.5　招标组织形式

《招标投标法》第十二条规定："招标人有权自行选择招标代理机构，委托其办理招标事宜。任何单位和个人不得以任何方式为招标人指定招标代理机构。招标人具有编制招标文件和组织评标能力的，可以自行办理招标事宜。任何单位和个人不得强制其委托招标代理机构办理招标事宜。依法必须进行招标的项目，招标人自行办理招标事宜的，应当向有关行政监督部门备案。"

1. 自行招标

自行招标是指招标人自身具有编制招标文件和组织评标能力，依法可以自行办理招标。招标人自行办理招标事宜应当具备的具体条件如下。

(1) 具有法人资格或项目法人资格。
(2) 有与招标工作相适应的工程技术、经济、财务和法律等方面的专业技术力量。
(3) 设有专门的招标机构或拥有三名以上专职招标业务人员。
(4) 有从事同类工程建设项目招标的经验。
(5) 熟悉并掌握《招标投标法》及有关法规、章程。

2. 代理招标

代理招标是指招标代理机构接受招标人的委托，代为办理招标事宜。招标代理机构是依法设立、从事招标代理业务并提供相关服务的社会中介组织。招标代理机构应当具备下列条件。

(1) 有从事招标代理业务的营业场所和相应的资金。
(2) 有能够编制招标文件和组织评标的相应的专业力量。

招标代理机构与行政机关和其他国家机关不得存在隶属关系或者其他利益关系。

招标代理机构应当在招标人委托的范围内办理招标事宜，并遵守《招标投标法》关于招标人的规定。

应用案例3-3

某市A房地产开发公司(以下简称A公司)依法取得该市污水处理厂工程BOT项目，并委托H招标代理公司(以下简称H公司)对其工程组织施工招标。A公司和H公司签订了委托代理协议，明确代理从发布公告到草拟合同的招标全过程，并规定H公司收取的服务费由中标人支付。H公司依法组织完成了招标任务，在众多投标人中，B公司通过资格预审并完全响应招标文件的要求，经依法组建的评标委员会评审，推荐其为第一中标候选人。招标人确定B公司为中标人，向其发出了中标通知书。在规定的时间、地点，B公司持中标通知书与A公司签订了施工合同，并依据招标文件的要求缴纳了60万元人民币履约保证金，合同生效后，在约定的2个月内，B公司要求进驻工地执行合同，A公司以各种理由拖延。一年后，A公司因政策原因宣告注销。因此，B公司起诉至当地人民法院，以A公司为第一被告，H公司为第二被告。诉讼请求如下：要求A公司返还其60万元人民币履约保证金及其利息，承担其施工准备损失和预期利润共300万元人民币；要求H公司退还中标服务费10万元人民币，并承担连带责任。

该案件起诉至当地法院后，第一被告没有出席，第二被告和原告双方律师在法庭举证辩论。庭审后，法院主审法官询问H公司和原告B公司是否愿意调解，H公司不同意调解，请求法院判决。2个月后，B公司根据可能的判决结果经过研究提出撤诉，法院同意并通知H公司，本案终结。

问题：

1. H公司是否应当退还中标服务费？
2. H公司是否应该承担连带责任？

案例评析：

1. 招标代理机构不应当退还中标服务费。
2. 招标代理机构不应当承担连带责任。

《招标投标法》第十三条规定："招标代理机构是依法设立、从事招标代理业务并提供相关服务的社会中介组织。"招标代理是一种委托代理，要在合同授权范围内进行意思表示，完成服务行为。在招标代理实践中，代理机构依据委托合同代理招标人，依据《招标投标法》规定的程序为代理人提供专业技术咨询服务，而且这种服务是具有法律意义上的意思表示。

《招标投标法》第十五条规定："招标代理机构应当在招标人委托的范围内办理招标事宜，并遵守本法关于招标人的规定。"这些规定包括了招标代理机构的权利、责任和义务。

结合本案例，如果A公司合法取得项目建设、运行、经营权，并符合《招标投标法》第八条、第九条规定的组织招标的条件，那么H公司完成和A公司签订的委托协议后，就有权根据协议约定收取规定的中标服务费。这里，A公司和H公司签订的协议同A公司和B公司签订的施工承包合同，是A公司作为法人同其他两个法人分别签订的合同，二者没有法律连带关系。至于 A 公司违约涉及的他人债务，由 A 公司负责赔偿。同时，A 公司注销，其所有债权依法消灭。

3.2.6 招标程序

招标程序是以招标人为主体开展的活动程序，主要包括履行审批手续、委托招标代理机构、编制招标文件、发布招标公告或投标邀请书、资格审查、发放招标文件、组织现场踏勘、解答投标人的质疑等。

1. 招标准备阶段

1) 履行项目审批手续

《招标投标法》规定，招标项目按照国家有关规定需要履行项目审批手续的，应当先履行项目审批手续，取得批准。招标人应当有进行招标项目的相应资金或者资金来源已经落实，并应当在招标文件中如实载明。

《招标投标法实施条例》进一步规定，按照国家有关规定需要履行项目审批、核准手续的依法必须进行招标的项目，其招标范围、招标方式、招标组织形式应当报项目审批、核准部门审批、核准。项目审批、核准部门应当及时将审批、核准确定的招标范围、招标方式、招标组织形式通报有关行政监督部门。

> **小提示**
>
> 选择招标方式：根据工程项目的特点和招标人的管理能力确定招标范围；根据工程建设总进度计划确定项目建设过程中的招标次数和每次招标的工作内容；按照每次招标前准备工作的完成情况，选择合同的计价方式；依据工程项目的特点、招标前准备工作的完成情况、合同类型等因素的影响程度，最终确定招标方式。

2) 办理招标备案

建筑工程招标前，招标人要向建设行政主管部门申请办理招标手续。招标备案文件应说明招标工作范围、招标方式、计划工期、对投标人的资质要求、招标项目前期准备工作的完成情况、自行招标还是委托代理招标等内容，获得认可后才可以开始招标工作。

3) 委托招标代理机构

招标代理机构代理招标业务，应当遵守《招标投标法》和《招标投标法实施条例》关于招标人的规定。招标代理机构在招标人委托的范围内开展招标代理业务，任何单位和个人不得非法干涉。招标代理机构不得在所代理的招标项目中投标或者代理投标，也不得为所代理的招标项目的投标人提供咨询。

4) 编制招标文件、标底及工程量清单计价

招标人应当根据招标项目的特点和需要编制招标文件。招标文件应当包括招标项目的技术要求、对投标人资格审查的标准、投标报价要求和评标标准等所有实质性要求和条件以及拟签订合同的主要条款。国家对招标项目的技术、标准有规定的，招标人应当按照其规定在招标文件中提出相应的要求。

招标文件不得要求或者标明特定的生产供应者以及含有倾向或者排斥潜在投标人的其他内容。招标人对已发出的招标文件进行必要的澄清或者修改的，应当在招标文件要求提

交投标文件截止时间至少 15 日前，以书面形式通知所有的招标文件收受人。该澄清或者修改的内容为招标文件的组成部分。

招标人应当确定投标人编制投标文件所需要的合理时间；但是，依法必须进行招标的项目，自招标文件开始发出之日起至投标人提交投标文件截止之日止，最短不得少于 20 日。

招标人可以自行决定是否编制标底。一个招标项目只能有一个标底。标底必须保密。招标人设有最高投标限价的，应当在招标文件中明确最高投标限价或者最高投标限价的计算方法。招标人不得规定最低投标限价。

全部使用国有资金投资或者以国有资金投资为主的建筑工程，应当采用工程量清单计价；非国有资金投资的建筑工程，鼓励采用工程量清单计价。工程量清单应当依据国家制定的工程量清单计价规范、工程量计算规范等编制。工程量清单应当作为招标文件的组成部分。

招标人在招标文件中要求投标人提交投标保证金的，投标保证金不得超过招标项目估算价的 2%。投标保证金有效期应当与投标有效期一致。招标人不得挪用投标保证金。

依法必须进行招标的项目的境内投标单位，以现金或者支票形式提交的投标保证金应当从其基本账户转出。

《工程建设项目施工招标投标办法》第三十七条规定：招标人可以在招标文件中要求投标人提交投标保证金。投标保证金除现金外，可以是银行出具的银行保函、保兑支票、银行汇票或现金支票。投标保证金不得超过项目估算价的 2%，但最高不得超过八十万元人民币。投标保证金有效期应当与投标有效期一致。投标人应当按照招标文件要求的方式和金额，将投标保证金随投标文件提交给招标人或其委托的招标代理机构。

《招标投标法实施条例》第三十一条规定：招标人终止招标的，应当及时发布公告，或者以书面形式通知被邀请的或者已经获取资格预审文件、招标文件的潜在投标人。已经发售资格预审文件、招标文件或者已经收取投标保证金的，招标人应当及时退还所收取的资格预审文件、招标文件的费用，以及所收取的投标保证金及银行同期存款利息。

一般情况下，各类工程施工招标文件的内容大致相同，但组卷方式可能有所区别。此处以《标准施工招标文件》为范本介绍工程施工招标文件的内容和编写要求。

《标准施工招标文件》共包括封面格式和四卷八章的内容。

　　第一卷　　第一章　　招标公告(投标邀请书)
　　　　　　　第二章　　投标人须知
　　　　　　　第三章　　评标办法
　　　　　　　第四章　　合同条款及格式
　　　　　　　第五章　　工程量清单
　　第二卷　　第六章　　图纸
　　第三卷　　第七章　　技术标准和要求
　　第四卷　　第八章　　投标文件格式

招标人对招标项目划分标段的，应当遵守《招标投标法》的有关规定，不得利用划分标段限制或者排斥潜在投标人。依法必须进行招标的项目的招标人不得利用划分标段规避招标。招标人应当在招标文件中载明投标有效期。投标有效期从提交投标文件的截止之日起算。

2. 发布招标公告或投标邀请书

其作用是让潜在投标人获得招标信息，确定自己是否参加竞争。

根据《招标投标法》的规定，招标人采用公开招标方式的，应当发布招标公告。依法必须进行招标的项目的招标公告，应当通过国家指定的报刊、信息网络或者其他媒介发布。招标公告应当载明招标人的名称和地址、招标项目的性质、数量、实施地点和时间以及获取招标文件的办法等事项。

招标人采用邀请招标方式的，应当向三个以上具备承担招标项目的能力、资信良好的特定的法人或者其他组织发出投标邀请书。

投标邀请书应当载明招标公告中应当载明的事项。

《招标投标法实施条例》第十五条规定：依法必须进行招标的项目的资格预审公告和招标公告，应当在国务院发展改革部门依法指定的媒介发布。在不同媒介发布的同一招标项目的资格预审公告或者招标公告的内容应当一致。指定媒介发布依法必须进行招标的项目的境内资格预审公告、招标公告，不得收取费用。

编制依法必须进行招标的项目的资格预审文件和招标文件，应当使用国务院发展改革部门会同有关行政监督部门制定的标准文本。

3. 资格审查

资格审查是招标人对投标人的财务状况、技术能力等方面事先进行的审查。

《招标投标法》第十八条规定：招标人可以根据招标项目本身的要求，在招标公告或者投标邀请书中，要求潜在投标人提供有关资质证明文件和业绩情况，并对潜在投标人进行资格审查；国家对投标人的资格条件有规定的，依照其规定。

资格审查分为资格预审和资格后审。资格预审是指在投标前对潜在投标人进行的资格审查。资格后审是指在开标后对投标人进行的资格审查。进行资格预审的，一般不再进行资格后审，但招标文件另有规定的除外。

《招标投标法实施条例》规定，招标人采用资格预审办法对潜在投标人进行资格审查的，应当发布资格预审公告，编制资格预审文件。招标人应当合理地确定提交资格预审申请文件的时间。依法必须进行招标的项目提交资格预审申请文件的时间，自资格预审文件停止发售之日起不得少于 5 日。

《招标投标法实施条例》进一步规定，招标人可以对已发出的资格预审文件进行必要的澄清或者修改。澄清或者修改的内容可能影响资格预审申请文件编制的，招标人应当在提交资格预审申请文件截止时间至少 3 日前，以书面形式通知所有获取资格预审文件的潜在投标人；不足 3 日的，招标人应当顺延提交资格预审申请文件的截止时间。

潜在投标人或者其他利害关系人对资格预审文件有异议的，应当在提交资格预审申请文件截止时间 2 日前提出。招标人应当自收到异议之日起 3 日内作出答复；作出答复前，应当暂停招标投标活动。招标人编制资格预审文件的内容违反法律、行政法规的强制性规定，违反公开、公平、公正和诚实信用原则，影响资格预审结果的，依法必须进行招标的项目的招标人应当在修改资格预审文件后重新招标。

资格预审应当按照资格预审文件载明的标准和方法进行。国有资金占控股或者主导地位的依法必须进行招标的项目，招标人应当组建资格审查委员会审查资格预审申请文件。

资格审查委员会及其成员应当遵守《招标投标法》和《招标投标法实施条例》有关评标委员会及其成员的规定。资格预审结束后，招标人应当及时向资格预审申请人发出资格预审结果通知书。未通过资格预审的申请人不具有投标资格。通过资格预审的申请人少于3个的，应当重新招标。

招标人采用资格后审办法对投标人进行资格审查的，应当在开标后由评标委员会按照招标文件规定的标准和方法对投标人的资格进行审查。

4. 发放招标文件

招标文件是招标人向投标单位介绍工程情况和招标条件的书面文件，也是招标人签订工程承包合同的基础。招标人应当按照招标公告或者投标邀请书规定的时间、地点发售招标文件。招标文件的发售期不得少于5日。招标人发售招标文件收取的费用应当限于补偿印刷、邮寄的成本支出，不得以营利为目的。

《招标投标法实施条例》进一步规定，招标人可以对已发出的招标文件进行必要的澄清或者修改。澄清或者修改的内容可能影响投标文件编制的，招标人应当在投标截止时间至少15日前，以书面形式通知所有获取招标文件的潜在投标人；不足15日的，招标人应当顺延提交投标文件的截止时间。该澄清或修改的内容视为招标文件的组成部分。

潜在投标人或者其他利害关系人对招标文件有异议的，应当在投标截止时间10日前提出。招标人应当自收到异议之日起3日内作出答复；作出答复前，应当暂停招标投标活动。招标人编制招标文件的内容违反法律、行政法规的强制性规定，违反公开、公平、公正和诚实信用原则，影响潜在投标人投标的，依法必须进行招标的项目的招标人应当在修改招标文件后重新招标。

应用案例3-4

某依法必须进行招标的项目分为两个标段组织招标，因情况不同，招标人在对招标文件的澄清与修改发出时，发生以下行为。

标段一：招标人整理完招标文件的澄清与修改后，在投标截止时间前15日打电话要求潜在投标人前来招标人所在地进行签收和领用。在规定的时间内，有两家投标人没有到招标人所在地领用，其中投标人A要求招标人在规定的时间内以传真的方式发给其招标文件的澄清与修改，招标人及时传真给了该投标人澄清与修改的内容；投标人B则一直到开标前3日才来领取。开标后，投标人A、B分别进行了质疑与投诉，理由是招标人没有在投标前15日将招标文件的澄清与修改送达投标人，直接影响了其投标结果，要求有关行政监督部门宣布中标结果无效，并要求招标人依法重新招标。

标段二：由于需要澄清与修改的内容特别多，招标人组织设计单位和招标代理机构对招标文件完成澄清与修改时，距项目的开标时间仅剩下了5日。为保证投标人在开标后不投诉，招标人在发放招标文件澄清与修改时，要求每个投标人写下书面承诺，不会因为招标文件的澄清与修改晚10日发出影响其投标。在规定的时间内，有一家投标人没有按招标人的要求递交承诺书，所以没有领到招标文件的澄清与修改内容。开标后，这家投标人的报价特别高，导致了其没能中标，于是在开标后的第二天向行政监督部门进行了投诉，理由是由于其没有收到招标文件的澄清与修改，投标报价按照原招标文件的内容进行报价，导致了报价内容与其他投标人不一致，报价过高进而没能中标，而不是其自身实力不满足招标文件，要求有关行政监督部门判定本次招标无效，依法重新进行招标投标。

问题：

1. 招标人在发出招标文件的澄清与修改环节中是否存在问题？为什么？
2. 投标人的投诉是否能够得到支持？为什么？
3. 其他已经承诺不投诉的投标人事后是否可以投诉？为什么？

案例评析：

1. 标段一在发出招标文件的澄清与修改环节中存在一些问题。《招标投标法》规定，招标人对已发出的招标文件进行必要的澄清或者修改的，应当在招标文件要求提交投标文件截止时间至少 15 日前，以书面形式通知所有的招标文件收受人。这里的书面形式包括纸质文件和数据电文、传真、邮递等可以有形地表现所载内容的形式。本案中，投标人 A 因为在投标截止时间 15 日前收到了招标文件澄清与修改的传真件，不存在招标人在规定的时间内没有通知其招标文件的澄清与修改问题；但如上所述，招标人在处理投标人 B 的问题上存在一些缺陷，没有按照法律规定将招标文件的澄清与修改内容采用书面形式通知投标人 B。

标段二在发出招标文件澄清与修改环节中的做法同样违反了《招标投标法》的上述规定。作为招标投标活动的组织者，招标人要求每个投标人写下书面承诺，保证不会因为招标文件的澄清与修改晚 10 日发出，而影响投标的行为违反法律规定。

2. 标段一投标人 A、B 要求有关行政监督部门宣布中标结果无效，并要求招标人依法重新招标的诉求不能够得到支持。按照《工程建设项目招标投标活动投诉处理办法》第九条的规定，投诉人应当在知道或者应当知道其权益受到侵害之日起 10 日内提起投诉，所以行政监督部门不应该也不会受理这类投诉。

标段二投标人的投诉理由是正确的。本案中，招标人以投标人没有按要求递交承诺书，不向其发放招标文件的澄清与修改内容的做法直接违反了《招标投标法》第二十三条关于招标人应在投标截止时间 15 日前，将招标文件的澄清与修改以书面形式通知所有招标文件的收受人的规定。招标人不向该投标人发放招标文件的澄清与修改，实际上对该投标人施行了歧视待遇，限制了投标人竞争的行为，违反了《招标投标法》中"公开、公平、公正和诚实信用"的原则。

3. 其他投标人仍然有权利进行投诉。虽然此前向招标人递交了承诺书，承诺在剩下的 5 日时间内可以保质保量地完成投标工作，但由于招标人的要求和投标人的承诺均违反了法律规定，递交的承诺书不具有法律效力，所以不影响其投诉。

5. 组织现场踏勘

招标人根据招标项目的具体情况，可以组织潜在投标人踏勘项目现场。设置此程序主要是让投标人了解工程项目的现场情况、施工条件、自然环境条件，以便于确定编制投标书的原则和策略。

《招标投标法实施条例》第二十八条规定："招标人不得组织单个或者部分潜在投标人踏勘项目现场。"

6. 解答投标人的质疑

投标人研究招标文件和现场考察后以书面形式提出某些质疑问题,招标人应及时给予书面回答。招标人对任何一位投标人所提出的问题,必须以书面形式解答,并发送给每一位投标人。回答函件作为招标文件的组成部分,如果书面解答的问题与招标文件中的规定不一致,以函件的解答为准。

3.2.7 招标人的禁止行为

《招标投标法实施条例》第三十二条规定:招标人不得以不合理的条件限制、排斥潜在投标人或者投标人。

招标人有下列行为之一的,属于以不合理条件限制、排斥潜在投标人或者投标人:

(一)就同一招标项目向潜在投标人或者投标人提供有差别的项目信息。

(二)设定的资格、技术、商务条件与招标项目的具体特点和实际需要不相适应或者与合同履行无关。

(三)依法必须进行招标的项目以特定行政区域或者特定行业的业绩、奖项作为加分条件或者中标条件。

(四)对潜在投标人或者投标人采取不同的资格审查或者评标标准。

(五)限定或者指定特定的专利、商标、品牌、原产地或者供应商。

(六)依法必须进行招标的项目非法限定潜在投标人或者投标人的所有制形式或者组织形式。

(七)以其他不合理条件限制、排斥潜在投标人或者投标人。

3.3 建筑工程投标

建筑工程投标是指经过审查获得投标资格的承包单位按照招标文件的要求,在规定的时间内向招标单位填报投标书并争取中标的法律行为。投标人参加依法必须进行招标的项目的投标,不受地区或者部门的限制,任何单位和个人不得非法干涉。与招标人存在利害关系可能影响招标公正性的法人、其他组织或者个人,不得参加投标。

3.3.1 投标人

《招标投标法》第二十五条规定:"投标人是响应招标、参加投标竞争的法人或者其他组织。依法招标的科研项目允许个人参加投标的,投标的个人适用本法有关投标人的规定。"响应投标是指获得招标信息或收到投标邀请书后购买招标文件,接受资格审查,编制投标文件等按招标人要求所进行的活动。

《招标投标法》第二十六条规定:"投标人应当具备承担招标项目的能力;国家有关规定对投标人资格条件或者招标文件对投标人资格条件有规定的,投标人应当具备规定的资格条件。"

《招标投标法实施条例》第三十八条规定:"投标人发生合并、分立、破产等重大变化的,应当及时书面告知招标人。投标人不再具备资格预审文件、招标文件规定的资格条件或者其投标影响招标公正性的，其投标无效。"

联合体投标是指两个以上法人或者其他组织可以组成一个联合体，以一个投标人的身份共同投标。由同一专业的单位组成的联合体，按照资质等级较低的单位确定资质等级。联合体各方应当签订共同投标协议，明确约定各方拟承担的工作和责任，并将共同投标协议连同投标文件一并提交招标人。联合体中标的，联合体各方应当共同与招标人签订合同，就中标项目向招标人承担连带责任。招标人不得强制投标人组成联合体共同投标，不得限制投标人之间的竞争。

《招标投标法实施条例》第三十七条规定："招标人应当在资格预审公告、招标公告或者投标邀请书中载明是否接受联合体投标。招标人接受联合体投标并进行资格预审的，联合体应当在提交资格预审申请文件前组成。资格预审后联合体增减、更换成员的，其投标无效。"

联合体各方在同一招标项目中以自己名义单独投标或者参加其他联合体投标的，相关投标均无效。

应用案例 3-5

建筑公司甲与建筑公司乙组成了一个联合体投标，他们在共同投标协议中约定如果在施工过程中出现质量问题而被建设单位索赔，各自承担索赔额的 50%。后来在施工过程中由于建筑公司甲的施工技术问题出现了质量问题，因此遭到了建设单位的索赔，索赔金额是 10 万元。但是，建设单位却仅仅要求建筑公司乙赔付这笔索赔款。建筑公司乙拒绝了建设单位的请求，其理由有以下两点。

(1) 质量事故的出现是建筑公司甲的技术原因，应该由建筑公司甲承担责任。

(2) 共同投标协议中约定了各自承担 50%的责任，即使不由建筑公司甲独自承担，建筑公司甲也应该承担 50%的比例，不应该由自己拿出这笔钱。

问题：

你认为建筑公司乙的理由成立吗？

案例评析：

理由不成立。依据《建筑法》的规定，联合体中共同承包的各方对承包合同的履行承担连带责任。也就是说，建设单位可以要求建筑公司甲承担赔偿责任，也可以要求建筑公司乙承担赔偿责任，或者要求双方按比例承担赔偿责任。已经承担责任的一方，可以就超出自己应该承担的部分向对方追偿，但是不可以拒绝先行赔付。

3.3.2 投标的程序

1. 准备投标资格资料

投标人通过大众媒体所发布的公告获取招标信息，并准备供招标人审查的有关投标资格的资料。

2. 编制投标文件

根据《招标投标法》第二十七条规定：投标人应当按照招标文件的要求编制投标文件。

投标文件应当对招标文件提出的实质性要求和条件作出响应。招标项目属于建设施工的，投标文件的内容应当包括拟派出的项目负责人与主要技术人员的简历、业绩和拟用于完成招标项目的机械设备等。

对招标文件提出的实质性要求和条件作出响应，即对招标文件中有关招标项目的技术要求、投标报价要求和评标标准、合同的主要条款等一一回答，不得对招标文件进行修改或提出任何附带条件，不得遗漏或回避招标文件中的问题。投标人为了能在投标中获胜，必须按照招标文件的要求，认真编制投标文件。

2013年3月国家发展和改革委员会、财政部、住房和城乡建设部等九部门经修改后发布的《〈标准施工招标资格预审文件〉和〈标准施工招标文件〉暂行规定》中进一步明确，投标文件应包括下列内容。

(1) 投标函及投标函附录。
(2) 法定代表人身份证明或附有法定代表人身份证明的授权委托书。
(3) 联合体协议书。
(4) 投标保证金。
(5) 已标价工程量清单。
(6) 施工组织设计。
(7) 项目管理机构。
(8) 拟分包项目情况表。
(9) 资格审查资料。
(10) 投标人须知前附表规定的其他材料。

但是，投标人须知前附表规定不接受联合体投标的，或投标人没有组成联合体的，投标文件不包括联合体协议书。

投标人根据招标文件载明的项目实际情况，拟在中标后将中标项目的部分非主体、非关键性工作进行分包的，应当在投标文件中载明。

3. 投标文件的修改和撤回

投标人在招标文件要求提交投标文件的截止日期前，可以补充、修改或者撤回已提交的投标文件，并书面通知招标人，补充、修改的内容作为投标文件的组成部分。投标人撤回已提交的投标文件，应当在投标截止时间前书面通知招标人。招标人已收取投标保证金的，应当自收到投标人书面撤回通知之日起5日内退还。在提交投标文件截止时间后到招标文件规定的投标有效期终止之前，投标人不得补充、修改、替代其投标文件。投标截止后投标人撤销投标文件的，招标人可以不退还投标保证金。

4. 提交投标文件

按照《招标投标法》的规定，投标人应当在招标文件要求提交投标文件的截止时间前，将投标文件送达投标地点。招标人收到投标文件后，应当签收保存，不得开启。投标人少于三个的，招标人应当依照本法重新招标。在招标文件要求提交投标文件的截止时间后送达的投标文件，招标人应当拒收。

送达方式有三种：直接送达、邮寄送达和委托送达。在截止日期后送达的，招标人应当拒收。

《招标投标法实施条例》第三十六条规定：未通过资格预审的申请人提交的投标文件，以及逾期送达或者不按照招标文件要求密封的投标文件，招标人应当拒收。

招标人应当如实记载投标文件的送达时间和密封情况，并存档备查。

应用案例 3-6

某工程货物采购项目定于 10:00 投标截止，招标人在招标文件中规定的开标现场内安排专人接收投标文件，填写《投标文件接收登记表》。招标文件规定："投标文件正本、副本分开包装，并在封套上标记'正本'或'副本'字样。同时在开口处加贴封条，在封套的封口处加盖投标人法人章。否则不予受理。"投标人 A 的正本与副本封装在了一个文件箱内；投标人 B 采用档案袋封装的投标文件，一共有 5 个档案袋，上面没有标记"正本""副本"字样；投标人 C 的投标文件在投标截止时间前送达，封装满足要求，但其投标保证金在招标文件规定的投标截止时间后两分钟送达；投标人 D 在招标文件规定的投标截止时间后 1 分钟送到；投标人 E 在投标截止时间前几秒，携带全套投标文件跨进了投标文件接收地点某会议室，但距离招标人安排的投标文件接收人员的办公桌还需要走 20 秒，将投标文件递交给投标文件接收人员时，时间已经超过了 10:00。其他 F、G、H 投标人递交的投标文件均满足要求。

问题：

1. 确定上述投标人 A～D 的投标文件哪些应接收、哪些应拒收，为什么？
2. 怎样处理投标人 E 的投标文件。

案例评析：

1. A、B、D 不能接收，C 的投标文件应接收，但其投标保证金应拒收。应允许 A、B 重新封装和标记，在投标截止时间前递交。

2. 对 E 的投标文件按招标文件规定的外封装条件进行检查。符合的接收，否则不予受理。

《招标投标法实施条例》第三十五条规定：投标人撤回已提交的投标文件，应当在投标截止时间前书面通知招标人。招标人已收取投标保证金的，应当自收到投标人书面撤回通知之日起 5 日内退还。

投标截止后投标人撤销投标文件的，招标人可以不退还投标保证金。

3.3.3 投标行为的要求

1. 禁止以低于成本的价格竞标

《招标投标法》第三十三条规定：投标人不得以低于成本的报价竞标，也不得以他人名义投标或者以其他方式弄虚作假，骗取中标。这一规定一是为了避免出现投标人以低于成本的报价中标后，再以粗制滥造、偷工减料、以次充好等违法手段不正当地降低成本，以挽回其低于成本价的损失，给工程质量造成危害；二是为了维护正常的投标竞争秩序，防止产生投标人以低于其成本的报价进行不正当竞争，损害其他以合理报价进行竞争的投标人的利益。

2. 禁止投标人相互串通投标，禁止招标人与投标人串通投标

《招标投标法实施条例》第三十九条规定：禁止投标人相互串通投标。有下列情形之一的，属于投标人相互串通投标。

(1) 投标人之间协商投标报价等投标文件的实质性内容；
(2) 投标人之间约定中标人；
(3) 投标人之间约定部分投标人放弃投标或者中标；
(4) 属于同一集团、协会、商会等组织成员的投标人按照该组织要求协同投标；
(5) 投标人之间为谋取中标或者排斥特定投标人而采取的其他联合行动。

《招标投标法实施条例》第四十条规定：有下列情形之一的，视为投标人相互串通投标：

(1) 不同投标人的投标文件由同一单位或者个人编制；
(2) 不同投标人委托同一单位或者个人办理投标事宜；
(3) 不同投标人的投标文件载明的项目管理成员为同一人；
(4) 不同投标人的投标文件异常一致或者投标报价呈规律性差异；
(5) 不同投标人的投标文件相互混装；
(6) 不同投标人的投标保证金从同一单位或者个人的账户转出。

《招标投标法实施条例》第四十一条规定：禁止招标人与投标人串通投标。有下列情形之一的，属于招标人与投标人串通投标。

(1) 招标人在开标前开启投标文件并将有关信息泄露给其他投标人；
(2) 招标人直接或者间接向投标人泄露标底、评标委员会成员等信息；
(3) 招标人明示或者暗示投标人压低或者抬高投标报价；
(4) 招标人授意投标人撤换、修改投标文件；
(5) 招标人明示或者暗示投标人，为特定投标人中标提供方便；
(6) 招标人与投标人为谋求特定投标人中标而采取的其他串通行为。

3. 禁止投标人以行贿手段谋取中标

投标人以行贿手段谋取中标是一种严重的违法行为，其法律后果是中标无效，有关责任人和单位要承担相应的行政责任或刑事责任，给他人造成损失的还应承担民事赔偿责任。

《招标投标法》规定，禁止投标人以向招标人或者评标委员会成员行贿的手段谋取中标。《反不正当竞争法》规定，经营者不得采用财物或者其他手段贿赂下列单位或者个人，以谋取交易机会或者竞争优势：①交易相对方的工作人员；②受交易相对方委托办理相关事务的单位或者个人；③利用职权或者影响力影响交易的单位或者个人。经营者的工作人员进行贿赂的，应当认定为经营者的行为；但是，经营者有证据证明该工作人员的行为与为经营者谋取交易机会或者竞争优势无关的除外。同时，《反不正当竞争法》还规定，经营者在交易活动中，可以以明示的方式向交易相对方支付折扣，或者向中间人支付佣金。经营者向交易相对方支付折扣、向中间人支付佣金的，应当如实入账。接受折扣、佣金的经营者也应当如实入账。

4. 投标人不得以他人名义投标或以其他方式弄虚作假骗取中标

《招标投标法》第三十三条规定，投标人不得以他人名义投标或者以其他方式弄虚作

假，骗取中标。《招标投标法实施条例》进一步规定，使用通过受让或者租借等方式获取的资格、资质证书投标的，属于《招标投标法》第三十三条规定的以他人名义投标。投标人有下列情形之一的，属于《招标投标法》第三十三条规定的以其他方式弄虚作假的行为：①使用伪造、变造的许可证件；②提供虚假的财务状况或者业绩；③提供虚假的项目负责人或者主要技术人员简历、劳动关系证明；④提供虚假的信用状况；⑤其他弄虚作假的行为。

3.4 开标、评标与中标

3.4.1 建筑工程开标

1. 建筑工程开标的概念

建筑工程开标是指招标人或者招标代理机构依照招标文件规定的时间、地点，开启所有投标人提交的投标文件，公开宣布投标人的名称、投标报价和投标文件中其他主要内容的行为。

2. 开标参加人

开标由招标人或其委托的招标代理机构主持，并邀请所有的投标人参加，可委托公证部门对整个开标过程依法进行公证。

3. 开标的时间和地点

《招标投标法》第三十四条规定：开标应当在招标文件确定的提交投标文件截止时间的同一时间公开进行，开标地点应当为招标文件中预先确定的地点。

4. 开标程序

开标时由投标人或其推选的代表检查投标文件的密封情况，也可由招标人委托的公证机构检查并公证，检查无误后，由工作人员当众拆封，宣读投标人名称、投标价格和投标文件的其他主要内容。如投标文件没有密封，或有被开启的痕迹，应被认定为投标无效，其内容不予宣读。开标过程应当记录，由主持人和其他工作人员签字确认后，存档备查。开标后，不得允许任何投标人修改标书的内容，也不允许再增加优惠条件，这样规定的目的是增加开标的透明度，接受监督，以确保招标的公平、公正。

《招标投标法》规定：投标人少于三个的，不得开标；招标人应当重新招标。投标人对开标有异议的，应当在开标现场提出，招标人应当当场作出答复，并制作记录。

 应用案例 3-7

某工程施工招标项目采用资格后审方式组织公开招标，在投标截止时间前，招标人共收到了投标人提交的六份投标文件。随后招标人组织有关人员对投标人的资格进行审查，审查有关证明、证件原件。有一个投标人没有派人参加开标会议，还有一个投标人少携带了一个证件的原件，没能通过招标人组织的资格审查。招标人就对通过资格审查的投标人A、B、C、D组织了开标。

投标人 A 没有递交投标保证金，招标人当场宣布 A 的投标文件为无效投标文件，不能进入唱标程序。

唱标过程中，投标人 B 的投标函上有两个报价，招标人要求其确认其中一个报价进行唱标；投标人 C 在投标函上填写的报价，大写数值与小写数值不一致，招标人审查了投标文件中的投标报价汇总表，发现投标函上的报价小写数值与投标报价汇总表一致，于是按照其小写数值进行了唱标；投标人 D 的投标函没有加盖投标单位印章，同时没有法定代表人或其委托代理人签字，招标人唱标后，当场宣布 D 为废标。这样仅剩下 B、C 两家，招标人认为有效投标少于三家，不具有竞争性，否决了所有的投标。

问题：

1. 招标人确定能够进入开标或唱标阶段的投标人的做法是否正确？为什么？
2. 招标人在唱标过程中的做法是否正确？为什么？
3. 投标人在开标会上否决所有投标是否正确？为什么？正确做法是什么？

案例评析：

1. 招标人确定进入开标或唱标阶段的投标人的做法不正确。《招标投标法》第三十六条规定，招标人对在招标文件要求提交投标文件的截止时间前收到的所有投标文件，开标时都应当当众予以拆封、宣读。本案例中，招标人在投标文件递交截止时间后，现行组织有关人员对投标文件进行资格审查，审查有关证明、证件的原件的做法不符合该条规定。资格后审属于对投标文件的评审和比较，应由评标委员会在初步审查时完成。

案例中有一个投标人没有派人参加开标会不能以此判定其资格合格与否。《招标投标法》第三十五条规定，开标由招标人主持，邀请所有投标人参加。所以，投标人参加开标会是一种自愿行为。投标人参加开标是监督招标人开标的合法性，了解其他投标人的投标情况。如果投标人不参加开标，视同放弃了这项权利，不能以投标人是否参加开标而判定投标的有效与无效，更不能以此判定其资格合格与否。

2. 招标人在开标过程中对一些特殊情况处理不正确。针对 B 的投标函上的两个投标报价，招标人应直接宣读投标人在投标函(正本)上填写的两个报价，不能要求该投标人确认其报价是这中间的哪一个报价，这种做法实际相当于允许该投标人进行二次报价，违反了投标报价一次性原则；针对 C 在投标函上填写的报价，大写数值与小写数值不一致，招标人在开标会上无须审查工程报价汇总表，仅需按照投标函(正本)上的大写数值唱标即可；针对投标人 D 的投标函上没有加盖投标人印章，也没有法定代表人或其委托代理人的签字，招标人仅需按照招标文件约定的唱标内容进行唱标即可，而招标人唱标后宣布 D 的投标为废标的行为属于招标人越权。确定投标文件是否为废标应是评标委员会经评审后的权利。

3. 招标人在开标会议上否决所有投标的做法不正确。正确做法应是招标人在开标后将这六份投标文件交由评标委员会进行评审。评标委员会经过评审，认为所有投标都不符合招标文件要求的，可以否决所有的投标。

3.4.2　建筑工程评标

建筑工程评标是指评标委员会按照招标文件的规定和要求，对投标人报送的投标文件进行审查和评议，从而选出符合法定条件的最佳投标人的过程。评标由招标人组建的评标委员会负责进行。

1. 评标委员会

《招标投标法》规定：评标由招标人依法组建的评标委员会负责。依法必须进行招标的项目，其评标委员会由招标人的代表和有关技术、经济等方面的专家组成，成员人数为5人以上单数，其中技术、经济等方面的专家不得少于成员总数的三分之二。

评标专家由招标人从国务院有关部门或者省、自治区、直辖市人民政府有关部门提供的专家名册或者招标代理机构的专家库内的相关专业的专家名单中确定；一般招标项目可以采取随机抽取方式，特殊招标项目可以由招标人直接确定。与投标人有利害关系的人不得进入相关项目的评标委员会；已经进入的应当更换。评标委员会成员的名单在中标结果确定前应当保密。

2. 评标委员会成员的义务

根据《招标投标法》的规定，评标委员会成员履行职务时应遵守下列准则。

(1) 评标委员会成员应当按照招标文件规定的评标标准和方法，客观、公正地对投标文件提出评审意见，招标文件没有规定的评标标准和方法不得作为评标的依据。评标委员会成员对所提出的评审意见承担个人责任。

(2) 评标委员会成员不得私下接触投标人，不得接受投标人的任何馈赠或者其他好处。

(3) 评标委员会成员和参与评标的有关工作人员不得透露对投标文件的评审和比较、中标候选人的推荐情况以及与评标有关的其他情况。

3. 评标标准

评标时，应严格按照招标文件确定的评标标准和方法，对投标文件进行评审和比较。设有标底的，应参考标底。任何未在招标文件中列明的标准和方法，均不得采用。

评标标准一般包括价格标准和价格标准以外的其他有关标准(又称"非价格标准")，以及如何运用这些标准来确定中选的投标。非价格标准应尽可能客观和定量化，并按货币额表示，或规定相对的权重(即"系数"或"得分")。通常来说，在货物评标时，价格标准主要有运费和保险费、付款计划、交货期、运营成本、货物的有效性和配套、零配件和服务的供给能力、相关的培训、安全性和环境效益等。在服务评标时，非价格标准主要有投标人及参与提供服务的人员的资格、经验、信誉、可靠性、专业和管理能力等。在工程评标时，非价格标准主要有工期、质量、施工人员和管理人员的素质、以往的经验等。

4. 评标方法

评标方法，是运用评标标准评审、比较投标的具体方法。评标方法一般有以下两种。

(1) 综合评分法。是指在满足招标文件实质性要求的条件下，依据招标文件中规定的各项因素进行综合评审，以评审总得分最高的投标人作为中标(候选)人的评标方法。

(2) 经评审的最低投标价法。即能够满足招标文件的各项要求，投标价格最低的投标即可作为中选投标。

5. 评标程序

1) 组建评标委员会

评标委员会可以设主任一名，必要时可增设副主任一名，负责评标活动的组织协调工作。评标委员会主任在评标前由评标委员会成员通过民主方式推选产生，或由招标人或其代理机构指定(招标人代表不得作为主任人选)。评标委员会主任与评标委员会其他成员享有同等的表决权。若采用电子评标系统，则须选定评标委员会主任，由其操作"开始投票"和"拆封"。

有的招标文件要求对所有的投标文件设主审评委、复审评委各一名，主审、复审人选可由招标人或其代理机构在评标前确定，或由评标委员会主任进行分工。

2) 评标准备

(1) 了解并熟悉相关内容：①招标目标；②招标项目范围和性质；③招标文件中规定的主要技术要求、标准和商务条款；④招标文件规定的评标标准、评标方法和在评标过程中考虑的相关因素；⑤有的招标文件(主要是工程项目)发售后，进行了数次的书面答疑、修正，故评委应将其全部汇集装订。

(2) 分工、编制表格：根据招标文件的要求或招标内容的评审特点，确定评委分工；招标文件未提供评分表格的，评标委员会应编制相应的表格；此外，若评标标准不够细化时，评标委员会应先予以细化。

(3) 暗标编码：对需要匿名评审的文本进行暗标编码。

3) 初步评审

评标委员会应当依据招标文件规定的评标标准和方法，对投标文件进行系统的评审和比较，初步评审主要审查各投标文件是否为响应性投标，确定投标文件的有效性。审查内容包括：投标人的资格、投标保证的有效性、报送资料的完整性、投标文件与招标文件的要求有无实质性背离、报价计算的正确性等。

评标委员会应当根据招标文件，审查并逐项列出投标文件的全部投标偏差。投标偏差分为细微偏差和重大偏差。

细微偏差是指投标文件在实质上响应招标文件要求，但在个别地方存在漏项或者提供了不完整的技术信息和数据等情况，并且补正这些遗漏或者不完整信息不会对其他投标人造成不公平的结果。细微偏差不影响投标文件的有效性。属于存在细微偏差的投标文件，可以书面要求投标人在评标结束前予以澄清、说明或者补正，但不得超出投标文件的范围或者改变投标文件的实质性内容。投标文件中的大写金额和小写金额不一致的，以大写金额为准；总价金额与单价金额不一致的，以单价金额为准，但单价金额小数点有明显错误的除外；对不同文字文本的投标文件的解释发生异议的，以中文文本为准。

以下情形属于重大偏差，评标委员会应当否决其投标。

(1) 投标文件未经投标单位盖章和单位负责人签字。

(2) 投标联合体没有提交共同投标协议。

(3) 投标人不符合国家或者招标文件规定的资格条件。

(4) 同一投标人提交两个以上不同的投标文件或者投标报价，但招标文件要求提交备选投标的除外。

(5) 投标报价低于成本或者高于招标文件设定的最高投标限价。

(6) 投标文件没有对招标文件的实质性要求和条件作出响应。
(7) 投标人有串通投标、弄虚作假、行贿等违法行为。

应用案例 3-8

某房地产公司计划在北京开发某住宅项目，采用公开招标的形式，有 A、B、C、D、E 五家施工单位领取了招标文件。工程招标文件规定 2003 年 1 月 20 日 10:30 为投标文件接收终止时间。在提交投标文件的同时，投标单位需提供投标保证金 20 万元。

在 2003 年 1 月 20 日，A、B、C、D 四家施工单位在 10:30 前将投标文件送达，E 单位在 11:00 送达。各单位均按招标文件的规定提供了投标保证金。

在 10:25 时，B 单位向招标人递交了一份投标价格下降 5%的书面说明。

在开标过程中，招标人发现 C 单位的标袋密封处仅有投标单位公章，没有法定代表人印章或签字。

问题：

1. B 单位向招标人递交的书面说明是否有效？
2. 通常情况下，废标的条件有哪些？

案例评析：

1. 在此次招投标过程中，C、E 两单位的标书为无效标。C 单位因投标书只有单位公章没有法定代表人印章或签字，不符合《招标投标法》的要求，为废标；E 单位未能在投标截止时间前送达投标文件，按规定应作为废标处理。B 单位向招标人递交的书面说明有效。根据《招标投标法》的规定，投标人在招标文件要求提交投标文件的截止时间前，可以补充、修改或者撤回已提交的投标文件，补充、修改的内容作为投标文件的组成部分。

2. 废标的条件如下。
(1) 投标文件未经投标单位盖章和单位负责人签字。
(2) 投标联合体没有提交共同投标协议。
(3) 投标人不符合国家或者招标文件规定的资格条件。
(4) 同一投标人提交两个以上不同的投标文件或者投标报价，但招标文件要求提交备选投标的除外。
(5) 投标报价低于成本或者高于招标文件设定的最高投标限价。
(6) 投标文件没有对招标文件的实质性要求和条件作出响应。
(7) 投标人有串通投标、弄虚作假、行贿等违法行为。

4) 详细评审

经初步评审合格的投标文件，评标委员会应当根据招标文件确定的评标标准和方法，对其技术标部分和商务标部分作进一步评审、比较。在完成初步评标以后，下一步就进入详细评定和比较阶段。只有在初评中确定为基本合格的投标，才有资格进入详细评定和比较阶段。

应用案例 3-9

某办公楼的招标人于 2017 年 3 月 20 日向具备承担该项目能力的 A、B、C、D、E 5 家承包商发出投标邀请书,其中说明,3月25日在该招标人总工程师室领取招标文件,4月5日14时为投标截止时间。该3家承包商均接受邀请,并按规定时间提交了投标文件。

开标时,由招标人检查投标文件的密封情况,确认无误后,由工作人员当众拆封,并宣读了这3家承包商的名称、投标价格、工期和其他主要内容。

评标委员会委员由招标人直接确定,共由4人组成,其中招标人代表2人,经济专家1人,技术专家1人。

招标人预先与咨询单位和被邀请的这5家承包商共同研究确定了施工方案。经招标工作小组确定采用综合评分法。

评标采用四项综合评分法。四项指标及权重为:投标报价0.5,施工组织设计合理性0.1,工期0.3,投标单位的业绩与信誉0.1,各项指标均以100分为满分。报价以所有投标书中报价最低者为标准(该项满分),在此基础上,其他各家的报价比标准值每上升1%扣5分;工期比计划工期(600天)提前15%为满分,在此基础上,每延后10天扣3分。

5家投标单位的报价及有关评分情况见表3-1。

表3-1 报价及评分表

投标单位	报价/万元	施工组织设计/分	工期/天	业绩与信誉/分
A	4080	100	580	95
B	4120	95	530	100
C	4040	100	550	95
D	4160	90	570	95
E	4000	90	600	90

问题:

1. 从所介绍的背景资料来看,该项目的招标投标过程中有哪些方面不符合《招标投标法》的规定?
2. 请按综合得分最高者中标的原则确定中标单位。

案例评析:

1. 在该项目招标投标过程中有以下几方面不符合《招标投标法》的有关规定。

(1) 从3月25日发放招标文件到4月5日提交投标文件截止,时间太短。根据《招标投标法》第二十四条规定,依法必须进行招标的项目,自招标文件开始发出之日起至投标人提交投标文件截止之日,最短不得少于20天。

(2) 开标时不应由招标人检查投标文件的密封情况。根据《招标投标法》第三十六条规定,开标时由投标人或者其推选的代表检查投标文件的密封情况,也可以由招标人委托的公证机构检查并公证。

(3) 评标委员会委员不应全部由招标人直接确定,而且评标委员会成员组成也不符合规定。根据《招标投标法》第三十七条规定,评标委员会由招标人的代表和有关技术、经济等方面的专家组成,成员人数为5人以上单数,其中技术、经济等方面的专家不得少于成员总数的三分之二。评标委员会中的技术、经济专家,一般招标项目应采取(从专家库中)随机抽取的方式,特殊招标项目可以由招标人直接确定。本项目显然属于一般招标项目。

2. 各单位的各项指标得分及总得分如下。

根据表3-1，计算各投标单位综合得分，并据此确定中标单位。

解：(1) 5家企业的投标报价得分。

根据评标标准，5家企业中，E企业报价4000万元，报价最低，E企业投标报价得分为满分100分。

A企业报价为4080万元，A企业投标报价得分：(4080/4000-1)×100%=2%；100-2×5=90(分)

B企业报价为4120万元，B企业投标报价得分：(4120/4000-1)×100%=3%；100-3×5=85(分)

C企业报价为4040万元，C企业投标报价得分：(4040/4000-1)×100%=1%；100-1×5=95(分)

D企业报价为4160万元，D企业投标报价得分：(4160/4000-1)×100%=4%；100-4×5=80(分)

(2) 5家企业的工期得分。

根据评标标准，工期比计划工期(600天)提前15%为满分，即600×(1-15%)=510天为满分。

A企业所报工期为580天，A企业工期得分：100-(580-510)/10×3=79(分)
B企业所报工期为530天，B企业工期得分：100-(530-510)/10×3=94(分)
C企业所报工期为550天，C企业工期得分：100-(550-510)/10×3=88(分)
D企业所报工期为570天，D企业工期得分：100-(570-510)/10×3=82(分)
E企业所报工期为600天，E企业工期得分：100-(600-510)/10×3=73(分)

(3) 5家企业的综合得分。

A企业：90×0.5+79×0.3+100×0.1+95×0.1=88.2(分)
B企业：85×0.5+94×0.3+95×0.1+100×0.1=90.2(分)
C企业：95×0.5+88×0.3+100×0.1+95×0.1=93.4(分)
D企业：80×0.5+82×0.3+90×0.1+95×0.1=83.1(分)
E企业：100×0.5+73×0.3+90×0.1+90×0.1=89.9(分)

根据得分情况，C企业为中标单位。

5) 评标报告

评标完成后，评标委员会应当向招标人提交书面评标报告和中标候选人名单。中标候选人应当不超过三个，并标明排序。评标报告应当由评标委员会全体成员签字。对评标结果有不同意见的评标委员会成员应当以书面形式说明其不同意见和理由，评标报告应当注明该不同意见。评标委员会成员拒绝在评标报告上签字又不书面说明其不同意见和理由的，视为同意评标结果。

小提示

评标委员会完成评标后，应当向招标人提出书面评标报告，评标报告应当如实地记载以下内容：①基本情况和数据表。②评标委员会成员名单。③开标记录。④符合要求的投标一览表。⑤废标情况说明。⑥评标标准、评标方法或者评标因素一览表。⑦经评审的价格或者评分比较一览表。⑧经评审的投标人排序。⑨推荐的中标候选人名单与签订合同前要处理的事宜。⑩澄清、说明、补正事项纪要。

《招标投标法实施条例》第五十五条规定：国有资金占控股或者主导地位的依法必须进行招标的项目，招标人应当确定排名第一的中标候选人为中标人。排名第一的中标候选人放弃中标、因不可抗力不能履行合同、不按照招标文件要求提交履约保证金，或者被查实存在影响中标结果的违法行为等情形，不符合中标条件的，招标人可以按照评标委员会提出的中标候选人名单排序依次确定其他中标候选人为中标人，也可以重新招标。

《招标投标法》第四十二条规定：评标委员会经评审，认为所有投标都不符合招标文件要求的，可以否决所有投标。依法必须进行招标的项目的所有投标被否决的，招标人应当依照本法重新招标。

3.4.3 建筑工程中标

建筑工程中标是指通过对投标人各项条件的对比、分析和平衡，选定最优中标人的过程。中标人的投标应当满足下列条件之一。

(1) 能够最大限度地满足招标文件中规定的各项综合评价标准。

(2) 能够满足招标文件的实质性要求，并且经评审的投标价格最低，但是投标价格低于成本的除外。

《招标投标法》第四十五条规定：中标人确定后，招标人应当向中标人发出中标通知书，并同时将中标结果通知所有未中标的投标人。中标通知书对招标人和中标人具有法律效力。中标通知书发出后，招标人改变中标结果的，或者中标人放弃中标项目的，应当依法承担法律责任。

依法必须进行招标的项目，招标人应当自收到评标报告之日起 3 日内公示中标候选人，公示期不得少于 3 日。

中标人确定后，招标人应向中标人发出中标通知书，并将中标结果通知所有未中标的投标人。同时，招标人应当自确定中标人之日起 15 日内，向有关行政监督部门提交招标投标情况的书面报告。

招标人根据评标委员会提出的书面评标报告和推荐的中标候选人确定中标人。招标人也可以授权评标委员会直接确定中标人。招标人和中标人应当自中标通知书发出之日起 30 日内，按照招标文件和中标人的投标文件订立书面合同。招标人和中标人不得再行订立背离合同实质性内容的其他协议。

招标人最迟应当在书面合同签订后 5 日内向中标人和未中标的投标人退还投标保证金及银行同期存款利息。招标文件要求中标人提交履约保证金的，中标人应当按照招标文件的要求提交。履约保证金不得超过中标合同金额的 10%。

中标人应当按照合同约定履行义务，完成中标项目。中标人可以按照合同约定或者经招标人同意，将中标项目的部分非主体、非关键性工作分包，中标人不得将中标项目转包，也不得肢解后以分包的名义转让。

应用案例 3-10

某公路路基工程具备招标条件，决定进行公开招标。招标人委托 K 招标代理机构进行招标代理。招标方案由 K 招标代理机构编制，经招标人同意后实施。招标文件规定本项目采取公开招标、资格后审方式选择承包人，同时规定投标有效期为 90 日。2017 年 10 月 12 日下午 4:00 整为投标截止时间，2017 年 10 月 14 日下午 2:00 在某会议室召开开标会议。

2017 年 9 月 15 日，K 招标代理机构在国家指定媒介上发布招标公告。招标公告的内容如下。

① 招标人的名称和地址。
② 招标代理机构的名称和地址。
③ 招标项目的内容、规模及标段的划分情况。
④ 招标项目的实施地点和工期。
⑤ 对招标文件收取的费用。

2017 年 9 月 18 日，招标人开始出售招标文件。2017 年 9 月 22 日，有两家外省市的施工单位前来购买招标文件，被告知招标文件已停止出售。

截至 2017 年 10 月 12 日下午 4:00 时即投标文件递交截止时间，共有 48 家投标单位提交了投标文件。在招标文件规定的时间进行开标，经招标人代表检查投标文件的密封情况后，由招标代理机构当众拆封，宣读投标人名称、投标价格、工期等内容，并由投标人代表对开标结果进行了签字确认。

随后，招标人依法组建的评标委员会对投标人的投标文件进行了评审，最后确定了 A、B、C 三家投标人分别为某合同段第一、第二、第三中标候选人。招标人于 2017 年 10 月 28 日向 A 投标人发出了中标通知书，A 中标人于当日确认收到此中标通知书。此后，自 10 月 30 日至 11 月 30 日招标人又与 A 投标人就合同价格进行了多次谈判，于是 A 投标人将价格在正式报价的基础上下调了 0.5%，最终双方于 12 月 3 日签订了书面合同。

问题：

1. 针对本工程，写出一个完整的招标程序。
2. 本案招投标程序有哪些不妥之处？为什么？

案例评析：

1. 针对本工程，一个完整的招标程序如下。

成立招标工作小组→委托招标代理机构→编制招标文件→编制标底(如有)→发布招标公告→出售招标文件→组织现场踏勘和招标答疑→接收投标文件→开标→评标→确定中标人→发出中标通知书→签订合同协议书。

2. 本案招标程序中，存在以下不妥之处。

① 开标时间 2017 年 10 月 14 日下午 2:00 与提交投标文件的截止时间 2017 年 10 月 12 日下午 4:00 不一致不妥。《招标投标法》规定，开标应当在招标文件确定的提交投标文件截止时间的同一时间公开进行。

② 招标公告的内容不全。《工程建设项目施工招标投标办法》第十四条规定，除已明确的内容外，还应载明以下事项：招标项目的资金来源、获取招标文件的时间和地点、对

投标人的资质等级要求等。

③ 招标文件停止出售的时间不妥。《工程建设项目施工招标投标办法》第十五条规定，自招标文件开始出售之日起至停止出售止，最短不得少于 5 个工作日。

④ 由招标人代表检查投标文件的密封情况不妥。《招标投标法》第三十六条规定，开标时，由投标人或者其推选的代表检查投标文件的密封情况，也可以由招标人委托的公证机构检查并公证。

⑤ 中标通知书发出后，招标人与中标人 A 就合同价格进行谈判不妥。《招标投标法》第四十六条规定，招标人和中标人应当自中标通知书发出之日起 30 日内，按照招标文件和中标人的投标文件订立书面合同。招标人和中标人不得再行订立背离合同实质性内容的其他协议。这里的合同价格属于《招标投标法》第四十三条界定的实质性内容。

⑥ 招标人和中标人签订书面合同的期限和合同价格不妥。《招标投标法》第四十六条规定，招标人和中标人应当自中标通知书发出之日起 30 日内，按照招标文件和中标人的投标文件订立书面合同。本案例中中标通知书于 10 月 28 日发出，直至 12 月 3 日才签订了书面合同，已超过了法律规定的 30 日期限。

中标人的中标价格属于合同实质性内容，其中标价就是签约合同价。本案例中将其下调 0.5%后作为签约合同价，违反了《招标投标法》。

3.5　招标投标的法律责任

为了保护国家利益、社会公共利益和招标投标活动当事人的合法权益，保证工程项目质量，建筑工程招标投标活动中违法行为应承担的主要法律责任如下。

3.5.1　招标人的法律责任

根据《招标投标法》的规定，招标人有下列法律责任。

(1) 必须进行招标的项目而不招标的，将必须进行招标的项目化整为零或者以其他任何方式规避招标的，责令限期改正，可以处项目合同金额 5‰以上 10‰以下的罚款；对全部或者部分使用国有资金的项目，可以暂停项目执行或者暂停资金拨付；对单位直接负责的主管人员和其他直接责任人员依法给予处分。

(2) 招标人以不合理的条件限制或者排斥潜在投标人的，对潜在投标人实行歧视待遇的，强制要求投标人组成联合体共同投标的，或者限制投标人之间竞争的，责令改正，可以处 1 万元以上 5 万元以下的罚款。

(3) 依法必须进行招标的项目的招标人向他人透露已获取招标文件的潜在投标人的名称、数量或者可能影响公平竞争的有关招标投标的其他情况的，或者泄露标底的，给予警告，可以并处 1 万元以上 10 万元以下的罚款；对单位直接负责的主管人员和其他直接责任人员依法给予处分；构成犯罪的，依法追究刑事责任。所列行为影响中标结果的，中标无效。

(4) 依法必须进行招标的项目，招标人违反《招标投标法》的规定，与投标人就投标价格、投标方案等实质性内容进行谈判的，给予警告，对单位直接负责的主管人员和其他直接责任人员依法给予处分。所列行为影响中标结果的,中标无效。

(5) 招标人在评标委员会依法推荐的中标候选人以外确定中标人的,依法必须进行招标的项目在所有投标被评标委员会否决后自行确定中标人的,中标无效。责令改正,可以处中标项目金额 5‰以上 10‰以下的罚款;对单位直接负责的主管人员和其他直接责任人员依法给予处分。

(6) 招标人与中标人不按照招标文件和中标人的投标文件订立合同的,或者招标人、中标人订立背离合同实质性内容的协议的,责令改正;可以处中标项目金额 5‰以上 10‰以下的罚款。

根据《招标投标法实施条例》第六十四条的规定,招标人有下列情形之一的,由有关行政监督部门责令改正,可以处 10 万元以下的罚款。

(1) 依法应当公开招标而采用邀请招标。

(2) 招标文件、资格预审文件的发售、澄清、修改的时限,或者确定的提交资格预审申请文件、投标文件的时限不符合招标投标法和本条例规定。

(3) 接受未通过资格预审的单位或者个人参加投标。

(4) 接受应当拒收的投标文件。

招标人有前款第一项、第三项、第四项所列行为之一的,对单位直接负责的主管人员和其他直接责任人员依法给予处分。

3.5.2 投标人的法律责任

(1) 投标人相互串通投标或者与招标人串通投标的,投标人以向招标人或者评标委员会成员行贿的手段谋取中标的,中标无效,并处中标项目金额 5‰以上 10‰以下的罚款,对单位直接负责的主管人员和其他直接责任人员处单位罚款数额 5%以上 10%以下的罚款;有违法所得的,并处没收违法所得;情节严重的,取消其一年至二年内参加依法必须进行招标的项目的投标资格并予以公告,直至由工商行政管理机关吊销营业执照;构成犯罪的,依法追究刑事责任。给他人造成损失的,依法承担赔偿责任。

(2) 投标人以他人名义投标或者以其他方式弄虚作假,骗取中标的,中标无效,给招标人造成损失的,依法承担赔偿责任,构成犯罪的,依法追究刑事责任。依法必须进行招标的项目的投标人有前款所列行为尚未构成犯罪的,处中标项目金额 5‰以上 10‰以下的罚款,对单位直接负责的主管人员和其他直接责任人员处单位罚款数额 5%以上 10%以下的罚款;有违法所得的,并处没收违法所得;情节严重的,取消其一年至三年内参加依法必须进行招标的项目的投标资格并予以公告,直至由工商行政管理机关吊销营业执照。

3.5.3 中标人的法律责任

(1) 中标人将中标项目转让给他人的,将中标项目肢解后分别转让给他人的,或者将中标项目的部分主体、关键性工作分包给他人的,或者分包人再次分包的,转让、分包无效,处转让、分包项目金额 5‰以上 10‰以下的罚款;有违法所得的,并处没收违法所得;可以责令停业整顿;情节严重的,由工商行政管理机关吊销营业执照。

(2) 招标人与中标人不按照招标文件和中标人的投标文件订立合同的,或者招标人、中标人订立背离合同实质性内容的协议的，责令改正，可以处中标项目金额 5‰以上 10‰以下的罚款。

(3) 中标人不履行与招标人订立的合同的，履约保证金不予退还，给招标人造成的损失超过履约保证金数额的，还应当对超过部分予以赔偿；没有提交履约保证金的，应当对招标人的损失承担赔偿责任。中标人不按照与招标人订立的合同履行义务，情节严重的，取消其二年至五年内参加依法必须进行招标的项目的投标资格并予以公告，直至由工商行政管理机关吊销营业执照。因不可抗力不能履行合同的，不适用以上两点规定。

(4) 《工程建设项目施工招标投标办法》规定，中标通知书发出后，中标人放弃中标项目的，无正当理由不与招标人签订合同的，在签订合同时向招标人提出附加条件或者更改合同实质性内容的，或者拒不提交所要求的履约保证金的，招标人可取消其中标资格，并没收其投标保证金；给招标人造成的损失超过投标保证金数额的，中标人应当对超过部分予以赔偿；没有提交投标保证金的，应当对招标人的损失承担赔偿责任。

3.5.4 招标代理机构的法律责任

《招标投标法》第五十条规定："招标代理机构违反本法规定，泄露应当保密的与招标投标活动有关的情况和资料的，或者与招标人、投标人串通损害国家利益、社会公共利益或者他人合法权益的，处五万元以上二十五万元以下的罚款，对单位直接负责的主管人员和其他直接责任人员处单位罚款数额百分之五以上百分之十以下的罚款；有违法所得的，并处没收违法所得；情节严重的，禁止其一年至二年内代理依法必须进行招标的项目并予以公告，直至由工商行政管理机关吊销营业执照；构成犯罪的，依法追究刑事责任。给他人造成损失的，依法承担赔偿责任。前款所列行为影响中标结果的，中标无效。"

3.5.5 评标委员会成员的法律责任

《招标投标法》第五十六条规定："评标委员会成员收受投标人的财物或者其他好处的，评标委员会成员或者参加评标的有关工作人员向他人透露对投标文件的评审和比较、中标候选人的推荐以及与评标有关的其他情况的，给予警告，没收收受的财物，可以并处三千元以上五万元以下的罚款，对有所列违法行为的评标委员会成员取消担任评标委员会成员的资格，不得再参加任何依法必须进行招标的项目的评标；构成犯罪的，依法追究刑事责任。"

《招标投标法实施条例》第七十一条规定："评标委员会成员有下列行为之一的，由有关行政监督部门责令改正；情节严重的，禁止其在一定期限内参加依法必须进行招标的项目的评标；情节特别严重的，取消其担任评标委员会成员的资格。

(1) 应当回避而不回避。
(2) 擅离职守。
(3) 不按照招标文件规定的评标标准和方法评标。
(4) 私下接触投标人。
(5) 向招标人征询确定中标人的意向或者接受任何单位或者个人明示或者暗示提出的倾向或者排斥特定投标人的要求。

(6) 对依法应当否决的投标不提出否决意见。

(7) 暗示或者诱导投标人作出澄清、说明或者接受投标人主动提出的澄清、说明。

(8) 其他不客观、不公正履行职务的行为。

3.5.6 国家机关及工作人员的法律责任

《招标投标法》第六十二条规定："任何单位违反本法规定，限制或者排斥本地区、本系统以外的法人或者其他组织参加投标的，为招标人指定招标代理机构的，强制招标人委托招标代理机构办理招标事宜的，或者以其他方式干涉招标投标活动的，责令改正；对单位直接负责的主管人员和其他直接责任人员依法给予警告、记过、记大过的处分；情节较重的，依法给予降级、撤职、开除的处分。个人利用职权进行以上违法行为的，依法追究责任。"

《招标投标法》第六十三条规定："对招标投标活动依法负有行政监督职责的国家机关工作人员徇私舞弊、滥用职权或者玩忽职守，构成犯罪的，依法追究刑事责任；不构成犯罪的，依法给予行政处分。"

《招标投标法实施条例》第八十条规定：国家工作人员利用职务便利，以直接或者间接、明示或者暗示等任何方式非法干涉招标投标活动，有下列情形之一的，依法给予记过或记大过处分；情节严重的，依法给予降级或者撤职处分；情节特别严重的，依法给予开除处分；构成犯罪的，依法追究刑事责任。

(1) 要求对依法必须进行招标的项目不招标，或者要求对依法应当公开招标的项目不公开招标。

(2) 要求评标委员会成员或者招标人以其指定的投标人作为中标候选人或者中标人，或者以其他方式非法干涉评标活动，影响中标结果。

(3) 以其他方式非法干涉招标投标活动。

应用案例 3-11

中山医科大学附属第三院医技大楼设计建筑面积为 19945m^2，预计造价为 7400 万元，其中土建工程造价约为 3402 万元，配套设备暂定造价为 3998 万元。2001 年年初，该工程项目进入广东省建设工程交易中心以总承包方式向社会公开招标。

经常以"广州辉宇房地产有限公司总经理"身份对外交往的包工头郑某得知该项目的情况后，立即分别到广东省和广州市 4 家建筑公司活动，要求挂靠这 4 家公司参与投标。这 4 家公司在未对郑某的公司资质和业绩进行审查的情况下，就同意其挂靠，并分别商定了"合作"条件：一是投标保证金由郑某支付；二是广州市原告代郑某编制标书，由郑某支付"劳务费"，其余 3 家公司的经济标书由郑某编制；三是项目中标后全部或部分工程由郑某组织施工，挂靠单位收取占工程造价 3%～5% 的管理费。上述 4 家公司违法出让资质证明，为郑某搞串标活动提供了条件。2001 年 1 月郑某给 4 家公司各汇去 30 万元投标保证金，并支付给广州市原告 1.5 万元编制标书的"劳务费"。

为揽到该项目，郑某还不择手段地拉拢广东省交易中心评标处副处长张某、办公室副主任陈某。郑某以咨询业务为名，经常请张某、陈某吃喝玩乐，并送给张某港币 5 万元、人民币 1000 元，以及人参、茶叶、香烟等物品；送给陈某港币 3 万元和洋酒等物品。张某、陈某两人积极为郑某提供"咨询"服务，不惜泄露招投标中有关保密事项，甚至带郑某到审核标底现场向有关人员打探标底，后因现场监督严格而未得逞。

2001年1月22日下午开始评标。评标委员会置该项目招标文件规定于不顾，把原安排22日下午评技术标、23日上午评经济标两段评标内容集中在一个下午进行，致使评标委员会没有足够的时间对标书进行认真细致的评审，一些标书明显存在违反招标文件规定的错误而未能发现。同时，评标委员在评审中还把标底价50%以上的配套设备暂定价3998万元剔除，使造价总体下浮变为部分下浮，影响了评标结果的合理性。22日19:20左右，评标结束，中标单位为深圳市总公司。

由于郑某挂靠的4家公司均未能中标，郑某便鼓动这4家公司向有关部门投诉，设法改变评标结果。因不断地发生投诉，有关单位未发出中标通知书。

案件处理：

广东省纪委、省监察厅、省建设厅组成联合调查组，对广东省建设工程交易中心个别工作人员在中山医科大学附属第三医院医技大楼工程招投标中的违纪违法问题展开调查，现已查实该工程项目在招投标中存在包工头串标、建筑施工单位出让资质证照、评标委员会不依法评标、省交易中心个别工作人员收受包工头钱物等违纪违法问题。经省建设厅、省监察厅研究决定，取消该项目招投标结果，依法重新组织招投标。目前，涉嫌违纪违法的交易中心工作人员张某、陈某已被停职，立案审查，其非法收受的钱物已被依法收缴。省纪委、省监察厅将依照有关法规和党纪政纪对涉案单位和人员进行严肃处理。这是广东省建立有形建筑市场以来查处的首宗建设工程交易中心工作人员违纪违法案件。

案例评析：

中山医科大学附属第三医院医技大楼工程招投标中的违纪违法问题，是一宗包工头串通有关单位内部人员干扰和破坏建筑市场秩序的典型案件。本案中的有关当事人违反了多项法律法规强制性规定，依法应当受到惩处。

(1) 郑楚辉和允许挂靠的4家公司违反了以下法律规定。

《招标投标法》第三十二条第一款规定："投标人不得相互串通投标报价，不得排挤其他投标人的公平竞争，损害招标人或者其他投标人的合法权益。"

《建筑法》第二十六条规定，禁止建筑施工企业以任何形式允许其他单位或者个人使用本企业的资质证书、营业执照，以本企业的名义承揽工程。

(2) 本案例中评标委员会违反了以下法律规定。

根据《招标投标法》第四十条的规定，评标委员会应当按照招标文件确定的评标标准和方法，对投标文件进行评审和比较。第四十四条规定，评标委员会成员应当客观、公正地履行职务，遵守职业道德，对所提出的评审意见承担个人责任。

(3) 本案例中广东省交易中心的工作人员张某、陈某收受贿赂、徇私舞弊，依法应当受到惩处。《招标投标法》第六十三条规定：对招标投标活动依法负有行政监督职责的国家机关工作人员徇私舞弊、滥用职权或者玩忽职守，构成犯罪的，依法追究刑事责任；不构成犯罪的，依法给予行政处分。

习题与思考题

一、单选题

1. 下列做法中符合《建筑法》关于建筑工程发承包的规定的是( )。
   A. 某建筑施工企业超越本企业资质等级许可的业务范围承揽工程
   B. 某建筑施工企业以另一个建筑施工企业的名义承揽工程
   C. 某建筑施工企业持有依法取得的资质证书，并在其资质等级许可的业务范围内承揽工程
   D. 某建筑施工企业允许个体户王某以本企业的名义承揽工程

2. 根据《招标投标法》的规定，招标人需要对发出的招标文件进行澄清或修改时，应当在招标文件要求提交投标文件的截止时间至少( )天前，以书面形式通知所有招标文件收受人。
   A. 10   B. 15   C. 20   D. 30

3. 甲、乙两个工程承包单位组成施工联合体投标，甲单位为施工总承包一级资质，乙单位为二级资质，则该联合体应按( )资质确定等级。
   A. 二级   B. 一级   C. 三级   D. 特级

4. 公开招标是指招标人以( )方式邀请不特定的法人或者其他组织投标。
   A. 投标邀请书   B. 合同谈判   C. 行政命令   D. 招标公告

5. 提交投标文件的投标人少于( )个的，招标人应当依法重新招标。
   A. 2   B. 3   C. 4   D. 5

6. 根据《工程建设项目招标范围和规模标准规定》的规定，属于工程建设项目招标范围的工程建设项目，施工单项合同估算价在( )万元人民币以上的，必须进行招标。
   A. 50   B. 100   C. 150   D. 400

7. 在招标活动的基本原则中，招标人不得以任何方式限制或者排斥本地区、本系统以外的法人或者其他组织参加投标，体现了( )。
   A. 公开原则   B. 公平原则   C. 诚实信用原则   D. 公正原则

8. 甲、乙两个工程承包单位组成施工联合体投标，参与竞标某房地产开发商的住宅工程，则下列说法错误的有( )。
   A. 甲、乙两个单位以一个投标身份参与投标
   B. 如果中标，甲、乙两个单位应就中标项目向该房地产开发商承担连带责任
   C. 如果中标，甲、乙两个单位应就各自承担部分与该房地产开发商签订合同
   D. 如在履行合同中乙单位破产，则甲单位应当承担原由乙单位承担的工程任务

9. 下列选项中，不是投标的禁止性规定的是( )。
   A. 投标人以行贿的手段谋取中标
   B. 招标人向投标人泄露标底
   C. 投标人借用其他企业的资质证书参加投标
   D. 投标人以高于成本的报价竞标

10. 招标文件要求中标人提交履约保证金，履约保证金不得超过中标合同金额的( )。
    A. 10%　　　　B. 8%　　　　C. 5%　　　　D. 3%
11. 招标人和中标人应自中标通知书发出之日起( )日内，按照招标文件和中标的投标文件订立书面合同。
    A. 10　　　　B. 15　　　　C. 20　　　　D. 30
12. 下列关于建设工程招投标的说法，正确的是( )。
    A. 在投标有效期内，投标人可以补充、修改或者撤回其投标文件
    B. 投标人在招标文件要求提交投标文件截止时间前，可以补充、修改或者撤回投标文件
    C. 投标人可以挂靠或借用其他企业的资质证书参加投标
    D. 投标人之间可以先进行内部竞价，然后再参加投标
13. 下列不属于招标文件内容的是( )
    A. 投标邀请书　　　　　　　B. 设计图纸
    C. 合同主要条款　　　　　　D. 财务报表
14. 某工程项目在估算时算得成本是1000万元人民币，概算时算得成本是950万元人民币，预算时算得成本是900万元人民币，投标时某承包商根据自己企业定额算得成本是800万元人民币，则根据《招标投标法》中规定的"投标人不得以低于成本的报价竞标"，该承包商投标时报价不得低于( )。
    A. 1000万元　　B. 950万元　　C. 90万元　　D. 800万元
15. 开标应当在招标文件确定的提交投标文件截止时间的( )进行。
    A. 当天公开　　B. 当天公开　　C. 同一时间公开　　D. 同一时间不公开
16. 评标委员会成员应为( )人以上单数，评标委员会中技术、经济等方面的专家不得少于成员总数的( )。
    A. 5，2/3　　　B. 7，4/5　　　C. 5，1/3　　　D. 3，2/3
17. 评标委员会推荐的中标候选人应当限定在( )，并标明排列顺序。
    A. 1～2人　　　B. 1～3人　　　C. 1～4人　　　D. 1～5人
18. 投标单位在投标报价中，对工程量清单中的每一单项均需计算填写单价和合价，在开标后，发现投标单位没有填写单价和合价的项目，则( )。
    A. 允许投标单位补充填写
    B. 视为废标
    C. 退回投标书
    D. 认为此项费用已包括在工程量清单的其他单价和合价中
19. 投标文件中总价金额与单价金额不一致的，应( )。
    A. 以单价金额为准　　　　　　B. 以总价金额为准
    C. 由投标人确认　　　　　　　D. 由招标人确认
20. 根据《招标投标法》的规定，依法必须招标的项目自招标文件开始发出之日起至投标人提交投标文件截止之日止，最短不得少于( )。
    A. 10天　　　　B. 15天　　　　C. 20天　　　　D. 30天

二、多选题

1. 根据《招标投标法》的规定，招标方式分为( )。
   A. 公开招标　　　　　　B. 协议招标　　　　　　C. 邀请招标
   D. 指定招标　　　　　　E. 行业内招标

2. 下列特殊情况中，不适宜进行招标的项目，按照规定可以不进行招标的有( )。
   A. 涉及国家安全、国家秘密项目
   B. 抢险救灾项目
   C. 利用扶贫资金实行以工代赈、需要使用农民工等特殊情况
   D. 使用国际组织或者外国政府资金的项目
   E. 生态环境保护项目

3. 招标投标活动的公平原则体现在( )等方面。
   A. 要求招标人或评标委员会严格按照规定的条件和程序办事
   B. 平等地对待每一个投标竞争人
   C. 不得对不同的投标人采用不同的标准
   D. 投标人不得假借别的企业的资质，弄虚作假来投标
   E. 招标人不得以任何方式限制或排斥本地区、本系统以外的法人或者其他组织参加投标

4. 工程建设项目公开招标范围包括( )
   A. 全部或者部分使用国有资金或者国家融资的项目
   B. 施工单项合同估算价在100万元人民币以上的
   C. 关系社会公共利益、公共安全的大型基础设施项目
   D. 使用国际组织或者外国政府资金的项目
   E. 关系社会公共利益、公共安全的大型公用事业项目

5. 投标邀请书的内容应载明的事项有( )。
   A. 招标项目的性质、数量　　　　　B. 招标人的名称和地址
   C. 招标项目的实施地点和时间　　　D. 获取招标文件的办法
   E. 招标人的资质证明

6. 根据《招标投标法》的规定，下列建设项目必须进行招标的有( )。
   A. 利用世界教科文组织提供的资金新建教学楼工程
   B. 某省会城市的居民用水水库工程
   C. 国防工程
   D. 某城市利用国债资金建设的垃圾处理场项目
   E. 某住宅楼因资金缺乏停建后恢复建设，且承包人仍为原承包人

7. 某省税务局办公楼扩建工程项目招标，十多家单位参与竞标，根据《招标投标法》关于联合体投标的规定，下列说法正确的有( )。
   A. A单位资质不够，可以与别的单位组成联合体参与竞标
   B. B、C两单位组成联合体投标，它们应当签订共同投标协议
   C. D、E两单位构成联合体，它们签订的共同投标协议应当提交招标人
   D. F、G两单位构成联合体，它们各自对招标人承担责任

E. H、I两单位构成联合体，这两家单位对招标人承担连带责任
8. 招标人甲欲完成一项招标工作，则依据《招标投标法》的规定，以下活动中是必需的有( )。
   A. 招标人甲发布招标公告或寄送投标邀请书
   B. 招标人甲编制相应的招标文件
   C. 招标人甲组织投标人踏勘项目现场
   D. 招标人甲要求潜在投标人提供有关资质证明文件和业绩情况，并对潜在投标人进行资格审查
   E. 计算标底并报招标主管部门审定
9. 采用公开招标方式，应当公开的内容有( )。
   A. 评标的程序   B. 评标人的名单   C. 开标的程序
   D. 评标的标准   E. 中标的结果
10. 评标报告的内容有( )。
    A. 招标公告   B. 评标规则   C. 评标情况说明
    D. 对各个合格投标书的评价   E. 推荐合格的中标人
11. 投标文件有( )情形之一的，由评标委员会初审后按废标处理。
    A. 大写金额与小写金额不一致的标书
    B. 投标工期长于招标文件中要求工期的标书
    C. 关键内容字迹模糊、无法辨认的标书
    D. 未按招标文件的要求提交投标保证金的标书
    E. 总价金额与单价金额不一致的标书
12. 关于细微偏差的说法，正确的是( )。
    A. 在实质上响应了招标文件的要求，但存在个别漏项
    B. 在实质上响应了招标文件的要求，但提供了不完整的技术信息和数据
    C. 补正遗漏会对其他投标人造成不公平的结果
    D. 细微偏差不影响投标文件的有效性
    E. 细微偏差将导致投标文件成为废标
13. 下列符合《招标投标法》关于评标的有关规定的有( )。
    A. 招标人应当采取必要的措施，保证评标在严格保密的情况下进行
    B. 评标委员会完成评标后，应当向招标人提出书面评标报告，并推荐合格的中标候选人
    C. 招标人可以授权评标委员会直接确定中标人
    D. 评标委员会经过评审，认为所有投标都不符合招标文件要求的，可以否决所有投标
    E. 任何单位和个人不得非法干预、影响评标的过程和结果
14. 投标人以行贿手段谋取中标的法律后果是( )。
    A. 中标无效   B. 有关单位和责任人应当承担相应的行政责任或刑事责任
    C. 吊销营业执照   D. 重新招标
    E. 如果给他人造成损失的，有关责任人和单位应当承担民事赔偿责任

15. 下列关于评标的规定，符合《招标投标法》有关规定的有( )。
   A. 招标人应当采取必要措施，保证评标在严格保密的情况下进行
   B. 评标委员会完成评标后，应向招标人提出书面评标报告，并决定合格的中标候选人
   C. 招标人可以授权评标委员会直接确定中标人
   D. 评标委员会经评审，认为所有投标都不符合招标文件要求的，可以否决所有投标
   E. 任何单位和个人不得非法干预，影响评标的过程和结果

三、案例分析

1. 某学校经上级主管部门批准拟新建建筑面积为 3000 m² 的综合办公楼，经工程造价咨询部门估算该工程造价为 3450 万元，该工程项目决定采用施工总承包的招标方式进行招标，并采用合格制的方式进行资格预审。在招标过程中，发生如下事件。

   事件 1：由于经资格预审合格的投标申请人过多，在资格预审过程中，又增加了对各投标申请人的注册资金的限制，从而最终确定通过了 8 家合格的申请人，并向其发出资格预审合格通知书。

   事件 2：招标文件中明确说明该项目的资金来源落实了 2070 万元。

   事件 3：招标文件中规定，投标单位在收到招标文件后，若有问题需要澄清，只能以书面形式提出，招标单位将澄清内容以书面形式送给提出问题的投标单位。

   事件 4：招标文件中规定，从招标文件发放之日起，在 15 日内递交投标文件。

   事件 5：发售招标文件的价格为编制和印刷招标文件的成本和发布招标公告的费用。

   问题：
   ① 该工程招标是否可以采用邀请招标方式进行招标？请说明理由。
   ② 事件 1 中，招标人的做法是否正确？为什么？
   ③ 事件 2 中，项目资金落实了估算价的 60%是否可以进行招标？为什么？
   ④ 事件 3 中，该招标文件的规定是否正确？如不正确，请改正。
   ⑤ 事件 4 的规定是否妥当？请说明理由。
   ⑥ 事件 5 中，发售招标文件的价格是否合理？为什么？

2. 某公开招标的项目，在投标阶段，A 投标单位认为该工程原设计结构方案不合理，于是在投标报价书中建议，将框架剪力墙体系改为框架体系，经技术经济分析和比较，可降低造价约 2.5%。A 投标单位将技术标和商务标分别封装，在投标截止日期前 1 天上午将投标文件报送业主。次日(即投标截止日当天)下午，在规定的开标时间前 1 小时，A 投标单位又递交了一份补充资料，其中声明将原报价降低 3%。但招标单位的有关工作人员认为一个投标单位不能递交两份投标文件，因而拒收了 A 投标单位的补充资料。

   该项目开标会由市招标办的工作人员主持，市公证处有关人员到会，各投标单位代表均到场。开标前，市公证处人员对各投标单位的资质进行了审查，并对所有投标文件进行了审查，确认所有投标文件有效后正式开标，宣读投标单位名称、投标价格、投标工期和有关投标文件的重要说明。

   问题：
   ① 招标单位的有关工作人员是否应拒绝 A 投标单位的投标？说明理由。

② A 投标单位在投标中运用了哪几种报价技巧？是否得当？并加以说明。

③ 开标会中存在哪些程序问题？并加以说明。

3. 某依法必须招标的大型工程项目，其招标方式经核准为公开招标，业主委托某招标代理公司实施代理。招标代理公司在规定媒体发布了招标公告，编制并发售了招标文件。招标文件规定：投标担保可采用投标保证金或投标保函方式担保；评标方法采用经评审的最低投标价；投标有效期为 60 天。开标后发现以下情况。

① A 投标人的投标报价为 8000 万元，经评审后推荐其为中标候选人。

② B 投标人在开标后又提交了一份补充说明，提出可以降价 5%。

③ C 投标人提交的银行投标保函有效期为 70 天。

④ D 投标人投标文件的投标涵盖有企业及企业法定代表人的印章，但没有加盖项目负责人的印章。

⑤ E 投标人与其他投标人组成了联合体投标，附有各方资质证书，但没有联合体共同投标协议书。

⑥ F 投标人的投标报价最高，故 F 投标人在开标后第二天撤回了其投标文件。经过对投标书的评审，A 投标人被确定为中标候选人。发出中标通知书后，招标人和 A 投标人进行了合同谈判，希望 A 投标人能再压缩工期、降低费用。经谈判后双方达成一致，不压缩工期，降价 3%。

问题：

① 分析 A、B、C、D、E 投标人的投标文件是否有效？请说明理由。

② F 投标人的投标文件是否有效？对其撤回投标文件的行为应如何处理？

③ 该项目施工合同应该如何签订？合同价格应是多少？

第 4 章 建筑工程合同管理法律法规

【学习要点及目标】

- 了解合同的基本概念、原则以及类型。
- 掌握建筑工程合同的形式和订立的过程。
- 了解建设工程施工合同(示范文本)的基本内容。
- 掌握建筑工程合同的效力和履行。
- 熟悉建筑工程合同的变更、转让、终止和违约责任。

【核心概念】

建筑工程合同　无效合同　合同履行抗辩权　合同变更　转让和终止等

【引导案例】

某综合办公楼工程,甲建设单位通过公开招标的方式确定乙承包商为中标单位,双方签订了工程总承包合同。由于乙承包商不具有勘察、设计能力,经甲同意,乙与建设设计院丙签订了工程勘察、设计合同。勘察、设计合同约定由丙对甲的综合办公楼及附属公共设施提供勘察、设计服务,并按勘察、设计合同的约定交付有关的设计文件和资料。随后,乙又与丁建筑工程公司签订了工程施工合同。施工合同约定由丁根据丙提供的设计图纸进行施工,工程竣工时根据国家有关验收规定及设计图纸进行质量验收。合同签订后,丙按时将设计图纸和有关资料交付给丁,丁根据设计图纸进行施工。工程竣工后,甲会同有关质量监督部门对工程进行验收,发现工程存在严重的质量问题,经查明是由于丙未对现场进行考察导致设计不合理,甲要求丙承担责任,丙以与甲方没有合同关系为由拒绝承担责任,乙又以自己不是设计人为由推卸责任,甲遂以丙为被告向法院提起诉讼。

请思考:

(1) 在本案例中,甲与乙、乙与丙、乙与丁分别签订的合同是否有效?

(2) 甲以丙为被告向法院提起诉讼是否妥当?为什么?

(3) 工程存在严重的质量问题的责任应如何划分?

(4) 根据我国法律法规的规定,承包单位将承包的工程转包或违法分包应承担什么法律后果?

4.1 建筑工程合同概述

4.1.1 合同概述

1. 合同的概念

合同是指具有平等民事主体资格的当事人为了达到一定的目的,在自愿、平等和协商一致的基础上设立、变更、终止民事权利义务关系而达成的协议。

《民法典》第四百六十四条规定:"合同是民事主体之间设立、变更、终止民事法律关系的协议。婚姻、收养、监护等有关身份关系的协议,适用有关该身份关系的法律规定;没有规定的,可以根据其性质参照适用本编规定。"

2. 合同的基本原则

合同的基本原则是合同当事人在合同的签订、执行、解释和解决纠纷的过程中应当遵守的基本准则,也是人民法院、仲裁机构在审理、仲裁合同纠纷时应当遵循的原则,主要有:①平等原则;②自愿原则;③公平原则;④诚实信用原则;⑤遵守法律、法规和社会公德原则。

1) 平等原则

平等原则是指地位平等的合同当事人,在权利义务对等的基础上,经充分协商达成一致,以实现互利互惠的经济利益目的的原则。

平等原则的具体表现有:①合同当事人的法律地位一律平等;②合同中的权利义务对

等；③合同当事人必须就合同条款充分协商，达成一致，合同才能成立。

2) 自愿原则

自愿原则是合同的重要原则，合同当事人通过协商，在法律规定的范围内，自愿决定和调整相互的权利义务关系，不受任何单位和个人的非法干预。但合同自由不是绝对的自由，它也要受到国家法律、法规的限制。

自愿原则的具体表现有：①缔结合同的自由；②选择相对人的自由；③决定合同内容的自由；④变更解除合同的自由；⑤决定合同方式的自由。

3) 公平原则

公平原则要求合同双方当事人之间的权利义务要公平合理，大体上要平衡，强调一方给付与对方给付之间的等值性，合同上的负担和风险的合理分配。

公平原则的具体表现有：①在订立合同时，要根据公平原则确定双方的权利和义务，不得滥用权力，不得欺诈，不得假借订立合同恶意进行磋商；②根据公平原则确定风险的合理分配；③根据公平原则确定违约责任。

4) 诚实信用原则

诚实信用原则要求当事人在订立、履行合同以及合同终止后的全过程中，都要诚实、信用、相互协作。

诚实信用原则的具体表现有：①在订立合同时，不得有欺诈或其他违背诚实信用的行为；②在履行合同义务时，当事人应当遵循诚实信用的原则，根据合同的性质、目的和交易习惯履行及时通知、协助、提供必要的条件、防止损失扩大、保密等义务；③合同终止后，当事人也应当遵循诚实信用的原则，根据交易习惯履行通知、协助、保密等义务，称为后契约义务。

5) 遵守法律、法规和社会公德原则

当事人订立、履行合同，应当遵守法律、行政法规，只有将合同的订立纳入法律的轨道，才能保障经济活动的正常秩序。

社会公德是指在人类长期社会实践中逐渐形成的、要求每个公民在履行社会义务或涉及社会公众利益的活动中应当遵循的道德准则。该原则要求当事人在订立、履行合同时不仅遵守法律，而且应当尊重社会道德，不得扰乱社会经济秩序，损害社会公共利益。

应用案例 4-1

某商品房售楼书和其他资料中的示意图和文字表明，该楼盘为平行两栋长条状豪华住宅，中间为小区花园、游泳池等休闲区域，包括三层小区会所、幼儿园等配套设施。可是，当二期业主入住之际，业主们发现原拟建三层配套用房处却在挖很深的地基进行第三期开发。业主发现上当，立即向开发商讨说法。

问题：

本案例中的开发商行为是否违反合同原则？

案例评析：

本案例中的开发商违反诚实信用原则，采用欺诈手段诱骗业主签订房地产买卖合同，故业主有权依据《民法典》第一百四十八条的规定追究开发商法律责任：一方以欺诈手段，使对方在违背真实意思的情况下实施的民事法律行为，受欺诈方有权请求人民法院或者仲裁机构予以撤销。第一百五十七条的规定：民事法律行为无效、被撤销或者确定不发生效力后，行为人因该行为取得的财产，应当予以返还；不能返还或者没有必要返还的，应当折价补偿。有过错的一方应当赔偿对方由此所受到的损失；各方都有过错的，应当各自承担相应的责任。法律另有规定的，依照其规定。

4.1.2 建筑工程合同的概念

建筑工程合同是承包人进行工程建设，发包人支付价款的合同。建筑工程合同包括工程勘察、设计、施工合同。

建筑工程施工合同是建筑工程合同中的重要部分，是指施工人(承包人)根据发包人的委托，完成建筑工程项目的施工工作，发包人接受工作成果并支付报酬的合同。

4.2 建筑工程施工合同的订立

建筑工程合同的订立是工程建设的首重任务，它是保障合同当事人双方合法权益的重要证据，为了防范合同履行过程中的风险，在签订合同之前一定要了解建筑工程合同签订的注意事项。

4.2.1 建筑工程施工合同的订立形式

合同的订立形式是指合同双方当事人对合同的内容、条款，经过协商，作出共同的意思表示的具体方式。

《民法典》规定：当事人订立合同，可以采用书面形式、口头形式或者其他形式。书面形式是合同书、信件、电报、电传、传真等可以有形地表现所载内容的形式。以电子数据交换、电子邮件等方式能够有形地表现所载内容，并可以随时调取查用的数据电文，视为书面形式。建设工程合同应当采用书面形式。书面形式合同的内容明确，有据可查，对于防止和解决争议有积极意义。

> **小提示**
>
> 建筑工程合同的书面形式包括：合同协议书、中标通知书、投标书及其附件、合同专用条款、合同通用条款、洽商、变更等明确双方权利、义务的纪要、协议、工程报价单或工程预算书、图纸，以及标准、规范和其他有关技术资料、技术要求等。当事人在合同履行过程中订有数份合同，当事人就同一建筑工程另行订立的建筑工程施工合同与经过备案的中标合同实质性内容不一致的，应当以备案的中标合同作为结算工程价款的依据。

4.2.2 建筑工程合同的内容

1. 合同的内容

合同的内容即合同当事人的权利、义务，除法律规定的以外，主要由合同的条款确定。合同的内容由当事人约定，一般包括以下条款：①当事人的姓名或名称和住所。②标的，表现形式为物、劳务、行为、智力成果、工程项目等。合同的标的必须明确、具体、合法。标的没有或不明确的，合同无法履行或不能成立。③数量。数量是衡量合同标的多少的尺度，以数字和计量单位表示。数量是确定合同当事人权利义务范围、大小的标准。若双方未约定具体数量，则合同无法履行。④质量。国家有强制性标准的，必须按照强制性标准执行，并可约定质量检验方法、质量责任期限与条件、对质量提出异议的条件与期限等。⑤价款或者报酬，是指当事人一方履行义务时另一方当事人以货币形式支付的代价。应规定清楚计算价款或者报酬的方法。⑥履行期限、地点和方式。履行期限是当事人各方依照合同的规定全面完成各自义务的时间。履行地点是指当事人交付标的和支付价款或报酬的地点，是确定运输费用由谁负担、风险由谁承受的依据。履行方式是当事人完成合同规定义务的具体方法，如标的的交付方式、价款或报酬的结算方式、货物运输方式等。⑦违约责任。可在合同中约定定金、违约金、赔偿金额以及赔偿金的计算方法等。⑧解决争议的方法。当事人约定在合同履行过程中产生争议后，通过什么方式来解决。

当事人可以参照各类合同的示范文本订立合同。

2. 建筑工程施工合同的内容

施工合同的内容一般包括工程范围、建设工期、中间交工工程的开工和竣工时间、工程质量、工程造价、技术资料交付时间、材料和设备供应责任、拨款和结算、竣工验收、质量保修范围和质量保证期、双方相互协作条款等。

1) 工程范围

工程范围是指在规定时限内，对工程项目进行施工的工作范围。

2) 建设工期

建设工期是指建设项目或独立的单项工程在建设过程中所耗用的时间总量，一般以月数或天数表示。它从开工建设时算起，到全部建成投产或交付使用时停止，但不包括由于决策失误而停(缓)建所延误的时间。建设工期是具体安排计划、签订经济合同、组织施工、检查工程进度的依据。

3) 中间交工工程的开工和竣工时间

中间交工工程是指施工过程中的阶段性工程。为了保证工程各阶段的交接，顺利完成工程建设，当事人应当明确中间交工工程的开工和竣工时间。

4) 工程质量

工程质量条款是明确施工人施工要求，确定施工人责任的依据。施工人必须按照工程设计图纸和施工技术标准施工，不得擅自修改工程设计，不得偷工减料。发包人也不得明示或者暗示施工人违反工程建设强制性标准，降低建设工程质量。

5) 工程造价

工程造价是指进行工程建设所需的全部费用，包括人工费、材料费、施工机械使用费、措施费等。在实践中，有的发包人为了获得更多的利益，往往压低工程造价，而施工人为了盈利或不亏本，不得不偷工减料、以次充好，结果导致工程质量不合格，甚至造成严重的工程质量事故。因此，为了保证工程质量，双方当事人应当合理地确定工程造价。

6) 技术资料交付时间

技术资料主要是指勘察、设计文件以及其他施工人据以施工所必需的基础资料。当事人应当在施工合同中明确技术资料的交付时间。

7) 材料和设备供应责任

材料和设备供应责任是指由哪一方当事人提供工程所需材料设备及其应承担的责任。材料和设备可以由发包人负责提供，也可以由施工人负责采购。如果按照合同约定由发包人负责采购建筑材料、构配件和设备的，发包人应当保证建筑材料、构配件和设备符合设计文件和合同的要求。施工人则须按照工程设计要求、施工技术标准和合同约定，对建筑材料、构配件和设备进行检验。

8) 拨款和结算

拨款是指工程款的拨付。结算是指施工人按照合同约定和已完工程量向发包人办理工程款的清算。对于工程款的拨付，需根据付款内容由当事人双方确定，具体约定以下几项：预付款；工程进度款；竣工结算款；保修扣留金。工程结算需双方根据具体情况进行协商，并在合同中明确约定(工程造价的方法、程序和时间)。

9) 竣工验收

竣工验收条款一般应当包括验收范围与内容、验收标准与依据、验收人员组成、验收方式和日期等内容。

10) 质量保修范围和质量保证期

建设工程质量保修范围和质量保证期，应当按照《建设工程质量管理条例》的规定执行。

11) 双方相互协作条款

双方相互协作条款一般包括双方当事人在施工前的准备工作，施工人及时向发包人提出开工通知书、施工进度报告书、对发包人的监督检查提供必要协助等。

4.2.3 建设工程施工合同(示范文本)

为了指导建设工程施工合同当事人的签约行为，维护合同当事人的合法权益，依据《民法典》《建筑法》《招标投标法》以及相关法律法规，住房和城乡建设部、国家市场监督管理总局对《建设工程施工合同(示范文本)》(GF—2013—0201)进行了修订，制定了《建设工程施工合同(示范文本)》(GF—2017—0201)(以下简称《示范文本》)。

1. 《示范文本》的组成

《示范文本》由合同协议书、通用合同条款和专用合同条款三部分组成。

1) 合同协议书

《示范文本》合同协议书共计13条，主要包括工程概况、合同工期、质量标准、签约合同价和合同价格形式、项目经理、合同文件构成、承诺以及合同生效条件等重要内容，集中约定了合同当事人基本的权利和义务。

2) 通用合同条款

通用合同条款是合同当事人根据《建筑法》《民法典》等法律法规的规定，就工程建设的实施及相关事项，对合同当事人的权利义务作出的原则性约定。

通用合同条款共计20条，具体条款分别为：一般约定、发包人、承包人、监理人、工程质量、安全文明施工与环境保护、工期和进度、材料与设备、试验与检验、变更、价格调整、合同价格、计量与支付、验收和工程试车、竣工结算、缺陷责任与保修、违约、不可抗力、保险、索赔和争议解决。前述条款安排既考虑了现行法律法规对工程建设的有关要求，也考虑了建设工程施工管理的特殊需要。

3) 专用合同条款

专用合同条款是对通用合同条款原则性约定的细化、完善、补充、修改或另行约定的条款。合同当事人可以根据不同的建设工程的特点及具体情况，通过双方的谈判、协商对相应的专用合同条款进行修改补充。在使用专用合同条款时，应注意以下事项。

(1) 专用合同条款的编号应与相应的通用合同条款的编号一致。

(2) 合同当事人可以通过对专用合同条款的修改，满足具体建设工程的特殊要求，避免直接修改通用合同条款。

(3) 在专用合同条款中有横线的地方，合同当事人可针对相应的通用合同条款进行细化、完善、补充、修改或另行约定；如无细化、完善、补充、修改或另行约定，则填写"无"或画"/"。

2. 《示范文本》的性质和适用范围

《示范文本》为非强制性使用文本。《示范文本》适用于房屋建筑工程、土木工程、线路管道和设备安装工程、装修工程等建设工程的施工承发包活动，合同当事人可结合建设工程的具体情况，根据《示范文本》订立合同，并按照法律法规的规定和合同约定承担相应的法律责任及合同权利义务。

4.2.4 建筑工程合同的签订过程

合同的签订过程即合同的形成过程，《民法典》规定：当事人订立合同，可以采取要约、承诺方式或者其他方式。

1. 要约邀请

要约邀请是希望他人向自己发出要约的意思表示。要约邀请不是合同成立过程中的必经过程，它是当事人订立合同的预备行为，在法律上无须承担责任。这种意思表示的内容往往不确定，不含有合同得以成立的主要内容，也不含有相对人同意后受其约束的表示。比如寄送的价目表、招标公告、商业广告(如果商业广告内容符合要约规定的，视为要约)、招股说明书等，即要约邀请。所以，招标公告(或投标邀请书)是要约邀请。

2. 要约

1) 要约的概念和条件

要约是希望和他人订立合同的意思表示。提出要约的一方为要约人，接受要约的一方为受要约人。该意思表示应当符合下列条件：①内容具体确定；②表明经受要约人承诺，要约人即受该意思表示约束。

2) 要约撤回和要约撤销

要约撤回是指要约在发生法律效力之前，要约人打算使其不发生法律效力而取消要约的意思表示。要约人撤回要约的通知应当在要约到达受要约人之前或同时到达受要约人。

要约撤销是指要约生效后，要约人打算使其丧失法律效力的意思表示。撤销要约的意思表示以对话方式作出的，该意思表示的内容应当在受要约人作出承诺之前为受要约人所知道；撤销要约的意思表示以非对话方式作出的，应当在受要约人作出承诺之前到达受要约人。

有下列情形之一的，要约不得撤销：第一，要约人确定承诺期限或者以其他形式明示要约不可撤销；第二，受要约人有理由认为该要约是不可撤销的，并且已经为履行合同做了合理的准备工作的。比如为履行合同已向银行贷款、购买原材料、租赁运输工具等。

投标文件表达了投标人希望与招标人订立合同的意思，含有期望订立合同的具体内容，因此，投标文件是要约。

3) 要约失效
(1) 要约被拒绝。
(2) 要约被依法撤销。
(3) 承诺期限届满，受要约人未作出承诺。
(4) 受要约人对要约的内容作出实质性变更。

3. 承诺

(1) 承诺的概念和条件。

承诺即受要约人同意要约的意思表示。

承诺应具备如下条件。

第一，受要约人按照要约所指定的方式，无条件地完全同意要约(或新要约)的内容。如果受要约人对要约的内容作了实质性变更，则要约失效。

第二，承诺应在要约规定的期限内到达要约人。

(2) 承诺一般以通知的方式作出，承诺通知到达要约人时承诺生效；承诺生效时合同成立。但是法律另有规定或者当事人另有约定的除外。

应用案例 4-2

2021年4月1日，某建筑公司为购进一批水泥，分别向甲水泥厂和乙水泥厂发出了信函，内容如下：我公司急需某种型号水泥100吨，如果你厂有货，请来函电告知，具体价格面议。甲水泥厂收到该信后，给建筑公司回了一封信，内容是：你公司所需的某型号水泥我厂有货，每吨的价格为600元，如果需要的话，请先预付货款1万元，余款货到后支付，如果我厂在4月10日没有收到贵公司的回信，即表示你公司同意我厂提出的条件，我厂径直发货至你公司。建筑公司收到甲水泥厂的回信后，认为甲水泥厂提供的货款支付方式可以接受，但是希望每吨价格为550元，于是，向甲水泥厂发出了第二封信函，内容是：我公司愿意和你厂达成这笔交易，但每吨价格能否为550元，货款支付方式都接受，但是希望你厂能送货上门，并在本月15日之前给予答复。建筑公司4月10日收到乙水泥厂报价信函，内容为：我厂有你公司需要的水泥，价格为每吨450元，如果同意购买，请在4月20日之前给予答复。建筑公司认为乙水泥厂的价格合理，于是4月12日向乙水泥厂发出表示同意乙水泥厂的条件的信函。

问题：

1. 哪些信件属于要约？为什么？
2. 建筑公司发给甲水泥厂和乙水泥厂的信函被称为什么？

3. 如果建筑公司未能在4月10日给甲水泥厂回信，该买卖合同是否成立？为什么？

4. 如果甲水泥厂收到建筑公司的信函后积极备货，并准备了与送货有关的事宜，但是没有在建筑公司规定的时间内给予答复。建筑公司以已与乙水泥厂订立了买卖合同为由，拒绝与之订立合同的，甲水泥厂是否有权要求建筑公司赔偿损失？为什么？

5. 如果甲水泥厂在4月15日给予建筑公司答复，表示同意的，可建筑公司发给甲水泥厂表示不购买该厂水泥的信函于4月16日到达甲水泥厂的，甲水泥厂与建筑公司是否成立合同？建筑公司可否以发出拒绝的信函为由否认合同的成立？为什么？

6. 如果建筑公司发给乙水泥厂的信由于邮局的原因而没能在4月20日送达乙水泥厂，乙水泥厂并没有表示是否接受这封迟到的信函，建筑公司和乙水泥厂的买卖合同是否成立？为什么？

案例评析：

1. 在本案例中，甲水泥厂向建筑公司发出的信函、建筑公司发给甲水泥厂的第二封信、乙水泥厂发给建筑公司的信为要约，因为根据《民法典》的规定，要约是以订立合同为目的而由相对人受领的意思表示。以上信件符合要约的要件。

2. 称为要约邀请。

3. 买卖合同不成立，因为要约的意思表示对受要约人的效力是：要约到达受要约人后，受要约人没有在要约人规定的期限内承诺的义务，同时也没有告知要约人其是否承诺的义务，要约对受要约人的效力是赋予受要约人承诺的权利。要约人在要约中表示如果不在规定期限内答复的合同成立的意思表示对受要约人没有约束力。

4. 不可以请求赔偿。因为甲水泥厂向建筑公司发出要约后，建筑公司并没有承诺，而是向甲水泥厂发出了反要约，而甲水泥厂没有在规定的时间内给予答复，尽管积极备货，并准备了与送货有关的事宜，但是这些行为并不是承诺，因此买卖合同不成立。而且建筑公司的要约并没有使甲水泥厂产生了要约不可撤销的信赖，因此甲水泥厂的损失不能要求建筑公司赔偿。

5. 不能否认合同成立。因为甲水泥厂给予建筑公司的答复是对要约的承诺，买卖合同已经有效成立。建筑公司发给甲水泥厂表示不购买该厂的水泥的信函为撤销要约的意思表示，撤销要约的意思表示应该在承诺发出之前到达受要约人，而于4月16日到达甲水泥厂时承诺已经发出，因此该表示并不能阻却合同成立的效力。

6. 买卖合同成立。承诺需要在规定的期限内作出，但由于投寄信件等原因造成没有在规定的时间内送达当事人，造成承诺迟延。对于承诺的迟延，要约人负有及时通知的义务，如果要约人对于迟延的承诺怠于通知，承诺视为未迟到，合同成立。本案例中，建筑公司在4月12日发出承诺，按正常情况应该能在要约规定的时间内到达，但是由于邮局原因承诺迟延，而乙水泥厂并没有履行通知义务，因此买卖合同成立。

(3) 承诺的期限。承诺应当在要约确定的期限内到达要约人。要约没有确定承诺期限的，承诺应当依照下列规定到达：①要约以对话方式作出的，应当即时作出承诺；②要约以非对话方式作出的，承诺应当在合理期限内到达。所谓合理期限，就是要考虑给承诺人以必要的时间。

承诺期限的起算时间如下：要约以信件或者电报作出的，承诺期限自信件载明的日期或者电报交发之日开始计算；信件未载明日期的，自投寄该信件的邮戳日期开始计算。要约以电话、传真、电子邮件等快速通信方式作出的，承诺期限自要约到达受要约人时开始计算。

(4) 承诺的撤回。受要约人撤回承诺的通知应在承诺通知到达要约人之前，或与承诺通知同时到达要约人。

(5) 新要约。如果受要约人要求对要约的内容作出实质性变更(如修改合同标的、数量、质量、合同价款、履行期限、履行地点和方式、违约责任和争议解决方法等)，或超过规定的承诺期限才作出承诺，都不能视为对原要约的承诺，而只能作为受要约人提出的"新要约"。

(6) 中标通知书是招标人对投标文件(即要约)的肯定答复，所以中标通知书是承诺。

通常在合同的酝酿过程中，当事人双方对合同条款要反复磋商，经多轮会谈，其中存在许多次"新要约"，最终才达成一致，签订合同。

应用案例 4-3

2021年1月8日，某建筑公司向某玻璃厂发出了一份购买玻璃的要约。要约中明确规定承诺期限为2021年4月12日12:00。为了保证工作的快捷，要约中同时约定了采用电子邮件方式作出承诺并提供了电子信箱。玻璃厂接到要约后经过研究，同意出售给建筑公司玻璃。玻璃厂于2021年4月12日11:30给建筑公司发出了同意出售玻璃的电子邮件。但是，由于建筑公司所在地区的网络出现故障，直到15:30才收到邮件。

问题：

你认为该承诺是否有效？为什么？

案例评析：

根据《民法典》的规定，采用数据电文形式订立合同的，收件人指定特定系统接收数据电文的，该数据电文进入特定系统的时间视为到达时间。受要约人在承诺期限内发出承诺，按照通常情形能够及时到达要约人，但因其他原因承诺到达要约人时超过承诺期限的，除要约人及时通知受要约人因承诺超过期限不接受该承诺的以外，该承诺有效。

玻璃厂于2021年4月12日11:30发出电子邮件，正常情况下，建筑公司即时就能收到承诺，但是由于外界原因而没有收到。建筑公司如果不承认该承诺的效力，就要及时通知玻璃厂，若不及时通知，就视为已经承认该承诺的效力。

4. 合同的成立

当事人采用合同书的形式订立合同的，自当事人均签名、盖章或者按指印时合同成立。在签名、盖章或者按指印之前，当事人一方已经履行主要义务，对方接受时，该合同成立。法律、行政法规规定或者当事人约定合同应当采用书面形式订立，当事人未采用书面形式但是一方已经履行主要义务，对方接受时，该合同成立。当事人采用信件、数据电文等形式订立合同要求签订确认书的，签订确认书时合同成立。当事人一方通过互联网等信息网络发布的商品或者服务信息符合要约条件的，对方选择该商品或者服务并提交订单成功时合同成立，但是当事人另有约定的除外。

4.3 建筑工程合同的效力

4.3.1 合同生效

合同生效是指依法成立的合同自成立时产生法律上的约束力。合同一经生效，当事人即享有合同中所约定的权利和承担合同中所约定的义务，任何单位或个人都不得对合同当事人进行干涉。

依法成立的合同，自成立时生效，但是法律另有规定或者当事人另有约定的除外。依照法律、行政法规的规定，合同应当办理批准等手续的，依照其规定。未办理批准等手续影响合同生效的，不影响合同中履行报批等义务条款以及相关条款的效力。应当办理申请批准等手续的当事人未履行义务的，对方可以请求其承担违反该义务的责任。

合同生效应当具备以下要件。
(1) 行为人具有相应的民事行为能力。
(2) 意思表示真实。
(3) 不违反法律、行政法规的强制性规定。
(4) 不违背公序良俗。

小提示

口头合同自受要约人承诺时生效；书面合同自当事人双方签字或者盖章时生效；法律规定应当采用书面形式的合同，当事人虽未采用书面形式但已经履行全部或者主要义务的，可以视为合同有效。法律、行政法规规定应当办理批准、登记等手续生效的，依照其规定。

4.3.2 无效合同

1. 无效合同的确认

无效合同是指当事人违反法律规定的条件而订立的，国家不承认其效力，不给予法律保护的合同。

《民法典》规定，有下列情形之一的，合同无效。
(1) 无民事行为能力人实施的民事法律行为无效。
(2) 虚假意思表示实施的民事法律行为无效。
(3) 违反法律、行政法规的强制性规定的民事法律行为无效。
(4) 违背公序良俗的民事法律行为无效。
(5) 恶意串通的民事法律行为无效。

《民法典》第五百零六条规定合同中的下列免责条款无效。
(1) 造成对方人身损害的。
(2) 因故意或者重大过失造成对方财产损失的。

《最高人民法院关于审理建设工程施工合同纠纷案件适用法律问题的解释(一)》规定：建设工程施工合同具有下列情形之一的，应当依据《民法典》的规定，认定无效。

(1) 承包人未取得建筑业企业资质或者超越资质等级的。
(2) 没有资质的实际施工人借用有资质的建筑施工企业名义的。
(3) 建设工程必须进行招标而未招标或者中标无效的。

承包人因转包、违法分包建设工程与他人签订的建设工程施工合同，应当依据《民法典》的规定，认定无效。

招标人和中标人另行签订的建设工程施工合同约定的工程范围、建设工期、工程质量、工程价款等实质性内容，与中标合同不一致，一方当事人请求按照中标合同确定权利义务的，人民法院应予支持。

招标人和中标人在中标合同之外就明显高于市场价格购买承建房产、无偿建设住房配套设施、让利、向建设单位捐赠财物等另行签订合同，变相降低工程价款，一方当事人以该合同背离中标合同实质性内容为由请求确认无效的，人民法院应予支持。

当事人以发包人未取得建设工程规划许可证等规划审批手续为由，请求确认建设工程施工合同无效的，人民法院应予支持，但发包人在起诉前取得建设工程规划许可证等规划审批手续的除外。

发包人能够办理审批手续而未办理，并以未办理审批手续为由请求确认建设工程施工合同无效的，人民法院不予支持。

承包人超越资质等级许可的业务范围签订建设工程施工合同，在建设工程竣工前取得相应资质等级，当事人请求按照无效合同处理的，人民法院不予支持。

2. 无效合同的处理

(1) 自始没有法律约束力。
(2) 返还财产、折价补偿。民事法律行为无效、被撤销或者确定不发生效力后，行为人因该行为取得的财产，应当予以返还；不能返还或者没有必要返还的，应当折价补偿。
(3) 赔偿损失。有过错的一方应当赔偿对方由此所受到的损失；各方都有过错的，应当各自承担相应的责任。法律另有规定的，依照其规定。
① 无效合同自合同签订时就没有法律约束力。
② 合同无效分为整个合同无效和部分无效。合同部分无效的，不影响其他部分的法律效力。
③ 合同无效，不影响合同中独立存在的有关解决争议方法条款的效力。
④ 因该合同取得的财产，应予返还；有过错的一方应当赔偿对方因此所遭受的损失。

建设工程施工合同无效，一方当事人请求对方赔偿损失的，应当就对方过错、损失大小、过错与损失之间的因果关系承担举证责任。

损失大小无法确定，一方当事人请求参照合同约定的质量标准、建设工期、工程价款支付时间等内容确定损失大小的，人民法院可以结合双方过错程度、过错与损失之间的因果关系等因素作出裁判。

应用案例 4-4

A 建筑公司挂靠于一资质较高的 B 建筑公司，以 B 建筑公司的名义承揽了一项工程，并与建设单位 C 公司签订了施工合同。但在施工过程中，由于 A 建筑公司的实际施工技术力量和管理能力都较差，造成了工程进度的延误和一些工程质量缺陷。C 公司以此为由，不予支付余下的工程款。A 建筑公司以 B 建筑公司的名义将 C 公司告上了法庭。

问题：

1. A 建筑公司以 B 建筑公司的名义与 C 公司签订的施工合同是否有效？
2. C 公司是否应当支付余下的工程款？

案例评析：

1.《最高人民法院关于审理建设工程施工合同纠纷案件适用法律问题的解释(一)》规定：承包人转包、违法分包建设工程或者没有资质的实际施工人借用有资质的建筑施工企业的名义与他人签订建设工程施工合同的行为无效。A 建筑公司以 B 建筑公司的名义与 C 公司签订的施工合同，是没有资质的实际施工人借用有资质的建筑施工企业的名义签订的合同，属无效合同，不具有法律效力。

2. C 公司是否应当支付余下的工程款要视该工程竣工验收的结果而定。《民法典》第七百九十三条规定：建设工程施工合同无效，但是建设工程经验收合格的，可以参照合同关于工程价款的约定折价补偿承包人。

建设工程施工合同无效，且建设工程经验收不合格的，按照以下情形处理。

(1) 修复后的建设工程经验收合格的，发包人可以请求承包人承担修复费用。

(2) 修复后的建设工程经验收不合格的，承包人无权请求参照合同关于工程价款的约定折价补偿。

发包人对因建设工程不合格造成的损失有过错的，应当承担相应的责任。

4.3.3　效力待定的合同

1. 效力待定合同的概念

效力待定合同是指已成立的合同欠缺一定的生效要件，其生效与否尚未确定，须由第三人作出承认或者拒绝的意思表示才能确定自身效力的合同。

2. 效力待定合同的情形

《民法典》规定了以下两种情况为效力待定合同。

(1) 限制民事行为能力人签订的合同。限制民事行为能力人依法不能独立订立的合同，相对人可以催告法定代理人自收到通知之日起 30 日内予以追认。法定代理人未作表示的，视为拒绝追认。民事法律行为被追认前，善意相对人有撤销的权利。撤销应当以通知的方式作出。

(2) 无权代理人以被代理人的名义订立合同，被代理人已经开始履行合同义务或者接受相对人履行的，视为对合同的追认。如果被代理人不履行，合同的当事人可以催告被代理人在一个月内予以追认。如果该被代理人作出追认，则合同有效，否则合同不发生效力，则由行为人承担责任。

> **小提示**
>
> 无权代理的具体情形有：行为人没有代理权；行为人超越代理权；原来有代理权，在代理权终止后仍以被代理人的名义签订合同。

📖 应用案例 4-5

甲公司的经营范围为建材销售,一次,其业务员张某外出到乙公司采购一批装饰用的花岗岩时,发现乙公司恰好有一批铝材要出售,张某见价格合适,就与乙公司协商:虽然此次并没有得到购买铝材的授权,但相信公司也很需要这批材料,愿与乙公司先签订买卖合同,等回公司后再确认。乙公司表示同意。双方签订了铝材买卖合同。张某回公司后未及时将此事报告公司,又被派出签订另外的合同。乙公司等候两天后,发现没有回复,遂以特快信函催告甲公司于收到信函后 5 日内追认并履行该合同。该信函由于邮局传递的原因未能如期到达。第 8 日,甲公司收到该信函,此时铝材因市场原因价格上涨,遂马上电告乙公司,表示追认该买卖合同。乙公司却告知,这批铝材已经于第 6 日出卖给了丙公司,并已经交货付款完毕,由于甲公司过期不予追认该合同,该合同已经失效。甲公司则认为,邮局传递迟延的责任应由乙公司承担,因此,合同因追认而生效。双方遂发生争议。

问题:

1. 在甲公司追认之前,张某代理甲公司与乙公司签订的铝材买卖合同效力如何?为什么?
2. 本案例中,法院应支持谁的观点?为什么?

案例评析:

1. 合同效力待定。无权代理人签订的合同为效力待定合同。依据《民法典》的规定,行为人没有代理权、超越代理权或者代理权终止以后,以被代理人名义订立的合同,未经被代理人追认,对被代理人不发生效力,由行为人承担责任。相对人可以催告被代理人在一个月内予以追认,被代理人未作表示的,视为拒绝追认。也就是说,对于无权代理人所签订的合同,应为效力待定的合同,但赋予相对人以催告权,赋予被代理人追认权。本案例中,张某并无购买铝材的代理权,却代表甲公司签订了购买铝材的合同,属于越权代理,该合同只有经过被代理人甲公司的追认,才对甲公司发生效力。

2. 应支持甲公司的观点。意思表示经由传达机关传递时,因传达机关的原因未能按时传达给受领意思表示的相对人时,应由表意人承担不能传达的风险。本案例中,乙公司催告甲公司追认该合同效力的意思表示应于到达甲公司时发生效力,甲公司只要在乙公司确认的追认期限内予以追认,该追认即为有效追认。因邮局的原因未能及时传达乙公司催告甲公司追认合同的意思表示,应为传达人的错误,因传达人的错误导致的损失应由表意人承担。乙公司即为本案中的表意人,即由乙公司承担不能及时传达的风险,故甲公司仍可在受领后的合理期间内追认该合同。甲公司已进行追认,故应支持甲公司的观点,该合同仍为有效合同。

4.3.4 可撤销合同

1. 可撤销合同的概念

可撤销的合同是指基于法定原因,当事人有权诉请法院或仲裁机构予以变更、撤销的合同。

《民法典》规定合同可撤销制度,是为了体现和维护公平和自愿的原则,给当事人一种补救的机会。

2. 可撤销合同的种类

(1) 基于重大误解实施的民事法律行为,行为人有权请求人民法院或者仲裁机构予以撤销。

(2) 一方以欺诈手段,使对方在违背真实意思的情况下实施的民事法律行为,受欺诈方有权请求人民法院或者仲裁机构予以撤销。

(3) 第三人实施欺诈行为,使一方在违背真实意思的情况下实施的民事法律行为,对方知道或者应当知道该欺诈行为的,受欺诈方有权请求人民法院或者仲裁机构予以撤销。

(4) 一方或者第三人以胁迫手段,使对方在违背真实意思的情况下实施的民事法律行为,受胁迫方有权请求人民法院或者仲裁机构予以撤销。

(5) 一方利用对方处于危困状态、缺乏判断能力等情形,致使民事法律行为成立时显失公平的,受损害方有权请求人民法院或者仲裁机构予以撤销。

对可撤销合同,只有受损害方才有权提出变更或撤销。有过错的一方不仅不能提出撤销,而且还要赔偿对方因此所遭受的损失。可撤销合同必须由人民法院或者仲裁机构作出裁决。作出裁决之前该合同还是有效的。如果裁决该合同被撤销,那么它从签订时开始就没有法律约束力。

小提示

撤销权的行使有一定的期限。有下列情形之一的,撤销权消灭。

(1) 当事人自知道或者应当知道撤销事由之日起1年内、重大误解的当事人自知道或者应当知道撤销事由之日起90日内没有行使撤销权。

(2) 当事人受胁迫,自胁迫行为终止之日起1年内没有行使撤销权。

(3) 当事人知道撤销事由后明确表示或者以自己的行为表明放弃撤销权。

当事人自民事法律行为发生之日起5年内没有行使撤销权的,撤销权消灭。

应用案例 4-6

2018年6月,某建筑施工企业从水泵厂购得20台A级水泵,在现场使用后反映效果良好。因进一步需要,该施工企业决定派采购员王某再购进同样的水泵35台。王某从2018年6月所购水泵所嵌的铭牌上抄下品名、规格、型号、技术指标等,与同一厂家签订了购买35台同型号、同规格、同质量的A级水泵合同。该施工企业收到35台水泵后,立即投入使用,但在使用过程中发现与2018年6月所购水泵在性能上存在较大差异,怀疑水泵厂第二次提供的水泵质量有问题,要求更换。水泵厂以提供的产品均合格为由拒绝更换。该施工企业遂诉至法院要求更换并赔偿损失。经查明:2018年6月所供水泵实际上是B级水泵,由于水泵厂出厂环节失误,所镶铭牌错为A级水泵;第二次所供水泵实际上是A级水泵。

问题:

施工企业提出的诉讼要求能否得到支持?

案例评析：

施工企业本意是购买 B 级水泵，但由于水泵厂的原因，使其将本希望采购的 B 级水泵错误地表达为 A 级水泵，表达与其真实意思发生重大错误，属于重大误解。因此，施工企业对第二次采购合同享有撤销权或者变更权，其主张变更标的物的主张能够获得支持。

4.4 建筑工程合同的履行

4.4.1 合同履行的概念和原则

1. 合同履行的概念

合同履行是指合同各方当事人按照合同的规定，全面履行各自的义务，实现各自的权利，使各方的目的得以实现的行为。合同的履行以有效的合同为前提和依据，也是当事人订立合同的根本目的。

2. 合同履行的原则

合同履行的基本原则是对各类合同履行普遍适用的准则，是各类合同履行都具有的共性要求或反映。

合同履行的基本原则包括以下几个。

(1) 全面履行的原则。全面履行是指当事人应当按照合同约定的标的、价款、数量、质量、地点、期限、方式等全面履行各自的义务。

(2) 遵守诚实信用原则。当事人应当遵循诚实信用原则，根据合同的性质、目的和交易习惯履行通知、协助、保密等义务。

(3) 当事人在履行合同过程中，应当避免浪费资源、污染环境和破坏生态。

3. 合同约定不明的履行

根据《民法典》第五百一十条的规定，约定不明合同的履行原则如下。

1) 当事人协议补充原则

当事人协议补充原则，是指当事人对没有约定或者约定不明确的合同内容通过协商的办法订立补充协议，使合同具体化和明确化，并与原合同共同构成一份完整的合同。

合同生效后，当事人就质量、价款或者报酬、履行地点等内容没有约定或者约定不明确的，可以协议补充。

2) 按照合同相关条款或交易习惯确定原则

按照合同相关条款确定原则，是指在合同当事人就没有约定或者约定不明确的合同内容不能达成补充协议时，结合合同其他方面的内容加以确定，使合同具体化和明确化。

按照交易习惯确定原则，是指在合同当事人就没有约定或约定不明确的合同内容不能达成补充协议时，按照人们在同样的交易中通常采用的合同内容加以确定。无论在国内交易中，还是在国际交易中都已形成许多交易习惯，这些交易习惯可以用来补充当事人合同的内容。

3) 法定补充原则

所谓法定补充原则，又称合同的补缺规则，是指法律规定的，适用主要条款欠缺或合同条款约定不明确，但并不影响其效力的合同，以弥补当事人所欠缺或未明确表示的意思，使合同内容合理、确定，便于履行的法律条款。

《民法典》第五百一十一条规定，当事人就有关合同内容约定不明确，依据《民法典》第五百一十条规定仍不能确定的，适用下列规定："(一)质量要求不明确的，按照强制性国家标准履行；没有强制性国家标准的，按照推荐性国家标准履行；没有推荐性国家标准的，按照行业标准履行；没有国家标准、行业标准的，按照通常标准或者符合合同目的的特定标准履行。(二)价款或者报酬不明确的，按照订立合同时履行地的市场价格履行；依法应当执行政府定价或者政府指导价的，依照规定履行。(三)履行地点不明确，给付货币的，在接受货币一方所在地履行；交付不动产的，在不动产所在地履行；其他标的，在履行义务一方所在地履行。(四)履行期限不明确的，债务人可以随时履行，债权人也可以随时请求履行，但是应当给对方必要的准备时间。(五)履行方式不明确的，按照有利于实现合同目的的方式履行。(六)履行费用的负担不明确的，由履行义务一方负担；因债权人原因增加的履行费用，由债权人负担。"

《民法典》第五百一十三条规定："执行政府定价或者政府指导价的，在合同约定的交付期限内政府价格调整时，按照交付时的价格计价。逾期交付标的物的，遇价格上涨时，按照原价格执行；价格下降时，按照新价格执行。逾期提取标的物或者逾期付款的，遇价格上涨时，按照新价格执行；价格下降时，按照原价格执行。"

应用案例 4-7

2021年1月，某实业有限公司与某化工设备厂签订了一份《加工定作合同书》。双方当事人在合同中约定：实业有限公司委托化工设备厂设计、制造、组装年产4万吨硫黄制酸工程设备，总造价1200万元。化工设备厂除负责购买标准设备并运到实业有限公司组装调试外，还须负责制造、组装、调试非标准设备、工艺管道、阀门及支架，负责工程设计、工程仪表的采购安装、调试等。实业有限公司的主要责任是提供联运试车条件、交付合格的土建等。另外，合同对工程设计的范围和进度、工程承揽加工的范围、造价、付款期限等作出了约定。但双方当事人对合同履行地未作约定。合同订立以后，在合同的履行中双方发生了争议，实业有限公司认为化工设备厂拖延设计，严重违约，于2021年3月向实业有限公司所在地中级人民法院提起了诉讼，法院予以受理。2021年4月，化工设备厂以实业有限公司不按合同约定接受已设计完成的设备，不支付合同约定的剩余款项为由，向该厂所在地的中级人民法院提起诉讼，法院也于当日予以受理。由于双方在签订合同时未对合同的履行地作出明确约定，所以导致两地法院因该案管辖权发生争议，最后报请最高人民法院指定管辖。

问题：

当事人对合同的内容约定不明时该如何确定合同的履行？

案例评析：

对本案所涉及的合同履行地的确定以及与此相联系的案件管辖权问题，法院有两种不同的看法。一种意见认为：由于双方签订的是加工承揽合同，所以，加工行为发生地应为合同的履行地。化工设备厂是加工承揽方，加工行为发生在该厂所在的区域内，所以，化工设备厂所在地为合同的履行地，该案应由化工设备厂所在地的中级人民法院管辖。

另一种意见认为：从合同的约定来看，化工设备厂不仅负责成套设备的加工制作，而且还要派技术人员进入实业公司安装成套设备，并进行调试，经验收合格后，才算履行完合同约定的加工任务。所以，本合同所涉及的加工行为地应为化工设备厂所在地和实业有限公司所在地。据此，两地的中级人民法院对本案都有管辖权。

最高法院的处理意见：鉴于双方当事人在合同中未明确约定合同的履行地，所以应依据法律规定确定该合同的履行地。由于该合同属于加工承揽合同，加工行为发生在承揽方化工设备厂所在区域内，所以化工设备厂所在地为合同履行地，该地的中级人民法院对本案有管辖权。至于该合同履行中涉及的承揽方在实业有限公司完成的设备安装、调试与检验等内容虽也同属于加工行为，但这种加工行为所在地并非本案承揽方履行主要义务的地点，本案应以该合同的主要加工行为所在地为合同的履行地。由于实业有限公司所在地为非合同主要义务履行地，所以实业有限公司所在地不是本合同的履行地，该公司所在地法院对受理的案件无管辖权。

4.4.2 抗辩权与保全措施

为了保证合同的履行，保护当事人的合法权益，维护社会经济秩序，促使责、权、利能够实现，防范合同欺诈，在合同履行过程中，需要通过法律手段，使受损害一方当事人能够维护自己的合法权益。

1. 抗辩权

对于双务合同，合同各方当事人既享有权利，也负有义务。当事人应当按照合同的约定履行义务，如果一方当事人不履行义务或者履行义务不符合约定，对方有权要求其履行。

所谓抗辩权，就是指一方当事人有依法对抗对方要求或否认对方权力主张的权力。《民法典》规定了同时履行抗辩权、先履行抗辩权和不安抗辩权。

1) 同时履行抗辩权

同时履行抗辩权是指当事人互负债务，没有先后履行顺序的，应当同时履行。一方在对方履行之前有权拒绝其履行请求。一方在对方履行债务不符合约定时，有权拒绝其相应的履行请求。例如合同约定同时交货和支付价款，如果一方没按时交货，对方有权拒绝其支付价款的要求。这样可以防止付款后收不到货。

2) 先履行抗辩权

先履行抗辩权是指当事人互负债务，有先后履行的顺序，应当先履行债务一方未履行的，后履行一方有权拒绝其履行请求。先履行一方履行债务不符合约定的，后履行一方有权拒绝其相应的履行请求。

先履行抗辩权的适用条件如下。

(1) 必须是双务合同。

(2) 合同中约定了履行的先后顺序。

(3) 应当先履行的合同当事人没有履行债务或者没有正确履行债务。
(4) 对方的义务是可能履行的义务。

3) 不安抗辩权

不安抗辩权是指当事人互负债务，合同约定有先后履行顺序的，先履行债务的当事人应当先履行。但是，如果先履行债务的当事人有确切证据证明对方有丧失或者可能丧失履行债务能力的情形时，可以中止履行。规定不安抗辩权是为了保护当事人的合法权益，防止借合同进行欺诈，也可以促使对方履行义务。

《民法典》规定，应当先履行债务的当事人，有确切证据证明对方有下列情形之一的，可以中止履行。

(1) 经营状况严重恶化。
(2) 转移财产、抽逃资金以逃避债务。
(3) 丧失商业信誉。
(4) 有丧失或者可能丧失履行债务能力的其他情形。

当事人没有确切证据中止履行的，应当承担违约责任。

当事人依据规定中止履行的，应当及时通知对方。对方提供适当担保的，应当恢复履行。中止履行后，对方在合理期限内未恢复履行能力且未提供适当担保的，视为以自己的行为表明不履行主要债务，中止履行的一方可以解除合同并可以请求对方承担违约责任。

可以看出，只有在对方丧失或者可能丧失履行债务能力，也就是根本性违约时，才能行使不安抗辩权，而且要有确切证据。

应用案例 4-8

2017年年底，某发包人与某施工承包人签订施工承包合同，约定施工到月底结付当月工程进度款。2018年年初承包人接到开工通知后随即进场施工，截至2018年4月，发包人均结清当月应付工程进度款。承包人计划2018年5月完成的当月工程量为1200万元，此时承包人获悉，法院在另一诉讼案中对发包人实施保全措施，查封了其办公场所；同月，承包人又获悉，发包人已经严重资不抵债。2018年5月3日，承包人向发包人发出书面通知称："鉴于贵公司工程款支付能力严重不足，本公司决定暂时停止本工程施工，并愿意与贵公司协商解决后续事宜。"

问题：

施工承包人这么做是否合适？他如何来维护自身的合法权益？

案例评析：

上述情况属于行使不安抗辩权的典型情形，承包人有证据表明发包人经营状况严重恶化，可以中止施工，并有权要求发包人提供适当担保，可根据是否获得担保再决定是否终止合同。

2. 保全措施

为了防止债务人的财产不适当减少而给债权人带来危害，允许债权人为保全其债权的实现而采取保全措施。

1) 代位权

(1) 因债务人怠于行使其债权或者与该债权有关的从权利，影响债权人的到期债权实现的，债权人可以向人民法院请求以自己的名义代位行使债务人对相对人的权利，但是该权利专属于债务人自身的除外。

代位权的行使范围以债权人的到期债权为限。债权人行使代位权的必要费用，由债务人负担。

相对人对债务人的抗辩，可以向债权人主张。

(2) 债权人的债权到期前，债务人的债权或者与该债权有关的从权利存在诉讼时效期间即将届满或者未及时申报破产债权等情形，影响债权人的债权实现的，债权人可以代位向债务人的相对人请求其向债务人履行、向破产管理人申报或者作出其他必要的行为。

2) 撤销权

(1) 债务人以放弃其债权、放弃债权担保、无偿转让财产等方式无偿处分财产权益，或者恶意延长其到期债权的履行期限，影响债权人的债权实现的，债权人可以请求人民法院撤销债务人的行为。

(2) 债务人以明显不合理的低价转让财产、以明显不合理的高价受让他人财产或者为他人的债务提供担保，影响债权人的债权实现，债务人的相对人知道或者应当知道该情形的，债权人可以请求人民法院撤销债务人的行为。

撤销权的行使范围以债权人的债权为限。债权人行使撤销权的必要费用，由债务人负担。

撤销权自债权人知道或者应当知道撤销事由之日起 1 年内行使。自债务人的行为发生之日起 5 年内没有行使撤销权的，该撤销权消灭。

应用案例 4-9

甲公司因为开发新项目急需资金，于 2021 年 1 月 1 日向乙公司借钱 15 万元。双方谈妥，乙公司借给甲公司 15 万元，借期 3 个月，月息为银行贷款利息的 1.5 倍，至同年 3 月 31 日本息一次付清，甲公司为乙公司出具了借据。甲公司因新项目开发不顺利未盈利，到了 3 月 31 日无法偿还欠乙公司的借款。某日，乙公司向甲公司催促还款无果，但得到一信息，丙公司曾向甲公司借款 20 万元，现已到还款期，丙公司正准备还款，但甲公司让丙公司不用还款。于是，乙公司向法院起诉，请求甲公司以丙公司的还款来偿还债务，甲公司辩称该债权已放弃，无法清偿债务。

问题：

乙公司应如何维护自己的权益？

案例评析：

首先，乙公司可以行使代位权。根据《民法典》的规定，在债务人怠于行使自己的到期债权，危及债权人的权利时，债权人可以向人民法院请求以自己的名义代位行使债务人的权利，实现自己的债权。因此，本案例中，乙公司可以直接向丙公司行使代位权。

其次，乙公司还可以行使撤销权，请求法院撤销甲公司放弃债权行为。根据《民法典》的规定：因债务人放弃其到期债权或者无偿转让财产，对债权人造成损害的，债权人可以请求人民法院撤销债务人的行为。本案例中，甲公司放弃对某单位享有的债权，表面上是处分自己的权益，但实际上却损害了乙公司的债权，因此，乙公司可以依照法律规定，请求法院撤销甲公司放弃债权的行为。

4.4.3　建筑工程合同履行的担保

合同履行的担保是指合同双方当事人为确保合同履行，依照法律规定或者当事人约定而采取的具有法律效力的保证措施。通常由当事人双方订立担保合同。被担保合同是主合同，担保合同是被担保合同的从合同，主合同无效，从合同也无效。担保合同另有约定的，按照其约定。

担保活动应当遵循平等、自愿、公平、诚实信用的原则。

建设工程合同的担保形式主要有保证、抵押、质押、留置和定金五种。

1. 保证

保证是指保证人和债权人约定，当债务人不履行到期债务或者发生当事人约定的情形时，保证人履行债务或者承担责任的担保形式。

保证的方式有两种，即一般保证和连带保证。当事人在保证合同中对保证方式没有约定或者约定不明确的，按照一般保证承担保证责任。

一般保证是指当事人在保证合同中约定，当债务人不履行债务时，由保证人承担责任的担保方式。一般保证的保证人在主合同纠纷未经审判或者仲裁，并就债务人财产依法强制执行仍不能履行债务前，有权拒绝向债权人承担保证责任，但是有下列情形之一的除外：①债务人下落不明，且无财产可供执行；②人民法院已经受理债务人破产案件；③债权人有证据证明债务人的财产不足以履行全部债务或者丧失履行债务能力；④保证人书面表示放弃本款规定的权利。

连带保证是指当事人在保证合同中约定保证人和债务人对债务承担连带责任的担保方式。连带责任保证的债务人不履行到期债务或者发生当事人约定的情形时，债权人可以请求债务人履行债务，也可以请求保证人在其保证范围内承担保证责任。

《民法典》规定，机关法人不得为保证人，但是经国务院批准为使用外国政府或者国际经济组织贷款进行转贷的除外。以公益为目的的非营利法人、非法人组织不得为保证人。建设工程合同中最常见的是银行为工程承包单位开具的履约保函，即银行充当保证人为承包单位担保。

2. 抵押

抵押是指为担保债务的履行，债务人或者第三人不转移财产的占有，将该财产抵押给债权人的，债务人不履行到期债务或者发生当事人约定的实现抵押权的情形，债权人有权就该财产优先受偿。前款规定的债务人或者第三人为抵押人，债权人为抵押权人，提供担保的财产为抵押财产。

抵押设定之后，在债务人到期不履行债务时，抵押权人有权依照法律的规定以抵押物折价或以抵押物的变卖价款较其他债权人优先受偿。抵押流程如图4.1所示。

图 4.1　抵押流程

债务人或者第三人有权处分的下列财产可以抵押。
(1) 建筑物和其他土地附着物。
(2) 建设用地使用权。
(3) 海域使用权。
(4) 生产设备、原材料、半成品、产品。
(5) 正在建造的建筑物、船舶、航空器。
(6) 交通运输工具。
(7) 法律、行政法规未禁止抵押的其他财产。

抵押人可以将前款所列财产一并抵押。

债务人不履行到期债务或者发生当事人约定的实现抵押权的情形，抵押权人可以与抵押人协议以抵押财产折价或者以拍卖、变卖该抵押财产所得的价款优先受偿。协议损害其他债权人利益的，其他债权人可以请求人民法院撤销该协议。

抵押财产折价或者拍卖、变卖后，其价款超过债权数额的部分归抵押人所有，不足部分由债务人清偿。

3. 质押

质押是指为担保债务的履行，债务人或者第三人将其动产出质给债权人占有的，债务人不履行到期债务或者发生当事人约定的实现质权的情形，债权人有权就该动产优先受偿。质押是一种约定的担保物权，以转移占有为特征。质押流程如图 4.2 所示。

图 4.2　质押流程

质押的种类分为动产质押和权利质押。
1) 动产质押
动产质押是指债务人或者第三人将其动产移交债权人占有，该动产作为债权的担保。
2) 权利质押
权利质押一般是将权利凭证交付质押人的担保。可以质押的权利如下。
(1) 汇票、本票、支票。
(2) 债券、存款单。
(3) 仓单、提单。
(4) 可以转让的基金份额、股权。

(5) 可以转让的注册商标专用权、专利权、著作权等知识产权中的财产权。
(6) 现有的以及将有的应收账款。
(7) 法律、行政法规规定可以出质的其他财产权利。

4．留置

留置是指债务人不履行到期债务，债权人可以留置已经合法占有的债务人的动产，并有权就该动产优先受偿。因保管合同、仓储合同、运输合同、加工承揽合同发生的债权，债务人不履行债务的，债权人有留置权。

留置权人与债务人应当约定留置财产后的债务履行期限；没有约定或者约定不明确的，留置权人应当给债务人60日以上履行债务的期限，但是鲜活易腐等不易保管的动产除外。债务人逾期未履行的，留置权人可以与债务人协议以留置财产折价，也可以就拍卖、变卖留置财产所得的价款优先受偿。

留置财产折价或者拍卖、变卖后，其价款超过债权数额的部分归债务人所有，不足部分由债务人清偿。

同一动产上已经设立抵押权或者质权，该动产又被留置的，留置权人优先受偿。

5．定金

定金指的是为了保证债务的履行，当事人之间约定由一方先行支付给对方一定数额的货币作为担保。定金的数额由当事人约定，但不得超过主合同标的额的20%。

《民法典》第五百八十七条规定：债务人履行债务的，定金应当抵作价款或者收回。给付定金的一方不履行债务或者履行债务不符合约定，致使不能实现合同目的的，无权请求返还定金；收受定金的一方不履行债务或者履行债务不符合约定，致使不能实现合同目的的，应当双倍返还定金。

定金应以书面形式约定。当事人在定金合同中应该约定交付定金的期限及数额。定金合同从实际交付定金之日起成立。

定金与预付款的区别：定金起担保作用；而预付款只起资助作用。当事人违约时，定金起着制裁违约方、补偿被违约方的作用；预付款无此作用，无论哪一方违约，均不得采取扣留预付款或要求双倍返还预付款的行为。

定金与违约金的区别：违约金是对违约行为的制裁，并不事先支付，被违约方只能通过事后请求支付的方式才能获得。当事人既约定违约金，又约定定金的，一方违约时，对方可以选择适用违约金或定金条款，但是，这两种违约责任不能合并使用。

> **小提示**
>
> 《民法典》第五百八十六条规定："定金的数额由当事人约定，但是，不得超过主合同标的额的百分之二十，超过部分不产生定金的效力。"

应用案例4-10

A房地产开发公司与B公司共同出资设立了注册资本为80万元人民币的C有限责任公司。A的协议出资额为70万元，但未到位；B的出资额为10万元人民币，已经到位。C公司成立后与D银行订立了一个借款合同，借款额为50万元人民币，期限为1年，利息5

万元。该借款合同由 E 公司作为担保人，E 公司将其一处评估价为 80 万元的土地使用权抵押给了 D 银行。C 公司在经营中亏损，借款到期后无力还款。

问题：

1. D 银行能否要求 A 公司承担还款责任？为什么？
2. D 银行能否要求 B 公司承担还款责任？为什么？
3. D 银行能否要求 C 公司承担还款责任？为什么？
4. D 银行能否要求 E 公司承担还款责任？为什么？

案例评析：

1. 可以要求 A 公司承担还款责任。因为 A 公司的注册资金没有到位，应当在认缴出资额的范围内对 C 公司的债务承担连带责任。按照《公司法》的规定，有限责任公司的股东以其认缴的出资额为限对公司承担责任。A 公司是 C 公司的股东，认缴的出资额为 70 万元，但没有到位，D 银行有权要求 A 公司在 70 万元限额内承担还款责任。

2. 不能要求 B 公司承担还款责任。因为按照《公司法》的规定，有限责任公司的股东以其认缴的出资额为限对公司承担责任。B 公司认缴的出资已经到位，B 公司以其认缴的出资额为限对 C 公司的债务承担责任。

3. 可以要求 C 公司承担还款责任。因为 D 银行与 C 公司存在合同关系，C 公司是债务人。依法成立的合同，对当事人具有法律约束力。当事人应当按照约定履行自己的义务，不得擅自变更或者解除合同。

4. 不能要求 E 公司承担还款责任。E 公司作为抵押人而不是债务人，D 银行只能要求处分抵押物，无权要求 E 公司承担连带责任。债务人不履行债务时，债权人有权依照法律规定以该财产折价或者以拍卖、变卖该财产的价款优先受偿。抵押物折价或者拍卖、变卖后，其价款超过债权数额的部分归抵押人所有，不足部分由债务人清偿。

4.5 建筑工程合同的变更和转让

4.5.1 合同的变更

合同变更是指当事人对已经发生法律效力，但尚未履行或尚未完全履行的合同，进行修改或补充所达成的协议。《民法典》规定，当事人协商一致可以变更合同。当事人对合同变更的内容约定不明确的，推定为未变更。

1. 合同变更的条件

(1) 原合同已生效。
(2) 原合同未履行或者未完全履行。
(3) 当事人需要协商一致。
(4) 当事人对变更合同的内容约定明确。
(5) 遵守法定程序。

2. 建筑工程施工合同的变更

施工合同变更，是指合同成立以后和履行完毕以前双方当事人依法对合同的内容进行的修改。施工发、承包双方可以依法就变更事宜达成一致。根据施工合同实践，这种变更可能是以下几个方面。

(1) 业主新的变更指令，对建筑的新要求。

(2) 由于设计人员、监理方人员、承包商事先没有很好地理解业主的意图，导致图纸修改。

(3) 工程环境的变化。预定的工程条件不准确，要求实施方案或实施计划变更。

(4) 由于产生新技术、新知识，有必要更改原设计、原实施方案，或由于业主指令及业主责任的原因造成承包商施工方案的改变。

(5) 政府部门对工程新的要求。

(6) 由于合同实施出现问题，必须调整合同目标或修改合同条款。

尤其注意，因施工合同变更而给承包人造成损失可要求赔偿。因变更导致合同价款的增减及造成的承包人损失，由发包人承担，延误的工期相应顺延。

4.5.2 合同的转让

1. 债权转让

债权人可以将债权的全部或者部分转让给第三人，但是有下列情形之一的除外：根据债权性质不得转让；按照当事人约定不得转让；依照法律规定不得转让。

当事人约定非金钱债权不得转让的，不得对抗善意第三人。当事人约定金钱债权不得转让的，不得对抗第三人。

债权人转让债权，未通知债务人的，该转让对债务人不发生效力。债权转让的通知不得撤销，但是经受让人同意的除外。

小提示

《民法典》第五百四十七条规定：债权人转让债权的，受让人取得与债权有关的从权利，但是该从权利专属于债权人自身的除外。受让人取得从权利不因该从权利未办理转移登记手续或者未转移占有而受到影响。第五百四十八条规定：债务人接到债权转让通知后，债务人对让与人的抗辩，可以向受让人主张。

2. 债务转移

债务人将债务的全部或者部分转移给第三人的，应当经债权人同意。

债务人或者第三人可以催告债权人在合理期限内予以同意，债权人未作表示的，视为不同意。债务人转移债务的，新债务人应当承担与主债务有关的从债务，但是该从债务专属于原债务人自身的除外。

3. 债权债务概括转移

当事人一方经对方同意，可以将自己在合同中的权利和义务一并转让给第三人。

应用案例 4-11

某经济技术开发区日日新公司为取得生产经营用地,向某市国土局提出申请,双方签订了《国有土地使用权出让合同》。此后,日日新公司在未对受让土地进行任何开发的情况下,与鸿业房地产开发公司签订了国有土地使用权出让合同,日日新公司负责在9月30日之前完成居民拆迁等工作,延期交付按月息1%承担预付款利息;鸿业公司于合同签订后7日内付总价款60%的预付款,余额分三次在年底前交清。由于所约定土地有部分为某市运输公司使用,日日新公司与鸿业公司签订了补充协议,确认鸿业公司的土地使用权。日日新公司进行居民搬迁等工作时与运输公司发生冲突,被其告上法庭。

问题:

1. 日日新公司与鸿业公司签订的国有土地使用权出让合同是否有效?
2. 日日新公司与鸿业公司签订的国有土地使用权出让合同补充协议是否有效?
3. 日日新公司与鸿业公司的行为是否违法?

案例评析:

1. 该合同应为无效合同。《民法典》规定,依法成立的合同,自成立时生效。法律、行政法规规定应当办理批准、登记等手续生效的,依照其规定。债权人可以将合同的权利全部或者部分转让给第三人,但有下列情形之一的除外:根据合同性质不得转让。《城市房地产管理法》规定,以出让方式取得土地使用权的,转让房地产时,应当符合下列条件:按照出让合同约定已经支付全部土地使用权出让金,并取得土地使用权证书;按照出让合同约定进行投资开发,属于房屋建设工程的,完成开发投资总额的25%以上,属于成片开发工地的,形成工业用地或者其他建设用地条件。日日新公司在签订了国有土地使用权出让合同后未按规定对受让土地进行任何开发,就与鸿业房地产开发公司签订了国有土地使用权出让合同,该合同无效。

2. 该协议无效。《城市房地产管理法》规定,下列房地产,不得转让:未依法登记领取权属证书的……可见,在未依法取得土地使用权证书之前,与他人签订国有土地使用权出让合同,违反了法律的强制性规定,应属于无效合同。该补充协议约定的土地使用权属于某运输公司,日日新公司无权对该土地进行转让,所以协议无效。

3. 日日新公司与鸿业公司的行为违法。日日新公司与鸿业公司的行为符合非法转让土地的行为的特征:在同一违法行为中必须有两方或两方以上的违法行为当事人,即必须同时具有卖方或转让方和买方或受让方;必须违反现行土地管理的法律法规,即属于现行法律法规所规定的违法违规行为;当事人已经实施了转让土地行为,违法当事人签订并完全或部分履行了土地买卖或转让合同或协议;违法当事人通过非法转让土地从而获取非法所得。因此,该行为属于非法转让土地的行为。

4.6　建筑工程合同的终止

4.6.1　合同终止的概念

合同终止是指当事人之间根据合同确定的权利义务在客观上不复存在，据此合同不再对双方具有约束力。

合同中止与合同终止的不同之处在于：合同中止是在法定的特殊情况下，当事人暂时停止履行合同，当这种特殊情况消失后，当事人仍然承担继续履行的义务；而合同终止是合同关系的消灭，不可能恢复。权利义务的终止不影响合同中结算和清理条款的效力。

4.6.2　合同终止的原因

1. 债务已经履行

债务已按照约定履行即债的清偿，是按照合同约定实现债权目的的行为。清偿是合同的权利和义务终止的最主要和最常见的原因。

2. 债务相互抵销

债务抵销是指合同当事人互负债务时，各以其债权以充当债务之清偿，而使其债务与对方的债务在对等额内相互消灭。依据抵销产生的根据不同，债务抵销可分为法定抵销和约定抵销两种。

法定抵销是合同当事人互负到期债务，并且该债务的标的物种类、品质相同，任何一方当事人作出的使相互间数额相当的债务归于消灭的意思表示。

约定抵销是当事人互负到期债务，在债的标的物种类、品质不相同的情形下，经双方自愿协商一致而发生的债务抵销。

3. 债务人依法将标的物提存

提存是指由于债权人的原因致使债务人无法向其交付标的物，债务人可以将标的物交给有关机关保存，以此消灭合同关系的行为。有下列情形之一，难以履行债务的，债务人可以将标的物提存：①债权人无正当理由拒绝受领；②债权人下落不明；③债权人死亡未确定继承人、遗产管理人，或者丧失民事行为能力未确定监护人；④法律规定的其他情形。

提存的标的物以适于提存为限。标的物不适用于提存或提存费用过高的，债务人依法可以拍卖或变卖标的物，提存所得价款。标的物提存后，债务人应当及时通知债权人或者债权人的继承人、遗产管理人、监护人、财产代管人。目前我国法定的提存机关为公证机构。自提存之日起，债务人的债务归于消灭。债权人领取提存物的权利，自提存之日起 5 年内不行使而消灭，提存物扣除提存费用后，归国家所有。但是，债权人未履行对债务人的到期债务，或者债权人向提存部门书面表示放弃领取提存物权利的，债务人负担提存费用后有权取回提存物。

4. 债权人免除债务

债权人免除债务人部分或者全部债务的，债权债务部分或者全部终止，但是债务人在合理期限内拒绝的除外。免除债务是债权人放弃债权，从而全部或部分终止合同关系的单方行为。债权人免除债务，应由债权人向债务人作出明确的意思表示。

5. 债权债务同归于一人

债权和债务同归于一人的，债权债务终止，但是损害第三人利益的除外。企业合并是债权债务同归一人而导致合同权利义务归于消灭的情形。

6. 合同的权利义务终止的其他情形

如时效(取得时效)的期满、合同的撤销、合同主体的自然人死亡而其债务又无人承担等情形均会导致合同当事人权利义务的终止。

7. 合同解除

合同解除是指对已经发生法律效力，但尚未履行或者尚未完全履行的合同，因当事人一方的意思表示或者双方的协议而使债权债务关系提前归于消灭的行为。合同解除可分为约定解除和法定解除两类。

1) 约定解除

约定解除是合同成立之后、履行完毕之前，双方当事人通过协商而同意终止合同关系的解除。当事人的此项权利是合同中"意思自治"的具体体现。

2) 法定解除

法定解除是直接由法律规定解除条件的合同解除。当法律规定的解除条件具备时，当事人可以解除合同。《民法典》规定，有下列情形之一的当事人可以解除合同。

(1) 因不可抗力致使不能实现合同目的。
(2) 在履行期限届满前，当事人一方明确表示或者以自己的行为表明不履行主要债务。
(3) 当事人一方迟延履行主要债务，经催告后在合理期限内仍未履行。
(4) 当事人一方迟延履行债务或者有其他违约行为致使不能实现合同目的。
(5) 法律规定的其他情形。

以持续履行的债务为内容的不定期合同，当事人可以随时解除合同，但是应当在合理期限之前通知对方。

《最高人民法院关于审理建设工程施工合同纠纷案件适用法律问题的解释》规定发包人请求解除合同的条件如下。

承包人具有下列情形之一，发包人请求解除建筑工程施工合同的，应予以支持：明确表示或者以行为表明不履行合同主要义务的；合同约定的期限内没有完工，且在发包人催告的合理期限内仍未完工的；已经完成的建筑工程质量不合格，并拒绝修复的；将承包的建筑工程非法转包、违法分包的。

承包人请求解除合同的条件如下。

发包人具有下列情形之一，致使承包人无法施工，且在催告的合理期限内仍未履行相应义务，承包人请求解除建筑工程施工合同的，应予以支持：未按约定支付工程价款的；提供的主要建筑材料、建筑构配件和设备不符合强制性标准的；不履行合同约定的协助义务的。

3) 发生不可抗力时合同的解除

因不可抗力或者非合同当事人的原因，造成工程停建或缓建，致使合同无法履行，合同双方可以解除合同。

当事人一方依法主张解除合同的，应当通知对方。合同自通知到达对方时解除；通知载明债务人在一定期限内不履行债务则合同自动解除，债务人在该期限内未履行债务的，合同自通知载明的期限届满时解除。对方对解除合同有异议的，任何一方当事人均可以请求人民法院或者仲裁机构确认解除行为的效力。

当事人一方未通知对方，直接以提起诉讼或者申请仲裁的方式依法主张解除合同，人民法院或者仲裁机构确认该主张的，合同自起诉状副本或者仲裁申请书副本送达对方时解除。

4) 合同解除后的法律后果

合同解除后，尚未履行的，终止履行；已经履行的，根据履行情况和合同性质，当事人可以请求恢复原状或者采取其他补救措施，并有权请求赔偿损失。

合同因违约解除的，解除权人可以请求违约方承担违约责任，但是当事人另有约定的除外。

主合同解除后，担保人对债务人应当承担的民事责任仍应当承担担保责任，但是担保合同另有约定的除外。

根据《最高人民法院关于审理建设工程施工合同纠纷案件的司法解释》的规定，建设工程施工合同解除后已经完成的建设工程质量合格的，发包人应当按照约定支付相应的工程价款。

已经完成的建设工程质量不合格的，按照下列情况处理：修复后的建设工程经竣工验收合格，发包人请求承包人承担修复费用的，应予支持；修复后的建设工程经竣工验收不合格，承包人请求支付工程价款的，不予支持。

因建设工程不合格造成的损失，发包人有过错的，也应承担相应的民事责任。

应用案例4-12

兴达公司与山川厂于某年12月30日签订了一份财产租赁合同。合同规定兴达公司租用山川厂5台翻斗车拉运土方，租赁期为1年，租金必须按月付清，逾期未付，承租人承担滞纳金；超过30天仍不付清租金的，出租方有权解除合同。次年2月1日兴达公司接车后，未付租金。山川厂两次书面通知兴达公司按约付租金，并言明逾期将依约解除合同，但兴达公司仍未付。同年6月10日，山川厂单方通知解除与兴达公司的合同，并向兴达公司提起诉讼，要求赔偿其损失12000元。

问题：

1. 山川厂是否有权解除合同？
2. 山川厂的损失应由谁承担？

案例评析：

1. 山川厂有权解除合同。《民法典》规定，当事人协商一致，可以解除合同。当事人可以约定一方解除合同的条件。解除合同的条件成立时，解除权人可以解除合同。本案例中双方当事人在合同中约定，租金必须按月付清，逾期未付，承租人承担滞纳金；超过 30 天仍不付清租金的，出租方有权解除合同。兴达公司 2 月 1 日起接车后，未付租金，山川厂两次通知其给付租金，并言明逾期将依约解除合同，兴达公司仍未付，至 4 月 10 日合同约定的解除条件已成立，故山川厂有权单方解除合同。根据《民法典》的规定，当事人一方依法主张解除合同的，应当通知对方。山川厂通知兴达公司解除合同的做法也是合法的。

2. 山川厂的损失应由兴达公司承担赔偿责任。《民法典》规定，合同解除后，尚未履行的，终止履行；已经履行的，根据履行情况和合同性质，当事人可以要求恢复原状，采取其他补救措施，并有权要求赔偿损失。据此，山川厂有权要求兴达公司赔偿损失。兴达公司应承担山川厂损失的赔偿责任。

4.7 建筑工程合同违约责任

4.7.1 违约责任概述

1. 违约责任的概念

违约责任是指当事人一方不履行合同义务或者履行合同义务不符合约定而应当承担的法律责任。《民法典》第五百七十七条规定："当事人一方不履行合同义务或者履行合同义务不符合约定的，应当承担继续履行、采取补救措施或者赔偿损失等违约责任。"

当事人一方明确表示或者以自己的行为表明不履行合同的义务，对方可以在履行期限届满之前请求其承担违约责任，即预期违约。

2. 承担违约责任的条件

当事人不履行合同义务或者履行义务不符合约定的，就要承担违约责任。在这里不管主观上是否有过错，除不可抗力可以免责外，都要承担违约责任。

因不可抗力导致不能履行合同的，可以部分或全部免除合同责任。但如果当事人拖延履行合同后发生不可抗力，则不能免除责任。

3. 承担违约责任的原则

违约责任的承担是以补偿性为原则的。补偿性是指违约责任旨在弥补或者补偿因违约行为造成的损失。赔偿损失额应当相当于因违约行为所造成的损失，包括合同履行后可获得的利益。

4.7.2 违约责任的承担方式

1. 继续履行

继续履行是指未履行合同或履行不符合约定的当事人，在自己能够履行的条件下，对合同未履行的部分继续履行。

《民法典》第五百七十九条规定："当事人一方未支付价款、报酬、租金、利息，或者不履行其他金钱债务的，对方可以请求其支付。"第五百八十条规定，"当事人一方不履行非金钱债务或者履行非金钱债务不符合约定的，对方可以请求履行，但是有下列情形之一的除外：(一)法律上或者事实上不能履行；(二)债务的标的不适于强制履行或者履行费用过高；(三)债权人在合理期限内未请求履行。有前款规定的除外情形之一，致使不能实现合同目的的，人民法院或者仲裁机构可以根据当事人的请求终止合同权利义务关系，但是不影响违约责任的承担。"

2. 替代履行

当事人一方不履行债务或者履行债务不符合约定，根据债务的性质不得强制履行的，对方可以请求其负担由第三人替代履行的费用。

替代履行的适用前提有两点，具体如下。

(1) 当事人一方不履行债务或者履行债务不符合约定。

(2) 根据债务的性质不得强制履行。

3. 采取补救措施

履行不符合约定的，应当按照当事人的约定承担违约责任。对违约责任没有约定或者约定不明确，可以协议补充；不能达成补充协议的，按照合同相关条款或者交易习惯确定。仍不能确定的，受损害方根据标的的性质和损失的大小，可以合理选择请求对方承担修理、重作、更换、退货、减少价款或者报酬等违约责任。

采取补救措施的责任形式，主要发生在质量不符合约定的情况下。

4. 赔偿损失

当事人一方不履行合同义务或者履行合同义务不符合约定的，在履行义务或者采取补救措施后，对方还有其他损失的，应赔偿损失。《民法典》第五百八十四条规定："当事人一方不履行合同义务或者履行合同义务不符合约定，造成对方损失的，损失赔偿额应当相当于因违约所造成的损失，包括合同履行后可以获得的利益；但是，不得超过违约一方订立合同时预见到或者应当预见到的因违约可能造成的损失。"

5. 支付违约金

当事人可以约定一方违约时应当根据违约情况向对方支付一定数额的违约金，也可以约定因违约产生的损失赔偿额的计算方法。当事人就迟延履行约定违约金的，违约方支付违约金后，还应当履行债务。

违约金同时具有补偿性和惩罚性。约定的违约金低于造成的损失的，人民法院或者仲裁机构可以根据当事人的请求予以增加；约定的违约金过分高于造成的损失的，人民法院或者仲裁机构可以根据当事人的请求予以适当减少。这保护了受损害方的利益，体现了违约金的惩罚性，有利于对违约者进行制约，同时也体现了公平原则。

6. 定金罚则

当事人可以约定一方向对方给付定金作为债权的担保。即为了保证合同的履行，在当事人一方应付给另一方的金额内，预先支付部分款额，作为定金。定金合同自实际交付定金时成立。定金的数额由当事人约定；但是，不得超过主合同标的额的 20%，超过部分不产生定金的效力。实际交付的定金数额多于或者少于约定数额的，视为变更约定的定金数额。

债务人履行债务的,定金应当抵作价款或者收回。给付定金的一方不履行债务或者履行债务不符合约定,致使不能实现合同目的的,无权请求返还定金;收受定金的一方不履行债务或者履行债务不符合约定,致使不能实现合同目的的,应当双倍返还定金。

小提示

《民法典》第五百八十八条规定了违约金与定金竞合时的责任。当事人既约定违约金,又约定定金的,一方违约时,对方可以选择适用违约金或者定金条款。定金不足以弥补一方违约造成的损失的,对方可以请求赔偿超过定金数额的损失。

应用案例4-13

某电器公司与某建筑公司签订了《建筑工程施工合同》,对工程内容、工程价款、支付时间、工程质量、工期、违约责任等做了具体约定。在施工过程中,电器公司对施工图纸先后做了8次修改,但未能按期交付图纸,致使工期拖延。竣工验收时,电器公司对部分工程质量提出了异议。经双方协商无果,电器公司向法院提起了诉讼,要求建筑公司因工期延误和部分工程质量问题承担违约责任。

问题:

1. 建筑公司应当承担哪些法律责任?
2. 对工期的延误,建筑公司是否应当承担违约责任?
3. 建筑公司今后在施工合同中应当注意哪些问题?

案例评析:

1. 依据《民法典》的相关规定和合同中约定的质量标准,该建筑公司应当承担部分工程质量问题的违约责任。
2. 对于工期的延误,该建筑公司不应当承担违约责任,但需要举证。因为该建筑公司在施工过程中,电器公司对施工图纸做了8次修改,并未按期交付图纸,导致了工期延误,建筑公司不应当为此承担违约责任。但是,建筑公司应当向法院将电器公司修改的图纸以及图纸修改的时间等相关证据予以举证,即证明工期延误非本建筑公司的行为所致。
3. 该建筑公司在今后的施工合同签订与履行过程中,应当对可能出现的工期延误情况作出专门的预期性约定,或者在合同履行中对由于对方原因而导致合同延期的情况作出书面认定,以备将来一旦发生诉讼时有据可查。

4.7.3 违约责任的免除

所谓违约责任的免除,是指在履行合同的过程中,因出现合同约定的免责事由或者法定的免责条件导致合同不履行的,合同债务人将被免除合同履行义务。

1. 约定的免责

合同中可以约定在一方违约的情况下免除其责任的条件,这个条款称为免责条款。免责条款并非全部有效,《民法典》第五百零六条规定,合同中的下列免责条款无效:造成对方人身伤害的；因故意或者重大过失造成对方财产损失的。

造成对方人身伤害侵犯了对方的人身权，造成对方财产损失侵犯了对方的财产权，均属于违法行为，因而这样的免责条款是无效的。

2. 法定的免责

法定的免责是指出现了法律规定的特定情形，即使当事人违约也可以免除违约责任。

《民法典》第五百九十条规定："当事人一方因不可抗力不能履行合同的，根据不可抗力的影响，部分或者全部免除责任，但是法律另有规定的除外。因不可抗力不能履行合同的，应当及时通知对方，以减轻可能给对方造成的损失，并应当在合理期限内提供证明。当事人迟延履行合同后发生不可抗力的，不免除其违约责任。"

4.8 建筑工程施工合同纠纷

建筑工程合同履行过程中会产生大量的纠纷，针对这些纠纷，可以通过法律和相关司法解释进行处理。

4.8.1 对开工日期的争议问题

开工日期包括计划开工日期和实际开工日期。计划开工日期是指合同协议书约定的开工日期；实际开工日期是指监理人按照开工通知约定发出的符合法律规定的开工通知中载明的开工日期。

当事人对建筑工程开工日期有争议的，人民法院应当分别按照以下情形予以认定。

（1）开工日期为发包人或者监理人发出的开工通知中载明的开工日期；开工通知发出后，尚不具备开工条件的，以开工条件具备的时间为开工日期；因承包人原因导致开工时间推迟的，以开工通知载明的时间为开工日期。

（2）承包人经发包人同意已经实际进场施工的，以实际进场施工时间为开工日期。

（3）发包人或者监理人未发出开工通知，亦无相关证据证明实际开工日期的，应当综合考虑开工报告、合同、施工许可证、竣工验收报告或者竣工验收备案表等载明的时间，并结合是否具备开工条件的事实，认定开工日期。

4.8.2 对竣工日期的争议问题

竣工日期可以分为合同中约定的竣工日期和实际竣工日期。合同中约定的竣工日期是指发包人和承包人在协议书中约定的承包人完成承包范围内工程的绝对或相对的日期。实际竣工日期是指承包人全面、适当地履行了施工承包合同的日期。合同中约定的竣工日期是发包人限定的竣工日期的底线，如果承包人超过了这个日期竣工就将为此承担违约责任。如果承包人先于合同中约定的竣工日期完成施工任务，承包商可以因此获得奖励。

当事人对建设工程实际竣工日期有争议的，人民法院应当分别按照以下情形予以认定。

（1）建设工程经竣工验收合格的，以竣工验收合格之日为竣工日期。

（2）承包人已经提交竣工验收报告，发包人拖延验收的，以承包人提交验收报告之日

(3) 建设工程未经竣工验收，发包人擅自使用的，以转移占有建设工程之日为竣工日期。

小提示

《最高人民法院关于审理建设工程施工合同纠纷案件适用法律问题的解释》(以下简称《解释》)第十条规定：当事人约定顺延工期应当经发包人或者监理人签证等方式确认，承包人虽未取得工期顺延的确认，但能够证明在合同约定的期限内向发包人或者监理人申请过工期顺延且顺延事由符合合同约定，承包人以此为由主张工期顺延的，人民法院应予支持。

当事人约定承包人未在约定期限内提出工期顺延申请视为工期不顺延的，按照约定处理，但发包人在约定期限后同意工期顺延或者承包人提出合理抗辩的除外。

4.8.3 建筑工程质量不符合约定情况下责任承担问题

导致工程质量不合格的原因有很多，有发包人的原因，也有承包商的原因，其责任的承担应该根据具体的情况分别作出处理。建设工程竣工前，当事人对工程质量发生争议，工程质量经鉴定合格的，鉴定期间为顺延工期期间。

1. 因承包商过错导致质量不符合约定的处理

《民法典》第七百九十八条规定：隐蔽工程在隐蔽以前，承包人应当通知发包人检查。发包人没有及时检查的，承包人可以顺延工程日期，并有权请求赔偿停工、窝工等损失。

第八百〇一条规定：因施工人的原因致使建设工程质量不符合约定的，发包人有权请求施工人在合理期限内无偿修理或者返工、改建。经过修理或者返工、改建后，造成逾期交付的，施工人应当承担违约责任。

第八百〇二条规定：因承包人的原因致使建设工程在合理使用期限内造成人身损害和财产损失的，承包人应当承担赔偿责任。

《建筑法》第七十四条规定："建筑施工企业在施工中偷工减料的，使用不合格的建筑材料、建筑构配件和设备的；或者有其他不按照工程设计图纸或者施工技术标准施工的行为的，责令改正，处以罚款；情节严重的，责令停业整顿，降低资质等级或者吊销资质证书；造成建筑工程质量不符合规定的质量标准的，负责返工、修理，并赔偿因此造成的损失；构成犯罪的，依法追究刑事责任。"

《解释》第十二条规定：因承包人的原因造成建设工程质量不符合约定，承包人拒绝修理、返工或者改建，发包人请求减少支付工程价款的，人民法院应予支持。

2. 因发包人过错导致质量不符合约定的处理

《建设工程质量管理条例》第九条规定："建设单位必须向有关的勘察、设计、施工、工程监理等单位提供与建设工程有关的原始资料。原始资料必须真实、准确、齐全。"

《建设工程质量管理条例》第十四条规定："按照合同约定，由建设单位采购建筑材料、建筑构配件和设备的，建设单位应当保证建筑材料、建筑构配件和设备符合设计文件和合同要求。建设单位不得明示或者暗示施工单位使用不合格的建筑材料、建筑构配件和设备。"

《解释》第十三条规定：发包人具有下列情形之一，造成建设工程质量缺陷，应当承担过错责任。

(1) 提供的设计有缺陷。
(2) 提供或者指定购买的建筑材料、建筑构配件、设备不符合强制性标准。
(3) 直接指定分包人分包专业工程。

承包人有过错的，也应当承担相应的过错责任。

3. 发包人擅自使用后出现质量问题的处理

《建设工程质量管理条例》第十六条规定："建设单位收到建筑工程竣工报告后，应当组织设计、施工、工程监理等有关单位进行竣工验收。建设工程经验收合格的，方可交付使用。"

但是，有时建设单位为了能够提前投入生产，在没有经过竣工验收的前提下就擅自使用了工程。由于工程质量问题都需要经过一段时间才能显现出来，所以，这种未经竣工验收就使用工程的行为往往就导致了以后产生的工程质量的纠纷。

《解释》第十四条规定：建设工程未经竣工验收，发包人擅自使用后，又以使用部分质量不符合约定为由主张权利的，人民法院不予支持；但是承包人应当在建设工程的合理使用寿命内对地基基础工程和主体结构质量承担民事责任。

《解释》第三十一条规定：当事人对部分案件事实有争议的，仅对有争议的事实进行鉴定，但争议事实范围不能确定，或者双方当事人请求对全部事实鉴定的除外。

应用案例 4-14

某建筑公司与某医院签订一建设工程施工合同，明确承包人(建筑公司)保质、保量、保工期完成发包人(医院)的门诊楼施工任务。工程竣工后，承包人向发包人提交了竣工报告，发包人认为工程质量好，双方合作愉快，为不影响病人就医，没有组织验收便直接投入使用。发包人在使用中发现门诊楼存在质量问题，遂要求承包人修理。承包人则认为工程未经验收便提前使用，出现质量问题，承包商不再承担责任。

问题：

1. 依据有关法律、法规，该质量问题的责任应由谁来承担？
2. 工程未经验收，发包人提前使用，能否视为工程已交付，承包人不再承担责任？
3. 如果工程现场有发包人聘任的监理工程师，出现上述问题应如何处理？是否承担一定责任？
4. 发生上述问题，承包人的保修责任应如何履行？
5. 上述纠纷，发包人和承包人可以通过何种方式解决？

案例评析：

1. 该质量问题的责任由发包人承担。
2. 工程未经验收，发包人提前使用可视为发包人已接收该项工程，但不能免除承包人负责保修的责任。

3. 监理工程师应及时为发包人和承包人协商解决纠纷，出现质量问题属于监理工程师履行职责失职，应依据监理合同承担责任。

4. 承包人的保修责任，应依据建设工程保修规定履行。

5. 发包人和承包人可通过协商、调解及合同条款规定去仲裁或提起诉讼。

4.8.4 对合同计价的争议问题

在建设工程合同中，当事人双方会约定计价的方法，这是建筑单位向承包商支付工程款的基础。如果合同双方对于计价方法产生了纠纷且不能得到及时妥善的解决，就必然会影响当事人的切身利益。

《解释》第十九条规定：当事人对建设工程的计价标准或者计价方法有约定的，按照约定结算工程价款。因设计变更导致建设工程的工程量或者质量标准发生变化，当事人对该部分工程价款不能协商一致的，可以参照签订建设工程施工合同时当地建设行政主管部门发布的计价方法或者计价标准结算工程价款。

建设工程施工合同有效，但建设工程经竣工验收不合格的，依照《民法典》的规定处理。

1. 因设计变更引起的纠纷

因设计变更导致建设工程的工程量或者质量标准发生变化，当事人对该部分工程价款不能协商一致的，可以参照签订建设工程施工合同时当地建设行政主管部门发布的计价方法或者计价标准结算工程价款。

建设工程施工合同有效，但建设工程经竣工验收不合格的，承包人应当承担继续履行、采取补救措施或者赔偿损失等违约责任。

2. 因工程量变化引起的纠纷

当事人对工程量有争议的，按照施工过程中形成的签证等书面文件确认。承包人能够证明发包人同意其施工，但未能提供签证文件证明工程量发生的，可以按照当事人提供的其他证据确认实际发生的工程量。

3. 因利息引起的纠纷

当事人对垫资和垫资利息有约定，承包人请求按照约定返还垫资及其利息的，人民法院应予支持，但是约定的利息计算标准高于垫资时的同类贷款利率或者同期贷款市场报价利率的部分除外。

当事人对垫资没有约定的，按照工程欠款处理。

当事人对垫资利息没有约定，承包人请求支付利息的，人民法院不予支持。

《解释》第二十六条规定：当事人对欠付工程价款利息计付标准有约定的，按照约定处理。没有约定的，按照同期同类贷款利率或者同期贷款市场报价利率计息。

第二十七条规定：利息从应付工程价款之日开始计付。当事人对付款时间没有约定或者约定不明的，下列时间视为应付款时间。

(1) 建设工程已实际交付的，为交付之日。

(2) 建设工程没有交付的，为提交竣工结算文件之日。

(3) 建设工程未交付，工程价款也未结算的，为当事人起诉之日。

4. 因合同计价方式产生的纠纷

根据《建设工程施工发包与承包计价管理办法》的规定，合同价可以采用以下方式。
(1) 固定价。合同总价或者单价在合同约定的风险范围内不可调整。
(2) 可调价。合同总价或者单价在合同实施期内，根据合同约定的办法调整。

💡 小提示

《建设工程施工发包与承包计价管理办法》第十三条规定：实行工程量清单计价的建筑工程，鼓励发承包双方采用单价方式确定合同价款。

建设规模较小、技术难度较低、工期较短的建筑工程，发承包双方可以采用总价方式确定合同价款。

(3) 成本加酬金。合同总价由成本和建设单位支付给施工单位的酬金两部分构成。

紧急抢险、救灾以及施工技术特别复杂的建筑工程，发承包双方可以采用成本加酬金的方式确定合同价款。

《解释》规定：当事人约定按照固定价结算工程价款，一方当事人请求对建设工程造价进行鉴定的，人民法院不予支持。

当事人在诉讼前已经对建设工程价款结算达成协议，诉讼中一方当事人申请对工程造价进行鉴定的，人民法院不予准许。

📖 应用案例 4-15

甲乙双方签订施工合同，工程完工后，乙方依据后来变化的施工图做了结算，结算仍然采用清单计价方式，结算价是 1200 万元，另外还有 200 万元的洽商变更(此工程未办理竣工图和竣工验收报告，不少材料和做法变更也无签字)。咨询公司在对此工程审计时依据乙方结算报价与合同价格不符，且结算的综合单价和做法与投标也不尽一致，另外施工图与投标时的图纸变化很大，已经不符合招标文件规定的条件了。因此，咨询公司决定以定额计价结算的方式进行审计，将结算施工图全部重算，措施费用也重新计算，得出的审定价格大大低于乙方的结算价。而乙方以有清单中标价为由，坚持以清单方式结算，不同意调整综合单价费用和措施费。双方争执不下，谈判陷入僵局。

问题：

这种分歧应如何判定？

案例评析：

首先此工程未办理竣工图和竣工验收报告，不符合结算条件，应在办理竣工图和竣工验收报告后再明确结算的方式，根据双方签订的承包合同规定的结算方式进行结算。

本工程招标时按照清单报价的方式招标，并且甲、乙双方合同约定按照清单单价进行结算，合同约定具有法律效力，那么在工程结算时就应该遵守合同的约定，咨询公司作为中介机构是无权改变工程的结算计价方式的。

材料和做法变更无签字不能作为工程结算的依据，应该以事实为依据，如隐蔽工程验收记录、分部分项工程质量检验批、影像资料、双方的工作联系单、会议纪要等资料文件。如果乙方不能提供这些事实依据，甲方有权拒结相应项目的变更费用。工程在施工过程中出现变更时，甲、乙双方应该及时办理相应手续，避免以后结算时的扯皮。

在工程施工过程中出现变更，合同中应该约定出现变更时变更部分工程价款的调整方式和办法，如采用定额计价方式、参考近似的清单单价、双方现场综合单价签证等。再就是工程量清单报价中有一张《分部分项工程量清单综合单价分析表》，在出现变更时，可以参照这个表格看一下清单综合单价的组成，相应地增减变更的分项工程子目，重新组价，组成工程变更后新的清单单价，但管理费率和利润率不能修改。

4.8.5 对工程量的争议问题

在工程款支付的过程中，确认完成的工程量是一个重要的环节，只有确认了完成的工程量，才能进行下一步的结算工作。

1. 工程量的确认

工程量的确认应以监理工程师的确认为依据，只有经过监理工程师确认的工程量才能进行工程款的结算。否则即使施工单位完成了相应的工程量，也由于属于单方面变更合同内容而不能得到相应的工程款。

监理工程师的确认以签证为依据，也就是说，只要监理工程师对已完工程进行了签证，建设单位就要支付这部分工程量的工程款。有的时候却存在另一种情形，监理工程师口头同意进行某项工程的修建，但是由于主观的或者客观的原因而没能及时提供签证。对于这部分工程量的确认就很容易引起纠纷。

《民法典》第四百九十条规定：当事人采用合同书形式订立合同的，自当事人均签名、盖章或者按指印时合同成立。在签名、盖章或者按指印之前，当事人一方已经履行主要义务，对方接受时，该合同成立。法律、行政法规规定或者当事人约定合同应当采用书面形式订立，当事人未采用书面形式但一方已经履行主要义务，对方接受时，该合同成立。

《解释》第二十条规定：当事人对工程量有争议的，按照施工过程中形成的签证等书面文件确认。承包人能够证明发包人同意其施工，但未能提供签证文件证明工程量发生的，可以按照当事人提供的其他证据确认实际发生的工程量。

2. 确认工程量的时间

如果建设单位迟迟不确认施工单位完成的工程量，就会导致施工单位不能及时得到工程款，这样就损害了施工单位的利益。为了保护合同当事人的合法权益，《解释》第二十一条规定：当事人约定，发包人收到竣工结算文件后，在约定期限内不予答复，视为认可竣工结算文件的，按照约定处理。承包人请求按照竣工结算文件结算工程价款的，人民法院应予支持。

第4章 建筑工程合同管理法律法规

习题与思考题

一、单选题

1. 定金不得超过主合同标的额的( )。
   A. 20%　　　B. 30%　　　C. 40%　　　D. 50%

2. 某施工合同约定承包人对基础工程垫资施工，发包人对垫付资金按银行贷款利率的2倍支付利息，发包人未按合同约定支付垫资利息，承包人诉至法院，则人民法院对垫资利息的处理，正确的是( )。
   A. 予以追缴　　　　　　　　B. 不予支持
   C. 支持按合同约定全部支付　　D. 只支持按银行同类贷款利息支付

3. 关于合同的履行、变更、转让，下列说法正确的是( )。
   A. 甲、乙双方签订合同，合同履行过程中，甲方得知乙方公司名称及其法定代表人均发生了变更，于是要求签订合同变更协议，但遭到乙方拒绝。该合同必须签订变更协议，否则合同失效
   B. 甲向乙购买200吨钢材，后甲通知乙可能要不了这么多，但一直未明确具体数量。交货期届至，乙将200吨钢材交付给甲。甲可以按自己实际需要的数量只接收其中一部分，理由是早有通知，合同已经发生变更
   C. 发包人为压缩投资，拟降低房屋节能标准，只要与承包人协商一致，变更的内容即发生法律效力
   D. 施工单位甲向水泥厂乙购买水泥，乙因生产能力所限无法按时供货，便将这笔业务转让给另一厂家丙，并经得甲的同意。最终，因丙提供的水泥质量不符合要求，造成质量事故。则甲只能要求丙继续履行并赔偿损失。因为合同转让的后果是内容不变主体变，乙已经退出了交易，丙才是新的合同当事人

4. 某材料供应商，不按材料采购合同的约定交付材料，材料供应商应承担( )。
   A. 侵权责任　　B. 违约责任　　C. 刑事责任　　D. 行政责任

5. 建设工程未经竣工验收，发包人擅自使用后工程出现质量问题。关于该质量责任承担的说法，正确的是( )。
   A. 承包人没有义务进行修复或返修
   B. 承包人应当在建设工程的合理使用寿命内对地基基础工程和主体结构质量承担责任
   C. 凡不符合合同约定或者验收规范的工程质量问题，承包人均应当承担责任
   D. 发包人以使用部分质量不符合约定为由主张权利的，应当予以支持

6. 施工企业以自有的房产作抵押，向银行借款100万元。后来施工企业无力还贷，经诉讼后其抵押房产被拍卖，拍得的价款为150万元，贷款的利息及违约金为20万元，实现抵押权的费用为10万元，则拍卖后应返还施工企业的款项为( )万元。
   A. 10　　　B. 20　　　C. 30　　　D. 50

7. 施工企业购买材料设备后交付承运人运输，未按约定给付承运费用时，承运人有

权扣留足以清偿其所欠运费的货物，承运人行使的是(   )。

  A. 抵押权 B. 质权 C. 留置权 D. 所有权

8. 依据《民法典》的违约责任承担原则，发包人可以不赔偿承包人损失的情况是(   )。

  A. 建设资金未能按计划到位的施工暂停

  B. 发包人改变项目建设方案的工程停建

  C. 传染病流行导致施工暂停

  D. 征地拆迁工作不顺利导致施工现场移交延误

9. 施工合同约定按照固定价格结算工程价款，承包人请求对建设工程造价进行鉴定的，人民法院应(   )。

  A. 予以支持   B. 不予支持

  C. 征求发包人意见   D. 要求承包人提供证据

10. 乙建筑公司为甲建筑公司的分包商，施工过程中，由于乙建筑公司承建的分包工程出现了质量问题，则(   )。

  A. 建设单位可以直接要求乙公司予以赔偿

  B. 建设单位只能要求甲建筑公司予以赔偿，而不能直接要求乙公司予以赔偿

  C. 建设单位只能要求乙公司予以赔偿

  D. 如果乙公司无力赔偿，则建设单位将无法通过其他获得赔偿

二、多选题

1. 下列关于无效合同的案例中，说法正确的有(   )。

  A. 甲、乙 4 月 1 日签订一份施工合同。合同履行中双方发生争议，甲于 5 月 20 日单方要求解除合同。乙遂向法院起诉，法院于 6 月 30 日判定该合同无效。则该合同自 6 月 30 日起无效

  B. 丙、丁组成联合体中标一项市政工程。丙、丁签订协议约定：丙负责具体组织施工，丁负责对业主和政府沟通工作，丙、丁按利润五五分成。该协议因丁不履行施工义务，应认定为转包，合同无效，且约定的利润分成条款无效

  C. 某工程分包合同约定：由分包方负责完成总包合同范围内的全部工程，并向总包支付 5%的管理费，分包每发生一次安全质量事故应向总包支付合同价款 0.5%的违约金。若该合同无效，违约金条款也无效

  D. 某工程施工合同约定价款为 1 亿元，施工成本为 0.9 亿元，按发包人核算造价为 0.95 亿元。后该合同无效，但建设工程经竣工验收合格，则该施工企业能获得法院支持的最高结算价款为 0.9 亿元

  E. 劳务分包合同约定：因施工造成的人员伤亡责任一概由分包方自行承担，合同争议由北京仲裁委员会仲裁。此分包合同中，违法的免责条款无效，但其他部分仍然有效

2. 以下关于可撤销合同的案例中，说法正确的是(   )。

  A. 在施工过程中，因建筑材料价格大幅波动，当事人不可以显失公平为由主张撤销合同，因为"重大误解、显失公平、胁迫、乘人之危"必须是发生在合同订立时。而合同履行中显失公平，不属于可撤销范畴

B. 施工单位由于重大误解，在订立买卖合同时将想购买的 A 型钢材误写为 B 型钢材，可以与卖方协商变更为按 A 型钢材购买，也可以与卖方协商撤销该合同

C. 2017年4月施工单位与化工企业签订了一份 10 万元进口化工材料的买卖合同，直到 2018 年 8 月施工单位才发现该化工材料是国产的，此时，施工企业仍享有撤销权

D. 分包单位在签订合同时，接受了总包提出的明显不合理转嫁风险的条款。但分包人施工中始终未提出异议，应视为以行为方式放弃撤销权

E. 甲施工企业有一辆工程车，实际行驶里程 8 万公里(市场价格约为 16 万元)，而里程表显示仅为 4 万公里。甲明知上述情况存在，仍将该车以 23 万元的价格卖给了乙施工企业，乙知情后可以要求工商行政部门撤销合同

3. 下列施工合同履行过程中发生的情形，当事人可以单方解除合同的有( )。
   A. 建设单位延期支付工程款，经催告后同意
   B. 未经建设单位同意施工企业擅自更换了现场技术员的
   C. 施工企业已完工程质量不合格，并拒绝修复的
   D. 施工过程中，施工企业不满建设单位指令，将全部工人和施工机械撤离现场，并开始了其他工程建设的
   E. 施工中建筑材料和人工费大幅上涨，施工企业严重亏损的

4. 张某向李某发出要约，李某如期收到并做了承诺。按照《民法典》的规定，下列选项中，会使要约失效的情形包括( )。
   A. 李某打电话给张某拒绝该要约
   B. 李某发出承诺前张某通知李某撤销该要约
   C. 张某依法撤回要约
   D. 承诺期限届满，李某未作承诺
   E. 李某对要约的内容作出实质性变更

5. 甲公司与乙公司签署了购买设备合同，该合同权利义务终止的法定情形有( )。
   A. 该合同解除　　　B. 两公司的债务抵销　　　C. 两公司合二为一
   D. 乙公司部分履行　E. 双方按约定履行完毕

6. 保证的方式一般分为( )。
   A. 一般保证　　　　B. 抵押保证　　　　C. 定金保证
   D. 连带责任保证　　E. 部分连带责任保证

7. 下列选项中，导致乙建筑施工企业与他人签订的建设工程施工合同无效的行为有( )。
   A. 将其承包的建设工程全部转给其他符合资质条件的施工企业完成
   B. 将其承包的全部建设工程肢解以后以分包的名义分别转给其他单位承包
   C. 将其总承包的工程中的专业工程发包给其他具有相应资质的承包单位完成
   D. 借用有资质的建筑施工企业名义
   E. 将其所承包的工程中的劳务作业发包给其他承包单位完成

8. 除了保证外，合同的担保方式还有( )。
   A. 定金　　B. 预付款　　C. 抵押　　D. 质押　　E. 留置

三、简答题

1. 要约应当符合哪些条件？要约与要约邀请有什么区别？
2. 哪些合同是可变更或可撤销的合同？
3. 承担违约责任的方式有哪些？
4. 解决合同争议的方法有哪些？

第 5 章 建筑工程安全生产管理法律法规

【学习要点及目标】

- 了解建筑工程安全生产管理法规的基本知识。
- 了解建筑工程安全生产管理的监督体制。
- 熟悉建筑工程安全生产管理的各项基本制度。
- 熟悉建筑工程各参与单位安全生产管理的责任和义务。
- 掌握生产安全事故等级。
- 掌握建筑工程安全生产许可制度。

【核心概念】

安全生产　安全生产责任　生产安全事故　安全生产许可

【引导案例】

某商务中心为高层建筑，总建筑面积约 15 万 m^2，地下 2 层，地上 22 层。业主与施工单位签订了施工总承包合同，并委托监理单位进行工程监理。开工前，施工单位进行了三级安全教育。在地下桩基施工中，由于是深基坑工程，项目经理部按照设计文件和施工技术标准编制了基坑支护及降水工程专项施工组织方案，经项目经理签字后组织施工。同时，项目经理安排负责质量检查的人员兼任安全工作。当土方开挖至坑底设计标高时，监理工程师发现基坑四周地表出现大量裂纹，坑边部分土石有滑落现象，当即向现场作业人员发出口头通知，要求停止施工，撤离相关作业人员。但施工作业人员担心拖延施工进度，对监理通知不予理睬，继续施工。随后，基坑发生大面积坍塌，基坑下 6 名作业人员被埋，造成 3 人死亡、2 人重伤、1 人轻伤。事故发生后，经查施工单位未办理意外伤害保险。

请思考：本案例中，施工单位有哪些违法行为？

5.1 建筑工程安全生产管理法规概述

安全生产法规是国家法律体系的重要组成部分，是调整在生产过程中产生的同劳动者或生产从业人员的安全和健康，以及与生产资料和社会财富安全保障有关的各种社会关系的法律法规的总称。

5.1.1 建筑工程安全生产的基本概念

1. 安全生产的概念

安全生产是指生产过程中处于避免人身伤害、设备损坏及其他不可接受的损害风险的状态。

2. 建筑工程安全生产的概念

建筑工程安全生产是指在建设生产过程中要避免人员、财产的损失及对周围环境的破坏。它包括建筑生产过程中施工现场的人员安全，财产设备安全，施工现场及附近的道路、管线和房屋的安全，施工现场和周围的环境保护及工程建成后的使用安全等方面的内容。

5.1.2 建筑工程安全生产管理

1. 建筑工程安全生产管理的概念

建筑工程安全生产管理是指建设行政主管部门、建筑安全监督管理机构、建筑施工企业及有关单位对建筑生产过程中的安全工作进行计划、组织、指挥、控制和监督等一系列的管理活动，其目的在于保证建筑工程安全和建筑职工的人身安全，促进生产的发展，保持社会稳定。

2. 建筑工程安全生产管理方针

《中华人民共和国建筑法》(以下简称《建筑法》)第三十六条和《建设工程安全生产管理条例》第三条规定,建筑安全生产管理必须坚持"安全第一、预防为主"的方针。在《国务院关于进一步加强企业安全生产工作的通知》中强调,坚持"安全第一、预防为主、综合治理"的方针,全面加强企业安全管理,健全规章制度,完善安全标准,提高企业技术水平,夯实安全生产基础。

安全第一,就是在生产经营活动中,在处理保证安全与生产经营活动的关系上,要始终把安全放在首要位置,优先考虑从业人员和其他人员的人身安全,实行"安全优先"的原则。在确保安全的前提下,努力实现生产的其他目标。

预防为主,是指在建筑工程生产活动中,针对建筑工程生产的特点,对生产要素采取管理措施,有效地控制不安全因素的发展与扩大,把可能发生的事故消灭在萌芽状态,以保证生产过程中人的安全与健康,是实现安全的最重要的手段。

综合治理,是指适应我国安全生产形势的要求,自觉遵循安全生产规律,正视安全生产工作的长期性、艰巨性和复杂性,抓住安全生产工作中的主要矛盾和关键环节,综合运用经济、法律、行政等手段,人管、法治、技防多管齐下,并充分发挥社会、职工、舆论的监督作用,有效解决安全生产领域的问题。

"安全第一、预防为主、综合治理"的安全生产方针是有机统一的整体。安全第一是预防为主、综合治理的统帅和灵魂,没有安全第一的思想,预防为主就失去了思想支撑,综合治理就失去了整治依据。预防为主是实现安全第一的根本途径。只有把安全生产的重点放在建立事故隐患预防体系上,超前防范,才能有效减少事故损失,实现安全第一。综合治理是落实安全第一、预防为主的手段和方法。只有不断健全和完善综合治理工作机制,才能有效贯彻安全生产方针,真正把安全第一、预防为主落到实处,不断开创安全生产工作的新局面。

3. 建筑工程安全生产管理的原则

建筑工程安全生产管理的原则在我国相应的法律、法规中没有明确地提出,但在长期安全生产管理的实践中形成了以下原则。

1) 管生产必须管安全

"管生产必须管安全"的原则是指在生产过程中必须把生产和安全统一起来,两者是一个统一的有机整体,生产有了安全的保障,才能持续稳定地发展。

2) "三同时"原则

"三同时"原则指凡是我国境内新建、改建、扩建的基本建设工程项目、技术改造项目和引进的建设项目,其劳动安全卫生设施必须符合国家规定标准,必须与主体工程同时设计、同时施工、同时投入生产和使用,以确保项目投产后符合劳动安全卫生要求,保障劳动者在生产过程中的安全与健康。

3) 事故处理的"四不放过"原则

在生产过程中发生安全事故必须按照"四不放过"的原则进行处理,即:事故原因分析不清不放过、事故责任者和群众没受到教育不放过、没有整改措施和预防措施不放过、事故责任者和责任领导不处理不放过。

应用案例 5-1

2018 年 5 月 4 日,某体育场馆建设施工中,一名施工人员在配合起重工做测量工作时,不慎从高处坠落身亡。事故经过:5 月 4 日,按照施工安排,需要安装一台大型设备,安装前,由起重工王某某和配合作业人员郭某某进行测量(试放钩)工作,看吊钩是否能够就位。上午在试放过程中发现吊钩上的钢丝绳相互绞绕,致使吊车卷扬筒内钢丝绳的排序发生混乱。当天下午王某某、郭某某再次进行吊钩的放校工作,他们先把吊钩的钢丝绳由四绳改为单根挂于吊钩上,然后让起重臂沿上游方向旋转 45°,再慢慢往下放钢丝绳至 20 m 高程处。王某某与郭某某一起在平台上将卷扬筒上剩余的钢丝绳理顺,然后下车叫司机收钢丝绳。此时,郭某某站到平台上观察卷扬筒内的钢丝绳,避免提升时卷扬筒的钢丝绳再次混乱,王某某则背对吊车观察吊钩的起升情况。在吊钩起到只剩 1/3 时郭某某从平台上掉了下去。现场施工人员急忙将郭某某送往医院,经医院抢救无效死亡。

事故原因分析:

(1) 郭某某选择的工作位置不当,为了便于整理钢丝绳站到了配重块上,又没有相应的安全防护措施,同时也没有与同伴及起吊司机进行信号联络,不慎失足坠落。

(2) 郭某某自我保护意识差,没有对作业环境进行观察,未注意到配重块由于起重臂的旋转而临空。

对这起事故应按照"四不放过"的原则,认真教育施工作业人员,吸取事故教训,避免此类事故重复发生。应加强有关安全操作规程的学习,使每个作业人员真正掌握本岗位安全操作规程,提高作业人员的安全意识,并且在作业前应对作业环境进行观察,对危险因素做到心中有数。注意加强现场安全管理,督促高处作业人员系好安全带,有条件的高处作业场所应增设安全架及安全网,建立定期性安全检查制度。在各施工项目旁增设安全标志牌,进行提示、警示。

4)"五定"原则

"五定"即定整改责任人、定整改措施、定整改完成时间、定整改完成人、定整改验收人。

5)"六个坚持"原则

"六个坚持"即坚持管生产同时管安全、坚持目标管理、坚持预防为主、坚持全员管理、坚持过程控制、坚持持续改进。

4. 建筑工程安全生产管理的监督体制

建筑安全生产管理包括纵向、横向和施工现场三个方面的管理。纵向方面的管理主要指建设行政主管部门及授权的建筑安全监督管理机构对建筑安全生产的行业监督管理。横向方面的管理是指建筑生产有关各方如建设单位、设计单位、监理单位和建筑施工企业等的安全责任和义务。施工现场管理主要是指控制人的不安全行为和物的不安全状态,是建筑安全生产管理的关键和集中体现。

《建筑法》第四十三条规定:"建设行政主管部门负责建筑安全生产管理,并依法接受劳动行政主管部门对建筑安全生产的指导和监督。"

《中华人民共和国安全生产法》(以下简称《安全生产法》)第九条规定:"国务院和县级以上地方各级人民政府应当加强对安全生产工作的领导,建立健全安全生产工作协调机制、支持、督促各有关部门依法履行安全生产监督管理职责，及时协调、解决安全生产监督管理中存在的重大问题。

乡镇人民政府和街道办事处，以及开发区、工业园区、港区、风景区等应当明确负责安全生产监督管理的有关工作机构及其职责，加强安全生产监管力量建设，按照职责对本行政区域或者管理区域内生产经营单位安全生产状况进行监督检查，协助人民政府有关部门或者按照授权依法履行安全生产监督管理职责。"

《建设工程安全生产管理条例》第三十九条规定："国务院负责安全生产监督管理的部门依照《安全生产法》的规定，对全国建设工程安全生产工作实施综合监督管理。县级以上地方人民政府负责安全生产监督管理的部门依照《中华人民共和国安全生产法》的规定，对本行政区域内建设工程安全生产工作实施综合监督管理。"第四十条规定："国务院建设行政主管部门对全国的建设工程安全生产实施监督管理。国务院铁路、交通、水利等有关部门按照国务院规定的职责分工，负责有关专业建设工程安全生产的监督管理。县级以上地方人民政府建设行政主管部门对本行政区域内的建设工程安全生产实施监督管理。县级以上地方人民政府交通、水利等有关部门在各自的职责范围内，负责本行政区域内的专业建设工程安全生产的监督管理。"

县级以上地方各级人民政府应当根据本行政区域内的安全生产状况，组织有关部门按照职责分工，对本行政区域内容易发生重大生产安全事故的生产经营单位进行严格检查，发现事故隐患，应当及时处理。

依照有关法律、法规的规定，对涉及安全生产的事项需要审查批准(包括批准、核准、许可、注册、认证、颁发证照等，下同)或者验收的，必须严格依照有关法律、法规和国家标准或者行业标准规定的安全生产条件和程序进行审查；不符合有关法律、法规和国家标准或者行业标准规定的安全生产条件的，不得批准或者验收通过。对未依法取得批准或者验收不合格的单位擅自从事有关活动的，负责行政审批的部门发现或者接到举报后应当立即予以取缔，并依法予以处理。对已经依法取得批准的单位，负责行政审批的部门发现其不再具备安全生产条件的，应当撤销原批准。

5.1.3 生产经营单位的安全生产管理

生产经营单位在日常的生产经营活动中，必须加强对安全生产的监督和管理。《安全生产法》对此作出了明确的规定。

(1) 生产经营单位应当具备安全生产条件所必需的资金投入，由生产经营单位的决策机构、主要负责人或者个人经营的投资人予以保证。

(2) 生产经营单位应当设置安全生产管理机构或者配备专职安全生产管理人员。

(3) 生产经营单位应当在有较大危险因素的生产经营场所和有关设施、设备上，设置明显的安全警示标志。

(4) 生产经营单位使用的涉及生命安全、危险性较大的特种设备，以及危险物品的容器、运输工具，必须按照国家有关规定，由专业生产单位生产，并经取得专业资质的检测、检验机构检测、检验合格，取得安全使用证或者安全标志，方可投入使用。

(5) 生产经营单位对重大危险源应当登记建档，进行定期检测、评估、监控，并制定应急预案，告知从业人员和相关人员在紧急情况下应当采取的应急措施。

(6) 生产经营单位应当教育和督促从业人员严格执行本单位的安全生产规章制度和安全操作规程，并向从业人员如实告知作业场所和工作岗位存在的危险因素、防范措施以及事故应急措施。

安全生产涉及全社会的利益，是全社会共同关注的问题，因此除了相关主管部门的监督和管理外，也可以动员全社会的力量对建筑安全生产进行监督管理。

应用案例 5-2

2009年4月13日零时，周某某和叶某某、孙某某到车间交接班，然后按平时的操作流程开始作业。3时20分左右，他们到料场装运制炭的原材料。4时30分，孙某某运送好原材料后，返回到一楼休息处，叶某某在料场装原材料。此时，周某某在料场用塑料筐装运做燃料的长竹节。约4时35分，周某某站在从料场通往升降机的过道上，将装有燃料的塑料筐搬到距过道高约1 m的栏杆上往下倾倒时，连人带筐坠入高约6 m的水泥地面。孙某某和叶某某都听到倒竹节这一响声，但是没有引起他们的注意。约4时40分，叶某某运送好原材料后返回到一楼休息场所，他和孙某某都没有看见周某某，感到情况不妙，立即开始找人，发现周某某侧躺在升降机支柱旁的地面上。5时10分左右，庆元县中医院救护人员到达事故现场，经过检查，确定周某某已经死亡。

事故原因分析：

(1) 周某某违反了公司运料操作规程，在往下运送物料时，未使用升降机运送，直接从过道栏杆上倒料，导致了事故的发生。

(2) 公司副总经理未开展安全生产事故隐患排查治理工作，对已发现的事故隐患未采取有效防范措施。

(3) 公司总经理未全面落实安全生产责任制；安全生产规章制度不完善，并未严格执行；未认真组织开展安全生产检查，及时排除存在的生产安全事故隐患。

(4) 公司未贯彻执行安全生产法律法规，未配备专职安全生产管理人员；未建立和落实安全生产事故隐患排查治理制度。

5.2 建筑工程安全生产管理的基本制度

我国建筑工程安全生产管理在长期的生产实践中，总结出了一套行之有效的安全基本管理制度，包括安全生产责任制度、群防群治制度、安全生产教育培训制度、安全生产检查制度、伤亡事故处理报告制度和安全责任追究制度等。

5.2.1 安全生产责任制度和群防群治制度

《建筑法》第三十六条规定："建筑工程安全生产管理必须坚持安全第一、预防为主的方针，建立健全安全生产的责任制度和群防群治制度。"

1. 安全生产责任制度

安全生产责任制度是指将各种不同的安全责任落实到负有安全管理责任的人员和具体岗位人员的一种制度。它是建筑生产中最基本的安全管理制度，是所有安全规章制度的核心,也是"安全第一、预防为主、综合治理"方针的具体体现。

应用案例 5-3

某水泥有限公司制成车间 2 号磨头配料仓的矿渣储存仓因矿渣结拱挂料造成堵料。当日,生产部经理林某带领曹某等 5 人进入仓内清理(没有按规定采取安全防范措施),但未完成。18 时 20 分左右,在没有公司有关人员陪同情况下,外包公司王某等人从库顶入仓,并在开机状态下进行人工清料。进仓作业人员均未按规定采取系安全带等安全防护措施。19 时左右,因清料引发结拱物料的垮塌,导致仓内矿渣(库内余留物料约有 100t)整体塌陷下沉,参与清库的 5 人全部被埋库内多时,经全力救援无效窒息死亡。

事故原因分析:

(1) 外包单位有关人员进仓作业未按规定采取系安全带等安全防范措施进仓作业;开机卸料清库,违章作业是直接原因。

(2) 水泥有限公司未建立、健全本单位安全生产责任制,未健全安全生产规章制度和操作规程,未安排现场管理人员对外包单位的安全生产工作统一协调、管理;有关主管部门对水泥有限公司的安全检查流于形式,未能及时发现和制止以包代管、违章作业等现象是间接原因。

根据《建设工程安全生产管理条例》和《建筑施工安全检查标准》(JGJ 59—2017)的相关规定,安全生产责任制的主要内容如下。

(1) 安全生产责任制度主要包括施工企业主要负责人的安全责任,负责人或其他副职的安全责任,项目负责人(项目经理)的安全责任,生产、技术材料等各职能管理负责人及工作人员的安全责任,技术负责人的安全责任,专职安全生产管理人员的安全责任,施工员的安全责任,班组长的安全责任和岗位人员的安全责任等。

(2) 项目对各级、各部门安全生产责任制应规定检查和考核方法,并按规定期限进行考核,对考核结果及兑现情况应有记录。

(3) 施工现场应按照工程项目大小配备专职或者兼职安全人员。

2. 群防群治制度

群防群治制度是职工群众进行预防和治理安全的制度。这一制度也是"安全第一、预防为主、综合治理"方针的具体体现,同时也是群众路线在安全工作中的具体体现,是企业进行民主管理的重要内容。

应用案例 5-4

某建筑施工企业安装水泥空心板,施工队队长张某某向该企业经理于某某提出,由于工期紧,应尽快在所施工建筑的房顶安装水泥空心板。于某某问:"水泥空心板是什么时间打的?"张某某回答:"是 10 月 17 日打的。"于某某表示得再过半个月才能安装。10 月 22 日下午,张某某在工地向施工项目负责人郭某某布置安装水泥空心板的事。郭某某提出,水泥空心板养护时间太短,不能安装。张某某随即带工人陈某某到打板场简单地检查了水泥空心板。回到工棚后,张某某对郭某某说,水泥空心板很结实,再保养几天就可以安装了。10 月 23 日下午,张某某又到工地催郭某某安装水泥空心板,并声称延长工期要罚款。由于张某某一再催促,郭某某指派李某某、梅某某等 5 人上楼顶安装水泥空心板。安装第二块板时,挂有水泥空心板的拖车的一个车轮压到了已经上好的第一块板,第一块板突然断裂下落,李某某随断裂的水泥空心板掉落至地面,当场死亡;拖车车把将梅某某从房顶打落,幸亏有架子阻隔,梅某某没有直接落地,但身受重伤。

事故原因分析:

(1) 张某某不听劝告,强令野蛮施工,冒险作业,是发生事故的主要原因。张某某身为施工队队长,违反相关规定,不听正确意见,为赶工程进度,强令工人野蛮施工,造成了人员死伤的严重后果。

(2) 于某某虽做出了正确决定,却未对此事跟踪督办,对工地疏于检查,管理不严格,对事故的发生负有领导责任。

(3) 郭某某及众工人明知张某某的做法是错误的,并提出了反对意见,但最终还是执行了张某的指令,酿成了惨剧。按照《安全生产法》的有关规定,他们有权拒绝施工。

这一制度要求建筑企业职工在施工中应当遵守有关生产的法律、法规和建筑行业安全规章、规程,不得违章作业;对于危及生命安全和身体健康的行为有权提出批评、检举和控告。

5.2.2 安全生产教育培训制度

安全生产教育培训制度是对广大建筑干部职工进行安全教育培训,提高安全意识,增加安全知识和技能的制度。《建筑法》第四十六条规定:"建筑施工企业应当建立健全劳动安全生产教育培训制度,加强对职工安全生产的教育培训;未经安全生产教育培训的人员,不得上岗作业。"

安全生产教育培训的对象包括管理人员、特种作业人员和其他企业员工。培训的主要内容包括安全生产的法律法规知识和安全科学技术知识。

1. 管理人员的安全教育

管理人员的安全教育一般包括企业领导、项目经理、技术负责人以及专职的安全管理人员的安全教育。

《建设工程安全生产管理条例》第三十六条第二款规定:"施工单位应当对管理人员和作业人员每年至少进行一次安全生产教育培训,其教育培训情况记入个人工作档案。安全生产教育培训考核不合格的人员,不得上岗。"

2. 特种作业人员的安全教育

根据《特种作业人员安全技术培训考核管理规定》,特种作业是指容易发生事故,对操作者本人、他人的安全健康及设备、设施的安全可能造成重大危害的作业。直接从事特种作业的人,称为特种作业人员。

应用案例 5-5

由某单位承建的××××一期工程,由于将 4 个大型号卸料平台中的一个换成小型号的卸料平台,在未向分包单位及有关人员交底的情况下,分包单位自行安排操作人员搭设并投入使用,从 12 层楼等楼层转运外墙砖,由未持证的人员担任塔机指挥,将 50 余件外墙砖吊到卸料平台上。8 名转运人为赶进度挤上卸料平台转运外墙砖,另加上指挥工,卸料平台上共有 9 人。此时卸料平台严重超载，导致钢丝绳绳卡松动，造成卸料平台倾覆，卸料平台上有 8 人从 10 楼坠落到 4 楼平台上，造成 5 人死亡、3 人重伤的生产安全事故。

事故原因分析：

(1) 卸料平台严重超载，致使连接卸料平台的钢丝绳绳卡松动，导致卸料平台倾覆而发生事故。

(2) 卸料平台无搭设方案，搭设后未检查验收就投入使用，使用中无证人员指挥起重设备。

(3) 为抢进度忽视安全，8 人同时进入卸料平台转运外墙砖，增大了卸料平台载荷。

《建设工程安全生产管理条例》第二十五条规定："垂直运输机械作业人员、安装拆卸工、爆破作业人员、起重信号工、登高架设作业人员等特种作业人员，必须按照国家有关规定经过专门的安全作业培训，并取得特种作业操作资格证书后，方可上岗作业。"

由于特种作业较一般作业的危险性更大，所以特种作业人员必须经过安全培训和考核。首先特种作业人员上岗前，必须经过专门的安全技术和操作技能的培训教育，特种培训教育要实行理论教学和操作技术训练相结合的原则，重点放在提高其安全操作技能和预防事故的实际能力上。其次，经过培训考核合格后取得特种作业操作证才准许独立作业。

3. 企业其他员工的安全教育

企业其他员工的安全教育主要分为新员工上岗前的安全教育和改变工艺、变换岗位的安全教育。

《建设工程安全生产管理条例》第三十七条规定："作业人员进入新的岗位或者新的施工现场前，应当接受安全生产教育培训，未经教育培训或者教育培训考核不合格的人员，不得上岗作业。施工单位在采用新技术、新工艺、新设备、新材料时，应当对作业人员进行相应的安全生产教育培训。"

小提示

企业新进员工的教育通常称为三级安全教育，即厂级安全教育、车间级安全教育和岗位(工段、班组)安全教育。当组织内部的人员从一个岗位调到另一个岗位，或从某个工种改变为另一工种，或因放长假离岗一年以上重新上岗时，企业必须对其进行相应的安全技术培训和教育，以使其掌握现岗位安全生产的特点和要求。

应用案例 5-6

某单位承建的某工程项目，在挖孔桩施工中，石工张某某负责挖孔桩(直径 0.9 m)施工作业，普工李某某在井口用手动葫芦提升吊桶，倾倒弃渣，并进行作业监护。某日 18 时 10 分，李某某提升装渣过满的吊桶至井口约 5 m 时，吊桶与井壁发生擦刮，致吊桶和弃渣坠落，桶内一块 100 mm×50 mm×500 mm 的石块坠落于孔内 9.5 m 处，将张某某戴的安全帽击穿，致使张某某头部受伤，虽经医院全力抢救，终因伤势过重抢救无效死亡。

事故原因分析：

(1) 吊桶装渣过满，提升时又与孔壁发生擦刮导致吊桶内的石块坠落。

(2) 企业对作业人员的安全教育、培训和安全技术交底流于形式，导致操作人员欠缺正常操作程序，违章作业未得到有效制止。安全帽不符合国家标准。

5.2.3 特种作业人员持证上岗制度

《建设工程安全生产管理条例》第二十五条规定：垂直运输机械作业人员、安装拆卸工、爆破作业人员、起重信号工、登高架设作业人员等特种作业人员，必须按照国家有关规定经过专门的安全作业培训，并取得特种作业操作资格证书后方可上岗作业。

5.2.4 安全生产检查制度

安全生产检查制度是上级管理部门或企业自身对安全生产状况进行定期或不定期检查的制度。通过检查可以发现问题，查出隐患，从而采取有效措施，堵塞漏洞，把事故消灭在发生之前，做到防患于未然，是"预防为主"的具体体现。通过检查，还可总结出好的经验加以推广，为进一步搞好安全工作打下基础。安全检查制度是安全生产的保障。

安全检查要深入施工现场，主要针对生产过程中的劳动条件、生产设备以及相应的安全卫生设施和员工操作行为是否符合安全生产的要求进行检查。

应用案例 5-7

某污水处理厂厂长张某某，带仪表工李某某到泵站进行设备检修，由当班泵站职工钱某某配合工作。作业人员关闭进水闸门时，因槽内嵌有 8～10 mm 不规则砂子和少量纤维性垃圾，致使闸门被堵严，当操作者感到已将闸门关紧时，实际上仍留有 38.5 mm 的缝隙。当工作孔被打开时，大量含有高浓度硫化氢气体的污水涌入泵房，张某某、李某某、钱某某 3 人当即中毒倒下死亡。在该泵站从事粉刷工作的王某某、顾某某在抢救中毒人员的过程中，也中毒身亡。

事故原因分析：

(1) 进水闸门被砂子等杂物堵严、失灵，作业前未进行认真检查，造成操作失误。

(2) 违反环保法规定，超标排放含有大量硫化物和酸性溶液的工业废水，与生活污水混合产生大量硫化氢气体，同时无应急救援措施。无针对超标排放工业废水和因其产生有毒气体的具体防护措施。现场作业人员盲目抢救造成二次伤害，所以该事故属管理混乱制度不健全，违章作业的生产安全责任事故。

5.2.5 生产安全事故的报告制度

《建筑法》第五十一条规定：施工中发生事故后，采取紧急措施减少人员伤亡和事故损失是建筑施工企业的首要任务。《安全生产法》第八十条规定：生产经营单位发生生产安全事故后，事故现场有关人员应当立即报告本单位负责人。单位负责人接到报告后，应当迅速采取有效措施，组织抢救，防止事态扩大，减少人员伤亡和财产损失。事故发生后，建筑施工企业应采取紧急措施，首先要抢救伤亡人员，其次要排除险情，尽量制止事故蔓延扩大，减少人员伤亡和事故损失。

国务院颁发的《生产安全事故报告和调查处理条例》，是建设工程重大事故处理的法定依据。

5.2.6 工伤保险制度

《建筑法》第四十八条规定："建筑施工企业应当依法为职工参加工伤保险，缴纳工伤保险费。鼓励企业为从事危险作业的职工办理意外伤害保险，支付保险费。"《建设工程安全生产管理条例》第三十八条规定："施工单位应当为施工现场从事危险作业的人员办理意外伤害保险。"

保险的性质为强制性保险。无论施工单位愿意与否均必须为职工办理工伤保险，为施工现场从事危险作业人员办理意外伤害保险。保险费由施工单位支付，实行施工总承包的，由总承包单位支付保险费。保险期限自建筑工程开工之日起至竣工验收合格止。

5.2.7 安全责任追究制度

《安全生产法》第十六条规定："国家实行生产安全事故责任追究制度，依照本法和有关法律、法规的规定，追究生产安全事故责任人员的法律责任。"

建设单位、设计单位、施工单位、监理单位，由于没有履行职责造成人员伤亡和事故损失的，视情节给予相应处理；情节严重的，责令停业整顿，降低资质等级或吊销资质证书；构成犯罪的，依法追究刑事责任。

应用案例 5-8

某设备有限公司在某系统设备制造工地进行设备安装作业，作业至 15 时 25 分左右，底层作业组与楼上两组作业人员一起将钢管抬拉立起。当钢管系绳一端立起至 1 m 多高，楼上两组作业人员开始拽拉时，钢管起吊一头向西偏移，底层人员跟着向西旋转，底层作业人员急忙叫喊不要拉了，随即楼上两组作业人员放松绳索。此时钢管已发生锥形旋转偏移到罐底基础外，底层组作业人员李某某(作业时未戴安全帽)被钢管扫至罐底基础外，被废置脚手架材料绊倒，头枕到另一根无缝钢管处，钢管旋转至其头部上方(楼上作业人员都已松绳)，钢管高起一端下落击中李某某头部右侧(当场口鼻出血)。现场作业人员见李某某被钢管压住，立即进行施救，后经医院抢救无效死亡。

事故原因分析：

(1) 导致事故发生的直接原因是在起立钢管时，作业拉绳使无缝钢管偏倒，扫倒并砸中未戴安全帽的作业人员李某某头部，造成重伤而死亡。

(2) 公司项目负责人对设备安装作业工人未戴安全帽，起立钢管作业未落实防偏倒安全防护措施等重大事故预兆和已发现的事故隐患没有及时采取措施，违反了《安全生产法》《安全生产违法行为行政处罚办法》的相关规定，对事故的发生负有主要责任，市安全生产监督管理部门依法对其予以了行政处罚。

(3) 公司负责人对从业人员未戴安全帽，起立钢管未落实防偏倒安全防护措施，在有较大危险因素的生产经营场所未设置安全警示标志，并未向从业人员告知在安装作业过程中存在的危险因素等存在的事故隐患落实整改措施，违反了《安全生产法》的相关规定，对事故的发生负有主要责任，市安全生产监督管理部门依法对其予以了行政处罚。

5.3 建筑工程各参与单位安全生产管理的责任和义务

应用案例 5-9

××××大桥施工现场 7 支施工队、15 名施工人员正在进行 1~3 号孔主拱圈支架拆除和桥面砌石、填平等作业。施工过程中，随着拱上荷载的不断增加，1 号孔拱圈受力较大的多个断面逐渐接近和达到极限强度，出现开裂、掉渣，接着掉下石块。最先达到完全破坏状态的 0 号桥台侧 2 号腹拱下方的主拱断面裂缝不断张大下沉，下沉量最大的断面右侧拱段(1 号墩侧)带着 2 号横墙向 0 号台侧倾倒，通过 2 号腹拱挤压 1 号腹拱，因 1 号腹拱为三铰拱，承受挤压能力最低而迅速破坏下塌。受连拱效应影响，整个大桥迅速向 0 号台方向坍塌，坍塌过程持续了大约 30 秒。"8·13"大桥坍塌事故现场如图 5.1 所示。

图 5.1 湖南省凤凰县"8·13"大桥坍塌事故现场

根据事故调查和责任认定，对有关责任方做出以下处理：建设单位工程部长、施工单位项目经理、标段承包人等 24 名责任人移交司法机关依法追究刑事责任；施工单位董事长、建设单位负责人、监理单位总工程师等 33 名责任人受到相应的党纪、政纪处分；建设、施工、监理等单位分别受到罚款、吊销安全生产许可证、暂扣工程监理证书等行政处罚；责成湖南省人民政府向国务院做出深刻检查。

事故原因分析：

(1) 堤溪沱江大桥主拱圈砌筑材料不满足规范和设计要求，拱桥上部构造施工工序不合理，主拱圈砌筑质量差，降低了拱圈砌体的整体性和强度。随着拱上施工荷载的不断增加，造成 1 号孔主拱圈靠近 0 号桥台一侧拱脚区段砌体强度达到破坏极限而崩塌，受连拱效应影响最终导致整座桥坍塌。

(2) 建设单位严重违反建设工程管理的有关规定，项目管理混乱。一是对发现的施工质量不符合规范、施工材料不符合要求等问题，未认真督促整改。二是未经设计单位同意，擅自与施工单位变更原主拱圈设计施工方案，且盲目倒排工期赶进度、越权指挥施工。三是未能加强对工程施工、监理、安全等环节的监督检查,对检查中发现的施工人员未经培训、监理人员资格不合要求等问题未督促整改。四是企业主管部门和主要领导不能正确履行职责,疏于监督管理,未能及时发现和督促整改工程存在的重大质量和安全隐患。

(3) 施工单位严重违反有关桥梁建设的法律法规及技术标准,施工质量控制不力,现场管理混乱。一是项目经理部未经设计单位同意,擅自与业主单位商议变更原主拱圈施工方案,并且未严格按照设计要求的主拱圈砌筑方式进行施工。二是项目经理部未配备专职质量监督员和安全员,未认真落实整改监理单位多次指出的严重工程质量和安全生产隐患;主拱圈施工不符合设计和规范要求的质量问题突出。三是项目经理部为抢工期,连续施工主拱圈、横墙、腹拱、侧墙,在主拱圈未达到设计强度的情况下就开始落架施工作业,降低了砌体的整体性和强度。四是项目经理部技术力量薄弱,现场管理混乱。五是项目经理部的直属上级单位未按规定履行质量和安全管理职责。六是施工单位对工程施工安全质量工作监管不力。

(4) 监理单位违反有关规定,未能依法履行工程监理职责。一是现场监理对施工单位擅自变更原主拱圈施工方案,未予以坚决制止。在主拱圈施工关键阶段,监理人员投入不足,有关监理人员对发现施工质量问题督促整改不力。不仅未向有关主管部门报告,还在主拱圈砌筑完成但拱圈强度资料尚未测出的情况下,即在验收砌体质检表、检验申请批复单、施工过程质检记录表上签字验收合格。二是对现场监理管理不力。派驻现场的技术人员不足,半数监理人员不具备执业资格。对驻场监理人员频繁更换,不能保证大桥监理工作的连续性。

(5) 承担设计和勘察任务的设计院,工作不到位。一是违规将地质勘察项目分包给个人。二是前期地质勘察工作不细,设计深度不够。三是施工现场设计服务不到位,设计交底不够。

(6) 有关主管部门和监管部门对该工程的质量监管严重失职、指导不力。一是质量监督部门工作严重失职,未制订质量监督计划,未落实重点工程质量监督责任人。对施工方、监理方从业人员培训和上岗资格情况监督不力,对发现的重大质量和安全隐患,未依法责令停工整改,也未向有关主管部门报告。二是省质量监督部门对当地质量监督部门业务工作监督指导不力,对工程建设中存在的管理混乱、施工质量差、存在安全隐患等问题失察。

(7) 州、县两级政府和有关部门及省有关部门对工程建设立项审批、招投标、质量和安全生产等方面的工作监管不力,对下属单位要求不严,管理不到位。一是当地交通主管部门违规办理工程建设项目在申报、立项期间的手续和相关文件。二是该县政府在解决工程征迁问题、保障施工措施不力,致使工期拖延,开工后为赶进度,压缩工期。三是当地政府在工程建设项目立项审批过程中,违反基本建设程序和招投标法的规定。对工程建设项目多次严重阻工、拖延工期及施工保护措施督促解决不力,盲目赶工期,又对后期实施工作监督检查不到位。四是湖南省交通厅履行工程质量和安全生产监管工作不力。违规委托设计单位编制勘察设计文件;违规批准项目开工报告;对省质监站、公路局管理不力,督促检查不到位;对工程建设中存在的重大质量和安全隐患失察。

为了保障建筑生产的安全,参与建筑生产活动的建设单位、勘察单位、设计单位和建筑施工企业等均应承担相应的安全生产责任和义务。

《建设工程安全生产管理条例》第四条规定:"建设单位、勘察单位、设计单位、施工单位、工程监理单位及其他与建设工程安全生产有关的单位,必须遵守安全生产法律、法规的规定,保证建设工程安全生产,依法承担建设工程安全生产责任。"

5.3.1 建设单位的安全责任和义务

建设单位是建设工程项目的投资方或建设方,在整个工程建设中居于主导地位。但长期以来,由于建设单位的行为不规范,不够重视安全生产监督管理,直接或者间接导致安全事故的发生。因此,《建设工程安全生产管理条例》明确规定,建设单位必须遵守安全生产法律、法规的规定,保证建设工程安全生产,依法承担建设工程安全生产责任。

1. 向施工单位提供真实、准确和完整的有关资料

《建筑法》第四十条规定:"建设单位应当向建筑施工企业提供与施工现场相关的地下管线资料,建筑施工企业应当采取措施加以保护"。

《建设工程安全生产管理条例》第六条规定:"建设单位应当向施工单位提供施工现场及毗邻区域内供水、排水、供电、供气、供热、通信、广播电视等地下管线资料,气象和水文观测资料,相邻建筑物和构筑物、地下工程的有关资料,并保证资料的真实、准确、完整。"

建筑工程施工前,施工单位必须搞清楚施工现场及毗邻区域内地下管线的详细情况,否则因施工造成地下管线的破坏,不仅会导致人员伤亡和经济损失,还会影响周边地区单位和居民的工作与生活。

2. 建设单位必须依法履行合同

建设单位不得对勘察、设计、施工、工程监理等单位提出不符合建设工程安全生产法律、法规和强制性标准规定的要求,不得压缩合同约定的工期。

合同约定工期是建设单位与施工单位在工期定额的基础上,经过双方平等协商而共同约定的工期。任何违背科学和客观规律的行为,都是生产安全事故隐患,最终将会导致生产安全事故的发生。建设单位不能片面追求项目效益,迫使施工单位大量增加人力、物力投入,或简化施工程序,随意压缩合同约定的工期。

3. 建设单位应当确定建筑工程安全作业环境及安全施工措施所需费用

《安全生产法》第二十三条规定:"生产经营单位应当具备的安全生产条件所必需的资金投入,由生产经营单位的决策机构、主要负责人或者个人经营的投资人予以保证,并对由于安全生产所必需的资金投入不足导致的后果承担责任。"

小提示

《建设工程安全生产管理条例》第八条规定:"建设单位在编制工程概算时,应当确定建设工程安全作业环境及安全施工措施所需费用。"

4. 不得要求购买、租赁和使用不符合安全施工要求的用具设备等

《建设工程安全生产管理条例》第九条规定:"建设单位不得明示或者暗示施工单位购买、租赁、使用不符合安全施工要求的安全防护用具、机械设备、施工机具及配件、消

防设施和器材。"

由于建筑工程投资、投资效益以及工程质量等都是由建设单位承担或最终承担，因而建设单位对工程建设的各个环节都非常关心，包括对材料设备的采购、租赁等，这就要求建设单位与施工单位在合同中应当明确约定双方的权利与义务。无论施工单位购买还是租赁有关材料设备时，建设单位都不得采用明示或者暗示的手段对施工单位施加影响，提出不符合安全施工条件的要求。

5. 建设单位申领施工许可证时应当提供有关安全施工措施的资料

《建设工程安全生产管理条例》第十条规定："建设单位在申请领取施工许可证时，应当提供建设工程有关安全施工措施的资料。依法批准开工报告的建设工程，建设单位应当自开工报告批准之日起15日内，将保证安全施工的措施报送建设工程所在地的县级以上地方人民政府建设行政主管部门或者其他有关部门备案。"

6. 建设单位应当将拆除工程发包给具有相应资质等级的施工单位

《建筑法》第五十条规定："房屋拆除应当由具备保证安全条件的建筑施工单位承担，由建筑施工单位负责人对安全负责。"

《建设工程安全生产管理条例》第十一条规定，"建设单位应当将拆除工程发包给具有相应资质等级的施工单位。建设单位应当在拆除工程施工15日前，将下列资料报送建设工程所在地的县级以上地方人民政府建设行政主管部门或者其他有关部门备案：(一)施工单位资质等级证明；(二)拟拆除建筑物、构筑物及可能危及毗邻建筑的说明；(三)拆除施工组织方案；(四)堆放、清除废弃物的措施。实施爆破作业的，应当遵守国家有关民用爆炸物品管理的规定。"

应用案例 5-10

某公司拟拆除重建300多平方米的玻璃钢棚。苗某某(无建筑施工资质的非法承揽户)以诈称上海如富钢结构有限公司名义主动与厂方联系承揽工程，仅凭一张材料工钱预算单即进行施工。

2014年8月6日上午，苗某某派王某某、汪某某、李某某等5人施工。9时50分左右，王某某从4m左右高度的旧玻璃棚顶踩空坠落，经医院抢救无效死亡。

事故原因分析：

(1) 造成王某某从高处坠落，导致死亡事故发生的主要原因是苗某某不具备建筑施工与拆除资格和安全生产条件，从业人员也没有经过有关技能和安全知识的培训教育，在无任何安全防范措施的条件下，盲目作业。

(2) 民工王某某安全意识差，冒险作业，是造成事故发生的直接原因。

(3) 某公司把拆建工程发包给不具备安全生产条件且无相应资质的承揽户苗某某，未履行安全生产管理职责，也是导致这起事故发生的重要原因。

7. 建设单位按规定办理特殊作业的申请批准手续

《建筑法》第四十二条规定，"有下列情形之一的，建设单位应当按照国家有关规定办理申请批准手续：(一)需要临时占用规划批准范围以外场地的；(二)可能损坏道路、管线、电力、邮电通信等公共设施的；(三)需要临时停水、停电、中断道路交通的；(四)需要进行爆破作业的；(五)法律、法规规定需要办理报批手续的其他情形。"

5.3.2 勘察、设计单位的安全责任和义务

建筑工程安全生产是一个系统工程。工程勘察、设计作为工程建设的重要环节，对保障安全施工有着重要影响。

应用案例 5-11

某建筑公司在承建一栋宿舍楼时，瓦工于某某等3人站在宿舍楼3单元6楼两阳台中间搭设的毛竹脚手架上浇筑阳台混凝土，由于没有专门搭设卸料平台，吊运的混凝土只好卸在该脚手架上临时铺设的钢模板上。8时40分左右，当第三料斗混凝土卸在钢模上，瓦工于某某上前清理料斗时，脚手架右侧内立杆突然断裂，钢模板滑落，于某某随钢模板坠落到地面，脑部和内脏严重受伤，经医院抢救无效死亡。这起事故造成直接经济损失9.5万元。

事故原因分析：

(1) 卸料平台没有经过设计计算，而且不符合设计要求，直接用毛竹装修架取代卸料平台；卸料平台不限定载荷量，致使超负荷倒塌，造成人员伤亡。

(2) 脚手架搭设的设计计算有漏洞。作为卸料平台的装修架架体平面不到 3 m^2，一只料斗加吊运的混凝土就达 700 kg，再加上3名施工人员和工具的质量，将近 1000 kg，这是静态计算；如果加上料斗落在装修架平台时的冲击力，其质量将远远超过 1000 kg，超过了装修架即脚手架的荷载承受能力。

(3) 脚手架搭设完毕后的验收手续不严格，施工现场的安全管理不完善，未能及时发现并消除事故隐患。

(4) 对施工人员缺乏安全教育，施工人员不懂得安全技术操作规程；脚手架还缺少水平防护，仅作业面铺设一层钢模板(不允许用钢模板取代木跳板)，6层至底部架子无一层脚手板或平网。

1. 勘察单位的安全责任和义务

《建设工程安全生产管理条例》第十二条规定："勘察单位应当按照法律、法规和工程建设强制性标准进行勘察，提供的勘察文件应当真实、准确，满足建设工程安全生产的需要。勘察单位在勘察作业时，应当严格执行操作规程，采取措施保证各类管线、设施和周边建筑物、构筑物的安全。"

2. 设计单位的安全责任和义务

1) 按照法律、法规和工程建设强制性标准进行设计

《建设工程安全生产管理条例》第十三条第一款规定："设计单位应当按照法律、法规和工程建设强制性标准进行设计，防止因设计不合理导致生产安全事故的发生。"

2) 提出防范生产安全事故的指导意见和措施建议

设计单位应当考虑施工安全操作和防护的需要，设计文件中应注明施工安全的重点部

位和环节,并对防范生产安全事故提出指导意见。采用新结构、新材料、新工艺和特殊结构的建筑工程,设计单位应当在设计中提出保障施工作业人员安全和预防生产安全事故的措施建议。

设计单位的工程设计文件对保证建筑工程结构安全非常重要。同时,设计单位在编制设计文件时,还应当结合建筑工程的具体特点和实际情况,考虑施工安全作业和安全防护的需要,为施工单位制定安全防护措施提供技术保障。在施工单位作业前,设计单位还应当就设计意图、设计文件向施工单位做出说明和技术交底,并对防范生产安全事故提出指导意见。

5.3.3 工程监理单位的安全责任和义务

工程监理单位受建设单位的委托,依照法律、法规和建设工程监理规范的规定,对工程建设实施监督管理。

《建设工程安全生产管理条例》第十四条规定:"工程监理单位应当审查施工组织设计中的安全技术措施或者专项施工方案是否符合工程建设强制性标准。工程监理单位在实施监理过程中,发现存在安全事故隐患的,应当要求施工单位整改;情况严重的,应当要求施工单位暂时停止施工,并及时报告建设单位。施工单位拒不整改或者不停止施工的,工程监理单位应当及时向有关主管部门报告。工程监理单位和监理工程师应当按照法律、法规和工程建设强制性标准实施监理,并对建设工程安全生产承担监理责任。"

应用案例 5-12

某大学新校区一标段工程建筑面积 39000 m²,由 A 区(综合楼)、B 区(学生活动中心)和连廊组成。施工单位为浙江省某建设集团公司,监理单位为浙江省某监理公司。B 区由 B1、B2、B3 组成,B3 区为一幢剧院建筑,框架结构如下:平面为东西长 70 m,南北长 47.5 m,呈椭圆形,屋面系双曲椭圆形钢筋混凝土梁板结构,板厚 110 mm,屋面标高最高处为 27.9 m,最低处为 22.8 m。由于支模板的木工班组不具备搭设钢管扣件支架的专业知识,在搭设过程中立杆间距过大、步距不一、剪刀撑数量极少等不符合国家安全规范和施工方案要求,浇筑混凝土前模板支架又未经检查验收,且租用的钢管及扣件质量不符合要求。从 7 月 24 日开始浇筑 B3 区屋面混凝土,到 7 月 25 日凌晨发生坍塌事故,作业中的 24 人坠落,其中 4 人死亡,20 人受伤。

事故原因分析:

(1) 屋面模板施工前虽然施工单位编制了简单的支模施工方案,但施工班组未按要求搭设,项目经理也没有认真按方案进行检查,明知搭设不符合方案要求,却同意浇筑混凝土。对于高度 27 m 的满堂脚手架,不仅要求计算立杆的间距使荷载均布,还应控制立杆的步距,以减小立杆的长细比;另外,还应特别注意竖向及水平剪刀撑的设置,以确保支架的整体稳定性。而此模板支架不仅间距、步距、剪刀撑等搭设存在严重问题,且钢管、扣件材料质量不合格,施工单位也未经检验就使用。

(2) 建设单位及监理失职。该屋面模板方案由施工单位报监理审批,自 5 月份开始搭设,到 7 月 24 日浇筑混凝土止,始终未获监理审批。但自开始浇筑混凝土直到发生事故时,监理人员始终在施工现场,既没提出模板支架不合格需进行整改,也未对模板支架方案尚未经监理审批就浇筑混凝土进行制止,且对现场租用钢管、扣件材质不合格也未进行检查,建设单位及监理公司未尽管理及监督责任。

(3) 没有事先对施工班组资质进行了解。混凝土模板虽然应由木工制作安装,但其支架采用了钢管、扣件材料,且高度达 27 m,实质上等于搭设一满堂钢管扣件脚手架,这必须由具有架子工资质的班组搭设,并应按钢管扣件脚手架规范进行验收。而该工程自建设单位、监理单位到施工单位完全忽视了这一重要环节,此次事故直观表现在班组操作不合格,实质上是由于整个管理混乱和不负责任造成。

5.3.4 建筑施工企业的安全责任和义务

建筑施工企业是建筑活动的主体,是企业生产经营的主体,在施工安全生产中处于核心地位。为遏制安全事故的发生,确保建筑工程安全生产,相关法律法规对施工单位的市场准入、施工单位的安全生产行为规范和安全生产条件以及施工单位主要负责人、项目负责人、安全管理人员、作业人员的安全责任等方面,作出了明确的规定。

1. 施工单位应该具备安全生产的条件

《安全生产法》第二十条规定:"生产经营单位应当具备本法和有关法律、行政法规和国家标准或者行业标准规定的安全生产条件;不具备安全生产条件的,不得从事生产经营活动。"

《建设工程安全生产管理条例》第二十条规定:"施工单位从事建设工程的新建、扩建、改建和拆除等活动,应当具备国家规定的注册资本、专业技术人员、技术装备和安全生产等条件,依法取得相应等级的资质证书,并在其资质等级许可的范围内承揽工程。"

2. 施工单位应当设立安全生产管理机构

《安全生产法》第二十四条明确规定:"矿山、金属冶炼、建筑施工、运输单位和危险物品的生产、经营、储存、装卸单位,应当设置安全生产管理机构或者配备专职安全生产管理人员。"这样规定,对于提高生产经营单位对安全生产的重视程度,健全生产经营单位安全生产管理机构和管理人员,具有重要意义。《建设工程安全生产管理条例》第二十三条规定:"施工单位应当设立安全生产管理机构,配备专职安全生产管理人员。专职安全生产管理人员负责对安全生产进行现场监督检查。发现安全事故隐患,应当及时向项目负责人和安全生产管理机构报告;对违章指挥、违章操作的,应当立即制止。专职安全生产管理人员的配备办法由国务院建设行政主管部门会同国务院其他有关部门制定。"

3. 制定生产安全事故应急救援预案

《安全生产法》第八十二条规定:"危险物品的生产、经营、储存单位以及矿山、金属冶炼、城市轨道交通运营、建筑施工单位应当建立应急救援组织;生产经营规模较小的,可以不建立应急救援组织,但应当指定兼职的应急救援人员。"

《建设工程安全生产管理条例》第四十八条规定:"施工单位应当制定本单位生产安全事故应急救援预案,建立应急救援组织或者配备应急救援人员,配备必要的应急救援器材、设备,并定期组织演练。"

1) 应急救援预案的制定

所有的施工单位都要编制应急救援预案，建立专门从事应急救援工作的组织机构。对于生产经营规模较小、从业人员较少的生产经营单位可以不建立应急救援组织，但应指定兼职的应急救援人员，来保证应急救援预案的实施。

施工单位根据自身需要，确定各救援组织器材装备的标准，包括通信器材、救援器材、防护器材等。各种器材要定期检查保养，使其处于备用状态并指定相应的技术部门培训和检查应急救援器材的使用。

施工单位应当组织开展本单位的应急预案培训活动，使有关人员了解应急预案的内容，熟悉应急职责、程序和岗位应急处置方案演练计划，根据本单位的事故预防重点，每年至少组织一次综合应急预案演练或者专项应急预案演练，每半年至少组织一次现场处置方案演练。

2) 施工单位在施工现场落实应急预案责任

《建设工程安全生产管理条例》第四十九条规定："施工单位应当根据建设工程施工的特点、范围，对施工现场易发生重大事故的部位、环节进行监控，制定施工现场生产安全事故应急救援预案。实行施工总承包的，由总承包单位统一组织编制建设工程生产安全事故应急救援预案，工程总承包单位和分包单位按照应急救援预案，各自建立应急救援组织或者配备应急救援人员，配备救援器材、设备，并定期组织演练。"

4．施工单位的安全生产责任

1) 施工单位主要负责人的安全生产责任

《建设工程安全生产管理条例》第二十一条规定："施工单位主要负责人依法对本单位的安全生产工作全面负责。"

施工单位应当建立健全安全生产责任制和安全生产教育培训制度，制定安全生产规章制度和操作规程，保证本单位安全生产条件所需资金的投入，对所承担的建设工程进行定期和专项安全检查，并做好安全检查记录。

《安全生产法》中规定了主要负责人的安全生产职责。

(1) 建立健全并落实本单位全员安全生产责任制，加强安全生产标准化建设；

(2) 组织制定本单位安全生产规章制度和操作规程；

(3) 组织制订并实施本单位安全生产教育和培训计划；

(4) 保证本单位安全生产投入的有效实施；

(5) 组织建立并落实安全风险分级管控和隐患排查治理双重预防工作机制，督促、检查本单位的安全生产工作，及时消除生产安全事故隐患；

(6) 组织制定并实施本单位的生产安全事故应急救援预案；

(7) 及时、如实报告生产安全事故。

应用案例 5-13

某建筑施工单位有从业人员 1000 多人。该单位安全部门的负责人多次向主要负责人提出要建立应急救援组织。但单位负责人另有看法，认为建立这样一个组织，平时用不上，还老得花钱养着，划不来。真有了事情，可以向上级报告，请求他们给予支援就行了。由于单位主要负责人有这样的认识，该建筑施工单位一直没有建立应急救援组织。后来，有关部门在进行监督检查时，责令该单位立即建立应急救援组织。

案例评析：

这是一起建筑施工单位不依法建立应急救援组织的案件。

应急救援组织是指单位内部建立的专门负责对事故进行抢救的组织。建立应急救援组织，对于发生生产安全事故后迅速、有效地进行抢救，避免事故进一步扩大，减少人员伤亡，降低经济损失具有重要的意义。《安全生产法》第八十二条规定：危险物品的生产、经营、储存、装卸单位以及矿山、金属冶炼、城市轨道交通运营、建筑施工单位应当建立应急救援组织，生产经营规模较小的，可以不建立应急救援组织，但应当指定兼职的应急救援人员。按照一般原则，在市场经济条件下，法律不干预生产经营单位内部机构如何设立，这属于生产经营单位的自主经营权的内容。但考虑到危险物品的生产、经营、储存、装卸单位以及矿山、建筑施工单位的生产经营活动本身具有较大的危险性，容易发生生产安全事故，且一旦发生事故，造成的人员伤亡和财产损失都较大，因此，《安全生产法》对这些单位有针对性地做出了一些特殊规定，即要求其建立应急救援组织。

本案例中的建筑施工单位有1000多名从业人员，明显属于《安全生产法》规定的应当建立应急救援组织的情况，但该单位主要负责人却不愿意在这方面进行必要的投资，只算经济账，不算安全账，不建立应急救援组织。这种行为是违反《安全生产法》上述有关规定的，有关负有安全生产监督管理职责的部门责令其予以纠正是正确的。

2) 施工单位项目负责人的安全生产责任

《建设工程安全生产管理条例》第二十一条规定："施工单位的项目负责人应当由取得相应执业资格的人员担任，对建设工程项目的安全施工负责，落实安全生产责任制度、安全生产规章制度和操作规程，确保安全生产费用的有效使用，并根据工程的特点组织制定安全施工措施，消除安全事故隐患，及时、如实报告生产安全事故。"

应用案例 5-14

赵某某为施工修建烟囱，组织工人将75 m高的钢管滑升井架竖立起来后，为稳定井架，分别在井架的 26.25 m、50 m、73.75 m 高度上拉设了几道拖拉绳，以稳定井架。当瓦工将烟囱砌至 26.25 m 和 50 m 处时，拆除了该两处南侧的两道拖拉绳，改用钢筋与烟囱爬梯预埋螺栓联结固定。同年9月21日，杜某某在带领工人安装烟囱爬梯时，又将上述两处的钢筋与烟囱爬梯预埋螺栓联结固定拆开。完工后未予恢复，使井架南侧只剩 73.75 m 处的一道拖拉绳固定，致使井架处于受力不均的状态，留下重大不安全事故隐患。同年11月7日，赵某某在没有单独施工设计方案的情况下，组织48名工人拆除井架，同时又未对井架稳定情况进行检查，即指挥工人开始施工。当工人自上而下拆除南侧 73.75 m 处的拖拉绳后，井架失衡，向北倾倒，当场砸死5人，重伤1人。

事故原因分析：

(1) 拆除前，用以稳定井架的几道拖拉绳部分被拆除，而又未重新稳定，造成井架失衡。事故的主要责任人员为公司赵某某和滑模班长杜某某。

(2) 被告人赵某某身为施工队队长，忽视安全生产，在井架存在重大安全隐患的情况下，盲目指挥施工，是导致事故发生的直接责任者；杜某某作业疏忽大意，留下重大事故隐患，是导致事故发生的重要责任者。二人的行为均已触犯《中华人民共和国刑法》规定,构成重大责任事故罪,判处赵某某有期徒刑2年,缓刑2年。

由于项目负责人在该项目的施工组织管理中居于核心地位,因此必须对施工安全负责任。同时,为了提高项目负责人的管理水平,项目负责人应当依法由取得相应执业资格的人员担任。建造师经注册后,有权以建造师名义担任建设工程项目施工的项目经理及从事其他施工活动的管理。

3) 总承包单位和分包单位的安全生产责任

《建设工程安全生产管理条例》第二十四条规定:"建设工程实行施工总承包的,由总承包单位对施工现场的安全生产负总责。总承包单位应当自行完成建设工程主体结构的施工。总承包单位依法将建设工程分包给其他单位的,分包合同中应当明确各自的安全生产方面的权利、义务。总承包单位和分包单位对分包工程的安全生产承担连带责任。分包单位应当服从总承包单位的安全生产管理,分包单位不服从管理导致生产安全事故的,由分包单位承担主要责任。"

应用案例 5-15

西安某工厂住宅楼工程为六层框架结构,建筑面积 $3300m^2$,基础为钢筋混凝土灌注桩,由西安某建筑公司施工,并于2001年10月25日进场。在开工前准备时,发现地下有废弃的长17m、宽3.2m、深7.5m的防空洞。在没有详细勘察和没有制定施工方案的情况下,将拆除人防和土方工程转包给无施工质资的四川南江县私人包工队,并放弃监督管理,完全由其自行组织施工。11月17日,包工队派人清理防空洞底部砖基础,基坑边坡发生坍塌(塌方量约 $60 m^3$),造成4人死亡、3人受伤的重大事故。

事故原因分析:

(1) 作业工人不懂施工技术,7.5 m属于深基坑开挖,应该进行基坑支护。

(2) 基坑工程施工没有详细勘察和没有制定施工方案,导致违章施工。

(3) 施工企业擅自将工程分包给无施工资质的私人包工队,并放弃监理,完全由农民工私人组织施工。

5. 施工现场的安全管理

施工现场的安全管理主要包括以下几个方面。

1) 编制安全技术措施和施工现场临时用电方案以及专项施工方案

施工单位应当在施工组织设计中编制安全技术措施和施工现场临时用电方案,对下列达到一定规模的危险性较大的分部分项工程编制专项施工方案,并附具安全验算结果,经施工单位技术负责人、总监理工程师签字后实施,由专职安全生产管理人员进行现场监督。

(1) 基坑支护与降水工程。

(2) 土方开挖工程。

(3) 模板工程及支撑体系。

(4) 起重吊装及安装拆卸工程。

(5) 脚手架工程。

(6) 拆除、爆破工程。

(7) 国务院建设行政主管部门或者其他有关部门规定的其他危险性较大的工程。

对前款所列工程中涉及深基坑、地下暗挖工程、高大模板工程的专项施工方案，施工单位还应当组织专家进行论证、审查。

应用案例 5-16

某单位承建的某厂建设工程 1 号汽轮机 12.6 m 运转层框架梁采用泵送混凝土浇筑，其中，Ⅱ～Ⅲ跨框架梁为该运转层跨度最大、混凝土体量最大的梁，从基础顶面至梁底满堂模板支架高度为 12.8 m。施工过程中值班人员在Ⅲ轴附近听见支架发生响声，随即Ⅱ～Ⅲ轴跨框架整体坍塌，当时 12.6 m 作业层有 11 人，6.3 m 平台有 6 人，梁面操作人员因来不及撤离，随梁坠落，部分人员被混凝土掩埋，致使 5 人死亡、7 人受伤。

事故原因分析：

(1) 施工单位在支架施工时立杆间距、竖向剪刀撑部分不能满足施工方案设计的要求，给支架体系的承载力和整体稳定性带来隐患。

(2) 1 号汽轮发电机基础施工方案对保证模板支架安全设计时考虑不周，水平剪刀撑未按规范设置，对 12.6 m 层异型框架梁支架传力体系设计不明确，方案缺少必要的施工平、剖面或结点图，对施工指导性不够。

(3) 施工单位安全生产意识淡薄，安全管理工作存在漏洞，单项施工方案未按国家有关规定审核；施工作业现场安全监管工作不到位；没有依法与从业人员签订劳动合同，也未依法为从业人员办理工伤保险。

(4) 在混凝土浇筑过程中，对支架体系的检查、监控不力，没有及时发现支架变形预兆，造成人员来不及撤离，导致发生较大的人员伤亡事故。

(5) 工程监理单位对 1 号汽轮发电机基础施工方案的技术审查不严，对执行施工方案检查、监控不力，未及时制止施工单位不按照施工方案、施工技术标准施工，没有对支架搭设严格把关，没有及时发现存在的安全隐患。

2) 施工现场的安全防护

安全标志是用以表达特定安全信息的标志，目的是引起人们对不安全因素的注意。《建筑工程安全生产管理条例》第二十八条规定：施工单位应当在施工现场入口处、施工起重机械、临时用电设施、脚手架、出入通道口、楼梯口、电梯井口、孔洞口、桥梁口、隧道口、基坑边沿、爆破物及有害危险气体和液体存放处等危险部位，设置明显的安全警示标志。安全警示标志必须符合国家标准。

施工单位应当根据不同施工阶段和周围环境及季节、气候的变化，在施工现场采取相应的安全施工措施。施工现场暂时停止施工的，施工单位应当做好现场防护，所需费用由责任方承担，或者按照合同约定执行。

应用案例 5-17

某建筑公司按合同约定对其施工并已完工的路面进行维修，路面经铲挖后形成凹凸和小沟，路边堆有沙石料，但在施工路面和路两头均未设置任何提示过往行人及车辆注意安全的警示标志。张某某骑摩托车经过此路段时，因不明路况，摩托车碰到路面上的施工材料而翻倒，造成 10 级伤残。张某某受伤后多次要求该建筑公司赔偿，但建筑公司认为张某某受伤与己方无关，张某某遂将建筑公司起诉至人民法院。

问题：

本案例中建筑公司是否存在违法施工行为？该建筑公司是否应承担赔偿责任？

案例评析：

《建设工程安全生产管理条例》第二十八条规定："施工单位应当在施工现场入口处、施工起重机械、临时用电设施、脚手架、出入通道口、楼梯口、电梯井口、孔洞口、桥梁口、隧道口、基坑边沿、爆破物及有害危险气体和液体存放处等危险部位，设置明显的安全警示标志。安全警示标志必须符合国家标准。"本案例中的某建筑公司在施工时未设置任何提示过往行人及车辆注意安全的警示标志，明显违反了上述规定。

法院经审理后认为，某建筑公司在进行路面维修时，致使路面凹凸不平，并未设置明显警示标志和采取安全措施，造成原告伤残，按照《民法典》第一千二百五十八条规定，"在公共场所或者道路上挖掘、修缮、安装地下设施等造成他人损害，施工人不能证明已经设置明显标志和采取安全措施的，应当承担侵权责任。"判决建筑公司作为施工方应当承担民事赔偿责任。

3) 施工现场的生活区和作业区环境管理

《建设工程安全生产管理条例》第二十九条规定："施工单位应当将施工现场的办公、生活区与作业区分开设置，并保持安全距离；办公、生活区的选址应当符合安全性要求。职工的膳食、饮水、休息场所等应当符合卫生标准。施工单位不得在尚未竣工的建筑物内设置员工集体宿舍。"

5.4 生产安全事故的报告和调查处理

建筑业属于事故多发的行业之一。在加强施工安全监督管理、坚持预防为主的同时，发生生产安全事故后，施工单位应针对事故发生的情况，进行事故的报告和处理，只有这样才能避免类似事故的重复发生。

5.4.1 建筑工程生产安全事故的报告制度

1. 生产安全事故的等级

《生产安全事故报告和调查处理条例》第三条规定，根据生产安全事故(以下简称事故)造成的人员伤亡或者直接经济损失，事故一般分为以下等级。

(1) 特别重大事故，指造成 30 人以上死亡，或者 100 人以上重伤(包括急性工业中毒，下同)，或者 1 亿元以上直接经济损失的事故；

(2) 重大事故，指造成 10 人以上 30 人以下死亡，或者 50 人以上 100 人以下重伤，或者 5000 万元以上 1 亿元以下直接经济损失的事故；

(3) 较大事故，指造成 3 人以上 10 人以下死亡，或者 10 人以上 50 人以下重伤，或者 1000 万元以上 5000 万元以下直接经济损失的事故；

(4) 一般事故，指造成 3 人以下死亡，或者 10 人以下重伤，或者 1000 万元以下直接经济损失的事故。

国务院安全生产监督管理部门可以会同国务院有关部门，制定事故等级划分的补充性规定。

本规定所称的"以上"包括本数，所称的"以下"不包括本数。

应用案例 5-18

某建筑公司承建的某市电视台演播中心工地发生一起施工安全事故。大演播厅舞台在浇筑顶部混凝土施工中，因模板支撑系统失稳导致屋盖坍塌，造成在现场施工的民工和电视台工作人员 6 人死亡、35 人受伤(其中重伤 11 人)，直接经济损失 70 余万元。

事故发生后，该建筑公司项目经理部向有关部门紧急报告事故情况。闻讯赶到的有关领导，指挥公安民警、武警战士和现场工人实施了紧急抢险工作，将伤者立即送往医院进行救治。

问题：

本案中的施工安全事故应定为哪种等级的事故？事故发生后，施工单位应采取哪些措施？

案例评析：

应定为较大事故。《生产安全事故报告和调查处理条例》第三条规定："较大事故，是指造成 3 人以上 10 人以下死亡，或者 10 人以上 50 人以下重伤，或者 1000 万元以上 5000 万元以下直接经济损失的事故。"

事故发生后，依据《生产安全事故报告和调查处理条例》第九条、第十四条、第十六条的规定，施工单位应采取下列措施。

(1) 报告事故。事故发生后，事故现场有关人员应当立即向本单位负责人报告；单位负责人接到报告后，应当于 1 小时内向事故发生地县级以上人民政府安全生产监督管理部门和负有安全生产监督管理职责的有关部门报告。情况紧急时，事故现场有关人员可以直接向事故发生地县级以上人民政府安全生产监督管理部门和负有安全生产监督管理职责的有关部门报告。

(2) 启动事故应急预案，组织抢救。事故发生单位负责人接到事故报告后，应当立即启动事故相应应急预案，或者采取有效措施，组织抢救，防止事故扩大，减少人员伤亡和财产损失。

(3) 事故现场保护。有关单位和人员应当妥善保护事故现场以及相关证据，任何单位和个人不得破坏事故现场、毁灭相关证据。因抢救人员、防止事故扩大以及疏通交通等原因，需要移动事故现场物件的，应当做出标志，绘制现场简图并做出书面记录，妥善保存现场重要痕迹、物证。

2. 建筑工程的生产安全事故报告制度

《建筑法》第五十一条规定："施工中发生事故时，建筑施工企业应当采取紧急措施减少人员伤亡和事故损失，并按照国家有关规定及时向有关部门报告。"

《安全生产法》第八十三条规定："生产经营单位发生生产安全事故后，事故现场有关人员应当立即报告本单位负责人。单位负责人接到事故报告后，应当迅速采取有效措施，组织抢救，防止事故扩大，减少人员伤亡和财产损失，并按照国家有关规定立即如实报告当地负有安全生产监督管理职责的部门，不得隐瞒不报、谎报或者迟报，不得故意破坏事故现场、毁灭有关证据。"

《建设工程安全生产管理条例》第五十条规定："施工单位发生生产安全事故，应当按照国家有关伤亡事故报告和调查处理的规定，及时、如实地向负责安全生产监督管理的部门、建设行政主管部门或者其他有关部门报告；特种设备发生事故的，还应当同时向特种设备安全监督管理部门报告。接到报告的部门应当按照国家有关规定，如实上报。实行施工总承包的建设工程，由总承包单位负责上报事故。"

1) 事故报告的时间要求

《生产安全事故报告和调查处理条例》规定，事故发生后，事故现场有关人员应当立即向本单位负责人报告；单位负责人接到报告后，应当于 1 小时内向事故发生地县级以上人民政府安全生产监督管理部门和负有安全生产监督管理职责的有关部门报告。情况紧急时，事故现场有关人员可以直接向事故发生地县级以上人民政府安全生产监督管理部门和负有安全生产监督管理职责的有关部门报告。

在一般情况下，事故现场有关人员应当先向本单位负责人报告事故，这符合企业内部管理的规章制度，也有利于企业应急救援工作的快速启动。但是，事故是人命关天的大事，在情况紧急时允许事故现场有关人员直接向安全生产监督管理部门和负有安全生产监督管理职责的有关部门报告。

2) 事故报告的内容要求

事故报告的内容包括：事故发生单位概况；事故发生的时间、地点以及事故现场情况；事故的简要经过；事故已经造成或者可能造成的伤亡人数(包括下落不明的人数)和初步估计的直接经济损失；已经采取的措施；其他应当报告的情况。

3) 事故补报的要求

事故报告后出现新情况的，应当及时补报。自事故发生之日起 30 日内，事故造成的伤亡人数发生变化的，应当及时补报。道路交通事故、火灾事故自发生之日起 7 日内，事故造成的伤亡人数发生变化的，应当及时补报。

4) 发生事故后采取的相应措施

《建设工程安全生产管理条例》规定，发生生产安全事故后，施工单位应当采取措施防止事故扩大，保护事故现场。需要移动现场物品时，应当做出标记和书面记录，妥善保管有关证物。

(1) 组织应急抢救工作。《生产安全事故报告和调查处理条例》规定，事故发生单位负责人接到事故报告后，应当立即启动事故相应应急预案，或者采取有效措施，组织抢救，防止事故扩大，减少人员伤亡和财产损失。

(2) 妥善保护事故现场。事故发生后，有关单位和人员应当妥善保护事故现场以及相关证据，任何单位和个人不得破坏事故现场、毁灭相关证据，因抢救人员、防止事故扩大以及疏通交通等原因，需要移动事故现场物件的，应当做出标志，绘制现场简图并做出书面记录，妥善保存现场重要痕迹、物证。

5.4.2 建筑工程事故的调查

《安全生产法》规定，事故调查处理应当按照实事求是、尊重科学的原则，及时、准确地查清事故原因，查明事故性质和责任，总结事故教训，提出整改措施，并对事故责任者提出处理意见。

1. 事故调查的管辖

《生产安全事故报告和调查处理条例》规定，特别重大事故由国务院或者国务院授权有关部门组织事故调查组进行调查。重大事故、较大事故、一般事故分别由事故发生地省级人民政府、设区的市级人民政府、县级人民政府负责调查。省级人民政府、设区的市级人民政府、县级人民政府可以直接组织事故调查组进行调查，也可以授权或者委托有关部门组织事故调查组进行调查。未造成人员伤亡的一般事故，县级人民政府也可以委托事故发生单位组织事故调查组进行调查。

上级人民政府认为必要时，可以调查由下级人民政府负责调查的事故。

自事故发生之日起 30 日内(道路交通事故、火灾事故自发生之日起 7 日内)，因事故伤亡人数变化导致事故等级发生变化，依照规定应当由上级人民政府负责调查的，上级人民政府可以另行组织事故调查组进行调查。

特别重大事故以下等级事故，事故发生地与事故发生单位不在同一个县级以上行政区域的，由事故发生地人民政府负责调查，事故发生单位所在地人民政府应当派人参加。

2. 事故调查组的组成与职责

根据事故的具体情况，事故调查组由有关人民政府、安全生产监督管理部门、负有安全生产监督管理职责的有关部门、监察机关、公安机关以及工会派人组成，并应当邀请人民检察院派人参加。事故调查组可以聘请有关专家参与调查。

事故调查组成员应当具有事故调查所需要的知识和专长，并与所调查的事故没有直接利害关系。事故调查组组长由负责事故调查的人民政府指定。事故调查组组长主持事故调查组的工作。

> **小提示**
>
> 事故调查组履行下列职责：①查明事故发生的经过、原因、人员伤亡情况及直接经济损失。②认定事故的性质和事故责任。③提出对事故责任者的处理建议。④总结事故教训，提出防范和整改措施。⑤提交事故调查报告。

3. 事故调查报告的期限与内容

事故调查组应当自事故发生之日起 60 日内提交事故调查报告；特殊情况下，经负责事故调查的人民政府批准，提交事故调查报告的期限可以适当延长，但延长的期限最长不超过 60 日。

事故调查报告应当包括下列内容。

(1) 事故发生单位概况。
(2) 事故发生经过和事故救援情况。
(3) 事故造成的人员伤亡和直接经济损失。
(4) 事故发生的原因和事故性质。
(5) 事故责任的认定以及对事故责任者的处理建议。

(6) 事故防范和整改措施。

事故调查报告应当附具有关证据材料。事故调查组成员应当在事故调查报告上签名。

《建设工程安全管理条例》中规定了实行施工总承包的施工单位发生安全事故时的报告义务主体。该条例第二十四条规定："建设工程实行施工总承包的，由总承包单位对施工现场的安全生产负总责。"

应用案例 5-19

某工程施工使用一座塔吊建筑机械。该塔吊型号为 QT4063，于 2008 年 3 月 12 日由金达来公司聘请无塔吊安装资质的易某某安装到该项目建筑工地，塔机装机高度为 11 m，臂长 48 m，最大起重为 60 t，未经有相关资质的单位进行检测检验就投入使用。施工期间，施工单位一直未曾对塔吊进行检测、检验、检修。长沙市"12·27"施工升降机坠落事故发生后，施工现场指挥李某某于 2008 年 12 月 29 日上午，安排陈某某、张某某、王某某 3 名塔吊司机对建筑工地的塔吊进行维修，3 名维护人员中只有陈某某、张某某两人取得了起重司机操作证书，王某某未取得特种作业操作资格证。29 日下午 1 时，3 名维修人员继续对塔吊塔身标准节螺栓进行拆除除锈、上油、更换，李某某在安排完塔吊维修任务后于 17 时离开工地。在作业现场无指挥人员和专职安全人员监护的情况下，17 时 20 分，维修人员已松折了塔身一方(共四方)标准节螺栓螺母，这时塔吊司机张某某从地面经塔身爬上了塔机室，然后违章开动塔机，转动吊臂，引发塔身从第 8 节脱节(维修节)倾翻倒塌，倒塌的吊臂和塔身横跨潇水中路，砸向对面的红太阳大酒店，造成塔吊检修人员王某某和两名过路行人杨某某、鲁某某当场死亡，重伤 1 人，轻伤 4 人。

事故救援及善后处置情况：

事故发生后，省委、省政府和市委、市政府领导分别做出重要指示，要求不惜代价抢救伤员，妥善处理善后事宜，彻底查清事故原因。市长、市委常委、副市长亲率市直有关部门现场指挥。零陵区委、区政府紧急调度，立即启动了应急预案，市委常委、区委书记等领导迅速赶赴现场，组织处理展开事故处理应急工作，公安、建设、安监、城管等相关部门单位领导也在第一时间赶赴现场，组织处理，展开事故处理应急工作。现场成立了总指挥事故处理小组，下设伤员抢救组、秩序维持组、事故调查组和善后工作组等工作小组。

根据区委、区政府的部署，有关单位立即将 5 名伤者送往医院进行及时有效的救治，3 名死者送至殡仪馆，并通知死者家属及时赶到，有序进行善后工作。公安、安全、建设等相关部门对事故现场立即开展技术鉴定。项目方及施工方负责人等 3 人被警方依法控制，其银行账户被依法冻结。

市政府当晚成立了事故调查组，于 2008 年 12 月 30 日至 2009 年 1 月 6 日，对事故展开了全面调查。调查组对事故现场进行了勘察。聘请衡阳市质监局检测所高级工程师等 4 名专家对事故进行了技术鉴定。通过调查，查明了事故发生的原因和经过，认定了事故的性质和责任，对事故责任单位及责任人提出了处理意见和事故防范措施，报经市政府批复同意，严格责任追究到位。

5.4.3　建筑工程事故的处理

《生产安全事故报告和调查处理条例》规定，重大事故、较大事故、一般事故，负责事故调查的人民政府应当自收到事故调查报告之日起 15 日内做出批复；特别重大事故，30 日内做出批复，特殊情况下，批复时间可以适当延长，但延长的时间最长不超过 30 日。

有关机关应当按照人民政府的批复，依照法律、行政法规规定的权限和程序，对事故发生单位和有关人员进行行政处罚，对负有事故责任的国家工作人员进行处分。

事故发生单位应当按照负责事故调查的人民政府的批复，对本单位负有事故责任的人员进行处理。负有事故责任的人员涉嫌犯罪的，依法追究刑事责任。

安全生产监督管理部门和负有安全生产监督管理职责的有关部门应当对事故发生单位落实防范和整改措施的情况进行监督检查。

事故处理的情况由负责事故调查的人民政府或者其授权的有关部门、机构向社会公布，依法应当保密的除外。

5.5　建筑工程安全生产许可证制度

《中华人民共和国行政许可法》规定，直接涉及国家安全、公共安全、经济宏观调控、生态环境保护以及直接关系人身健康、生命财产安全等特定活动，需要按照法定条件予以批准的事项，可以设定行政许可。

《安全生产许可证条例》规定，国家对矿山企业、建筑施工企业和危险化学品、烟花爆竹、民用爆破器材生产企业(以下统称企业)实行安全生产许可制度。企业未取得安全生产许可证的，不得从事生产活动。

5.5.1　安全生产许可证的申请条件

建筑施工企业取得安全生产许可证，应当具备下列安全生产条件。

(1) 建立、健全安全生产责任制，制定安全生产规章制度和操作规程；

(2) 保证本单位安全生产条件所需资金的投入；

(3) 设置安全生产管理机构，按照国家有关规定配备专职安全生产管理人员；

(4) 主要负责人、项目负责人、专职安全生产管理人员经建设主管部门或者其他有关部门考核合格；

(5) 特种作业人员经有关业务主管部门考核合格，取得特种作业操作资格证书；

(6) 管理人员和作业人员每年至少进行一次安全生产教育培训并考核合格；

(7) 依法参加工伤保险，依法为施工现场从事危险作业的人员办理意外伤害保险，为从业人员缴纳保险费；

(8) 施工现场的办公、生活区及作业场所和安全防护用具、机械设备、施工机具及配件符合有关安全生产法律、法规、标准和规程的要求；

(9) 有职业危害防治措施，并为作业人员配备符合国家标准或者行业标准的安全防护用具和安全防护服装；

(10) 有对危险性较大的分部分项工程及施工现场易发生重大事故的部位、环节的预防、监控措施和应急预案；

(11) 有生产安全事故应急救援预案、应急救援组织或者应急救援人员，配备必要的应急救援器材、设备；

(12) 法律、法规规定的其他条件。

5.5.2 安全生产许可证的申请和颁发

建筑施工企业从事建筑施工活动前，应当依法向省级以上建设主管部门申请领取安全生产许可证。中央管理的建筑施工企业(集团公司、总公司)应当向国务院建设主管部门申请领取安全生产许可证，其他的建筑施工企业，包括中央管理的建筑施工企业(集团公司、总公司)下属的建筑施工企业，应当向企业注册所在地省、自治区、直辖市人民政府建设主管部门申请领取安全生产许可证。

建设主管部门应当自受理建筑施工企业的申请之日起45日内审查完毕；经审查符合安全生产条件的，颁发安全生产许可证；不符合安全生产条件的，不予颁发安全生产许可证，书面通知企业并说明理由。企业自接到通知之日起应当进行整改，整改合格后方可再次提出申请。

安全生产许可证的有效期为3年。安全生产许可证有效期满需要延期的，企业应当于期满前3个月向原安全生产许可证颁发机关申请办理延期手续。企业在安全生产许可证有效期内，严格遵守有关安全生产的法律法规，未发生死亡事故的，安全生产许可证有效期届满时，经原安全生产许可证颁发机关同意，不再审查，安全生产许可证有效期延期3年。

建筑施工企业变更名称、地址、法定代表人等，应当在变更后10日内，到原安全生产许可证颁发机关办理安全生产许可证变更手续。

建筑施工企业破产、倒闭、撤销的，应当将安全生产许可证交回原安全生产许可证颁发机关予以注销。

建筑施工企业遗失安全生产许可证，应当立即向原安全生产许可证颁发机关报告，并在公众媒体上声明作废后，方可申请补办。

5.5.3 安全生产许可证的监督管理

县级以上人民政府建设行政主管部门应当加强对建筑施工企业安全生产许可证的监督管理。建设行政主管部门在审核发放施工许可证时，应当对已经确定的建筑施工企业是否有安全生产许可证进行审查，对没有取得安全生产许可证的，不得颁发施工许可证。

建筑施工企业取得安全生产许可证后，不得降低安全生产条件，并应当加强日常安全生产管理，接受建设行政主管部门的监督检查。安全生产许可证颁发机关发现企业不再具备安全生产条件的，应当暂扣或者吊销安全生产许可证。

安全生产许可证颁发机关或者其上级行政机关发现有下列情形之一的，可以撤销已经颁发的安全生产许可证。

(1) 安全生产许可证颁发机关工作人员滥用职权、玩忽职守颁发安全生产许可证的；
(2) 超越法定职权颁发安全生产许可证的；
(3) 违反法定程序颁发安全生产许可证的；
(4) 对不具备安全生产条件的建筑施工企业颁发安全生产许可证的；
(5) 依法可以撤销已经颁发的安全生产许可证的其他情形。

安全生产许可证颁发机关应当建立、健全安全生产许可证档案管理制度，定期向社会公布企业取得安全生产许可证的情况，每年向同级安全生产监督管理部门通报建筑施工企业安全生产许可证颁发和管理情况。

建设行政主管部门工作人员在颁发、管理和监督检查安全生产许可证工作中，不得索取或者接受建筑施工企业的财物，不得谋取其他利益。

任何单位或者个人对违反本规定的行为，有权向安全生产许可证颁发机关或者监察机关等有关部门举报。

习题与思考题

一、单选题

1. 安全生产规章制度的核心是( )。
   A. 安全检查制度　　　　　　　B. 安全生产责任制度
   C. 群防群治制度　　　　　　　D. 安全教育培训制度
2. 施工单位应当对管理和作业人员每年至少进行( )次安全生产教育培训。
   A. 1　　　B. 2　　　C. 没有规定　　　D. 施工单位自己确定
3. 安全管理方针中"安全第一、预防为主"的"安全第一"充分体现了( )的理念。
   A. 安全生产，安全施工　　　　B. 以人为本
   C. 保证人员健康安全和财产免受损失　D. 以人为本，但也要考虑其他因素
4. 施工现场的水、电及地下管线等资料应该由( )提供。
   A. 建设单位　　B. 施工单位　　C. 勘察单位　　D. 设计单位
5. 特别重大事故由( )调查。
   A. 县级人民政府　　　　　　　B. 省级人民政府
   C. 国务院授权有关部门　　　　D. 设区的市级政府
6. 危险性较大的分部分项工程，应当编制( )。
   A. 应急措施　　B. 施工方案　　C. 专项施工方案　D. 专项措施
7. 建设行政主管部门应当在收到事故调查报告批复后( )工作日内，将事故调查报告(附具有关证据材料)、结案批复、本级建设主管部门对有关责任者的处理建议等转送有权限的建设主管部门。
   A. 7个　　　B. 14个　　　C. 15个　　　D. 3个
8. 以下事故的分类，根据《生产安全事故报告和调查处理条例》进行划分的是( )。
   A. 物体打击、车辆伤害、机械伤害、爆炸伤害、触电等
   B. 淹溺、灼烫、火灾、高处坠落以及电烧伤
   C. 轻伤、重伤和死亡
   D. 一般事故、较大事故等
9. 以下对于安全生产许可证的描述不正确的是( )。
   A. 安全生产许可证可以延期
   B. 安全生产许可证丢失可以申请补办

C. 建筑施工企业破产，应注销安全生产许可证

D. 安全生产许可证可以转借

10. 安全生产许可证的有效期限是(   )。

　　A. 1年　　　　　B. 2年　　　　　C. 3年　　　　　D. 6年

二、多选题

1. 建筑工程安全生产管理原则中的"五定"原则是指(   )。

　　A. 定整改责任人　　　B. 定整改措施　　　C. 定整改完成时间

　　D. 定整改完成人　　　E. 定整改验收人

2. 安全生产教育培训的对象包括(   )。

　　A. 企业领导　　　　　B. 项目经理　　　　C. 技术负责人

　　D. 特种作业人员　　　E. 专职安全生产管理人员

3. 建设单位提供给施工单位的相关资料应该具备(   )。

　　A. 科学性　　B. 完整性　　C. 真实性　　D. 随意性　　E. 可靠性

4. 《安全生产法》明确规定，应设置安全生产管理人员的单位有(   )。

　　A. 建筑施工　　　　　B. 金属冶炼　　　　C. 道路运输

　　D. 危险品生产　　　　E. 危险品的储存

5. 总包单位和分包单位关于安全生产管理，以下表述正确的是(   )。

　　A. 总包和分包单位各自进行安全生产管理

　　B. 分包单位应该服从总包单位的安全生产管理

　　C. 发生安全事故双方有连带责任

　　D. 分包单位发生事故，总包单位无须负责

　　E. 应该在分包合同中明确各自的安全生产权利和义务

6. 《建筑工程安全生产管理条例》第二十八条规定：施工单位应当在(   )设置明显的安全警示标志。

　　A. 通道口　　　　　　B. 楼梯口　　　　　C. 临时用电设施

　　D. 基坑边沿　　　　　E. 施工现场入口

7. 根据《生产安全事故报告和调查处理条例》，重大事故是指(   )。

　　A. 造成10人以上30人以下死亡　　B. 造成3人以上10人以下死亡

　　C. 50人以上100人以下重伤　　　　D. 50人以上100人以下伤害

　　E. 5000万元以上1亿元以下直接经济损失

8. 建设工程生产安全事故处理原则为(   )。

　　A. 事故原因不清楚不放过　　　　B. 事故责任者和员工没有受到教育不放过

　　C. 事故责任者没有处理不放过　　D. 没有制定防范措施也不放过

　　E. 事故主要责任人不开除不放过

9. 《建设工程安全生产管理条例》规定，施工单位从事建设工程的新建、扩建、改建和拆除等活动，应当具备(   )。

　　A. 国家规定的注册资本　　B. 专业技术人员　　　C. 技术装备

　　D. 安全生产等条件　　　　E. 依法取得相应等级的资质证书

10. 事故报告的内容包括(　　)。
   A. 事故发生单位概况　　B. 事故发生的经过　　C. 事故损失的初步估计
   D. 事故发生的原因　　　E. 事故的防范及整改措施

三、简答题

1. 简述建筑工程安全生产管理的含义。
2. 简述建筑工程安全生产管理的原则。
3. 简述施工企业安全生产管理的责任和义务。
4. 哪些危险性较大的分部分项工程需要编制专项施工方案？
5. 简述生产安全事故的等级及事故报告的内容。
6. 简述安全生产许可证的申请条件。

第6章 建筑工程质量管理法律法规

【学习要点及目标】

- 了解建筑工程质量的基本概念。
- 了解建筑工程质量管理的制度。
- 掌握建设行为主体的质量责任与义务。
- 掌握建筑工程质量保修制度。
- 掌握建筑工程质量竣工验收制度。

【核心概念】

工程质量　质量责任　质量事故　竣工验收　质量保修

【引导案例】

某安装公司承接一高层住宅楼工程设备安装工程的施工任务,为了降低成本,项目经理通过关系购进廉价暖气管道,并隐瞒了工地甲方和监理人员。工程完工后,通过验收交付使用单位使用,过了保修期后的某一年冬季,大批用户的暖气开始漏水。

请思考:

(1) 为避免出现质量问题,施工单位应事前对哪些因素进行控制?

(2) 该工程出现质量问题的主要原因是项目经理组织使用不合格材料。为了防止质量问题的发生,应如何对参与施工人员进行控制?

(3) 该工程暖气漏水时已过保修期,施工单位是否应对该质量问题负责?为什么?

6.1 建筑工程质量管理法规概述

6.1.1 建筑工程质量的概念

根据国家标准《质量管理体系基础和术语》(GB/T 19000—2016)的定义,质量是指一组固有特性满足要求的程度。就工程质量而言,其固有特性通常包括使用功能、寿命以及可靠性、安全性、经济性等特性,因此质量不仅是指产品质量,也包括产品生产活动或过程的质量。

建筑工程质量有广义和狭义之分。广义上的建筑工程质量包括工程本身的质量以及工程建设参与者的服务质量和工作质量。狭义上的建筑工程质量主要是指工程本身的质量,本章就是指狭义的建筑工程质量。

影响建筑工程质量的因素很多,如决策、设计、材料、机械、地形、地质、水文、气象、施工工艺、操作方法、技术措施、人员素质、管理制度等,归纳起来主要有五大方面,即通常所说的人、机械、材料、方法和环境。在工程建设全过程中严格控制好这五大因素,是保证建筑工程质量的关键。

6.1.2 建筑工程质量管理法律法规的调整对象和适用范围

1. 建筑工程质量管理法律法规的调整对象

1) 纵向的工程质量管理

纵向管理是国家对建筑工程质量进行的监督管理,具体由建设行政主管部门及其授权机构实施,这种管理贯穿在工程建设的全过程和各个环节之中,主要包括对工程建设从计划、规划、土地管理、环保、消防等方面进行监督管理;对工程建设的主体进行资质认定和审查,成果质量检测、验证和奖惩等方面进行监督管理;对工程建设中各种活动如工程建设招投标、工程施工、验收、维修等进行监督管理。

2) 横向的工程质量管理

横向管理包括两个方面。

(1) 建设单位对所建工程的管理,可成立相应的机构和人员,对所建工程的质量进行监督管理,也可委托监理单位对工程建设的质量进行监理。

(2) 工程承包单位如勘察单位、设计单位、施工单位，通过建立专门质检机构，配备相应的质检人员，建立相应的质量保证制度，如培训上岗制、质量抽检制、各级质量责任制等，对自己所承担工作进行质量管理。

2. 建筑工程质量管理法律法规的调整范围

《建设工程质量管理条例》第二条规定：凡在中华人民共和国境内从事建设工程的新建、扩建、改建等有关活动及实施对建设工程质量监督管理的，必须遵守本条例。本条例所称建设工程，是指土木工程、建筑工程、线路管道和设备安装工程及装修工程。

6.2 建筑工程质量责任制度

《建设工程质量管理条例》第三条规定：建设单位、勘察单位、设计单位、施工单位、工程监理单位依法对建设工程质量负责。

6.2.1 建设单位的质量责任和义务

1. 依法对工程进行发包

《建设工程质量管理条例》第七条规定：建设单位应当将工程发包给具有相应资质等级的单位。建设单位不得将建设工程肢解发包。

建设单位应根据工程特点和技术要求，按照有关规定选择相应资质等级的施工、勘察、设计单位，在合同中必须有质量条款，明确质量责任。

2. 依法对重要设备、材料等的采购进行招标

建设单位应当依法对工程建设项目的勘察、设计、施工、监理以及与工程建设有关的重要设备、材料等的采购进行招标。

3. 提供原始资料

建设单位必须向有关的勘察、设计、施工、工程监理等单位提供与建设工程有关的原始资料。原始资料必须真实、准确、齐全。

原始资料是工程勘察、设计、施工、监理等单位赖以进行相关工程建设的基础性材料。建设单位作为建设活动的总负责方，向有关单位提供原始资料，以及施工地段地下管线资料，并保证这些资料的真实、准确、齐全，是其基本的质量责任和义务。

4. 不得干预投标人

建设单位不得迫使承包方以低于成本的价格竞标，如果建设单位迫使承包方以低于成本的价格中标，势必会导致中标单位在承包工程后，为了减少开支、降低成本而采取偷工减料、以次充好、粗制滥造等手段，最终导致建设工程出现质量问题，影响投资效益的发挥。

建设单位不得任意压缩合理工期。如果盲目要求赶工期，势必会简化工序，不按规程操作，从而导致建设工程出现质量等诸多问题。

建设单位不得明示或者暗示设计单位或者施工单位违反工程建设强制性标准,降低建设工程质量。违反了这类标准,必然会给建设工程带来重大质量隐患。

应用案例 6-1

某工厂位于城市市区与郊区交界处,为扩大再生产,厂区领导决定在同一厂区建设第二个大型厂房。按照该市城市总体及局部详细的规划,已经批准该工厂扩大建设的用地。经厂房建设指挥部察看第一个厂房的勘察成果及第二个厂区的地质状况商讨决定不做勘察,将第一个厂房的勘察成果提供给设计院作为设计依据。设计院根据指挥部的要求和设计资料、规范等文件进行设计。建设单位将该工程的施工任务委托给李某某所带的施工队进行施工,在 2019 年 2 月份竣工,4 月份投入使用。厂房建成后使用一年就发现北墙地基沉陷明显,北墙墙体多处开裂。根据质量保修书的规定,指挥部与李某某交涉,李某某认为不是自身原因造成的,不予返修。工厂将李某某告上法庭,请求判定李某某按照施工质量保修的有关规定承担质量责任。

问题:

(1) 本案例中的质量责任应当由谁承担?并说明依据。
(2) 建设单位的做法存在哪些不妥?并说明理由。

案例评析:

(1) 质量责任主要由建设方承担,设计方也应承担部分责任。根据《建筑法》第五十四条规定:"建设单位不得以任何理由,要求建筑设计单位或者建筑施工企业在工程设计或者施工作业中,违反法律、行政法规和建筑工程质量、安全标准,降低工程质量。建筑设计单位和建筑施工企业对建设单位违反前款规定提出的降低工程质量的要求,应当予以拒绝。"该工厂为节省投资,坚持不做勘察,违反了法律规定,对该工程质量应承担主要责任。设计单位对于建设单位的不合理要求没有予以拒绝,应该承担次要质量责任。

(2) 建设单位应当将工程委托给具有相应资质等级的施工单位,而不能委托给李某某,个人是不具备工程建设承揽业务资质的。

5. 送审施工图

施工图设计文件是编制施工图预算、安排材料、设备订货和非标准设备制作,进行施工、安装和工程验收等工作的依据,因此,施工图设计文件的质量直接影响建设工程的质量。施工图设计文件审查的具体办法,由国务院建设行政主管部门、国务院其他有关部门制定。施工图设计文件未经审查批准的,不得使用。

6. 依法委托监理

实行监理的建设工程,建设单位应当委托具有相应资质等级的工程监理单位进行监理,也可以委托具有工程监理相应资质等级并与被监理工程的施工承包单位没有隶属关系或者其他利害关系的该工程的设计单位进行监理。

7. 办理工程质量监督手续

建设单位在开工前,应当按照国家有关规定办理工程质量监督手续,工程质量监督手续可以与施工许可证或者开工报告合并办理。

8. 确保采购的物资符合要求

按照合同约定,由建设单位采购建筑材料、建筑构配件和设备的,建设单位应当保证建筑材料、建筑构配件和设备符合设计文件和合同要求。建设单位不得明示或者暗示施工单位使用不合格的建筑材料、建筑构配件和设备。

9. 不得擅自改变建筑主体和承重结构进行装修

涉及建筑主体和承重结构变动的装修工程,会危及建设工程安全和人民生命财产安全,建设单位应当在施工前委托原设计单位或者具有相应资质等级的设计单位提出设计方案;如果没有设计方案就擅自施工,将留下质量隐患甚至造成质量事故,后果严重。因此没有设计方案的,不得施工。房屋建筑使用者在装修过程中,不得擅自变动房屋建筑主体和承重结构,如拆除隔墙、窗洞改门洞等,否则很有可能会酿成房倒屋塌的灾难。

10. 依法组织竣工验收

建设单位收到建设工程竣工报告后,应当组织设计、施工、工程监理等有关单位进行竣工验收。建设工程经验收合格的,方可交付使用。

> **小提示**
>
> 建设工程竣工验收应当具备下列条件:①完成建设工程设计和合同约定的各项内容;②有完整的技术档案和施工管理资料;③有工程使用的主要建筑材料、建筑构配件和设备的进场试验报告;④有勘察、设计、施工、工程监理等单位分别签署的质量合格文件;⑤有施工单位签署的工程保修书。

11. 移交档案

建设单位应当严格按照国家有关档案管理的规定,及时收集、整理建设项目各环节的文件资料,建立、健全建设项目档案,并在建设工程竣工验收后,及时向建设行政主管部门或者其他有关部门移交建设项目档案。

6.2.2 勘察、设计单位的质量责任和义务

(1) 依法承揽工程。

从事建筑工程勘察、设计的单位应当依法取得相应等级的资质证书,并在其资质等级许可的范围内承揽工程。禁止勘察、设计单位超越其资质等级许可的范围或者以其他勘察、设计单位的名义承揽工程。禁止勘察、设计单位允许其他单位或者个人以本单位的名义承揽工程。

(2) 勘察、设计单位不得转包或者违法分包所承揽的工程。

建筑市场上的转包、违法分包给工程质量带来极大隐患。因此工程建设勘察、设计单位不得将所承揽的工程勘察、设计任务进行转包或者违法分包。但经发包方书面同意后,可将除工程建设主体部分外的其他部分勘察、设计分包给具有相应资质等级的其他工程勘察、设计单位。

(3) 遵守国家工程建设强制性标准及有关规定。

强制性标准是工程建设技术和经验的积累，是勘察、设计工作的技术依据。只有满足工程建设强制性标准才能保证质量，才能满足工程对安全、卫生、环保等多方面的质量要求。

勘察、设计单位必须按照工程建设强制性标准进行勘察、设计，并对其勘察、设计的质量负责。注册建筑师、注册结构工程师等注册执业人员应当在设计文件上签字，对设计文件负责。

勘察单位提供的地质、测量、水文等勘察成果必须真实、准确。设计单位应当根据勘察成果文件进行建设工程设计。设计文件应当符合国家规定的设计深度要求，注明工程合理使用年限。

设计单位在设计文件中选用的建筑材料、建筑构配件和设备，应当注明规格、型号、性能等技术指标，其质量要求必须符合国家规定的标准。

除有特殊要求的建筑材料、专用设备、工艺生产线等外，设计单位不得指定生产厂商、供应商。

应用案例 6-2

某写字楼项目的整体结构属"筒中套"，中间"筒"高 18 层，四周裙楼 3 层，地基设计是"满堂红"布桩，素混凝土排土灌桩。施工到 12 层时，地下筏板剪切破坏，地下水上冲。经鉴定发现，此地基土属于饱和土，地基中素混凝土排土桩被破坏。经调查得知：①该工程的地质勘察报告已经载明，此地基土属于饱和土；②在打桩过程中曾出现跳土现象。

问题：

本案例中设计单位有何过错？违反了什么规定？

案例评析：

本案例中涉及多方面的结构技术问题，较为复杂，地下筏板剪切破坏的可能原因并不唯一，需要进一步的结构计算分析才能够下结论。但是，有一点是很明确的，即设计单位对桩型选择失误。因为该工程的地质勘察报告已经说明此地基土属于饱和土，那么饱和土的湿软特性决定了设计单位不应该选择采用排土灌桩。正是由于此失误，所以在打桩过程中出现了跳土现象。因此，设计单位没有根据勘察成果文件提供的信息进行设计，违反了《建设工程质量管理条例》第二十一条的规定："设计单位应当根据勘察成果文件进行建设工程设计。"设计单位应该对该工程设计承担质量责任。

(4) 设计单位应当就审查合格的施工图设计文件向施工单位作出详细说明。

《建设工程质量管理条例》规定，设计单位应当就审查合格的施工图设计文件向施工单位作出详细说明。

对设计文件进行技术交底是设计单位的重要义务，对确保工程质量有重要的意义。

设计单位将设计意图、特殊工艺要求，以及建筑、结构、设备等各专业在施工中的难点、疑点和容易发生的问题等向施工单位作详细说明，并负责解释施工单位对设计图纸的疑问。

小提示

《建设工程勘察设计管理条例》第三十条规定：建设工程勘察、设计单位应当在建设工程施工前，向施工单位和监理单位说明建设工程勘察、设计意图，解释建设工程勘察、设计文件。建设工程勘察、设计单位应当及时解决施工中出现的勘察、设计问题。

（5）设计单位应当参与建设工程质量事故分析，并对因设计造成的质量事故提出相应的技术处理方案。

如果发生质量事故，该工程的设计单位最有可能在短时间内发现存在的问题，对事故进行权威分析。对因设计造成的质量事故，原设计单位必须提出相应的技术处理方案，这是设计单位的法定义务。

6.2.3 施工单位的质量责任和义务

施工单位是工程建设的重要责任主体之一。由于施工阶段影响质量稳定的因素和涉及的责任主体均较多，协调管理的难度较大，施工阶段的质量责任制度尤为重要。

1. 依法承揽工程

施工单位应当依法取得相应等级的资质证书，并在其资质等级许可的范围内承揽工程。禁止施工单位超越本单位资质等级许可的业务范围或者以其他施工单位的名义承揽工程。禁止施工单位允许其他单位或者个人以本单位的名义承揽工程。

2. 施工单位不得转包或者违法分包工程

《建筑法》第二十八条规定："禁止承包单位将其承包的全部建筑工程转包给他人，禁止承包单位将其承包的全部建筑工程肢解以后以分包的名义转包给他人。"

《建设工程质量管理条例》第二十五条规定："施工单位不得转包或者违法分包工程。"

3. 建立质量责任体系

施工单位对建筑工程的施工质量负责。施工单位应当建立质量责任制，确定工程项目的项目经理、技术负责人和施工管理负责人。

建立质量责任制，主要包括制订质量目标计划，建立考核标准，并层层分解落实到具体的责任单位和责任人，特别是工程项目的项目经理、技术负责人和施工管理负责人。落实质量责任制，不仅是为了在出现质量问题时可以追究责任，更重要的是通过层层落实质量责任制，做到事事有人管、人人有职责，加强对施工过程的全面质量控制，保证建设工程的施工质量。

4. 分包单位保证分包工程质量

建筑工程实行总承包的，总承包单位应当对全部建设工程质量负责；建筑工程勘察、设计、施工、设备采购的一项或者多项实行总承包的，总承包单位应当对其承包的建筑工程或者采购的设备的质量负责。

总承包单位依法将建设工程分包给其他单位的，分包单位应当按照分包合同的约定对其分包工程的质量向总承包单位负责，总承包单位与分包单位对分包工程的质量承担连带责任。分包工程发生质量问题时，建设单位或其他受害人既可以向分包单位请求赔偿，也可以向总承包单位请求赔偿；进行赔偿的一方，有权依据分包合同的约定，对不属于自己责任的那部分赔偿向对方追偿。因此，分包单位还应当接受总承包单位的质量管理。

应用案例 6-3

2018 年 10 月，承包商甲通过招投标获得了某单位家属楼工程，后经发包单位同意，承包商甲将该家属楼的附属工程分包给杨某负责的工程队，并签订了分包合同。一年后，工程按期完成。但是，经工程质量监督机构检查发现，该家属楼附属工程存在严重的质量问题。发包单位便要求承包商甲承担责任，承包商甲却称该附属工程系经发包单位同意后分包给杨某负责的工程队，所以与自己无关。发包单位又找到分包人杨某，杨某亦以种种理由拒绝承担工程的质量责任。

问题：

(1) 承包商甲是否应该对该家属楼附属工程的质量负责？
(2) 该质量问题应该如何解决？

案例评析：

(1) 根据《建筑法》《建设工程质量管理条例》的规定，总承包单位应当对承包工程的质量负责，分包单位应当就分包工程的质量向总承包单位负责。总承包单位与分包单位对分包工程的质量承担连带责任。因此，承包商甲应该对该家属楼附属工程的质量负责。

(2) 分包人杨某分包的该家属楼附属工程完工后，经检验发现存在严重的质量问题，根据《建设工程质量管理条例》《民法典》的规定应当负责返修。发包人有权要求杨某的工程队或承包商甲对该家属楼附属工程履行返修的义务。如果是承包商甲进行返修，在返修后有权向杨某的工程队进行追偿。此外，如果因为返修而造成逾期交付的，依据《民法典》的规定，承包商甲与杨某的工程队还应当向发包人承担违约的连带责任。对本案例中杨某的工程队还应当检查有无相应的资质证书，如无，则应依据《建筑法》等定为违法分包，由政府主管部门依法做出处罚。

5. 按图施工

施工单位必须按照工程设计图纸和施工技术标准施工，不得擅自修改工程设计，不得偷工减料。施工单位在施工过程中发现设计文件和图纸有差错的，应当及时提出意见和建议。

按工程设计图纸施工，是保证工程实现设计意图的前提，也是明确划分设计、施工单位质量责任的前提。施工技术标准是工程建设过程中规范施工行为的技术依据，施工单位只有按照施工技术标准，特别是强制性标准的要求施工，才能保证工程的施工质量。

6. 对建筑材料、设备和构配件进行检验

施工单位对进入施工现场的建筑材料、建筑构配件、设备和商品混凝土实行检验，是施工单位质量保证体系的重要组成部分，也是保证施工质量的重要前提。

施工单位必须按照工程设计要求、施工技术标准和合同约定，对建筑材料、建筑构配

件、设备和商品混凝土进行检验，检验应当有书面记录和专人签字；未经检验或者检验不合格的，不得使用。

7. 对施工质量进行检验

施工质量检验，通常是指工程施工过程中的工序质量检验(或称为过程检验)，包括预检、自检、交接检、专职检、分部工程中间检验以及隐蔽工程检验等。施工单位必须建立、健全施工质量的检验制度，严格工序管理，做好隐蔽工程的质量检查和记录。隐蔽工程在隐蔽前，施工单位应当通知建设单位和建设工程质量监督机构。

8. 见证取样

所谓见证取样和送检，是指在建设单位或工程监理单位人员的见证下，由施工单位的现场试验人员对工程中涉及结构安全的试块、试件和材料在现场取样，并送至具有法定资格的质量检测单位进行检测的活动。

《建设工程质量管理条例》规定，施工人员对涉及结构安全的试块、试件以及有关材料，应当在建设单位或者工程监理单位监督下现场取样，并送具有相应资质等级的质量检测单位进行检测。

9. 工程返修

《建设工程质量管理条例》规定，施工单位对施工中出现质量问题的建设工程或者竣工验收不合格的建设工程，应当负责返修。

返修作为施工单位的法定义务，其返修包括施工过程中出现质量问题的建设工程和竣工验收不合格的建设工程两种情形。不论是施工过程中出现质量问题的建设工程，还是竣工验收时发现质量问题的工程，施工单位都要负责返修。

对于非施工单位原因造成的质量问题，施工单位也应当负责返修，但是因此而造成的损失及返修费用由责任方负责。

应用案例 6-4

某房地产开发公司与某建筑公司签订了一份建筑工程承包合同。合同规定，建筑公司为房地产开发公司建造一栋写字楼，开工时间为 2017 年 5 月 10 日，竣工时间为 2018 年 11 月 10 日。在施工过程中，建筑公司以工期紧为由，在一些隐蔽工程隐蔽前没有通知房地产开发公司、监理工程师和建设工程质量监督机构，就进行了下一道程序的施工。在竣工验收时，发现该工程存在多处质量缺陷。房地产开发公司要求该建筑公司返修，但建筑公司以下一个工程项目马上要开工为由，拒绝返修。

问题：

(1) 该建筑公司有何过错？
(2) 该写字楼工程的质量问题应该如何解决？

案例评析：

(1)《建设工程质量管理条例》第三十条规定："施工单位必须建立、健全施工质量的检验制度，严格工序管理，做好隐蔽工程的质量检查和记录。隐蔽工程在隐蔽前，施工单位应当通知建设单位和建设工程质量监督机构。"在本案例中,建筑公司没有通知有关单位验收就将隐蔽工程进行隐蔽并继续施工,严重违反了《建设工程质量管理条例》的上述规定,应该承担相应的法律责任。

(2)《建筑法》第六十一条规定:"建筑工程竣工经验收合格后,方可交付使用;未经验收或者验收不合格的,不得交付使用。"《建设工程质量管理条例》第三十二条规定:"施工单位对施工中出现质量问题的建设工程或者竣工验收不合格的建设工程,应当负责返修。"第六十四条规定:"违反本条例规定,施工单位……造成建设工程质量不符合规定的质量标准的,负责返工、修理,并赔偿因此造成的损失;情节严重的,责令停业整顿,降低资质等级或者吊销资质证书。"本案例中,建筑公司应该对存在的工程质量缺陷进行修复,并赔偿因此造成的损失;情节严重的,政府主管部门应责令停业整顿,降低资质等级或者吊销资质证书。

10. 建立健全教育培训

《建设工程质量管理条例》规定,施工单位应当建立、健全教育培训制度,加强对职工的教育培训;未经教育培训或者考核不合格的人员,不得上岗作业。

应用案例 6-5

2016 年 1 月 5 日,江南某制药公司与某施工单位签订了一份建设工程施工承包合同,双方约定由该施工单位承包制药公司的提取车间等约 10000m² 的建筑工程土建及配套附属工程。在施工过程中,对于配套的排水工程管道经过开挖、安装管道及测量复核,误差在允许的范围之内,随后就进行了回填夯实。施工单位在施工期间聘用了大量对于管道施工缺乏经验的工人,工人根据以往其他工程的经验进行施工。在主体工程施工时,施工单位发现设计图设计的边柱尺寸过大,于是根据施工经验将施工图设计的 900 mm×900 mm 的柱子变更为 600 mm×600 mm 的柱子,柱子的钢筋配置也做了合理的调整,由原来的 8 根变更为 6 根。按照计划,该工程于 2017 年 8 月完工并投入使用。在 2018 年 1 月,制药公司发现局部墙体开裂,制药公司找到这家施工单位要求返修。施工单位认为此工程质量问题不属于自身造成的,拒绝承担维修责任。

问题:

根据案例的叙述,施工单位存在哪些违法行为?请逐一列出并说明理由。

案例评析:

施工单位的违法行为有以下几个。

(1) 施工单位不严格按照设计施工图施工,存在偷工减料的行为。
(2) 施工单位应当对工人进行教育培训,经教育培训考核合格以后再进行上岗作业。
(3) 施工单位没有对隐蔽工程在隐蔽前通知建设单位和质量监督机构进行验收。
(4) 施工单位没有履行质量返修义务,违反了《建设工程质量管理条例》的规定。

6.2.4　工程监理单位的质量责任和义务

1. 依法承揽业务

工程监理单位应当依法取得相应等级的资质证书，并在其资质等级许可的范围内承揽工程监理业务。禁止工程监理单位超越本单位资质等级许可的范围或者以其他工程监理单位的名义承揽工程监理业务。禁止工程监理单位允许其他单位或者个人以本单位的名义承揽工程监理业务。

2. 工程监理单位不得转让工程监理业务

《建筑法》规定，工程监理单位不得转让工程监理业务。工程监理单位不按照监理合同的约定履行监理义务，对应当监督检查的项目不检查或者不按照规定检查，给建设单位造成损失的，应当承担相应的赔偿责任。

3. 独立、公正监理

工程监理单位与被监理工程的施工承包单位以及建筑材料、建筑构配件和设备供应单位有隶属关系或者其他利害关系的，不得承担该项建设工程的监理业务。

由于工程监理单位与被监理工程的承包单位以及建筑材料、建筑构配件和设备供应单位之间是一种监督与被监督的关系，为了保证客观、公正地执行监理任务，工程监理单位与上述单位不能有隶属关系或者其他利害关系。

应用案例 6-6

绵阳市某大型企业建设附属中学，委托设计院为其设计了 6 层砖混结构的教学楼、运动场、实验楼项目。项目监理招标公告发布以后，A 建设监理有限公司参与监理投标，B 建设工程有限公司参与了施工投标。

中标结束后，B 公司发现，其法人代表王总是 A 公司法人代表的哥哥并持有 A 公司 30% 的股份。在工程实施过程中，施工单位对承重结构的混凝土试块、承重结构的钢筋及连接接头试件、承重墙的砖和混凝土小型砌块，以及地下、屋面、厕浴间使用的防水材料进行了见证取样，监理单位也在工程竣工验收时对以上见证取样报告单签字。

经过施工、监理密切的配合，该工程经竣工验收合格，交付建设单位使用。在工程投入使用 7 个月时，教学楼的外墙瓷砖大面积脱落，给在校学生造成极大的安全隐患。

问题：

(1) 根据上述材料的说明，该项目是否存在违法行为？并说明理由。

(2) 假如你是该企业的代表人，就该工程的质量问题如何解决？

案例评析：

(1)《建设工程质量管理条例》规定，工程监理单位与被监理的施工单位有隶属关系或者其他利害关系的，不得承担该项建设工程的监理业务。本案例中 B 公司的法人代表王总是 A 公司法人代表的哥哥并持有 A 公司 30% 的股份，存在着利害关系，因此 A 公司不得承担该项建设工程的监理业务。

施工单位见证取样的试块、试件不够齐全；监理单位签字的时限太晚。

(2) 该教学楼外墙瓷砖的最低保修期限为 2 年，在使用半年之久的时间里应属于保修期内。工程保修期限内出现质量缺陷，建设单位或房屋建筑所有人应当向施工单位发出保修通知，施工单位履行保修义务。

4. 依法监理

工程监理单位应当依照法律、法规以及有关技术标准、设计文件和建设工程承包合同，代表建设单位对施工质量实施监理，并对施工质量承担监理责任。

应用案例 6-7

某工厂要建造一礼堂，聘请一家监理单位作为建设礼堂的施工监理。在工厂完工后，业主经调查发现，工程中使用了大量质量低劣的填充材料，监理单位知情却隐瞒不报，并签发了工程的接收证书。因此，业主起诉监理单位，指控其与承包商串通欺诈。法院判决监理公司未按照有关法律、法规和标准对工程质量实施监理，给建设单位造成损失，应承担责任。

问题：

试评析各方的法律责任。

案例评析：

《建设工程质量管理条例》第三十六条规定：工程监理单位应当依照法律、法规以及有关技术标准、设计文件和建设工承包合同，代表建设单位对施工质量实施监理，并对施工质量承担监理责任。本案例中监理单位未按照有关法律、法规和标准对工程材料质量进行监督，纵容施工单位使用大量质量低劣的填充材料，给建设单位造成损失，违反了上述规定，因此，该监理单位应当承担监理责任。

《建设工程质量管理条例》第六十七条规定：工程监理单位有下列行为之一的，责令改正，处 50 万元以上 100 万元以下的罚款，降低资质等级或者吊销资质证书；有违法所得的，予以没收；造成损失的，承担连带赔偿责任。

(1) 与建设单位或者施工单位串通，弄虚作假、降低工程质量的。

(2) 将不合格的建设工程、建筑材料、建筑构配件和设备按照合格签字的。

《建设工程质量管理条例》第二十九条规定：施工单位必须按照工程设计要求、施工技术标准和合同约定，对建筑材料、建筑构配件、设备和商品混凝土进行检验，检验应当有书面记录和专人签字；未经检验或者检验不合格的，不得使用。本案例中施工单位使用大量质量低劣的填充材料，违反了上述规定。

《建设工程质量管理条例》第六十四条规定：违反本条例规定，施工单位在施工中偷工减料的，使用不合格的建筑材料、建筑构配件和设备的，或者有不按照工程设计图纸或者施工技术标准施工的其他行为的，责令改正，处工程合同价款 2%以上 4%以下的罚款；造成建设工程质量不符合规定的质量标准的，负责返工、修理，并赔偿因此造成的损失；情节严重的，责令停业整顿，降低资质等级或者吊销资质证书。

《建设工程质量管理条例》第六十五条规定：违反本条例规定，施工单位未对建筑材料、建筑构配件、设备和商品混凝土进行检验，或者未对涉及结构安全的试块、试件以及有关材料取样检测的，责令改正，处 10 万元以上 20 万元以下的罚款；情节严重的，责令停业整顿，降低资质等级或者吊销资质证书；造成损失的，依法承担赔偿责任。

因此，该施工单位应当承担工程质量主要责任，按照《建设工程质量管理条例》规定对施工单位进行处罚。

5. 组建驻工地监理机构

监理单位应根据所承担的监理任务，组建驻工地监理机构。监理机构一般由总监理工程师、监理工程师和其他监理人员组成。工程监理实行总监理工程师负责制。总监理工程师依法在授权范围内可以发布有关指令，全面负责受委托的监理工程。

6. 确认工程质量

未经监理工程师签字，建筑材料、建筑构配件和设备不得在工程上使用或者安装，施工单位不得进行下一道工序的施工。未经总监理工程师签字，建设单位不得拨付工程款，不得进行竣工验收。

6.2.5 建筑材料、构配件生产及设备供应单位的质量责任和义务

(1) 建筑材料、构配件生产及设备供应单位对其生产或供应的产品质量负责。
(2) 生产厂商或供应商必须具备相应生产条件、技术装备和质量管理体系。
(3) 生产和供应的建筑材料、构配件及设备的质量应该符合国家和行业现行技术规定的合格标准和设计要求，并与说明书和包装上的质量标准相符合。
(4) 生产和供应的建筑材料、构配件及设备应该有相应的产品检验合格证及性能检测报告，设备应该有详细的使用说明书。

6.3 建筑工程质量管理的相关制度

6.3.1 工程质量监督管理制度

工程质量监督是建设行政主管部门或其委托的工程质量监督机构根据国家法律法规和工程建设强制性标准，对责任主体和有关机构履行质量责任的行为以及工程实体质量进行监督检查，维护社会公众的利益和公众安全。

1. 建筑工程质量监督主体

《建设工程质量管理条例》规定，国务院建设行政主管部门对全国的建设工程质量实施统一监督管理。国务院铁路、交通、水利等有关部门按照国务院规定的职责分工，负责对全国的有关专业建设工程质量的监督管理。

国务院发展计划部门按照国务院规定的职责，组织稽查特派员，对国家出资的重大建设项目实施监督检查。国务院经济贸易主管部门按照国务院规定的职责，对国家重大技术改造项目实施监督检查。

县级以上地方人民政府建设行政主管部门对本行政区域内的建设工程质量实施监督管理。县级以上地方人民政府交通、水利等有关部门在各自的职责范围内，负责对本行政区域内的专业建设工程质量的监督管理。建设工程质量监督管理，可以由建设行政主管部门或者其他有关部门委托的建设工程质量监督机构具体实施。

从事房屋建筑工程和市政基础设施工程质量监督的机构，必须按照国家有关规定经国务院建设行政主管部门或者省、自治区、直辖市人民政府建设行政主管部门考核；从事专业建设工程质量监督的机构，必须按照国家有关规定经国务院有关部门或者省、自治区、直辖市人民政府有关部门考核。经考核合格后，方可实施质量监督。

市、县建设工程质量监督站和国务院各工业、交通部门所设的专业建设工程质量监督站(简称监督站)是建设工程质量监督的实施机构。监督站的主要职责是：检查受监工程的勘察、设计、施工单位和建筑构件厂是否严格执行技术标准，检查其工程(产品)质量；检查工程的质量等级和建筑构件质量，参与评定本地区、本部门的优质工程；参与重大工程质量事故的处理；总结质量监督工作经验，掌握工程质量状况，定期向主管部门汇报。

在政府加强监督的同时，还要发挥社会监督的巨大作用，即任何单位和个人对建设工程的质量事故、质量缺陷都有权检举、控告、投诉。

2. 政府监督检查的内容和有权采取的措施

《建设工程质量管理条例》规定，国务院建设行政主管部门和国务院铁路、交通、水利等有关部门以及县级以上地方人民政府建设行政主管部门和其他有关部门，应当加强对有关建设工程质量的法律、法规和强制性标准执行情况的监督检查。

县级以上人民政府建设行政主管部门和其他有关部门履行监督检查职责时，有权采取下列措施：①要求被检查的单位提供有关工程质量的文件和资料；②进入被检查单位的施工现场进行检查；③发现有影响工程质量的问题时，责令改正。

有关单位和个人对县级以上人民政府建设行政主管部门和其他有关部门进行的监督检查应当支持与配合，不得拒绝或者阻碍建设工程质量监督检查人员依法执行职务。

3. 质量监督站的权限与责任

(1) 对不按技术标准和有关文件要求设计和施工的单位，可给予警告或通报批评。

(2) 对发生严重工程质量问题的单位可令其及时妥善处理；对情节严重的，可按有关规定进行罚款，如为在建工程，则应令其停工整顿。

(3) 对于核验不合格的工程，可做出返修加固的决定，直至达到合格方准交付使用。

(4) 对造成重大质量事故的单位，可参加有关部门组成的调查组，提出调查处理意见。

(5) 对工程质量优良的单位，可提请当地建设主管部门给予奖励。

因监督人员失误、失职、渎职而使建设工程出现重大质量事故或在核验中弄虚作假的，主管部门将视情节轻重，对其给予批评、警告、记过直至撤职的处分，触及刑法的将由司法机关追究刑事责任。

6.3.2 质量体系认证制度

《建筑法》规定国家对从事建筑活动的单位推行质量体系认证制度。从事建筑活动的单位根据自愿原则可以向国务院产品质量监督管理部门或其授权的部门认可的认证机构申请企业质量体系认证。经认证合格的，由认证机构向该企业颁发企业质量体系认证书。

1. 质量体系认证的标准

推行质量管理体系认证能够强化品质管理，提高企业效益；增强客户信心，扩大市场份额；促使企业质量管理走上规范化、程序化、法制化的轨道；降低质量成本，提高企业利润；取得市场通行证；提高了企业的知名度和声誉；全员素质发生质变；有效地避免产品责任。

ISO 9000族标准是由国际标准化组织制定并颁布的国际标准，我国也发布了等同采用国际标准的《质量管理和质量保证》(GB/T 19000)系列标准，这些标准既可作为生产企业质量保证工作的依据，也是企业申请质量体系认证的认证标准。《质量管理和质量保证》系列标准如下。

《质量管理和质量保证——选择和使用指南》(GB/T 19000—ISO 9000)；

《质量体系——设计/开发、生产、安装和服务的质量保证模式》(GB/T 19001—ISO 9001)；

《质量体系——生产和安装的质量保证模式》(GB/T 19002—ISO 9002)；

《质量体系——最终检验和试验的质量保证模式》(GB/T 19003—ISO 9003)；

《质量管理和质量体系要素——指南》(GB/T 19004—ISO 9004)。

《质量管理和质量保证》系列标准是在总结国际成功经验的基础上，从质量管理的共性出发，阐述了质量管理工作的基本原则、基本规律和质量体系要素的基本构成，适用于不同体制、不同行业的生产、服务企业开展质量管理工作，同样也适用于建筑业企事业的质量管理工作。

GB/T 19000系列标准是一套推荐性标准，编号中的"T"就是"推荐"一词的汉语拼音首写字母。但其一旦被法规或合同确定采用后就是"强制性标准"。如果供需双方或第三方选择某一质量保证模式作为产品认证标准，那么，该质量保证模式在合同约定范围内就具有法律效力。

2. 质量体系标准的选择

不同生产企业工作质量规律、原理、原则基本相同，但市场条件、产品状况、企业素质、管理机制、消费者需要等各方面却存在差异。企业要针对环境的特点和主观因素的影响，对标准规定的要素及采用要素的程度进行研究，对照标准开展质量工作，确定企业自身质量体系的构成，建立和完善质量体系。企业可以通过选择要素，组合出既符合质量管理原理，又适用于本企业条件的最佳状态的质量体系。

我国的建筑业所涉及的设计、科研、房地产开发、市政、施工、试验、质量监督、建设监理等企事业单位，应该选择GB/T 19004—ISO 9004标准建立企业内部质量管理体系。由于这些单位各自工作质量形成的过程不同，因此，所建立的质量体系也是不同的。在这些企事业单位按照GB/T 19004—ISO 9004标准建立质量体系的基础上，可根据用户要求和企业产品特点，选择GB/T 19001—ISO 9001、GB/T 19002—ISO 9002或GB/T 19003—ISO 9003标准。具体地说，设计、科研、房地产开发、总承包(集团)公司等单位可以选择GB/T 19001—ISO 9001标准；市政、施工(土建、安装机械化施工、装饰、防腐、防水)等企业可以选择 GB/T 19002—ISO 9002 标准。

当然，对这些标准的选用，也可灵活掌握。GB/T 19001—ISO 9001 标准中包括了设计，因此对设计院、研究院和房地产开发公司等单位也适用；GB/T 19002—ISO 9002 标准中包括生产、安装和服务质量，因此只对施工企业适用；GB/T 19003—ISO 9003 标准涉及实验和检验，所以适用于实验室、质检站和监理公司等单位。对一些单位，如施工企业下设实验室，可以选择 GB/T 19002—ISO 9002 和 GB/T 19003—ISO 9003 用于外部的质量保证。

6.3.3 工程质量事故报告制度

工程质量事故，是指由于建设、勘察、设计、施工、监理等单位违反工程质量有关法律法规和工程建设标准，使工程产生结构安全、重要使用功能等方面的质量缺陷，造成人身伤亡或者重大经济损失的事故。

1. 工程质量事故等级划分

按照《关于做好房屋建筑和市政基础设施工程质量事故报告和调查处理工作的通知》的规定，根据工程质量事故造成的人员伤亡或者直接经济损失，工程质量事故分为四个等级。

(1) 特别重大事故，是指造成 30 人以上死亡，或者 100 人以上重伤，或者 1 亿元以上直接经济损失的事故；

(2) 重大事故，是指造成 10 人以上 30 人以下死亡，或者 50 人以上 100 人以下重伤，或者 5000 万元以上 1 亿元以下直接经济损失的事故；

(3) 较大事故，是指造成 3 人以上 10 人以下死亡，或者 10 人以上 50 人以下重伤，或者 1000 万元以上 5000 万元以下直接经济损失的事故；

(4) 一般事故，是指造成 3 人以下死亡，或者 10 人以下重伤，或者 100 万元以上 1000 万元以下直接经济损失的事故。

本等级划分所称的"以上"包括本数，所称的"以下"不包括本数。

应用案例 6-8

某车间厂房建筑面积 5163 m^2，由市第三建筑公司施工总承包，预应力屋面板由市建筑构件公司分包生产并安装。施工时边跨南端开间的屋面上 4 块预应力大型屋面板突然断裂塌落，造成 1 人死亡、2 人重伤，直接经济损失 16 万元。事故发生后调查发现构件公司提供的屋面板质量不符合要求，建设单位未办理质量监督和图纸审核手续就仓促开工，施工过程中不严格按规范和操作规程，管理混乱。

问题：

(1) 该事故属于哪一个等级？
(2) 分析该工程质量事故发生的原因。
(3) 工程质量事故处理的基本要求是什么？

案例评析：

(1) 该工程质量事故属于一般事故。
(2) 该起工程质量事故发生的原因是：建筑制品屋面板质量不合格；违背建设程序，建设单位未办理质量监督和图纸审核手续就仓促开工；施工和管理问题，施工过程中不严格按规范和操作规程，管理混乱。

(3) 工程质量事故处理的基本要求：①处理应达到安全可靠，不留隐患，满足生产、使用要求，施工方便，经济合理的目的。②重视消除事故原因。③注意综合治理。④确定处理范围。⑤正确选择处理时间和方法。⑥加强事故处理的检查验收工作。⑦认真复查事故的实际情况。⑧确保事故处理期的安全。

2. 工程质量事故报告

工程质量事故发生后，事故现场有关人员应当立即向工程建设单位负责人报告；工程建设单位负责人接到报告后，应于1小时内向事故发生地县级以上人民政府住房和城乡建设主管部门及有关部门报告。

情况紧急时，事故现场有关人员可直接向事故发生地县级以上人民政府住房和城乡建设主管部门报告。

住房和城乡建设主管部门接到事故报告后，应当依照下列规定上报事故情况，并同时通知公安、监察机关等有关部门。

(1) 较大、重大及特别重大事故逐级上报至国务院住房和城乡建设主管部门，一般事故逐级上报至省级人民政府住房和城乡建设主管部门，必要时可以越级上报事故情况。

(2) 住房和城乡建设主管部门上报事故情况，应当同时报告本级人民政府；国务院住房和城乡建设主管部门接到重大和特别重大事故的报告后，应当立即报告国务院。

(3) 住房和城乡建设主管部门逐级上报事故情况时，每级上报时间不得超过2小时。

(4) 事故报告应包括下列内容。
① 事故发生单位概况。
② 事故发生经过和事故救援情况。
③ 事故造成的人员伤亡和直接经济损失。
④ 事故发生的原因和事故性质。
⑤ 事故责任的认定以及对事故责任者的处理建议。
⑥ 事故防范和整改措施。

(5) 事故报告后出现新情况，以及事故发生之日起30日内伤亡人数发生变化的，应当及时补报。

拓展案例

上海"11·15"教师公寓特大火灾事故调查

一、事故概况

1. 事故工程概况

(1) 事故项目名称：上海静安区胶州教师公寓(728号)节能墙体保温改造工程。

(2) 项目内容：外立面搭设脚手架，外墙喷涂聚氨酯硬泡体保温材料，更换外窗等。

(3) 大楼概况：大楼于1998年1月建成，公寓高28层，建筑面积17965 m^2，其中，底层为商场，2~4层为办公，5~28层为住宅，建筑高度85 m。

2. 项目涉及单位关系与结构图

上海市静安区建设总公司承接该工程后,将工程转包给其子公司上海佳艺建筑装饰工程公司,佳艺公司又将工程拆分成建筑保温、窗户改建、脚手架搭建、拆除窗户、外墙整修和门厅粉刷、线管整理等,分包给7家施工单位。

其中,上海亮迪化工科技有限公司出借资质给个体人员张利分包外墙保温工程,上海迪姆物业管理有限公司出借资质给个体人员支上邦和沈建丰合伙分包脚手架搭建工程。支上邦和沈建丰合伙借用迪姆公司资质承接脚手架搭建工程后,又进行了内部分工,其中支上邦手下郝某负责胶州路728号公寓大楼的脚手架搭建,同时支上邦与沈建丰又将胶州路教师公寓小区三栋大楼脚手架搭建的电焊作业分包给个体人员沈建新。而沈建丰手下的焊工正是无证焊工。项目承包单位关系如图6.1所示。

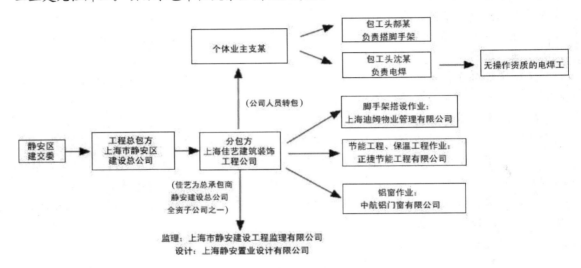

图 6.1 项目承包单位关系图

二、事故调查报告

1. 事故模型描述

经过事故现场勘察、查取有关资料、模拟实验及认真讨论分析得出了事故发展概况:2010年11月15日,上海市静安区胶州路728号胶州教师公寓正在进行外墙整体节能保温改造,约在14时14分,大楼中部发生火灾,随后大火从外部通过引燃楼梯表面的尼龙防护网和脚手架上的毛竹片,内部在烟囱效应的作用下迅速蔓延,最终包围并烧毁了整栋大厦。消防部门全力进行救援,火灾持续了4小时15分,至18点30分大火基本被扑灭;最终导致58人在火灾中遇难,71人受伤。

事故模型如图6.2所示。

2. 初期火灾发生点的确定

1) 环境勘察

该教师公寓位于胶州路728号十字路口,为百米内最高的建筑,在气象局调查当日风向时得知当日2点至8点风向为西南风,天气晴,排除雷电引燃的可能。风向使得此次火灾未波及它旁边的同样高度的正在进行同样工作的718号建筑。据调查,火灾大楼旁边的建筑当日没有动火记录,排除了外部火源进入的可能。在了解了公安局收集的责任人及目击证人的证词后确认首先起火的范围是大楼8~12层,于是将研究重点放到8~12层。

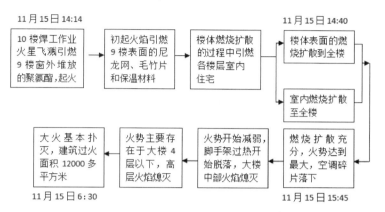

图6.2 上海"11·15"教师公寓特大火灾事故模型图

2) 初步勘察与详细勘察

调查大楼的装修内容可知,大楼的建筑外墙保温采用的是硬泡聚氨酯喷涂薄抹灰结合EPS板薄抹灰保温系统,硬泡聚氨酯喷涂薄抹灰系统主要用于大楼主体,EPS板薄抹灰系统用于建筑阳角和窗口部位。火灾发生前,4名焊工正在10层楼的电梯对面的窗外进行焊接作业。仔细观察、分析大楼8~12层的墙体(附件3.2)及室内(附件3.3)的情况发现,8层、9层墙体已经进行了砂浆找平覆盖,聚氨酯硬泡基本完好,并没有参与燃烧。因此在10楼以下部位,聚氨酯硬泡在火灾中并没有助长火势蔓延。而10层、11层的聚氨酯硬泡在火灾中起到了助长火势的作用,燃烧殆尽,并形成黑烟。而12层及以上的部位,并没有聚氨酯泡沫存在,因此也不存在聚氨酯硬泡导致火势蔓延的问题。分析大楼8~12层墙室内(附件)的情况发现,室内火灾烟熏痕迹均为由窗台至门口逐渐变弱,甚至在门边的木质桌椅还有未完全燃烧的残留物,室内混凝土墙体从窗至门的颜色变化为由淡黄色变为白色,说明温度逐渐降低;室内的木质四腿椅子的倾倒方向均为朝向窗部;室内电线熔痕均退火变软、珠粒大且垂直下落、有粘连、无气孔晶粒粗大且组织晶粒由等轴晶粒组成,均证明电线有火烧熔痕。由此排除室内电线短路燃烧和室内先燃烧的可能,确定起火部位为8~12层窗外。再结合室外脚手架受热损坏的程度为9层最重,确定可能的起火部位为9层的脚手架附近。根据责任人证言表明火灾发生前后,脚手架上并没有其他人出现,结合9层发生火灾处的室内并未住人,可排除他人放火的可能。

3) 专项勘察

根据9层脚手架上留下的碳的痕迹确定脚手架上有木质物品存在。根据证人证言确认了脚手架上毛竹片的存在,并得知大楼整体均被尼龙防护网覆盖。由责任人证言火势发展迅速和密集火源的存在可确定首先被引燃的物质为燃烧迅速、量大且集中的物质,结合当时脚手架上存在聚氨酯物质分析可知首先燃烧的物质为聚氨酯。根据责任人证言,当日中午12点以后四人并未抽烟,为确定结果,对烟头引燃进行试验。试验结果表明,烟头不能引燃聚氨酯硬泡,则推断起火的原因为当场的唯一可能引燃聚氨酯硬泡的火源,即焊接工作时的焊渣。验证试验(附件2)结果表明,发生初期火灾的物质是聚氨酯,引火源为焊工作业焊渣成立。明确了起火点为 9 层窗外脚手架上的聚氨酯硬泡，起火原因为 10 层正工作的焊工产生的焊渣。

3. 起火时间的确定

调查当地消防局的报警记录(附件 5)得知，报警时间为 2011 年 11 月 15 日 14 点 15 分。再根据有关证人的证言(附件 1.2)确定起火时间为当日 14 点 14 分。

4. 火灾经过的确定及事故再现

火灾发展过程的确定：根据证人证言(附件 1.2)和现场消防队的记录(附件 5)可以轻易得到火灾发展过程的详细内容。

事故再现：2010 年 11 月 15 日 14 时 14 分，4 名无证焊工在 10 层电梯前室北窗外进行违章电焊作业，由于未采取保护措施，电焊溅落的金属熔融物引燃下方 9 层位置脚手架防护平台上堆积的聚氨酯硬泡保温材料碎块，聚氨酯迅速燃烧形成密集火灾。由于未设现场消防措施，4 人不能将初期火灾扑灭，于是逃跑。燃烧的聚氨酯引燃了楼体 9 层附近表面覆盖的尼龙防护网和脚手架上的毛竹片。由于尼龙防护网是全楼相连的，一个整体火势便由此开始以 9 层为中心蔓延，尼龙防护网的燃烧引燃了脚手架上的毛竹片，同时引燃了各层室内的窗帘、家具、煤气管道的残余气体等易燃物质，造成火势的急速扩大，并于 15 时 45 分火势达到最大。这种火势持续了 55 分钟，火势于 16 时 40 分开始减弱，火灾重点部位主要转移到了 5 层以下。中高层可燃物减少，火势急速减弱。在消防员的不懈努力下，火灾于 18 时 30 分被基本扑灭。随后消防员进入楼内扑灭残火和抢救人员。

三、事故原因分析

1. 直接原因

(1) 焊接人员无证上岗，且违规操作，同时未采取有效防护措施，导致焊接熔化物溅到楼下不远处的聚氨酯硬泡保温材料上，聚氨酯硬泡迅速燃烧，引燃楼体表面可燃物，大火迅速蔓延至整栋大楼。

《特种作业人员安全技术培训考核管理规定》《建设工程安全生产管理条例》《安全生产法》都要求焊接等特种作业人员需经过专业培训，取得《中华人民共和国特种作业操作证》后，方可上岗作业。

焊接人员未向业主单位或者施工单位出示特种作业焊接的操作资格证，同时业主单位或者施工单位也未向焊接人员要求特种作业焊接的操作资格证，焊接人员焊接时未能按照焊工安全操作规程采取防护或隔离措施。

(2) 工程中采用的聚氨酯硬泡保温材料不合格或部分不合格。

聚氨酯硬泡是新一代的建筑节能保温材料，导热系数是目前建筑保温材料中最低的，是实现我国建筑节能目标的理想保温材料。按照我国建筑外墙保温的相关标准要求，用于建筑节能工程的保温材料的燃烧性能要求不低于 B2 级。而按照标准，B2 级别的燃烧性能要求应具有的性能之一就是不能被焊渣引燃。很明显，该被引燃的聚氨酯硬泡保温材料硬泡不合格。

2. 间接原因

(1) 装修工程违法违规，层层多次分包，导致安全责任落实不到位。

发生事故的大楼外墙节能保温改造由上海静安建设公司总承包，总承包方又将全部工程分包给上海佳艺建筑装饰工程公司，上海佳艺建筑装饰工程公司又将工程进一步分包，脚手架搭设作业分包给上海迪姆物业管理有限公司施工，节能工程、保温工程和铝窗作业，通过政府采购程序分别选择正捷节能工程有限公司和中航铝门窗有限公司进行施工。上海迪姆物业管理有限公司将脚手架工程又分包给其他公司、施工队等；正捷节能工程有限公司将保温材料又分包给三家其他单位。

《建筑法》规定禁止承包单位将其承包的全部建筑工程转包给他人，禁止承包单位将其承包的全部建筑工程肢解以后以分包的名义分别转包给他人；施工总承包的，建筑工程主体结构的施工必须由总承包单位自行完成。而这里的施工总承包单位上海静安建设总公司却将所有工程分包给上海佳艺建筑装饰工程公司。《建筑法》第二十九条同时规定，禁止分包单位将其承包的工程再分包，而分包商上海佳艺建筑装饰工程公司却又将工程层层分包给数家单位施工，使得安全责任层层减弱，给安全管理带来很大的阻碍，给施工带来很大的事故隐患。

(2) 施工作业现场管理混乱，存在明显的抢工期、抢进度、突击施工的行为。

《建设工程安全生产管理条例》规定：建设单位不得对勘察、设计、施工、工程监理等单位提出不符合建设工程安全生产法律、法规和强制性标准规定的要求，不得压缩合同约定的工期。建设单位在申请领取施工许可证时，应当提供建设工程有关安全施工措施的资料。施工场所应设置完善的安全措施，包括消防设施，在建立了完善的施工计划确定工期后按计划进行施工。而本大楼未安设安全措施且是在有 156 名住户的情况下进行施工，更应该按制度执行。

(3) 事故现场安全措施不落实，违规使用大量尼龙网、毛竹片等易燃材料，导致大火迅速蔓延。

火灾能够蔓延并扩大至全楼的直接原因不是聚氨酯硬泡保温材料的不合格，而是事故大楼楼体表面上违规使用的易燃的尼龙防护网和脚手架上的毛竹片。施工地点必须使用防护网，脚手架上也必须放置踏板，材料的选用必须符合《建设工程安全生产管理条例》的规定，能够保证安全，不会发生燃烧才行。

(4) 监理单位、施工单位、建设单位存在隶属或者利害关系。

建设单位上海静安区建交委，直接管辖着工程总承包单位上海静安建设总公司，第一分包单位上海佳艺建筑装饰工程公司及监理单位都是上海静安建设总公司的全资子公司，因此，监理单位、施工单位、建设单位存在明显的隶属及利害关系。《建筑法》中规定，工程监理单位与被监理工程的承包单位以及建筑材料、建筑构配件和设备供应单位不得有隶属关系或者其他利害关系。这次事故中，监理单位、施工单位、建设单位可能存在相互配合共同牟利的可能性。

监理公司没有认真履行建设工程安全生产职责，未依照法律、法规规定施行工程监理，对无证施工行为未能采取有效措施加以制止，未认真落实《建设工程安全生产管理条例》规定的安全责任，在施工单位仍不停止违法施工的情况下，并没有及时向有关主管部门报告，对事故发生负有监督不力的责任。

(5) 有关部门监管不力，导致"多次分包多家作业、现场管理混乱、事故现场违规选用材料、建设主体单位存在利害关系"四种情况的出现。

相关部门对建筑市场监管匮乏，未能对工程承包、分包起到监督作用，缺乏对施工现场的监督检查，对施工现场无证上岗等情况未能及时发现并处置。对于业主单位上报备案的施工单位、监理单位未能进行检查,导致施工单位与监理单位存在"兄弟单位"关系,对事故发生负有监管不力的责任。

3. 事故性质

根据事故原因分析,依据《建筑法》等相关法律,本事故是典型的责任事故。

四、结论及建议

上海"11·15"教师公寓特大火灾事故的主要原因有两个:一是无证焊工的违章作业,二是贪图便宜而采用的易燃材料不能承受焊渣的温度而燃烧。

1. 施工总包企业要建立健全安全、质量管理制度并落实

施工总承包企业要规范自己的分包行为,严格监督分包单位的工作情况,不分包给不具有资格或内部人员不具有操作资格的单位,对发现分包单位的违法分包等情况要及时制止,严重的直接加入黑名单,不能因为是"兄弟单位"就降低要求。施工总包企业对分包单位要进行监督管理,及时发现事故隐患,并勒令其整改。

施工单位要加大对作业人员的安全教育培训和上岗要求,对特种作业人员必须严格进行培训,并要求具备特种作业操作资格证,杜绝无证上岗的行为。培训时尤其要注意提高其安全意识,增强安全操作技能,将事故发生的可能性降到最低。

施工企业要落实安全责任制,项目主要负责人、专职安全管理人员必须加强日常安全生产的监督检查,尤其对于一些危险性较大的施工作业,必须进行现场监督、指导,及时制止"三违"行为。

2. 监理单位切实落实履行监理职责

按照《建设工程监理规范》及《建设工程安全管理条例》,工程监理单位在施工准备阶段应对工程总包单位、各分包单位的资质进行严格审查并提出审查建议,同时严格施工阶段的日常管理,对违反国家强制性标准的不安全行为及时制止并下达整改通知,通知无效的,要立即上报建设单位,建设单位不采纳的,要上报安全生产主管部门。

3. 政府主管部门加强监督管理的职能

政府主管部门需进一步规范施工许可证的受理发放流程,确保建设工程的安全生产。严格加强对复工、新开工工地的审核,严格执行自查、整改、复工申请、现场复核、监督抽查和审核批准等程序办理复工手续;对需申领施工许可证的新开工工程,严格按施工许可申请、现场核查和申领施工许可证等程序办理有关手续。政府监管部门要加强施工现场的检查力度,突出重点,抓住关键环节,反"三违"(违章指挥、违章作业、违反劳动纪律)、查"三超"(超载、超员、超速)、禁"三赶"(赶工期、赶进度、赶速度),对违规行为进行重罚,落实监督的责任。

4. 高层逃生知识培训,让居民与工作人员了解逃生方法

(1) 逃生勿入电梯,火场逃生要迅速,动作越快越好。

(2) 楼梯可以救急。逃生时应尽量利用防烟楼梯间、封闭楼梯间。

(3) 不可钻床底、衣橱、阁楼。钻到床底下、衣橱内,不易被消防人员发觉,难以获得及时营救。

(4) 不可盲目跳楼,可用房间内的床单、窗帘等织物连成绳索滑向楼下。

(5) 学会使用求救信号。除了拨打手机之外,也可从阳台或临街的窗户向外发出呼救信号，帮助营救人员找到确切目标。

(6) 火灾来临时应保持镇静，明辨方向。

6.3.4　工程竣工验收制度

建设工程项目建成后，必须按国家有关规定进行严格的竣工验收，竣工验收合格后，方可交付使用。对未经验收或验收不合格就交付使用的，要追究项目法定代表人的责任；造成重大损失的，要追究其法律责任。

《建设工程质量管理条例》规定，建设单位收到建设工程竣工报告后，应当组织设计、施工、工程监理等有关单位进行竣工验收。

对工程进行竣工检查和验收，是建设单位法定的权利和义务。在建设工程完工后，承包单位应当向建设单位提供完整的竣工资料和竣工验收报告，提请建设单位组织竣工验收。建设单位收到竣工验收报告后，应及时组织有设计、施工、工程监理等有关单位参加竣工验收，检查整个工程项目是否已按照设计要求和合同约定全部建设完成，并符合竣工验收条件。

1. 工程竣工验收的条件

《建筑法》规定，交付竣工验收的建筑工程，必须符合规定的建筑工程质量标准，有完整的工程技术经济资料和经签署的工程保修书，并具备国家规定的其他竣工条件。建筑工程竣工经验收合格后，方可交付使用；未经验收或者验收不合格的，不得交付使用。

《建设工程质量管理条例》进一步规定，建筑工程竣工验收应当具备下列条件。

1) 完成建筑工程设计和合同约定的各项内容

建筑工程设计和合同约定的内容，主要是指设计文件所确定的以及承包合同中载明的工作范围，也包括监理工程师签发的变更通知单中所确定的工作内容。

2) 有完整的技术档案和施工管理资料

工程技术档案和施工管理资料是工程竣工验收和质量保证的重要依据之一，主要包括以下档案和资料：①工程项目竣工验收报告；②分项、分部工程和单位工程技术人员名单；③图纸会审和技术交底记录；④设计变更通知单、技术变更核实单；⑤工程质量事故发生后调查和处理资料；⑥隐蔽验收记录及施工日志；⑦竣工图；⑧质量检验评定资料；⑨合同约定的其他资料。

3) 有工程使用的主要建筑材料、建筑构配件和设备的进场试验报告

对建筑工程使用的主要建筑材料、建筑构配件和设备，除须具有质量合格证明资料外，还应当有进场试验、检验报告，其质量要求必须符合国家规定的标准。

4) 有勘察、设计、施工、工程监理等单位分别签署的质量合格文件

勘察、设计、施工、工程监理等有关单位要依据工程设计文件及承包合同所要求的质量标准，对竣工工程进行检查评定；符合规定的，应当签署合格文件。

5) 有施工单位签署的工程保修书

施工单位同建设单位签署的工程保修书，也是交付竣工验收的条件之一。

2. 竣工初验收

单位工程达到竣工验收条件时，施工单位应在自查、自评工作完成后，填写工程竣工报验单，并将全部竣工资料报送项目监理机构，申请竣工验收。总监理工程师应组织各专业监理工程师对竣工资料及各专业工程的质量情况进行全面检查，验收合格后，由总监理工程师签署工程竣工报验单，并向建设单位提出质量评估报告。

3. 正式验收

(1) 建设单位收到工程验收报告后，应由建设单位(项目)负责人组织施工(含分包单位)、设计、监理等单位(项目)负责人进行单位(子单位)工程验收。参加验收的各方对工程质量验收意见不一致时，可请当地建设行政主管部门或工程质量监督机构协调处理。

(2) 建设单位应当在工程竣工验收 7 个工作日前将验收的时间、地点及验收组名单通知工程质量监督机构。工程质量监督机构接到通知后，应于验收之日列席参加验收。

(3) 单位(子单位)工程质量验收合格应符合下列规定。

① 单位(子单位)工程所含分部(子分部)工程的质量均应验收合格。
② 质量控制资料应完整。
③ 单位(子单位)工程所含分部工程有关安全和功能的检测资料应完整。
④ 主要功能项目的抽查结果应符合相关专业质量验收规范的规定。
⑤ 观感质量验收应符合要求。

《建设工程质量管理条例》规定，建设单位应当自建设工程竣工验收合格之日起 15 日内，将建设工程竣工验收报告和规划、公安消防、环保等部门出具的认可文件或者准许使用文件报建设行政主管部门或者其他有关部门备案。建设行政主管部门或者其他有关部门发现建设单位在竣工验收过程中有违反国家有关建设工程质量管理规定行为的，责令停止使用，重新组织竣工验收。

应用案例 6-9

某建设工程项目通过招标选择了一家建筑公司作为该项目的总承包单位，业主委托某监理公司对该工程实施施工监理。单位工程完成后，由承包商进行竣工初验，并向建设单位报送了工程竣工报验单。建设单位组织勘察、设计、施工、监理等单位有关人员对单位工程质量进行了验收，并由各方签署了工程竣工报告。

问题：

上述事件中的质量验收做法是否妥当?如不妥，请予以改正。

案例评析：

本案例的建设单位和施工单位均没有按照《建筑工程施工质量验收统一标准》中的验收程序及组织要求进行验收。

当单位工程达到竣工验收条件后，承包商应在自查、自评工作完成后，填写工程竣工报验单，并将全部竣工资料报送项目监理机构，申请竣工验收。总监理工程师应组织各专业监理工程师对竣工资料及各专业工程的质量情况进行初验，经项目监理机构对竣工资料及实物全面检查、验收合格后，由总监理工程师签署工程竣工报验单，并向建设单位提出质量评估报告；建设单位收到工程验收报告后，应由建设单位(项目)负责人组织施工(含分包单位)、设计、监理等单位(项目)负责人进行单位工程验收。

6.3.5 工程质量保修制度

建筑工程质量保修制度，是指建筑工程竣工经验收后，在规定的保修期限内，因勘察、设计、施工、材料等原因造成的质量缺陷，应当由施工承包单位负责维修、返工或更换，由责任单位负责赔偿损失的法律制度。

1. 保修范围和最低保修期限

《建筑法》规定：建筑工程的保修范围应当包括地基基础工程、主体结构工程、屋面防水工程和其他工程，以及电气管线、上下水管线的安装工程，供热、供冷系统工程等项目；保修的期限应当按照保证建筑物合理寿命年限内正常使用，维护使用者合法权益的原则确定。具体的保修范围和最低保修期限由国务院规定。

保修期从竣工验收交付使用之日算起，具体保修期限由发包方与承包方约定，但其最低保修期限不得低于国务院规定的下述标准。

(1) 基础设施工程、房屋建筑的地基基础工程和主体结构工程，为设计文件规定的该工程的合理使用年限。

基础设施工程、房屋建筑的地基基础工程和主体结构工程的质量，直接关系基础设施工程和房屋建筑的整体安全可靠，必须在该工程的合理使用年限内予以保修，即实行终身负责制。

(2) 屋面防水工程，有防水要求的卫生间、房间和外墙面的防渗漏，为5年。
(3) 供热与供冷系统，为2个采暖期、供冷期。
(4) 电气管线、给排水管道、设备安装和装修工程，为2年。
(5) 其他项目的保修期限由发包方与承包方约定。

在《建设工程质量管理条例》中，对屋面防水工程、供热与供冷系统、电气管线、给排水管道、设备安装和装修工程等的最低保修期限分别作出了规定。建设单位与施工单位经平等协商另行签订保修合同的，其保修期限可以高于法定的最低保修期限，但不能低于最低保修期限，否则视作无效。

建筑工程保修期的起始日是竣工验收合格之日。

应用案例 6-10

某航务公司与一游艇公司签订了一旅游码头工程施工合同，明确航务公司(承包人)保质保量保工期完成发包人(游艇公司)的旅游码头施工任务。工程竣工之后，承包人向发包人提交了竣工报告，发包人为了赶在旅游旺季来临之前增加收入，还没有组织验收便直接使用。使用中发包人发现码头的护舷和系船存在质量问题，于是要求承包人修理，承包人认为工程没有验收，发包人提前使用，承包人不再承担责任。

问题：

(1) 单选题：依据有关法律、法规，该质量问题的责任应由(　　)承担。

A. 承包人　　B. 发包人　　C. 承包人、发包人共同承担　　D. 监理工程师

(2) 工程未经验收，发包人提前使用，可否视为工程已经交付，承包人不再承担责任？

(3) 如果该工程委托监理，出现上述问题该如何处理？

(4) 如果发生上述问题，承包人的保修责任该如何履行？

(5) 上述纠纷，发包人和承包人可以通过哪种方式解决？

案例评析：

(1) B 正确。理由是因为发包人的做法违反了《建筑法》《建设工程质量管理条例》等的相关规定，发包人擅自提前使用未经验收的工程，由此发生的质量问题由发包人负责。但是地基基础工程和主体结构工程的质量除外。

(2) 可视为发包人已经接受该项工程，但是不能免除承包方对地基基础工程和主体结构工程的质量责任和保修责任。

(3) 出现上述问题属于监理工程师没有依照法律提醒发包人不经验收使用的法律后果，并及时组织单位进行验收，存在一定的管理责任。

(4) 承包人保修责任，应依据建设工程保修规定履行，但保修期从该项目使用之日起算。

(5) 发包人和承包人在履行合同中发生争议，可以友好地协商解决或者提请争议评审组评审。合同当事人友好协商解决不成，不愿提请争议评审或者是不接受争议评审组意见，可在专用合同条款中约定下列一种解决方式：①向约定的仲裁委员会申请仲裁；②向有管辖权的人民法院提起诉讼。

2. 保修程序

施工单位自接到保修通知书之日起，必须在两周内到达现场与建设单位共同明确责任方，商议返修内容。属于施工单位责任的，施工单位应按约定日期到达现场；如施工单位未能按期到达现场，建设单位再次通知施工单位，施工单位自接到再次通知书的一周内仍不能到达时，建设单位有权自行返修，所发生的费用由原施工单位承担。不属于施工单位责任的，建设单位应与施工单位联系，商议维修的具体期限。

3. 保修的经济责任

(1) 因施工单位未按国家有关规范、标准和设计要求施工而造成的质量缺陷，由施工单位负责返修并承担经济责任。

(2) 因设计原因造成的质量缺陷，由设计单位承担经济责任，由施工单位负责维修，其费用按有关规定通过建设单位向设计单位索赔，不足部分由建设单位负责。

(3) 因建筑材料、构配件和设备质量不合格引起的质量缺陷，属于施工单位采购的或经其验收同意的，由施工单位承担经济责任；属于建设单位采购的，由建设单位承担经济责任。

(4) 因使用单位使用不当造成的质量问题，由使用单位自行负责。

(5) 因地震、洪水、台风等不可抗力造成的质量问题，施工单位、设计单位不承担经济责任。

应用案例 6-11

2015 年 4 月，某学校建设学生公寓，与某建筑公司签订了一份建筑工程合同。合同约定：工程采用固定总价合同形式，主体工程和内外承重砖一律使用国家标准砌块，每层加水泥圈梁；学校预付合同价款 10%的工程款；工程的全部费用于验收合格后一次付清；交付使用后，如果在 6 个月内发生严重质量问题，由承包人负责修复等。一年后，学生公寓如期完工，在共同进行竣工验收时，学校发现工程 3~5 层的内承重墙墙体裂缝较多，要求建筑公司修复后再验收，建筑公司认为不影响使用而拒绝修复。因为很多新生亟待入住，学校接收了公寓楼。在使用了 8 个月之后，公寓楼 5 层的内承重墙倒塌，致使 1 人死亡、3 人受伤，其中 1 人致残。受害者与学校要求建筑公司赔偿损失，并修复倒塌工程。建筑公司以使用不当且已过保修期为由拒绝赔偿，无奈之下，受害者与学校诉至法院。法院在审理期间对工程事故原因进行了鉴定，鉴定结论为建筑公司偷工减料致宿舍楼内承重墙倒塌。请对此案例进行评析。

案例评析：

《建设工程质量管理条例》第四十条规定，"在正常使用条件下，建设工程的最低保修期限为：(一)基础设施工程、房屋建筑的地基基础工程和主体结构工程，为设计文件规定的该工程的合理使用年限。(二)屋面防水工程、有防水要求的卫生间、房间和外墙面的防渗漏，为 5 年。(三)供热与供冷系统，为 2 个采暖期、供冷期。(四)电器管线、给排水管道、设备安装和装修工程，为 2 年。其他项目的保修期限由发包方与承包方约定。建设工程的保修期，自竣工验收合格之日起计算。"根据上述法律规定，建设工程的保修期限不能低于国家规定的最低保修期限，其中，对地基基础工程、主体结构工程实际规定为终身保修。

在本案例中，学校与建筑公司虽然在合同中双方约定保修期限为 6 个月，但这一期限远远低于国家规定的最低期限，尤其是承重墙属主体结构，其最低保修期限依法应终身保修。双方的质量期限条款违反了国家强制性法律规定，因此是无效的。建筑公司应当向受害者承担损害赔偿责任。损害赔偿责任的内容应当包括：医疗费、因误工减少的收入、残废者生活补助费等。造成受害人死亡的，还应支付丧葬费、抚恤费、死者生前抚养的人必要的生活费用等。

此外，建筑公司在施工中偷工减料，造成质量事故，有关主管部门应当依照《建筑法》的有关规定对其进行法律制裁。

4. 建设工程质量保证金

建设工程质量保证金(以下简称保证金)是指发包人与承包人在建设工程承包合同中约定，从应付的工程款中预留，用以保证承包人在缺陷责任期内对建设工程出现的缺陷进行维修的资金。

1) 缺陷责任期的确定

缺陷是指建设工程质量不符合工程建设强制性标准、设计文件，以及承包合同的约定。缺陷责任期一般为 1 年，最长不超过 2 年，由发承包双方在合同中约定。

缺陷责任期从工程通过竣工验收之日起计。由于承包人原因导致工程无法按规定期限进行竣工验收的，缺陷责任期从实际通过竣工验收之日起计。由于发包人原因导致工程无法按规定期限进行竣工验收的，在承包人提交竣工验收报告 90 天后，工程自动进入缺陷责任期。

2) 质量保证金的预留与使用管理

缺陷责任期内，实行国库集中支付的政府投资项目，保证金的管理应按国库集中支付的有关规定执行。其他政府投资项目，保证金可以预留在财政部门或发包方。缺陷责任期内，如发包方被撤销，保证金随交付使用资产一并移交使用单位管理，由使用单位代行发包人职责。

社会投资项目采用预留保证金方式的，发、承包双方可以约定将保证金交由第三方金融机构托管。

发包人应按照合同约定方式预留保证金，保证金总预留比例不得高于工程价款结算总额的 3%。合同约定由承包人以银行保函替代预留保证金的，保函金额不得高于工程价款结算总额的 3%。

推行银行保函制度，承包人可以银行保函替代预留保证金。在工程项目竣工前，已经缴纳履约保证金的，发包人不得同时预留工程质量保证金。采用工程质量保证担保、工程质量保险等其他保证方式的，发包人不得再预留保证金。

缺陷责任期内，由承包人原因造成的缺陷，承包人应负责维修，并承担鉴定及维修费用。如承包人不维修也不承担费用，发包人可按合同约定从保证金或银行保函中扣除。费用超出保证金额的，发包人可按合同约定向承包人索赔。承包人维修并承担相应费用后，不免除对工程的损失赔偿责任。由他人原因造成的缺陷，发包人负责组织维修，承包人不承担费用，且发包人不得从保证金中扣除费用。

3) 质量保证金的返还

缺陷责任期内，承包人认真履行合同约定的责任，到期后，承包人向发包人申请返还保证金。

发包人在接到承包人返还保证金申请后，应于 14 天内会同承包人按照合同约定的内容进行核实。如无异议，发包人应当按照约定将保证金返还给承包人。对返还期限没有约定或者约定不明确的，发包人应当在核实后 14 天内将保证金返还承包人；逾期未返还的，依法承担违约责任。发包人在接到承包人返还保证金申请后 14 天内不予答复，经催告后 14 天内仍不予答复，视同认可承包人的返还保证金申请。

发包人和承包人对保证金预留、返还以及工程维修质量、费用有争议的，按承包合同约定的争议和纠纷解决程序处理。

习题与思考题

一、单选题

1. 根据《建设工程质量管理条例》，建设工程承包单位在向建设单位提交竣工报告时，应向建设单位出具(   )。
    A. 质量保修书　　B. 质量保证书　　C. 质量维修书　　D. 质量监督报告

2. 《建设工程质量管理条例》第三十一条规定，施工人员对涉及(   )的试块、试件以及有关材料,应当在建设单位或工程监理单位监督下现场取样,并送具有相应资质等级的质量检测单位进行检测。

  A. 结构安全 B. 施工安全 C. 使用安全 D. 环境安全

3. 工程质量指满足( )需要的,符合国家法律法规技术规范标准、设计文件及合同规定的综合特性。

  A. 业主 B. 施工单位 C. 承包单位 D. 监理单位

4. 与建设工程有关的原始资料应该由( )提供。

  A. 建设单位 B. 施工单位 C. 勘察单位 D. 设计单位

5. 见证取样检测是检测试样在( )的见证下,由施工单位有关人员现场取样,并委托检测机构所进行的检测。

  A. 监理单位具有见证人员证书的人员
  B. 建设单位授权的具有见证人员证书的人员
  C. 监理单位或建设单位具备见证资格的人员
  D. 设计单位项目负责人

6. 根据《建设工程质量管理条例》,( )应按照国家有关规定组织竣工验收,建设工程验收合格的,方可交付使用。

  A. 建设单位 B. 施工单位 C. 监理单位 D. 设计单位

7. 按照《建设工程质量管理条例》,屋面的保修年限是( )。

  A. 5 年 B. 10 年 C. 2 年 D. 20 年

8. 竣工验收中的质量评估报告由( )签字。

  A. 建设单位负责人 B. 项目经理
  C. 专业监理工程师 D. 总监理工程师

9. 某工程竣工验收时,某隐蔽工程检测不符合质量要求,经查,是由设计缺陷造成的。下列说法中正确的是( )。

  A. 设计单位承担经济责任,施工单位负责维修
  B. 施工单位不负责维修
  C. 设计单位负责返修,费用由设计单位先行承担
  D. 设计单位负责返修,费用由施工单位先行承担

10. 事故发生后,每级上报时间不得超过( )。

  A. 1 小时 B. 2 小时 C. 3 小时 D. 24 小时

二、多选题

1. 影响建筑工程质量的因素,归纳后主要有( )。

  A. 机械 B. 施工方法 C. 人 D. 材料 E. 环境

2. 生产和供应的建筑材料、构配件及设备应该有( )。

  A. 产品检验合格证 B. 性能检测报告
  C. 设备应该有详细的使用说明书 D. 生产许可证
  E. 保修书

3. 根据设计单位的质量责任和义务,设计单位在设计文件中可以指定( )。

A. 生产商　　　　　　B. 供应商　　　　　　C. 中介机构
D. 有特殊要求的建筑材料　E. 有特殊要求的专用设备

4. 以下单位必须参加工程竣工验收的是(　　)。
   A. 建筑单位　　　　　B. 监理单位　　　　　C. 施工单位
   D. 设计单位　　　　　E. 勘察单位

5. 建设工程竣工验收应当具备的条件包括(　　)。
   A. 施工单位签署的工程质量保修书　B. 勘察、设计单位的质量检查报告
   C. 施工单位提交竣工报告　　　　　D. 规划部门出具的规划认可文件
   E. 建设单位按合同约定支付工程款

6. 下面违反《建设工程质量管理条例》的有(　　)。
   A. 施工单位转包工程　　　　　　B. 建设单位肢解发包
   C. 施工单位没有进行工程自检　　D. 设计单位在设计文件中指定材料供应商
   E. 建设单位提供给施工单位的资料不完整

7. 按照工程质量事故造成的人员伤亡或直接经济损失,重大事故是指(　　)。
   A. 造成10人以上30人以下死亡　B. 造成3人以上10人以下死亡
   C. 造成50人以上100人以下重伤　D. 造成50人以上100人以下伤害
   E. 造成5000万元以上1亿元以下直接经济损失

8. 工程质量责任主体包括(　　)。
   A. 建设单位　B. 监理单位　C. 勘察单位　D. 施工单位　E. 设计单位

9. 《建设工程质量管理条例》规定,关于施工单位的质量责任和义务的说法正确的是(　　)。
   A. 依法挂靠　B. 依法转包　C. 依法分包　D. 见证取样　E. 按图施工

10. 事故报告的内容包括(　　)。
    A. 事故发生单位概况　　　B. 事故的救援情况　　　C. 事故造成的经济损失
    D. 事故的性质　　　　　　E. 事故责任者的处理建议

三、简答题

1. 简述工程竣工验收的条件。
2. 建筑工程质量监督站是什么机构?它的权限与责任是什么?
3. 为什么要规定建设单位的质量责任?它的具体责任有哪些?
4. 总包单位和分包单位的质量责任是如何规定的?
5. 建筑工程的保修期限从何时算起?我国现行规定的保修期限是多长?
6. 施工单位拒绝保修时,建设单位应如何处理?

第 7 章　建筑工程监理法律法规

【学习要点及目标】

- 了解建筑工程监理的概念、监理法规立法概况及建筑工程监理的原则。
- 熟悉建筑工程监理的范围、规模标准、依据和内容。
- 掌握监理委托合同的内容及订立、履行程序。
- 掌握监理委托合同中关于委托人与监理人权利、义务、责任的具体规定。
- 掌握工程监理企业的法律责任和建筑工程监理各方的关系。

【核心概念】

建筑工程监理　建筑工程监理范围　建筑工程监理内容　建筑工程监理合同

【引导案例】

某业主计划将拟建的工程项目在实施阶段委托监理公司进行监理,业主在合同草案中提出以下内容。

(1) 除因业主原因发生时间延误外,其他任何时间延误,监理公司应付相当于施工单位罚款的 20%给业主;如工期提前,监理公司可得到相当于施工单位工期提前奖励 20%的奖金。

(2) 工程图纸出现设计质量问题,监理公司应付给业主相当于设计单位设计费的 5%的赔偿。

(3) 施工期间每发生一起施工人员重伤事故,监理公司应受罚款 1.5 万元;发生一起死亡事故,监理公司应受罚款 3 万元。

(4) 凡由于监理工程师发生差错、失误而造成重大的经济损失,监理公司应付给业主一定比例(取费费率)的赔偿费;如不发生差错、失误,则监理公司可得到全部监理费……

监理公司认为以上条款有不妥之处,经过双方的商讨,对合同内容进行了调整与完善,最后确定了建设工程监理合同的主要条款,包括监理的范围和内容、双方的权利和义务、监理费的计取与支付、违约责任和双方约定的其他事项等。

请思考:
(1) 在该监理合同草案中拟订的几个条款是否有不妥之处?为什么?
(2) 该监理合同是否已包括主要的条款内容?

7.1 建筑工程监理概述

7.1.1 建筑工程监理的概念

建筑工程监理是指工程监理企业接受建设单位委托,依照法律、行政法规及有关的技术标准、设计文件、建设工程监理合同及建设工程承包合同,对承包单位工程质量、进度、安全和资金使用等方面,代表建设单位实施的监督管理。

监理即监督和管理。工程监理是一种特殊的、与其他建筑工程管理行为有着明显区别和差异的工程建设活动。建筑工程监理的实施者是专业化、社会化的监理企业。监理企业是在工程项目建设过程中,用自己的知识、技能和经验为建设单位提供监督管理服务,以满足建设单位对项目管理的需要。

经过 30 多年的实践,工程监理在我国经济高速发展、大量基础设施和工程建设中发挥了重要作用,为保证建设项目的工程质量、安全生产以及人民生命和国家财产安全,为人们安居乐业和社会稳定做出了积极贡献。工程监理行业取得的成就令人瞩目。通过政府、行业协会、监理企业及社会的共同努力,我国在推进项目建设管理模式改革方面取得了重大突破和进展。

◎ 小提示

建筑工程监理与政府的行政管理行为是不同的。建设行政主管部门对工程建设中的立项、规划、用地、环保、消防、施工许可、安全管理、招标投标、工程质量验收、资质审查验证等整个过程和各个环节进行全面的监督管理,这种监督管理是法律、法规规定必须服从的。

7.1.2 建筑工程监理的原则

1. 依法监理的原则

有法可依、依法监理,才能保障建筑工程监理制度的健康发展。自建筑工程监理制度实施以来,我国已颁布了若干相关法律、法规和部门规章,建筑工程监理活动只有严格遵守这些法律、法规的有关规定,才能受到法律承认和保护,否则就要受到法律制裁,承担相应法律责任。

2. 公正、独立、自主的原则

公正、独立、自主原则是建筑工程监理的基本职业道德准则。工程监理企业及其监理人员在对建筑工程实施质量、进度、安全和资金使用等方面的控制时,应当站在独立、公正第三方的立场,做到公正廉洁,严格把关。同时,在处理建设单位与承包单位之间的纠纷时,做到不偏不倚,公平对待。总之,工程监理企业在建筑工程监理过程中,应依法按照有关合同、规范、标准等开展监理工作,维护建设单位和承包单位的合法权益。

3. 总监理工程师全权负责原则

总监理工程师是监理企业履行监理合同的负责人,根据监理合同赋予的权限,全权负责现场监理事务,并领导项目监理部开展监理工作。专业监理工程师、监理员履行具体监理职责,对总监理工程师负责。

7.2 建筑工程监理的范围、依据和内容

7.2.1 建筑工程监理的范围和规模标准

住建部最新发布的《建设工程监理规范》(GB 50319—2013,2014 年 3 月 1 日实施)总则中明确指出:本规范适用于新建、扩建、改建建设工程施工、设备采购和制造的监理工作。

1. 建筑工程强制性监理的范围

我国《建筑法》第三十条规定:"国务院可以规定实行强制性监理的工程范围。"《建设工程质量管理条例》及《建设工程监理范围和规模标准规定》中,明确规定了现阶段我国必须实行监理的建筑工程项目的具体范围,下列建筑工程必须实行监理。

(1) 国家重点建设工程;
(2) 大中型公用事业工程;
(3) 成片开发建设的住宅小区工程;
(4) 利用外国政府或者国际组织贷款、援助资金的工程;

(5) 国家规定必须实行监理的其他工程。

2. 建筑工程强制监理的规模标准

1) 国家重点建设工程

国家重点建设工程是指依据《国家重点建设项目管理办法》所确定的对国民经济和社会发展有重大影响的骨干项目。

> **小提示**
>
> 《国家重点建设项目管理办法》所称国家重点建设项目，是指从下列国家大中型基本建设项目中确定的对国民经济和社会发展有重大影响的骨干项目：①基础设施、基础产业和支柱产业中的大型项目；②高科技并能带动行业技术进步的项目；③跨地区并对全国经济发展或者区域经济发展有重大影响的项目；④对社会发展有重大影响的项目；⑤其他骨干项目。

2) 大中型公用事业工程

大中型公用事业工程是指项目总投资额在 3000 万元以上的下列工程项目。

(1) 供水、供电、供气、供热等市政工程项目；
(2) 科技、教育、文化等项目；
(3) 体育、旅游、商业等项目；
(4) 卫生、社会福利等项目；
(5) 其他公用事业项目。

3) 成片开发建设的住宅小区工程

(1) 建筑面积在 5 万平方米以上的住宅建设工程必须实行监理；
(2) 建筑面积在 5 万平方米以下的住宅建设工程，可以实行监理，具体范围和规模标准，由省、自治区、直辖市人民政府建设行政主管部门规定；
(3) 为保证住宅质量，对高层住宅及地基、结构复杂的多层住宅应当实行监理。

4) 利用外国政府或者国际组织贷款、援助资金的工程

(1) 使用世界银行、亚洲开发银行等国际组织贷款资金的项目；
(2) 使用国外政府及其机构贷款资金的项目；
(3) 使用国际组织或者国外政府援助资金的项目。

> **小提示**
>
> 外国政府贷款期限长、利率低，条件相对比较优惠。不同贷款国别提供的贷款条件不同，比如：日本政府项目贷款转贷期限一般为 30~40 年，利率为 0.75%~2.2%；德国政府贷款转贷期限一般为 15~30 年，利率为 0.75%~3.25%。
>
> 财政部作为我国双边政府贷款的对外窗口，负责与外国政府签署贷款协议或委托转贷银行与国外贷款机构签署贷款协议。各级发改委部门负责项目的立项、可行性研究报告的审批。
>
> 外国政府贷款基本投向交通、能源、城建、电信、农村、水利、环保等国民经济建设的基础行业。

5) 国家规定必须实行监理的其他工程
(1) 项目总投资额在 3000 万元以上关系社会公共利益、公众安全的下列基础设施项目。
① 煤炭、石油、化工、天然气、电力、新能源等项目；
② 铁路、公路、管道、水运、民航以及其他交通运输业等项目；
③ 邮政、电信枢纽、通信、信息网络等项目；
④ 防洪、灌溉、排涝、发电、引(供)水、滩涂治理、水资源保护、水土保持等水利建设项目；
⑤ 道路、桥梁、地铁和轻轨交通、污水排放及处理、垃圾处理、地下管道、公共停车场等城市基础设施项目；
⑥ 生态环境保护项目；
⑦ 其他基础设施项目。
(2) 学校、影剧院、体育场馆项目，不管总投资额多少，都必须实行监理。

7.2.2 建筑工程监理的依据

1. 国家或部门制定颁布的法律、法规、规章

监理企业应当依据《建筑法》《建设工程质量管理条例》《建设工程安全生产管理条例》等法律、法规的规定，对建筑施工全过程、全方位实施监理。虽然监理企业是为建设单位服务的，但对建设单位的违法、违规要求，监理企业有权拒绝。只有这样，才能体现监理公平、独立、诚信、科学的工作原则。

监理企业必须依法依规执业，做好公正的第三方，既要维护建设单位的利益，也不能损害承包单位的合法利益。

2. 国家现行的技术规范、技术标准、规程和工程质量验评标准

《建设工程监理规范》(GB 50319—2013)是监理企业和监理工作人员进行监理工作的行为规范。技术标准分为强制性标准和推荐性标准，强制性标准必须执行。国家鼓励采用推荐性标准。法律、行政法规和国务院决定对强制性标准的制定另有规定的，从其规定。对保障人身健康和生命财产安全、国家安全、生态环境安全以及满足经济社会管理基本需要的技术要求，应当制定强制性国家标准；对满足基础通用、与强制性国家标准配套、对各有关行业起引领作用等需要的技术要求，可以制定推荐性国家标准。

《建筑工程施工质量验收统一标准》(GB 50300—2001)规定，工程质量只有合格与不合格等级，取消原来的优良等级。

3. 审查批准的建设文件、设计文件和设计图纸

国家批准的工程项目建设文件，主要包括建设计划、规划、设计文件等。这既是政府有关部门对工程建设进行审查、控制的结果，是一种许可，也是工程实施的依据。施工单位依照经审查合格的设计文件和图纸施工，监理企业也必须按照设计文件和图纸对施工单位的活动进行监督管理。

4. 建设工程施工合同、建设工程监理合同及其他各类工程合同文件

依法签订的建设工程施工合同，是工程建设监理工作具体控制工程投资、质量、进度

的主要依据。监理工程师以此为尺度严格监理，并努力达到工程实施的依据。监理企业必须依据监理委托合同中的授权行事。监理企业应当根据监理合同中规定的监理工作内容和权限，依据上述各种建设工程合同来开展监理工作。最主要的是依据建设工程施工合同监督施工企业是否全面履行建设工程承包合同规定的全部内容和义务。

7.2.3 建筑工程监理的任务与内容

建筑工程监理工作具有技术管理、经济管理、合同管理、组织管理和工作协调等多项业务职能，监理工作的内容在工程建设各阶段也不尽相同。

1. 建筑工程监理的任务

建筑工程监理的任务概括起来就是"三控制、三管理、一协调"共七项任务。

1) 三控制

工程建设监理的核心工作是进行项目目标控制，即工程质量控制、工程造价控制、工程进度控制。监理的任务就是根据建设单位的要求，尽可能实现这三项目标整体最优状态。由于建筑工程在不同时间和空间开展，控制就要针对不同的时间和空间来实施；工程在不同的阶段进行，控制就要在不同阶段展开；工程建设项目受到外部和内部因素的干扰，控制就要采取不同的对策；计划目标伴随着工程的变化而调整，控制就要不断地适应调整的计划。因此，造价、进度、质量控制是动态的，且贯穿于工程项目的整个监理过程中。

(1) 工程质量控制是指监理工程师组织参加施工的承包商，按合同标准进行建设，并对形成质量的诸因素进行检测、核验，对差异提出调整、纠正措施的监督管理过程，这是监理工程师的一项重要职责。

(2) 工程造价控制不是指投资越少越好，而是指在工程项目投资范围内得到合理控制。项目投资目标的控制是使该项目的实际投资小于或等于该项目的计划投资(业主所确定的投资目标值)。

(3) 工程进度控制是指项目实施阶段(包括设计准备、设计、施工、使用前准备各阶段)的进度控制。其控制的目的是通过采用控制措施，确保项目交付使用时间目标的实现。

小提示

有些教材把"工程造价控制"也写作"成本控制"。成本控制是对施工企业来说的，而监理企业是受建设单位委托的，所以应该是"工程造价控制"更准确些，2013版《建设工程监理规范》中也是如此描述。

2) 三管理

项目监理部的管理工作主要包括安全生产管理的监理工作、合同管理和工程建设过程中有关信息的管理。

(1) 项目监理机构安全生产管理的监理工作：应根据法律法规、工程建设强制性标准履行建筑工程安全生产管理的监理职责，并应将安全生产管理的监理工作内容、方法和措施纳入监理规划和监理实施细则中。

(2) 项目监理机构在建筑工程监理过程中的合同管理工作：主要是根据监理合同的要求对工程承包合同的签订、履行、变更和解除进行监督、检查，对合同双方的争议进行调解和处理,以保证合同的依法签订和全面履行。

(3) 项目监理机构在建筑工程中的信息管理工作:是指在实施监理的过程中,对所需的信息进行收集、整理、处理、存储、传递、应用等一系列工作的总称。在工程建设过程中,监理工程师开展监理活动的中心任务是目标控制,而进行目标控制的基础是信息。只有掌握大量的、来自各领域的、准确的、及时的信息,监理工程师才能够充满信心,以便做出科学的决策,高效能地完成监理工作。监理文件资料是实施监理过程的真实反映,既是监理工作成效的根本体现,也是工程质量、生产安全事故责任划分的重要依据,项目监理机构应做到"明确责任,专人负责"。

3) 一协调

协调好参与工程建设的各方主体的工作关系,是监理工程师能顺利开展工作的前提条件。建筑工程监理目标的实现,需要监理工程师扎实的专业知识和对监理程序的有效执行,此外,还要求监理工程师有较强的组织协调能力。通过组织协调,联结、联合、调和所有的活动及力量,其目的是促使各方主体协同一致,使各方主体能够互相配合以实现监理目标,使监理工作实施和运行过程顺利。协调工作应贯穿于整个建设工程实施及其管理过程中。

(1) 协调的原则。

① 目标性原则。实现工程建设目标是工程建设各方的愿望,更是监理工作的工作准则,是监理协调管理的总则。为增强参建各方的凝聚力,协调工作要以有利于目标的实现为原则。

② 依法原则。协调要依据合同条件和法律文件,在业主授权范围内开展工作,在解决冲突的过程中,依法办事,依合同处理问题。

③ 协商原则。协调管理要充分协商,力求使工程建设各方通力合作,互利互谅,达成统一意见,实现多方共赢;同时,协调过程中要以说服为主,强制为辅,耐心细致地处理矛盾,避免使自身卷入矛盾或产生新的矛盾。

④ 尽早原则。协调管理要在矛盾冲突未发生或发生的前期及时解决,能在事前协调就不在事中协调,能在事中协调就不在事后协调,避免矛盾冲突扩大化,避免业主利益受损失,避免工程受损失。例如,合同问题最好在合同洽谈、签订阶段便协调解决好,尽可能不在执行中引起纠纷。

⑤ 连续性原则。协调要有连续性和一致性,下一次协调要在上一次协调的基础上进一步协调,最好不要推翻上一次的约定,重新协调。

(2) 协调工作的主要方法。

① 抓好合同洽谈、签订以及变更、修订工作,落实各方的权利、义务、责任和利益,明确分工与协作的工作流程,做到规范管理。

② 抓好各类计划的编制和综合,使进度协调统一,使资源配置合理,需求平衡。

③ 抓好信息管理和沟通,建立良好的沟通渠道和流程。

④ 明确相应的协调会议制度,主持协调会议要主动把握协调会议的进程,会议必须形成各方签认的纪要。协调会议有:第一次工地会议、每周监理例会、专题协调会议等。

2. 建筑工程监理的实施

1) 工程监理企业履行建筑工程监理合同时，在施工现场派驻项目监理机构

项目监理机构的组织形式和规模，应根据建筑工程监理合同约定的服务内容、服务期限以及工程特点、规模、技术复杂程度、环境等因素确定。

2) 编制监理规划及监理实施细则

监理规划应在签订建筑工程监理合同及收到工程设计文件后编制，在召开第一次工地会议前报送建设单位。监理规划应明确项目监理机构的工作目标，确定具体的监理工作制度、内容、程序、方法和措施，并具有指导性和针对性。监理实施细则、旁站监理方案应符合监理规划的要求，并结合工程特点，具有可操作性。针对危险性较大的分部分项工程还要编制专项监理实施细则。

3) 工程质量、投资、进度控制及安全生产管理的监理工作

(1) 项目监理机构根据建筑工程监理合同的约定，遵循动态控制原理，坚持预防为主的原则，制定和实施相应的监理措施，采用旁站、巡视和平行检验等方式对建设工程实施监理。

(2) 监理人员应熟悉工程设计文件，并应参加建设单位主持的图纸会审和设计交底会议，会议纪要应由总监理工程师签认。

(3) 工程开工前，监理人员应参加由建设单位主持召开的第一次工地会议，会议纪要由项目监理机构负责整理，与会各方代表会签。

(4) 项目监理机构应定期召开监理例会，组织有关单位研究解决工程监理相关问题。项目监理机构可根据工程需要，主持或参加专题会议，解决监理工作范围内工程专项问题。监理例会、专题会议的会议纪要由项目监理机构负责整理，与会各方代表会签。

小提示

工地例会是由项目监理机构主持的，在工程实施过程中针对工程质量、投资、进度、合同管理等事宜定期召开的，由有关单位参加的会议。

在施工过程中，总监理工程师应定期主持召开工地例会。会议纪要应由项目监理机构负责起草，并经与会各方代表会签。

专题工地会议是为解决施工过程中的专门问题而召开的会议，由总监理工程师或其授权的监理工程师主持。工程项目和主要参建单位均可向项目监理机构书面提出召开专题工地会议的建议。建议内容包括：主要议题、与会单位、人员及召开时间。经总监理工程师与有关单位协商，取得一致意见后，由总监理工程师签发召开专题工地会议的书面通知，与会各方应认真做好会前准备。专题工地会议纪要的形成过程与工地例会相同。

(5) 项目监理机构应采用有效方式沟通协调工程建设相关方的关系。项目监理机构与工程建设相关方之间的工作联系，除另有规定外，宜采用工作联系单的形式进行。

(6) 项目监理机构应审查施工单位报审的施工组织设计，符合要求的，由总监理工程师签认后报送建设单位。项目监理机构应要求施工单位按照已批准的施工组织设计组织施工。施工组织设计需要调整的，项目监理机构应按程序重新审查。

施工组织设计审查的基本内容包括：编审程序应符合相关规定；施工进度、施工方案

及工程质量保证措施应符合施工合同要求;资金、劳动力、材料、设备等资源供应计划应满足工程施工需要;安全技术措施应符合工程建设强制性标准;施工总平面布置应科学合理。

(7) 总监理工程师应组织专业监理工程师审查施工单位报送的开工报审表及相关资料,同时具备以下条件的,由总监理工程师签署审核意见,报建设单位批准后,总监理工程师签发开工令:设计交底和图纸会审已完成;施工组织设计已由总监理工程师签认;施工单位现场质量、安全生产管理体系已建立,管理及施工人员已到位,施工机械具备使用条件,主要工程材料已落实;进场道路及水、电、通信等已满足开工要求。

(8) 分包工程开工前,项目监理机构应审核施工单位报送的分包单位资格报审表,专业监理工程师提出审查意见后,由总监理工程师审核签认。

分包单位资格审核的基本内容如下。

① 营业执照、企业资质等级证书;
② 安全生产许可文件;
③ 类似工程业绩;
④ 专职管理人员和特种作业人员的资格。

(9) 工程质量、投资、进度控制及安全生产管理的其他具体监理工作。

4) 工程变更、索赔及施工合同争议处理

项目监理机构应依据建设工程监理合同的约定进行施工合同管理,处理工程变更、索赔及施工合同争议等事宜。施工合同终止时,项目监理机构应协助建设单位按施工合同约定处理施工合同终止的有关事宜。

5) 监理文件资料管理

项目监理机构建立完善的监理文件资料管理制度,设专人管理监理文件资料。项目监理机构应及时、准确、完整地收集、整理、编制、传递监理文件资料,应采用计算机技术进行监理文件资料管理,实现监理文件资料管理的科学化、程序化、规范化。

6) 设备采购与设备监造

项目监理机构应根据建筑工程监理合同约定的设备采购与设备监造工作内容,配备监理人员,明确岗位职责。项目监理机构应编制设备采购与设备监造工作计划,协助建设单位编制设备采购与设备监造方案。

7) 相关服务

工程监理企业应根据建筑工程监理合同约定的相关服务范围,开展相关服务工作,编制相关服务工作计划。相关服务包括工程勘察设计阶段服务和工程保修阶段服务。相关服务酬金应在协议书中约定。

3. 总监理工程师及总监理工程师代表职责

(1) 总监理工程师应履行下列职责。

① 确定项目监理机构人员及其岗位职责。
② 组织编制监理规划,审批监理实施细则。
③ 根据工程进展及监理工作情况调配监理人员,检查监理人员工作。
④ 组织召开监理例会。

⑤ 组织审核分包单位资格。
⑥ 组织审查施工组织设计、(专项)施工方案。
⑦ 审查工程开复工报审表,签发工程开工令、暂停令和复工令。
⑧ 组织检查施工单位现场质量、安全生产管理体系的建立及运行情况。
⑨ 组织审核施工单位的付款申请,签发工程款支付证书,组织审核竣工结算。
⑩ 组织审查和处理工程变更。
⑪ 调解建设单位与施工单位的合同争议,处理工程索赔。
⑫ 组织验收分部工程,组织审查单位工程质量检验资料。
⑬ 审查施工单位的竣工申请,组织工程竣工预验收,组织编写工程质量评估报告,参与工程竣工验收。
⑭ 参与或配合工程质量安全事故的调查和处理。
⑮ 组织编写监理月报、监理工作总结,组织整理监理文件资料。

(2) 总监理工程师不得将下列工作委托给总监理工程师代表。
① 组织编制监理规划,审批监理实施细则。
② 根据工程进展及监理工作情况调配监理人员。
③ 组织审查施工组织设计、(专项)施工方案。
④ 签发工程开工令、暂停令和复工令。
⑤ 签发工程款支付证书,组织审核竣工结算。
⑥ 调解建设单位与施工单位的合同争议,处理工程索赔。
⑦ 审查施工单位的竣工申请,组织工程竣工预验收,组织编写工程质量评估报告,参与工程竣工验收。
⑧ 参与或配合工程质量安全事故的调查和处理。

小提示

监理企业可以接受建设单位委托,承担以下技术服务:①协助建设单位办理项目报建手续;②协助建设单位办理项目申请供水、供电、供气、电信线路等协议或批文;③协助建设单位制定商品房营销方案等。

在我国监理企业只接受建设单位的委托,即只为建设单位服务,它不能接受承包单位的委托为其提供管理服务。而在国际上,建设项目管理可以按服务对象不同分为为建设单位服务的项目管理和为承包单位服务的项目管理。

7.3 建筑工程监理合同

实行监理的建筑工程,委托方与监理方签订书面监理合同是国际上通行的做法。《建筑法》第三十一条规定:实行监理的建筑工程,由建设单位委托具有相应资质条件的工程监理单位监理。建设单位与其委托的工程监理单位应当订立书面委托监理合同。

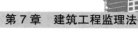

7.3.1 建筑工程监理合同概述

1. 建筑工程监理合同的概念

建筑工程监理合同简称监理合同,是指委托人与监理方就委托的工程项目管理内容签订的明确双方权利、义务的协议。

建设单位(或称为业主)为委托人,监理企业为受托人或监理人。

2. 建筑工程监理合同的特征

监理合同是一种特殊的委托合同,它除具有委托合同的共同特点外,还具有以下特点。

1) 关于主体资格

监理合同的委托人应当是具有民事权利能力和民事行为能力,取得法人资格的企事业单位、其他社会组织和个人。监理人必须是依法成立的具有法人资格的监理企业,并且所承担的监理业务应与企业自身资质相符合。

2) 关于合同标的

监理合同与建筑工程实施阶段所签订的其他合同的最大区别是标的性质上的差异,监理合同的标的是服务,而勘察设计合同、物资采购合同、施工承包合同等的标的物是产生新的物质成果或信息成果。

正因为监理合同标的这一特殊性,监理企业不是建筑产品的直接经营者,它只是接受委托,凭借监理工程师的知识、经验、技能,为建设单位所签订的其他合同的正确履行实施监督和管理的职责。

3) 内容必须合法

监理合同的工作内容必须符合工程项目建设程序,遵守有关法律、行政法规等的规定。

3. 建设工程监理合同

《建设工程监理合同(示范文本)》是由住房和城乡建设部及国家市场监督管理总局,依据有关法律、法规,组织有关各方面的专家共同编制的,它能够比较准确地反映合同双方所要实现的意图,具有很好的指导和示范作用。

推行《建设工程监理合同(示范文本)》,有利于提高合同签订的质量,减少双方签订合同的工作量,也利于保护合同当事人的合法权益。

住房和城乡建设部及国家市场监督管理总局最新颁布的《建设工程监理合同(示范文本)》(GF—2012—0202)由协议书、通用条件、专用条件及附录A、附录B组成。

1) 协议书

协议书是一份标准的格式文件,其主要内容为工程概况、词语限定、总监理工程师、签约酬金、期限、双方承诺、合同订立和合同文件的组成等。

协 议 书

委托人(全称):

监理人(全称):

根据《民法典》《建筑法》及其他有关法律、法规,遵循平等、自愿、公平和诚信的原则，双方就下述工程委托监理与相关服务事项协商一致，订立本合同。

一、工程概况

1. 工程名称：_____；
2. 工程地点：_____；
3. 工程规模：_____；
4. 工程概算投资额或建筑安装工程费：_____。

二、词语限定

协议书中相关词语的含义与通用条件中的定义与解释相同。

三、组成本合同的文件

1. 协议书；
2. 中标通知书(适用于招标工程)或委托书(适用于非招标工程)；
3. 投标文件(适用于招标工程)或监理与相关服务建议书(适用于非招标工程)；
4. 专用条件；
5. 通用条件；
6. 附录，即：

附录 A 相关服务的范围和内容
附录 B 委托人派遣的人员和提供的房屋、资料、设备

本合同签订后，双方依法签订的补充协议也是本合同文件的组成部分。

四、总监理工程师

总监理工程师姓名：_____，身份证号码：_____，注册号：_____。

五、签约酬金

签约酬金(大写)：_____(¥_____)。

包括：

1. 监理酬金：_____。
2. 相关服务酬金：_____。

其中：

(1) 勘察阶段服务酬金：_____。
(2) 设计阶段服务酬金：_____。
(3) 保修阶段服务酬金：_____。
(4) 其他相关服务酬金：_____。

六、期限

1. 监理期限：自____年____月____日始，至____年____月____日止。
2. 相关服务期限：

(1) 勘察阶段服务期限自_____年___月___日始，至_____年___月___日止。
(2) 设计阶段服务期限自_____年___月___日始，至_____年___月___日止。
(3) 保修阶段服务期限自_____年___月___日始，至_____年___月___日止。
(4) 其他相关服务期限自_____年___月___日始，至_____年___月___日止。

七、双方承诺

1. 监理人向委托人承诺，按照本合同约定提供监理与相关服务。
2. 委托人向监理人承诺，按照本合同约定派遣相应的人员，提供房屋、资料、设备，并按本合同约定支付酬金。

八、合同订立

1. 订立时间：　　　　年　　　月　　　日。
2. 订立地点：　　　　　　　　　　　　　　。
3. 本合同一式____份，具有同等法律效力，双方各执____份。

委托人：　　　　（盖章）	监理人：　　　　（盖章）
住所：	住所：
邮政编码：	邮政编码：
法定代表人或其授权的代理人____（签字）	法定代表人或其授权的代理人：__（签字）
开户银行：	开户银行：
账号：	账号：
电话：	电话：
传真：	传真：
电子邮箱：	电子邮箱：

2) 通用条件

通用条件的内容包括了合同中所用词语的定义与解释，监理人的义务(包括监理的范围和工作内容、监理与相关服务依据、项目监理机构和人员、监理人的义务等)，委托人的义务(包括告知、提供资料、提供工作条件、委托人代表、委托人意见或要求、答复、支付等)，违约责任(包括监理人的违约责任、委托人的违约责任及除外责任)，支付(包括支付货币、支付申请、支付酬金、有争议部分的付款)，合同的生效、变更、暂停、解除与终止，争议的解决以及其他(包括检测费用、咨询费用、奖励、保密等)。通用条件适用于各类建设工程项目监理，委托人、监理人都应遵守。

3) 专用条件

由于通用条件适用于各行各业所有项目的建设工程监理，因此其条款相对于实际工程来说显得比较笼统。所以，具体签订某工程项目监理合同时，需要结合工程特点、地域特点、专业特点等，对通用条件中的某些条款进行补充。

补充条款是指通用条件中的某些条款明确规定，在该条款确定的原则下，在专用条件的条款中进一步明确具体内容，使两个条件中相同序号的条款共同组成一条内容完备的条款。

7.3.2　监理合同的订立

建设工程监理合同的订立，意味着委托关系的形成，委托人与监理人之间的关系将受到合同约束。签订监理合同是一种法律行为，因此必须按照法律、法规所规定的程序签订。

建设单位在选择工程监理企业时，从合同签订前的准备到合同的谈判直至合同的签订，应按以下程序进行。

1. 委托人对监理人的资格预审

可以通过招标预审进行，也可以通过社会调查进行。
(1) 审查其法人资格。
(2) 审查其企业资质。
(3) 审查其实际能力及社会信誉。包括监理人员素质、主要检测设备情况、监理业绩等。

2. 监理人对委托人及工程的调查

(1) 核查委托人是否具有签订合同的合法资格；
(2) 核查该工程是否合法可行；
(3) 核查委托人是否具有相当的经济基础。

3. 监理人的风险、利益评估

(1) 监理企业应考量自身实际条件后，判断承担该项目所能获得的预计利润；
(2) 监理企业应充分考虑自己的特点和竞争对手的实力后，判断投标风险及投标报价。

4. 中标后的合同谈判

无论是建设单位还是监理企业，都应本着平等协商的观念对合同条款进行磋商。

在使用《建设工程监理合同(示范文本)》时，对通用条件的哪些条款不予采用，专用条件哪些需要具体规定，以及有补充条款的，都应逐条加以确认。

签订合同时讨论越充分、内容越具体、责任越明确，将来的争议越少，越有利于合同的履行。

5. 监理合同的签订

建设单位和监理企业双方就建设工程监理合同的各项条款达成一致后，就可以正式签订合同文件。合同一旦签订，双方的行为将受到合同的约束。

订立合同时需注意以下问题。
(1) 签订合同必须是双方法定代表人或经其授权的代表签署并监督执行；
(2) 双方的书面交往文件或确认某些口头协议的函件，构成招投标文件，不可忽视；
(3) 通用条件和专用条件没有覆盖的内容，经双方达成一致应写入补充条款；
(4) 合同应做到文字简洁、清晰、严密，以保证意思表达准确。

7.3.3 监理合同的履行

监理合同的履行，是指委托人与监理人双方依据监理合同的规定，实现各自享有的权利，并承担各自负有的义务。

1. 监理人应完成的监理工作

监理工作包括正常工作、附加工作和相关服务。
在监理合同通用条件中给出了如下含义。
(1) "正常工作"指本合同订立时通用条件和专用条件中约定的监理人的工作。
(2) "附加工作"指本合同约定的正常工作以外监理人的工作。

(3) "相关服务"指监理人受委托人的委托,按照本合同约定,在勘察、设计、保修等阶段提供的服务活动。

2. 监理人监理合同的履行

《建设工程监理规范》中规定了建设工程监理工作的基本程序,监理人履行合同时基本按照此程序进行。实际工作中也可能产生监理工作内容的增减或工作程序颠倒的现象,但无论出现何种变化都必须坚持监理工作"先审核后实施、先验收后施工(下道工序)"的基本原则。

1) 确定项目总监理工程师,建立项目监理机构

监理企业应于委托监理合同签订后10天内将项目监理机构的组织形式、人员构成及对总监理工程师的任命书面通知建设单位。当总监理工程师需要调整时,监理企业应征得建设单位同意并书面通知施工单位。

2) 制订工程项目监理规划

监理规划是监理机构开展监理活动的指导性文件,应包括以下主要内容。

(1) 工程项目概况;
(2) 监理工作的范围、内容、目标和依据;
(3) 监理机构的组织形式及人员配备;
(4) 监理工作程序、方法、措施及制度;
(5) 监理设施。

3) 制定工程项目监理实施细则

监理实施细则由专业监理工程师编制,应符合监理规划的要求,并结合具体工程项目的专业特点,做到详细具体,具有可操作性。

4) 在监理规划和实施细则的指导下开展监理工作

监理工作的范围、内容、工作时间等在监理合同中都有明确规定。监理机构应公正、独立、自主地开展监理工作,维护建设单位和承包单位的合法权益。

5) 提交工程建设监理档案资料

监理资料中,施工合同文件、勘察设计文件等都是由委托人无偿提供的,还有隐蔽工程验收资料和质量评定资料,监理企业均应提交给建设单位。监理文件资料应包括下列主要内容。

(1) 勘察设计文件、建设工程监理合同及其他合同文件;
(2) 监理规划、监理实施细则;
(3) 设计交底和图纸会审会议纪要;
(4) 施工组织设计、专项施工方案、施工进度计划报审文件资料;
(5) 分包单位资格报审文件资料;
(6) 施工控制测量成果报验文件资料;
(7) 总监理工程师任命书,工程开工令、暂停令、复工令,工程开工或复工报审文件;
(8) 工程材料、构配件、设备报验文件资料;
(9) 见证取样和平行检验文件资料;
(10) 工程质量检查报验资料及工程有关验收资料;
(11) 工程变更、费用索赔及工程延期文件资料;

(12) 工程计量、工程款支付文件资料；
(13) 监理通知单、工作联系单与监理报告；
(14) 第一次工地会议、监理例会、专题会议等会议纪要；
(15) 监理月报、监理日志、旁站记录；
(16) 工程质量或生产安全事故处理文件资料；
(17) 工程质量评估报告及竣工验收监理文件资料；
(18) 监理工作总结。

监理工作总结包括：工程概况、项目监理机构、建设工程监理合同履行情况、监理工作成效、监理工作中发现的问题及其处理情况、说明和建议。

3. 监理酬金的支付

1) 正常监理工作的酬金

正常的监理酬金的构成，是监理单位在工程项目监理中所需的全部成本，再加上合理的利润和税金。

2) 附加监理工作的酬金

(1) 增加监理工作时间的补偿酬金。

报酬=附加工作天数×(合同约定的报酬÷合同中约定的监理服务天数)

(2) 增加监理工作内容的补偿酬金。

增加监理工作的范围或内容属于监理合同的变更，双方应另行签订补充协议，并具体商定报酬额或报酬的计算方法。

3) 额外监理工作的酬金

额外监理工作酬金按实际增加工作的天数计算补偿金额，可参照上式计算。

4) 奖金

监理人在监理过程中提出的合理化建议使委托人得到了经济效益，有权按专用条款的约定获得经济奖励。奖金的计算办法是：

$$奖励金额=工程费用节省额×报酬比率$$

5) 支付

(1) 在监理合同实施中，监理酬金支付方式可以根据工程的具体情况双方协商确定。一般采取首期支付多少，以后每月(季)等额支付，工程竣工验收后结算尾款。

(2) 支付过程中，如果委托人对监理人提交的支付通知书中酬金或部分酬金项目提出异议，应在收到支付通知书 24 h 内向监理人发出表示异议的通知，但不得拖延其他无异议酬金项目支付。

(3) 当委托人在议定的支付期限内未予支付的，自规定之日起向监理人补偿应支付酬金的利息。利息按规定支付期限最后 1 d 银行贷款利息率乘以拖欠酬金时间计算。

7.3.4 建设工程监理的法律责任

1. 违约责任

1) 监理人的违约责任

监理人未履行本合同义务的，应承担以下相应的责任。

(1) 因监理人违反本合同约定给委托人造成损失的，监理人应当赔偿委托人损失。赔偿金额的确定方法在专用条件中约定。监理人承担部分赔偿责任的，其承担赔偿金额由双方协商确定。

(2) 监理人向委托人的索赔不成立时，监理人应赔偿委托人由此发生的费用。

2) 委托人的违约责任

委托人未履行本合同义务的，应承担以下相应的责任。

(1) 委托人违反本合同约定造成监理人损失的，委托人应予以赔偿。

(2) 委托人向监理人的索赔不成立时，应赔偿监理人由此发生的费用。

(3) 委托人未能按期支付酬金超过 28 天，应按专用条件约定支付逾期付款利息。

3) 除外责任

因非监理人的原因，且监理人无过错，发生工程质量事故、安全事故、工期延误等造成的损失，监理人不承担赔偿责任。

因不可抗力导致本合同全部或部分不能履行时，双方各自承担其因此而造成的损失、损害。

2. 工程监理企业的法律责任

(1) 工程监理企业未取得《工程监理企业资质证书》承揽监理业务的，予以取缔，处合同约定的监理酬金 1 倍以上 2 倍以下的罚款；有违法所得的，予以没收。

(2) 工程监理企业以欺骗手段取得《工程监理企业资质证书》承揽监理业务的，吊销资质证书，处合同约定的监理酬金 1 倍以上 2 倍以下的罚款；有违法所得的，予以没收。

(3) 工程监理企业超越本企业资质等级承揽监理业务的，责令停止违法行为，处合同约定的监理酬金 1 倍以上 2 倍以下的罚款；可以责令停业整顿，降低资质等级；情节严重的，吊销资质证书；有违法所得的，予以没收。

(4) 工程监理企业允许其他单位或者个人以本企业名义承揽监理业务的，责令改正，没收违法所得，处合同约定的监理酬金 1 倍以上 2 倍以下的罚款；可以责令停业整顿，降低资质等级；情节严重的，吊销资质证书。

(5) 工程监理企业转让监理业务的，责令改正，没收违法所得，处合同约定的监理酬金 25%以上 50%以下的罚款；可以责令停业整顿，降低资质等级；情节严重的，吊销资质证书。

(6) 工程监理企业有下列行为之一的，责令改正，处 50 万元以上 100 万元以下的罚款，降低资质等级或者吊销资质证书；有违法所得的，予以没收；造成损失的，承担连带赔偿责任。

① 与建设单位或者施工单位串通，弄虚作假，降低工程质量的；

② 将不合格的建设工程、建筑材料、建筑构配件和设备按照合格签字的。

(7) 工程监理企业与监理工程的施工承包单位及建筑材料、建筑构配件和设备供应单位有隶属关系或者其他利害关系承担该项建设工程的监理业务的，责令改正，处 5 万元以上 10 万元以下罚款，降低资质等级或者吊销资质证书；有违法所得的，予以没收。责令停业整顿、降低资质等级和吊销资质证书的行政处罚，由颁发资质证书的机关决定；其他行政处罚，由建设行政主管部门或者其他有关部门依照法定职权决定。

应用案例 7-1

某建设工程项目开工后，业主代表、项目总监、承包商在监理合同及施工合同的指导下，使各项工作进展得比较顺利。后来，发生了这样两件事：

(1) 项目在基础施工过程中，由于班组违章作业，基础插筋位移，出现质量事故，监理方发现后通知承包商整改，直到合格为止。承包商已执行监理方的指令，造成的一切损失均由承包商承担。监理方将此事故的出现及处理情况向业主做了报告，而业主代表向监理方行文讲："项目基础工程出现质量事故，作为监理公司也有一定的责任，现通知你们扣1%的监理费。"

(2) 为了确保现场文明施工，业主代表行文要求承包商将项目多余土方运到指定地点(合同规定)，若发现承包商任意卸土，卸一车罚款 1 万元(合同无此规定)。承包商违背了这一指令任意卸土 15 车。当月业主代表在监理审定的监理月报中扣款 15 万元。承包商申述不同意扣款。

问题：

如果你是监理方，对这两件事应该怎样处理？

案例评析：

(1) 业主方的扣款理由监理方是不能接受的。因为承包商的质量事故不是执行监理方的错误指令形成的。监理方没有过失，因而扣 1%的监理费不能接受。

(2) 扣 15 万元的做法也是不应该的。因为合同中虽然说明不得任意卸土，但并没有罚款规定，罚款规定是业主后来行文规定的，并不符合合同规定。监理工程师应该要求承包商处理这 15 车乱卸的土，在工程结算时应该向承包商支付这 15 万元。

应用案例 7-2

某工程项目监理公司承担施工阶段管理，该工程项目已交工并已投产半年。在承包商保修时间内，监理方的服务已经结束，但由于结算没有最后审定，监理费的尾款业主也没有支付。在这种情况下，发生以下问题。

(1) 该项目一个车间在使用循环水过程中，一个 DN300 的阀门爆裂，铸铁盖破碎后坠落，险些伤人，业主方作为重大事故处理，召开现场会谴责承包商，并要求设计、施工、监理、用户各自申述自己的观点，找出阀门破裂的原因。

(2) 该项目一个车间在晚上工人下班后，车间内发水，积水 10 cm 左右，给办公用品造成损失，有些设备也被水浸，但没有造成损失，只是停产 4 小时清理积水。经查是消防水箱处一个活接头(共 160 多个接头)未拧紧脱丝所致。业主向承包商提出索赔。

(3) 在审查结算时，承包商对一台小天车的报价请监理方进行了确认。按合同规定设备订货价格以承包商与供应商签订的合同为凭证，该天车订货合同价为 95000 元/台，生产厂家是业主及设计单位指定的，监理方没有再进行询价工作就确认了合同价。在工程结算过程中，业主方预算审定部门对天车价格表示怀疑，经业主方询价同型号同厂天车为 25000 元/台，经了解证实，该天车订货合同是个假合同。

问题：

作为监理方，对上述事件是否承担部分责任？监理方应该如何处理以上事件？

案例评析：

(1) 对于事件(1)监理方的报告内容如下。

该车间已经投产，该管道阀门在安装后测试打压均符合设计要求，监理方及业主代表已验收签证。在保修阶段阀门破裂，承包商有一定的责任。建议业主代表主持召开由用户、设计、承包商参加的技术会议，分析事故原因，提出整改方案，尽快进行修复。作为监理方，在不收取报酬的前提下，可参加事故分析会，若事故与监理方有关，将无偿予以监理。若事故与监理方无关，当业主代表同意增加服务报酬后，可进行监理。

(2) 该项目已经竣工，监理方服务已结束。活节头脱丝跑水属偶然事故，建议用户与承包商共同检查全部活节头，避免类似事故再次发生。关于业主提出索赔问题，应由业主方与承建商双方协商解决，监理方不能处理。

(3) 监理方应承担没有向生产小天车厂家询价的责任。监理方应建议业主扣除承包商一台小天车的价差 7 万元。

应用案例 7-3

某大型设备振动试验台为厚大钢筋混凝土结构。负责该项目的专业监理工程师在该工程开工前审查了承包人的施工方案，编制了监理实施细则。

承包单位为抢进度，在完成钢筋工程后马上派质检员到监理办公室请负责该项目监理的专业监理工程师进行隐蔽工程验收。该监理工程师立即到现场进行检查，发现钢筋焊接接头、钢筋间距和保护层等方面不符合设计和规范要求，随即口头指示承包单位整改。

承包单位在自购钢筋进场之前按要求向专业监理工程师提交了合格证，在监理员的见证下取样，送样进行复试，结果合格。专业监理工程师经审查同意该批钢筋进场使用。但在隐蔽工程验收时，发现承包单位未做钢筋焊接试验，故专业监理工程师责令承包单位在监理人员见证下取样送检，试验结果发现钢筋母材不合格。经对钢筋重新检验，最终确认该批钢筋不合格。监理工程师随即发出不合格项目通知，要求承包单位拆除不合格钢筋，并重置，同时报告了业主代表。承包单位以本批钢筋已经监理人员验收为理由，不同意拆除，并提出若拆除，应延长工期 10 天，补偿直接损失 40 万元的索赔要求。业主得知此事后，认为监理有责任，要求监理企业按委托监理合同约定的比例赔偿业主损失 6000 元。

问题：

(1) 如此进行隐蔽工程验收，在程序上有何不妥？正确的程序是什么？
(2) 监理工程师要求承包单位整改的方式有何不妥之处？
(3) 业主对监理企业提出索赔要求是否合理？为什么？
(4) 监理工程师对承包单位的索赔要求应如何处理？为什么？

案例评析：

(1) 如此进行隐蔽工程验收是不妥当的。正确的验收程序为：隐蔽工程结束后，承包单位先自检，自检合格后，填写《报验申请表》并附证明材料，报监理机构；监理工程师收到《报验申请表》后先审查质量证明资料，并在合同约定时间内到场检查；检查合格，在《报验申请表》及检查证上签字确认，进行下道工序；否则，签发不合格项目通知，要求承包人整改。

(2) 监理工程师要求承包人整改的方式不妥。监理工程师应按规范要求下发"不合格项目通知"，书面要求承包人整改。

(3) 业主对监理企业提出的赔偿要求不合理。因为质量责任不在监理企业，而且也未对业主造成直接损失。

(4) 质量责任在承包单位而不在监理企业，因为是承包单位购进了不合格材料。监理机构没有违背《建筑法》和《建设工程质量管理条例》有关监理企业质量责任的规定，所以监理工程师不能同意承包商的索赔要求。尽管此批钢筋已经监理工程师检验，但根据《建设工程施工合同》规定，不论监理工程师是否参加了验收，当其对某部分的工程质量有怀疑时，有权要求承包人重新检验，检验合格，发包人承担由此发生的全部合同价款，赔偿承包人损失，并相应顺延工期；检验不合格，承包人承担发生的全部费用，工期不予顺延。

7.4 建筑工程监理活动中各方关系

建筑工程监理活动中最主要的当事人有建设单位、监理企业及承包商三方，它们的工作关系是通过业主与监理企业的监理合同及业主与承包商之间的承包合同来约定的。

7.4.1 建设单位与监理企业的关系

建设单位和监理企业的关系是委托和被委托的关系。

建设单位和监理企业签订的是委托监理合同，合同中明确了监理人的工作范围、内容、时间、费用等，同时对双方的权利、义务都做了明确的规定。

监理人受委托人(建设单位)的委托，按照监理合同条件，独立、公正地行使监理的权利。委托人(建设单位)不能认为监理人是他委托的雇员，而去干涉监理人的正常工作。监理人的决定对委托人(建设单位)有同样的约束力。这是建设单位在处理与监理人的关系时应掌握的原则。

在建设单位与承包商签订的施工合同文件中，详细地规定了被委托的监理人的权利和职责，其中包括监理人对建设单位的约束权力和独立公正地执行合同的权利。特别应该注意的是，施工合同中赋予监理人的权利要与监理合同中赋予监理人的权利保持一致。

7.4.2 监理企业与承包商的关系

监理企业与承包商的关系是监理与被监理的关系。

监理企业与承包商没有签订合同，他们之间的关系在建设单位与承包商签订的建设工程承包合同中可以明确地体现出来。

监理工作的依据主要是建设工程委托监理合同和建设单位与承包单位签订的承包合同。建设单位应委托监理企业对工程质量、投资、进度三个目标进行全面控制和管理，并授予监理企业在三项目标控制中的相应权利，才能真正发挥监理作用。在实施监理的工程项目中，监理企业是代表建设单位的现场管理者，为了明确建设工程合同双方的责任，避免出现不必要的合同纠纷，建设单位与承包单位之间的各项联系工作，如果涉及建设工程合同，均应通过监理企业完成。只有这样，才能保证监理企业独立、公正地做好监理工作，顺利完成工程建设任务。

监理企业作为独立于工程建设承包合同双方之外的第三方，必须依法执业，既要维护建设单位的利益，也不能损害承包单位的合法利益。如果承包单位认为监理企业的决定不能接受，有权提出仲裁或诉讼，通过法律手段进行解决。这是法律上对承包单位的保护。

另外，监理合同应明确规定监理企业驻地监理机构及其职员不得接受监理工程项目施工承包人的任何报酬或者经济利益。监理企业不得参与可能与合同规定的与委托人的利益相冲突的任何活动。这是监理工作的一个原则性问题。

7.4.3 建设单位与承包商的关系

建设单位与承包商的关系是雇佣与被雇佣的关系。

建设单位与承包商签订的建设工程施工合同。是建设单位与承包商关系的法律依据，建设单位和承包商都应按照合同条款的规定，在工程合同约定范围内履行自己的义务和职责。

再次特别指出：建设单位通过合同将自己对承包商建设活动的监督管理权委托授予了监理企业，建设单位就不能再直接指挥承包商的施工活动。而承包商执行业主的指令同样也是违反合同的行为，监理工程师有权拒绝。

综上所述，一项工程的实施是由各自相对独立而又相互制约的三方——建设单位、监理企业、承包商共同完成的，正确处理三者的关系，是保证工程按合同条款实施的关键。

习题与思考题

一、单选题

1. 工程监理企业签订工程监理合同后，组建项目监理机构，严格按法律、法规和工程建设标准等实施监理，这体现了建设工程监理的(　　)。

    A. 服务性　　　B. 科学性　　　C. 独立性　　　D. 公平性

2. 根据《建设工程监理范围和规模标准规定》，必须实行监理的工程是(　　)。

    A. 总投资额 2500 万元的影剧院工程

    B. 总投资额 2500 万元的生态环境保护工程

    C. 总投资额 2500 万元的水资源保护工程

    D. 总投资额 2500 万元的新能源工程

3. 根据《建设工程监理合同(示范文本)》，采用直接委托方式确定工程监理企业时，监理合同的组成文件是(　　)。

    A. 委托书　　　B. 监理实施细则　　　C. 总监理工程师任命书　　　D. 监理规划

4. 工程监理企业从事建设工程监理活动时，应具备"守法、诚信、公平、科学"的准则，体现诚信准则的是(　　)。

A. 建立健全与建设单位的合作制度
B. 按照工程监理合同约定严格履行义务
C. 不得出借、转让工程监理企业资质证书
D. 具有良好的专业技术能力

5. 根据《建设工程监理合同(示范文本)》，附加工作是指(   )。
   A. 通用条件中约定的监理工作
   B. 专用条件中约定的监理工作
   C. 相关服务中约定的监理工作
   D. 约定的正常工作以外的监理人的工作

6. 根据《建设工程监理合同(示范文本)》，监理企业相关服务的酬金应在(   )中约定。
   A. 协议书
   B. 专用条件
   C. 附录A
   D. 附录B

7. 根据《建设工程监理合同(示范文本)》，由于非监理人的原因导致暂停全部监理服务时间超过(   )天，监理人可发出解除合同的通知。
   A. 60
   B. 90
   C. 182
   D. 365

8. 根据《建设工程监理规范》，总监理工程师可以委托总监理工程师代表的是(   )。
   A. 组织审查和处理工程变更
   B. 组织审查施工组织设计、专项施工方案
   C. 组织工程竣工预验收
   D. 组织编写工程质量评估报告

9. 根据《建设工程监理规范》，不属于监理实施细则编写依据的是(   )。
   A. 已批准的监理规划
   B. 施工组织设计、专项施工方案
   C. 工程外部环境调查资料
   D. 与专业工程相关的资料文件和技术资料

10. 关于第一次工地会议的说法，正确的是(   )。
    A. 第一次工地会议应由总监理工程师组织召开
    B. 第一次工地会议应在总监理工程师下达开工令后召开
    C. 第一次工地会议的会议纪要由建设单位负责整理
    D. 第一次工地会议由总监理工程师介绍监理规划等相关内容

二、多选题

1. 下列关于监理企业法律责任，说法正确的有(   )。
   A. 工程监理企业未取得《工程监理企业资质证书》承揽监理业务的，予以取缔，处合同约定的监理酬金2倍以上5倍以下的罚款
   B. 工程监理企业转让监理业务的，责令改正，没收违法所得，处合同约定的监理酬金25%以上50%以下的罚款
   C. 工程监理企业与监理工程的施工承包单位及建筑材料、建筑构配件和设备供应单位有隶属关系或者其他利害关系承担该项建设工程的监理业务的，责令改正，处5万元以上10万元以下的罚款
   D. 工程监理企业转让工程监理业务的，对监理企业处监理酬金1倍以上2倍以下的罚款
   E. 与建设单位或者施工单位串通、弄虚作假，降低工程质量的，处10万元以上30万元以下的罚款

2. 根据《建设工程监理合同(示范文本)》，监理人需完成的基本工作有(   )。

A. 主持图纸会审和设计交底会议
B. 检查施工承包人的实验室
C. 查验施工承包人的施工测量放线成果
D. 审核施工承包人提交的工程款支付申请
E. 编写工程质量评估报告

3. 根据《建设工程监理合同(示范文本)》,对于招标的监理工程,建设工程监理合同的组成文件有( )。
   A. 中标通知书   B. 投标文件   C. 招标文件   D. 专项条件   E. 招标公告

4. 根据《建设工程监理范围和规模标准规定》,下列工程必须实行监理的是( )。
   A. 国家重点建设工程
   B. 大中型公用事业工程
   C. 3万平方米的住宅小区工程
   D. 利用外国政府或者国际组织贷款、援助资金的工程
   E. 投资在2000万元的学校工程

5. 根据《建设工程监理规范》,属于监理规划主要内容的有( )。
   A. 安全生产管理制度   B. 监理工作制度   C. 监理工作设施
   D. 工程造价控制   E. 工程进度计划

6. 根据《建设工程监理规范》,监理工作总结应包括的内容有( )。
   A. 工程概况   B. 建设工程监理合同履行情况
   C. 项目监理机构   D. 监理工作成效   E. 施工方案

7. 根据《建设工程监理规范》,监理日志应包括的内容有( )。
   A. 旁站情况   B. 工地会议记录   C. 巡视情况
   D. 存在问题及处理   E. 平行检验情况

三、简答题

1. 简述建设工程强制性监理的范围。
2. 试述施工阶段监理工作的主要内容。
3. 简述建设工程监理活动中各方的关系。

四、案例题

某建筑工程,施工总承包单位通过招标将桩基及土方开挖工程发包给某专业分包单位,并与预拌混凝土供应商签订了采购合同,该工程土方开挖深度为5.6米。实施过程中发生如下事件。

事件1:桩基验收时,项目监理机构发现部分桩的混凝土强度未达到设计要求,经查是由于预拌混凝土质量存在问题所致。在确定桩基处理方案后,专业分包单位提出因预拌混凝土由施工总承包单位采购,要求施工总承包单位承担相应桩基处理费用。施工总承包单位提出因建设单位也参与了预拌混凝土供应商考察,要求建设单位共同承担相应桩基处理费用。

事件2:专业分包单位编制了深基坑土方开挖专项施工方案,经专业分包单位技术负责人签字后,报送项目监理机构审查的同时开始了挖土作业,并安排施工现场技术负责人兼

任专职安全管理人员负责现场监督。专业监理工程师发现了上述情况后及时报告总监理工程师，并建议签发《工程暂停令》。

事件 3：在土方开挖过程中遇到地下障碍物，专业分包单位对深基坑土方开挖专项施工方案做了重大调整后继续施工。总监理工程师发现后，立即向专业分包单位签发了《工程暂停令》。因专业分包单位拒不停止施工，总监理工程师报告了建设单位，建设单位以工期紧为由要求总监理工程师撤回《工程暂停令》。为此，总监理工程师向有关主管部门报告了相关情况。

问题：

1. 针对事件 1，分别指出专业分包单位和施工总承包单位提出的要求是否妥当，并说明理由。

2. 针对事件 2，专业分包单位的做法有什么不妥？写出正确做法。

3. 针对事件 2，专业监理工程师的做法是否正确？说明专业监理工程师建议签发《工程暂停令》的理由。

4. 针对事件 3，分别指出专业分包单位、总监理工程师、建设单位的做法有什么不妥，并写出正确做法。

第8章 劳动合同法律法规

【知识目标】

- 熟悉劳动合同的相关概念及特点。
- 掌握劳动合同的履行和变更。
- 掌握劳动合同的解除和终止。

【核心概念】

劳动合同的履行 劳动合同的变更 劳动合同的解除 劳动合同的终止

【引导案例】

李某于 2017 年 8 月 4 日进入某企业从事工作，2018 年 4 月 23 日李某因违规操作发生工伤，经工伤鉴定为九级伤残。2019 年 1 月，企业以李某消极怠工不能按时完成工作为由，连续三天记李某三次大过，并以李某严重违反公司规章制度为由与李某解除劳动合同。而事实上该企业并没有制定规章制度，其所能提供的证据仅有未经员工签字确认的给李某记大过的三张处罚单。

请思考： 该企业是否有权解除和李某的劳动合同？是否需要进行补偿？

8.1 劳动合同法律法规概述

随着我国经济不断发展、各项改革逐步深入，劳动用工领域出现了许多新情况、新问题：一些用人单位的用工行为和一些新的用工方式缺乏法律规范；劳动合同短期化；滥用试用期的现象比较突出；滥设违约金的情况时有发生。在《中华人民共和国劳动法》(以下简称《劳动法》)的基础上，《中华人民共和国劳动合同法》(以下简称《劳动合同法》)能够更好地规范劳动用工行为，维护劳动用工秩序。

8.1.1 劳动合同法的概念

劳动合同法是调整劳动合同关系的法律规范的总称。劳动合同法的立法目的包括完善劳动合同制度；明确劳动合同双方当事人的权利和义务；构建和谐稳定的劳动关系；保护劳动者的合法权益。

8.1.2 劳动合同法的作用

(1) 进一步加强了对劳动者就业权益的保护。体现在订立无固定期限劳动合同的条件、试用期、违约金、解除和终止劳动合同的限制、经济补偿金等规定；加强对就业质量的保护，如同工同酬原则、劳动保护和劳动条件、职业危害防护等规定。

(2) 分类规范劳动用工形式。进一步完善全日制用工，对集体合同、劳务派遣、非全日制用工形式进行了规范，拓展了法律适用的范围，使不同就业形态下劳动者的合法权益都能得到有效保护。

(3) 用人单位的法律责任更加明确。保护守法企业的积极性，加大对用人单位违法行为的处罚力度。

(4) 保护用人单位的合法权益。在对劳动者实行倾斜保护的同时，对保护用人单位合法权益、促进用人单位健康发展给予了必要的关注，作出了相应的法律规范。

(5) 进一步健全劳动关系协调机制，形成一套完整的劳动关系调整体系。

8.1.3 劳动合同法的适用范围

中华人民共和国境内的企业、个体经济组织、民办非企业单位等组织与劳动者建立劳动关系，订立、履行、变更、解除或者终止劳动合同，适用劳动合同法。国家机关、事业单位、社会团体和与其建立劳动关系的劳动者，订立、履行、变更、解除或者终止劳动合同，依照劳动合同法的规定执行。

8.2 劳动合同的概念和订立

8.2.1 劳动合同的概念

劳动合同是劳动者与用人单位(包括企业、事业、国家机关、社会团体、雇主)确立劳动关系、明确双方权利和义务的协议。依法订立的劳动合同受国家法律的保护，对订立合同的双方当事人产生约束力，是用人单位和劳动者履行劳动义务和行使劳动权利的依据。

8.2.2 劳动合同的订立

1. 劳动合同的订立形式和时间

《劳动合同法》规定，建立劳动关系，应当订立书面劳动合同。已建立劳动关系，未同时订立书面劳动合同的，应当自用工之日起一个月内订立书面劳动合同。用人单位自用工之日起超过一个月不满一年未与劳动者订立书面劳动合同的，应当向劳动者每月支付两倍的工资。

用人单位与劳动者在用工前订立劳动合同的，劳动关系自用工之日起建立。

应用案例 8-1

2019 年 1 月 15 日，小王入职时，公司告知他有三个月的试用期，但是没有与小王签订书面劳动合同。3 月 15 日，公司通知小王，由于他在试用期表现不佳，所以公司决定辞退他。小王觉得很委屈，因为在试用期内他确实努力工作而且自认为表现很好。在这种情况下，小王应该怎么办？

案例评析：

公司应当在一个月内与小王签订书面的劳动合同。《劳动合同法》第十条规定：建立劳动关系，应当订立书面劳动合同。已建立劳动关系，未同时订立书面劳动合同的，应当自用工之日起一个月内订立书面劳动合同。由于公司截止到 3 月 15 日，仍然未与小王签订书面的劳动合同，因而违反了上述法律规定，根据《劳动合同法》第八十二条规定，用人单位自用工之日起超过一个月不满一年未与劳动者订立书面劳动合同的，应当向劳动者每月支付二倍的工资，所以公司应当向小王支付 2019 年 1 月 15 日—2019 年 3 月 15 日的双倍工资。《劳动合同法》第十九条规定：试用期包含在劳动合同期限内。劳动合同仅约定试用期的，试用期不成立，该期限为劳动合同期限。由于公司与小王之间没有订立书面劳动合同，所以公司与小王口头约定的试用期是无效的。在此情况下，公司无权以小王在试用期表现不佳为由进行辞退。按照《劳动合同法》第四十八条的规定，用人单位违反本法规定解除或者终止劳动合同，劳动者要求继续履行劳动合同的，用人单位应当继续履行；劳动者不要求继续履行劳动合同或者劳动合同已经不能继续履行的，用人单位应当依照本法

第八十七条规定支付赔偿金。所以，小王可以要求继续履行劳动合同，如果小王不要求继续履行劳动合同，用人单位应当按照经济补偿标准的 2 倍向小王支付赔偿金。

2．劳动合同的基本原则

《劳动合同法》第三条规定："订立劳动合同，应当遵循合法、公平、平等自愿、协商一致、诚实信用的原则。"

1) 合法、公平原则

(1) 订立劳动合同的主体必须合法。即双方当事人必须具备订立劳动合同的主体资格。对于用人单位来说，必须具备法人资格，个体工商户必须具备民事主体的权利能力和行为能力；对于劳动者来说，必须具备法定的劳动年龄，具备劳动权利能力和劳动行为能力。依照《劳动法》的规定，我国公民自 16 周岁起具有劳动权利能力，即公民自 16 周岁起即具有成为劳动法律关系主体的资格。

(2) 订立劳动合同的内容必须合法。即劳动合同中设立的权利义务必须符合国家法律、法规的规定。根据《劳动法》规定，劳动者每日工作时间不超过 8 小时，则劳动合同中约定的劳动者每日工作时间就不能多于 8 小时。

(3) 订立劳动合同的形式必须合法。形式合法是指订立劳动合同必须依照法律、法规规定的形式签订。《劳动合同法》第十条规定：建立劳动关系，应当订立书面劳动合同。

应用案例 8-2

李某是某公司的销售代理。2018 年，该公司与其签订劳动合同。合同规定：李某可以从产品销售利润中提取 50%的提成，本人的病、伤、残、亡等企业均不负责。在一次外出公干中，由于交通事故，李某负伤致残。李某和该公司发生了争议并起诉到劳动行政部门，要求解决其伤残保险待遇问题。请对劳动合同的有效性进行分析。

案例评析：

《劳动合同法》规定订立劳动合同要遵循合法原则，即劳动合同的主体必须合法；劳动合同的内容必须合法和劳动合同订立的程序和形式合法。《劳动合同法》第二十六条规定：用人单位免除自己的法定责任，排除劳动者权利的，属于劳动合同的无效或者部分无效。李某与公司订立的劳动合同中规定的公司不负担李某任何伤残待遇费的条款属于用人单位免除自己的法定责任，内容明显违法，因此，这一条款是无效的，公司依法应承担李某因工负伤的责任。

2) 平等自愿原则

平等是指订立劳动合同的双方当事人具有同等的法律地位。在订立劳动合同时，双方当事人都是以劳动关系主体资格出现的，双方都有要求平等利益的权利。自愿是指劳动合同订立必须由双方当事人依照自己的意愿独立自主决定，他人不得强迫命令。如劳动合同期限、内容的确定，必须完全与双方当事人的真实意思相结合。

3) 协商一致的原则

协商一致是指在法律、法规允许的范围内由双方当事人共同讨论、协商，取得完全一致的意见后确定劳动合同的全部内容。

4) 诚实信用原则

诚实信用原则是我国民事法律原则中的帝王条款。《劳动合同法》第八条规定：用人单位在招用劳动者时，应当如实告知劳动者工作内容、工作条件、工作地点、职业危害、安全生产状况、劳动报酬以及劳动者要求了解的其他情况；用人单位有权了解劳动者与劳动合同直接相关的基本情况，劳动者应当如实说明。

3. 劳动合同的内容

劳动合同的内容可分为两方面：必备条款和可备条款。

1) 劳动合同的必备条款

(1) 用人单位的名称、住所和法定代表人或者主要负责人。

(2) 劳动者的姓名、住址和居民身份证或者其他有效身份证件号码。

(3) 劳动合同期限。劳动合同的期限有三种：固定期限的劳动合同、无固定期限的劳动合同和以完成一定的工作为期限的劳动合同。

固定期限的劳动合同是指用人单位与劳动者双方当事人在劳动合同中明确规定了合同效力的起始和终止的时间，劳动合同期限届满，劳动关系即告终止。

无固定期限的劳动合同是指用人单位与劳动者约定无确定终止时间的劳动合同。无确定终止时间的劳动合同并不是没有终止时间，一旦出现了法定的解除情形(如到了法定退休年龄)或者双方协商一致解除的，无固定期限的劳动合同就可以解除。

用人单位与劳动者协商一致，可以订立无固定期限的劳动合同。有下列情形之一，劳动者提出或者同意续订、订立劳动合同的，除劳动者提出订立固定期限劳动合同外，应当订立无固定期限的劳动合同：①劳动者在该用人单位连续工作满十年的；②用人单位初次实行劳动合同制度或者国有企业改制重新订立劳动合同时，劳动者在该用人单位连续工作满十年且距法定退休年龄不足十年的；③连续订立 2 次固定期限的劳动合同，且劳动者没有《劳动合同法》第三十九条和第四十条第一项、第二项规定的情形，续订劳动合同的。需要注意的是，用人单位自用工之日起满一年不与劳动者订立书面劳动合同的，则视为用人单位与劳动者已订立无固定期限的劳动合同。

以完成一定工作任务为期限的劳动合同是指用人单位与劳动者约定以某项工作的完成为合同期限的劳动合同。

(4) 工作内容和工作地点。双方可以约定工作数量、质量，劳动者的工作岗位等内容，还可以约定在何种条件下可以变更岗位条款等。掌握这种订立劳动合同的技巧，可以避免工作岗位约定过死，因变更岗位条款协商不一致而发生的争议。

(5) 工作时间和休息休假。

(6) 劳动报酬。可以约定劳动者的标准工资、加班加点工资、奖金、津贴、补贴的数额及支付时间、支付方式等。

(7) 社会保险。

(8) 劳动保护、劳动条件和职业危害防护。可以约定各项劳动安全与卫生的措施，对女工和未成年工的劳动保护措施与制度，以及用人单位为不同岗位劳动者提供的劳动、工作的必要条件等。

(9) 法律、法规规定应当纳入劳动合同的其他事项。

2) 劳动合同的可备条款

按照法律规定，用人单位与劳动者可以约定试用期、服务期、保守商业秘密、竞业限制约定等其他事项。

(1) 约定试用期。

试用期是用人单位与劳动者建立劳动关系后为相互了解、选择而约定的考察期，一般情况下适用于初次就业或再次就业时改变劳动岗位或工种的劳动者。因此，在试用期内劳动者若被证明不符合录用条件，用人单位可随时解除合同，而劳动者在试用期内认为用人单位的工作不适合自己，也可随时解除合同。

签订劳动合同既可约定试用期，也可不约定试用期。劳动合同期限在三个月以上不满一年的，试用期不得超过一个月；劳动合同期限在一年以上不满三年的，试用期不得超过二个月；三年以上的固定期限和无固定期限的劳动合同，试用期不得超过六个月。同一用人单位与同一劳动者只能约定一次试用期。以完成一定工作任务为期限的劳动合同或者合同期限不满三个月的，不得约定试用期限。试用期包括在劳动合同期限中。劳动合同仅约定试用期的，试用期不成立，该期限为劳动合同期限。劳动者在试用期的工资不得低于本单位相同岗位最低档工资或者劳动合同约定工资的百分之八十，并不得低于用人单位所在地的最低工资标准。在试用期中，除劳动者有《劳动合同法》第三十九条和第四十条第一项、第二项规定的情形外，用人单位不得解除劳动合同。用人单位在试用期解除劳动合同的，应当向劳动者说明理由。

应用案例 8-3

用人单位与劳动者之间的劳动合同期限为 2 年，如果该用人单位与劳动者约定的试用期是 6 个月，那么用人单位与劳动者约定的试用期是否合法？如果违法，用人单位与劳动者最多可以约定多长时间的试用期？

案例评析：

用人单位与劳动者约定的试用期违反《劳动合同法》的规定。按照《劳动合同法》第十九条规定，劳动合同期限一年以上不满三年的，试用期不得超过二个月。因此用人单位与劳动者最多可以约定二个月的试用期。

(2) 约定服务期。

服务期是指因用人单位为劳动者提供专业技术培训，双方约定的由劳动者必须为用人单位提供服务的期限。用人单位为劳动者提供专项培训费用，对其进行专业技术培训的，可以与该劳动者订立协议，约定服务期。

劳动者违反服务期约定的，应当按照约定向用人单位支付违约金。违约金的数额不得超过用人单位提供的培训费用。用人单位要求劳动者支付的违约金不得超过服务期尚未履行部分所应分摊的培训费用。

用人单位与劳动者约定服务期的，不影响按照正常的工资调整机制提高劳动者在服务期期间的劳动报酬。

应用案例 8-4

公司派王某到德国接受为期 5 个月的专业技术培训，培训费用为 3.6 万元，公司和王某签订一份服务期协议，王某接受培训后必须为公司服务3年，否则，要向公司支付违约金。如果王某培训后在公司工作满2年后想解除合同，那么王某应该支付多少违约金？

案例评析：

根据《劳动合同法》第二十二条的规定，用人单位为劳动者提供专项培训费用，对其进行专业技术培训的，可以与该劳动者订立协议，约定服务期。劳动者违反服务期约定的，应当按照约定向用人单位支付违约金。违约金的数额不得超过用人单位提供的培训费用。用人单位要求劳动者支付的违约金不得超过服务期尚未履行部分所应分摊的培训费用。在案例中王某违反服务期协议，应当赔偿公司1.2万元(即3.6万元违约金分摊到3年的服务期，每年为1.2万元)，而不需要全部赔偿。

(3) 商业秘密事项约定。

用人单位与劳动者可以在劳动合同中约定保守用人单位的商业秘密和与知识产权相关的保密事项。双方当事人可以就商业秘密的范围、保密期限、保密措施和义务、违约责任等进行约定，劳动者因违反约定保密事项给用人单位造成损失的，应承担赔偿责任。

(4) 竞业限制约定。

竞业限制是指根据法律规定或用人单位通过劳动合同和保密协议禁止劳动者在本单位任职期间同时兼职于与其所在单位有业务竞争的单位，或禁止他们在原单位离职后从业于与原单位有业务竞争的单位，包括创建与原单位业务范围相同的企业。

《劳动合同法》第二十三条规定："用人单位与劳动者可以在劳动合同中约定保守用人单位的商业秘密和与知识产权相关的保密事项。对负有保密义务的劳动者，用人单位可以在劳动合同或者保密协议中与劳动者约定竞业限制条款，并约定在解除或者终止劳动合同后，在竞业限制期限内按月给予劳动者经济补偿。"如果用人单位不约定竞业禁止经济补偿金或不实际支付该经济补偿金的，竞业禁止约定条款对劳动者无效。《最高人民法院关于审理劳动争议案件适用法律若干问题的解释(四)》第六条规定："当事人在劳动合同或者保密协议中约定了竞业限制，但未约定解除或者终止劳动合同后给予劳动者经济补偿，劳动者履行了竞业限制义务，要求用人单位按照劳动者在劳动合同解除或者终止前十二个月平均工资的30%按月支付经济补偿的，人民法院应予支持。前款规定的月平均工资的30%低于劳动合同履行地最低工资标准的，按照劳动合同履行地最低工资标准支付。"

《劳动合同法》第二十四条规定："竞业限制的人员限于用人单位的高级管理人员、高级技术人员和其他负有保密义务的人员。竞业限制的范围、地域、期限由用人单位与劳动者约定，竞业限制的约定不得违反法律、法规的规定。在解除或者终止劳动合同后，前款规定的人员到与本单位生产或者经营同类产品、从事同类业务的有竞争关系的其他用人单位，或者自己开业生产或者经营同类产品、从事同类业务的竞业限制期限，不得超过二年。"

应用案例8-5

王某于2014年9月9日与某公司签订劳动合同，被聘为技术员，聘期两年。双方在劳动合同中约定了竞业限制条款：合同解除或终止后，王某三年内不得在本地区从事与该公司相同性质的工作，如违约，王某须一次性赔偿公司经济损失10万元。因公司拖欠王某

2014年9月、10月两个月的工资，2017年11月15日，王某向区劳动争议仲裁委员会申请仲裁，要求解除劳动合同，补发两个月工资，给付经济补偿金；确认劳动合同中的竞业禁止约定条款无效。你认为该案件应当如何判决？

案例评析：

根据《劳动法》和《劳动合同法》等规定，用人单位与劳动者应当按照劳动合同的约定，全面履行各自的义务。用人单位应当向劳动者及时足额支付劳动报酬。在劳动者已履行劳动义务的情况下，用人单位未按劳动合同约定的数额、日期或方式支付劳动报酬的，劳动者可以与用人单位解除劳动合同，用人单位要按照《劳动合同法》规定的经济补偿金的支付标准向劳动者支付经济补偿金。在本案例中，用人单位没有按照劳动合同的约定向劳动者按时足额支付劳动报酬，因此，劳动者有权解除劳动合同，要求用人单位支付所欠付的劳动报酬，并支付延期支付工资的经济补偿金。

根据《劳动合同法》第二十三条的规定，用人单位有权与负有保密义务的劳动者签订竞业限制条款。对用人单位来说应当支付劳动者在竞业限制期间的经济补偿金，在与劳动者约定竞业限制条款时，对竞业限制劳动者的主体范围和保密事项范围、竞业限制的地域范围和竞业禁止年限进行合理的限制。否则，用人单位不约定竞业限制经济补偿金或不实际支付该经济补偿金的，竞业限制约定条款对劳动者无效。在本案例中，用人单位尽管与劳动者约定了竞业限制条款和违反竞业限制劳动者应当支付违约金的条款，但是，由于用人单位并没有按照法律规定向劳动者支付竞业限制补偿金，因此，该竞业限制义务就终止，即劳动者无须支付违约金。

因此在本案例中，劳动者可以解除劳动合同，用人单位应支付拖欠的工资、延期支付工资的经济补偿金、解除劳动合同经济补偿金，同时，竞业限制条款对劳动者不具有法律约束力。

4. 劳动合同的生效

劳动合同由用人单位与劳动者协商一致，并经用人单位与劳动者在劳动合同文本上签字或盖章生效。

依法订立的劳动合同对签约双方具有法律约束力，受法律承认和保护。

双方当事人签字或者盖章时间不一致的，以最后一方签字或者盖章的时间为准；如果一方没有写签字时间，则另一方写明的签字时间就是合同生效时间。

5. 劳动合同的无效

《劳动合同法》第二十六条规定，下列劳动合同无效或者部分无效。

(1) 以欺诈、胁迫的手段或者乘人之危，使对方在违背真实意思的情况下订立或者变更劳动合同的；

(2) 用人单位免除自己的法定责任、排除劳动者权利的；

(3) 违反法律、行政法规强制性规定的。

对于部分无效的劳动合同，只要不影响其他部分效力的，其他部分仍然有效。劳动合同被确认无效，劳动者已付出劳动的，用人单位应当向劳动者支付劳动报酬。劳动报酬的数额，参照本单位相同或者相近岗位劳动者的劳动报酬确定。

对劳动合同的无效或者部分无效有争议的,由劳动争议仲裁机构或者人民法院确认。

应用案例8-6

广州市某广告有限公司刊登广告,招聘一名部门经理,要求有计算机专业硕士以上学位。李某应聘,双方签订了3年劳动合同。8月5日,因李某一次工作失误引起公司对其专业水平的怀疑,将其硕士学位证书送交有关部门鉴定,结果发现是伪造的。该公司遂解除了与李某的劳动合同。李某要求该公司支付其解除劳动合同经济补偿金,并赔偿其未提前一个月书面通知的代通知金。公司拒绝,李某向广州市劳动争议仲裁委员会申请仲裁。请问:该案例应当如何裁决?

案例评析:

根据《劳动合同法》第二十六条规定,以欺诈、胁迫的手段或者乘人之危,使对方在违背真实意思的情况下订立或者变更劳动合同的劳动合同无效或者部分无效。李某利用假文凭骗取公司信任,双方签订的是无效劳动合同。据此,上述公司有权对此劳动合同实施撤销,李某不但没有权利要求得到经济补偿金和代通知金,而且如果李某给公司造成直接经济损失,公司有权要求赔偿。

劳动合同的无效有两点需要注意:第一,劳动合同部分无效,不影响其他部分效力的,其他部分仍然有效。第二,劳动合同的无效或者部分无效要由劳动争议仲裁机构或者人民法院确认。

6. 集体合同

1) 集体合同的概念

集体合同是指企业职工一方与用人单位就劳动报酬、工作时间、休息休假、劳动安全卫生、保险福利等事项,通过平等协商达成的书面协议。

2) 集体合同的订立

集体合同草案应当提交职工代表大会或者全体职工讨论通过。集体合同由工会代表企业职工一方与用人单位订立;尚未建立工会的用人单位,由上级工会指导劳动者推举的代表与用人单位订立。企业职工一方与用人单位可订立劳动安全卫生、女职工权益保护、工资调整机制等专项集体合同。集体合同中劳动报酬和劳动条件等标准不得低于当地人民政府规定的最低标准;用人单位与劳动者订立的劳动合同中劳动报酬和劳动条件等标准不得低于集体合同规定的标准。

3) 集体合同的生效

集体合同订立后,应当报送劳动行政部门;劳动行政部门自收到集体合同文本之日起15日内未提出异议的,集体合同即行生效。依法订立的集体合同对用人单位和劳动者具有约束力。

4) 集体合同争议的解决

用人单位违反集体合同,侵犯职工劳动权益的,工会可以依法要求用人单位承担责任;因履行集体合同发生争议,经协商解决不成的,工会可以依法申请仲裁、提起诉讼。

7. 劳务派遣

劳务派遣是指依法设立的劳务派遣单位与劳动者订立劳动合同，依据与接受劳务派遣单位(即实际用工单位)订立的劳务派遣协议，将劳动者派遣到实际用工单位工作，由派遣单位向劳动者支付工资、福利及社会保险费用，实际用工单位提供劳动条件并按照劳务派遣协议支付用工费用的新型用工方式。

1) 劳务派遣单位

《劳动合同法》规定，经营劳务派遣业务应当具备下列条件。

(1) 注册资本不得少于人民币 200 万元；
(2) 有与开展业务相适应的固定的经营场所和设施；
(3) 有符合法律、行政法规规定的劳务派遣管理制度；
(4) 法律、行政法规规定的其他条件。

经营劳务派遣业务，应当向劳动行政部门依法申请行政许可，未经许可，任何单位和个人不得经营劳务派遣业务。

2) 劳动合同与劳务派遣协议

劳务派遣单位与被派遣劳动者应当订立劳动合同。《劳动合同法》规定，劳务派遣单位即指用人单位，应当履行用人单位对劳动者的义务。劳务派遣单位应当与被派遣劳动者订立 2 年以上的固定期限劳动合同，在劳动合同中除载明劳动合同的必备条款外，还应当载明被派遣劳动者的用工单位以及派遣期限、工作岗位等情况。被派遣劳动者在无工作期间，劳务派遣单位应当按照所在地人民政府规定的最低工资标准，向其按月支付报酬。

劳务派遣单位派遣劳动者应当与接受以劳务派遣形式用工的单位(以下称用工单位) 订立劳务派遣协议。劳务派遣单位应当将劳务派遣协议的内容告知被派遣劳动者。劳务派遣单位不得克扣用工单位按照劳务派遣协议支付给被派遣劳动者的劳动报酬。劳务派遣单位和用工单位不得向被派遣劳动者收取费用。

劳务派遣协议应当约定派遣的工作岗位名称和岗位性质、工作地点、派遣人员数量和派遣期限、按照同工同酬原则确定的劳动报酬数额和支付方式、工作时间和休息休假事项、劳务派遣服务费的支付方式和标准、违反劳务派遣协议的责任等其他事项。

3) 用工单位的义务

(1) 执行国家劳动标准，提供相应的劳动条件和劳动保护；
(2) 告知被派遣劳动者的工作要求和劳动报酬；
(3) 支付加班费、绩效奖金，提供与工作岗位相关的福利待遇；
(4) 对在岗被派遣劳动者进行工作岗位所必需的培训；
(5) 连续用工的，实行正常的工资调整机制。
(6) 用工单位不得将被派遣劳动者再派遣到其他用人单位。

4) 被派遣劳动者的权利

被派遣劳动者享有与用工单位的劳动者同工同酬的权利。用工单位应当按照同工同酬原则，对被派遣劳动者与本单位同类岗位的劳动者实行相同的劳动报酬分配办法。用工单位无同类岗位劳动者的，参照用工单位所在地相同或者相近岗位劳动者的劳动报酬确定。

劳务派遣单位与被派遣劳动者订立的劳动合同和与用工单位订立的劳务派遣协议，载明或者约定的向被派遣劳动者支付的劳动报酬应当符合规定。被派遣劳动者有权在劳务派遣单位或者用工单位依法参加或者组织工会，维护自身的合法权益。

被派遣劳动者可以依照《劳动合同法》的规定与劳务派遣单位解除劳动合同。

8. 非全日制用工

非全日制用工，是指以小时计酬为主，劳动者在同一用人单位一般平均每日工作时间不超过四小时，每周工作时间累计不超过二十四小时的用工形式。

非全日制用工是灵活用工的一种形式，双方当事人可以订立口头协议。从事非全日制用工的劳动者可以与一个或者一个以上用人单位订立劳动合同；但是，后订立的劳动合同不得影响先订立的劳动合同的履行。非全日制用工双方当事人不得约定试用期。

非全日制用工双方当事人任何一方都可以随时通知对方终止用工。终止用工，用人单位不向劳动者支付经济补偿。

为保障非全日制用工劳动者的权利，非全日制用工小时计酬标准不得低于用人单位所在地人民政府规定的最低小时工资标准。非全日制用工劳动报酬结算支付周期最长不得超过十五日。

8.3 劳动合同的履行和变更

8.3.1 劳动合同的履行

1. 劳动合同履行的含义及原则

1) 劳动合同履行的含义

劳动合同履行是指双方当事人按照劳动合同约定的内容，履行自己所应承担义务的行为。劳动合同一经依法订立便具有法律效力。用人单位与劳动者应当按照劳动合同的约定，全面履行各自的义务。当事人双方既不能只履行部分义务，也不能擅自变更合同，更不能任意不履行合同或者解除合同，否则将承担相应的法律责任。

2) 劳动合同履行的原则

(1) 实际履行。实际履行是指劳动合同双方当事人按照合同约定的内容履行自己的义务，实现自己的权利，不得以其他方式来代替，也不得由他人代为履行。

(2) 全面履行。全面履行是指双方当事人应当履行劳动合同约定的全部义务。

(3) 协作履行。协作履行是指劳动合同双方当事人在合同的履行过程中要发扬协作精神，要互相帮助，共同完成合同规定的义务，共同实现合同规定的权利。

2. 劳动合同双方当事人的义务

1) 用人单位的义务

(1) 告知劳动者的工作要求，及时足额支付劳动报酬。

《劳动合同法》规定用人单位招用劳动者时，应当如实告知劳动者工作内容、工作条件、工作地点、职业危害、安全生产状况、劳动报酬，以及劳动者要求了解的其他情况。

用人单位应当按照劳动合同约定和国家规定，向劳动者及时足额支付劳动报酬。劳动报酬是指劳动者为用人单位提供劳动而获得的各种报酬，通常包括三个部分：①货币工资，包括各种工资、奖金、津贴、补贴等；②实物报酬，即用人单位以免费或低于成本价提供给劳动者的各种物品和服务等；③社会保险，即用人单位为劳动者支付的医疗、失业、养老、工伤等保险金。

用人单位和劳动者可以在法律允许的范围内对劳动报酬的金额、支付时间、支付方式等进行平等协商。劳动报酬的支付要遵守国家的有关规定：①用人单位支付给劳动者的工资不得低于当地的最低工资标准；②工资应当以货币形式按月支付给劳动者本人，即不得以实物或有价证券等形式代替货币支付；③用人单位应当依法向劳动者支付加班费；④在法定休假日、婚丧假期间、探亲假期间、产假期间和依法参加社会活动期间以及非因劳动者原因停工期间，用人单位应当依法支付劳动者工资。

用人单位拖欠或者未足额支付劳动报酬的，劳动者可以依法向当地人民法院申请支付令，人民法院应当依法发出支付令。

(2) 执行国家劳动标准，提供相应的劳动条件和劳动保护。

劳动条件是指劳动者完成劳动任务的必要条件，如必要的劳动工具、工作场所、劳动经费、技术资料等必不可少的物质技术条件和其他工作条件。在劳动保护方面，为了保障劳动者在劳动过程中的身体健康与生命安全，凡是国家有标准规定的，用人单位必须按照国家标准执行。

(3) 用人单位应当严格执行劳动定额标准，不得强迫或者变相强迫劳动者加班。用人单位安排加班的，应当按照国家有关规定向劳动者支付加班费。

小提示

《劳动法》关于加班费规定，有下列情形之一的，用人单位应当按照下列标准支付高于劳动者正常工作时间工资的工资报酬，安排劳动者延长工作时间的，支付不低于工资的百分之一百五十的工资报酬；休息日安排劳动者工作又不能安排补休的，支付不低于工资的百分之二百的工资报酬；法定休假日安排劳动者工作的，支付不低于工资的百分之三百的工资报酬。

(4) 劳动者有权拒绝违章指挥、冒险作业。劳动者对危害生命安全和身体健康的劳动条件，有权对用人单位提出批评、检举和控告。劳动者拒绝用人单位管理人员违章指挥、强令冒险作业的，不视为违反劳动合同。

(5) 对劳动者进行工作岗位所必需的培训。

2) 劳动者的义务

劳动者的义务是指劳动法规定的对劳动者必须做出一定行为或不得做出一定行为的约束。《劳动法》第三条第二款规定："依法订立的劳动合同具有约束力，用人单位与劳动者应当履行劳动合同约定的义务。"

(1) 完成劳动任务。这是劳动关系范围内的法定义务，同时也是强制性义务。劳动者不能完成劳动义务，就意味着劳动者违反劳动合同的约定，用人单位可以解除劳动合同。

(2) 提高职业技能。劳动者要有强烈的事业心和主人翁责任感，刻苦学习专业知识，钻研职业技术，提高职业技能，掌握过硬的本领。

(3) 执行劳动安全卫生规程。劳动者对国家以及企业内部关于劳动安全卫生规程的规定，必须严格执行，以保障安全生产，从而保证劳动任务的完成。

(4) 遵守劳动纪律和职业道德。劳动纪律是劳动者在共同劳动中所必须遵守的劳动规则和秩序。要求劳动者按照规定的时间、质量、程序和方法完成自己应承担的工作。职业道德是从业人员在职业活动中应当遵循的道德。其基本要求是忠于职守,并对社会负责。这是现代社会法律要求劳动者必须履行的义务。

8.3.2 劳动合同的变更

1. 劳动合同变更的含义

劳动合同的变更是指劳动合同依法订立后,在合同尚未履行或者尚未履行完毕之前,经用人单位和劳动者双方当事人协商同意,对劳动合同内容作部分修改、补充或者删减的法律行为。劳动合同的变更是在原合同的基础上对原劳动合同内容作部分修改、补充或者删减,而不是签订新的劳动合同。原劳动合同未变更的部分仍然有效,新达成的变更协议条款与原合同中其他条款具有同等法律效力,对双方当事人都有约束力。变更劳动合同,应当采用书面形式。

应用案例 8-7

职工王某与某公司签订了为期五年的劳动合同,合同自 2011 年 8 月起至 2015 年 7 月止。合同双方约定王某负责仓库保管员工作,月工资 1500 元,经半年试用期,公司满意,合同正式履行。2013 年 1 月,公司以食堂缺少管理人员为由,在未与王某协商的情况下,调王某到食堂工作。王某不同意,认为签订合同时双方约定是担任仓库保管员工作,一年多来工作一贯认真负责,多次受到奖励,要求公司履行合同双方的约定,拒绝前往食堂上班。而公司则认为,变动职工工作岗位是企业行使用人自主权的正当行为,并作出相应决定:以王某不服从分配为由停发工资,并限期一个月调离公司。该公司的做法对吗?

案例评析:

《劳动法》第十七条规定:"订立和变更劳动合同,应当遵循自愿、协商一致的原则,不得违反法律、行政法规的规定。劳动合同依法订立即具有法律约束力,当事人必须履行劳动合同规定的义务。"按照上述规定,在劳动合同履行过程中,一方当事人单方面变更劳动合同是不合法的。企业因生产工作需要,有时确需变动职工工作岗位时要先同职工协商,取得一致意见后再变动。经与职工协商但又不能取得一致,企业可以解除劳动合同,但必须按规定给予经济补偿。

2. 劳动合同变更的条件

(1) 在不损害国家、集体和他人利益的情况下,双方协商一致;
(2) 劳动合同订立时所依据的客观情况发生了重大变化,经合同双方协商一致;
(3) 由于不可抗力的因素致使劳动合同无法完全履行;
(4) 劳动合同订立时所依据的法律、法规已修改;
(5) 劳动者的身体健康状况发生变化、劳动能力丧失或部分丧失、所在岗位与其职业技能不相适应、职业技能提高等。

8.4 劳动合同的解除和终止

8.4.1 劳动合同的解除

劳动合同解除是指劳动合同订立后，尚未全部履行前，由于某种原因导致劳动合同一方或双方当事人提前终止劳动合同，解除双方权利义务关系的法律行为。劳动合同的解除分为协商解除和法定解除两种。根据《劳动法》和《劳动合同法》的规定，劳动合同既可以由双方协商解除，也可以由单方依法解除。劳动合同的解除，只对未履行的部分发生效力，不涉及已履行的部分。

1. 协商解除

1) 协商解除的概念

劳动合同协商解除又称双方解除，是指因主客观情况的变化，劳动合同双方当事人在完全自愿的情况下，经协商一致解除劳动合同。

2) 协商解除劳动合同的条件

(1) 必须是依法成立的合同。无效合同本身就没有法律约束力，所以也无须解除。

(2) 必须是在劳动合同依法成立生效后，尚未全部履行之前。如果劳动合同已经全部履行完毕，则属于劳动合同终止。

(3) 用人单位和劳动者均有权利解除劳动合同。由用人单位提出解除劳动合同的，必须依法向劳动者支付经济补偿金。

(4) 合同的双方必须是在自愿平等的基础上达成协议。任何一方不得强迫或者将自己的意见强加给另一方当事人。

2. 法定解除

法定解除又称单方解除，是指劳动合同依法成立后，尚未履行或者尚未完全履行前，由于一定的法律事实的发生，一方当事人依法提前终止劳动合同的法律行为。法定解除分为劳动者的单方解除和用人单位的单方解除。

1) 劳动者单方解除合同

(1) 预告解除。即劳动者履行预告程序后单方解除劳动合同。劳动者提前 30 日以书面形式通知用人单位，可以解除劳动合同。劳动者在试用期内提前 3 日通知用人单位，可以解除劳动合同。

(2) 随时通知解除。劳动者随时通知解除是指用人单位存在严重违约行为，劳动者可以不经预告随时通知用人单位解除劳动合同，无须承担违约责任。根据《劳动合同法》第三十八条规定，劳动者可以解除劳动合同的情形有以下几种。

第一，用人单位未按照合同约定提供劳动保护或劳动条件的。如果用人单位未按照要求提供劳动保护或劳动条件危害到劳动者的健康等，劳动者有权单方解除劳动合同。

第二，用人单位未及时足额支付劳动报酬的。劳动报酬是劳动者付出体力或脑力劳动所得的对价，体现的是劳动者创造的社会价值。用人单位未及时足额支付劳动报酬，劳动者可以单方解除劳动合同。

第三，用人单位未依法为劳动者缴纳社会保险的。《劳动法》规定："用人单位和劳动者必须依法参加社会保险，缴纳社会保险费。"用人单位没有依法缴纳社会保险的，劳动者可以单方面解除劳动合同。

第四，用人单位的规章制度违反法律、法规的规定，损害劳动者权益的。

第五，出现以欺诈、胁迫的手段，或乘人之危，使劳动者在违背真实意思的情况下订立或变更劳动合同的；用人单位免除自己的法定责任、排除劳动者权利的；违反法律法规强制性规定的，致使劳动合同无效的，劳动者可以单方面解除劳动合同。

第六，法律、行政法规规定的劳动者可以解除劳动合同的其他情形。

(3) 立即解除。用人单位以暴力、威胁或者非法限制人身自由的手段强迫劳动者劳动的，或者用人单位违章指挥、强令冒险作业危及劳动者人身安全的，劳动者可以立即解除劳动合同，无须事先告知用人单位。

应用案例 8-8

某企业职工宋某等人针对不服从管理人员强令他们冒险作业被扣发工资、奖金一事向当地劳动争议仲裁委员会提出申诉。仲裁委员会受理此案后，经调查：2015 年 6 月 8 日，该露天矿场爆破时，共打炮眼 8 个，但装药引爆时只响了 6 个，剩下两个炮眼未爆，10 分钟后，管理人员认为这两个炮眼是瞎炮，不会有事，即令宋某等人进入采矿面作业。宋某等人坚持必须排除瞎炮后才能工作。为此，矿领导以宋某等人未完成当天采煤任务为由扣发每人当天工资和当月奖金 650 元。仲裁委员会认为，煤矿在未排除瞎炮的情况下让工人进入采矿面作业违反劳动法规，宋某等人未完成当天采煤任务系因险情未除，不负有责任，裁决煤矿补发宋某等人工资、奖金，并赔偿经济损失。

案例评析：

该煤矿管理人员强令工人冒险作业是严重违反劳动安全卫生法规的行为，被职工拒绝后又以未完成当天生产任务为由扣发工资和奖金，更是明显的侵权。《劳动法》第五十六条规定，劳动者对用人单位管理人员违章指挥，强令冒险作业，有权拒绝执行。本案例中，煤矿管理人员违反上述规定，在没有排除瞎炮，工作面仍存在险情的情况下，强令工人进入采矿面作业，是十分错误的。当职工行使保护自己安全权利时，该煤矿领导又以未完成采煤任务为由扣发职工的工资和奖金，更是错上加错。

根据《劳动合同法》第八十八条规定，用人单位有下列情形之一的，依法给予行政处罚，构成犯罪的，依法追究刑事责任；给劳动者造成损害的，应当承担赔偿责任：(一)以暴力、威胁或者非法限制人身自由的手段强迫劳动的；(二)违章指挥或者强令冒险作业危及劳动者人身安全的；(三)侮辱、体罚、殴打、非法搜查或者拘禁劳动者的；(四)劳动条件恶劣、环境污染严重，给劳动者身心健康造成严重损害的。

2) 用人单位单方解除

(1) 即时解除。根据《劳动合同法》第三十九条规定，劳动者有下列情形之一的，用人单位可以解除劳动合同。

第一，在试用期间被证明不符合录用条件的。

第二，严重违反用人单位的规章制度的。

企业内部规章制度是国家劳动法律、法规的延伸和具体化，是企业内部管理行为的重要依据，是职工行为的准则。因用人单位做出的开除、除名、辞退、解除劳动合同、减少劳动报酬等决定而发生的劳动争议，用人单位负举证责任。

第三，严重失职，营私舞弊，给用人单位造成重大损害的。

劳动者在履行劳动合同期间，因擅离职守、未履行职责的严重过失行为或者利用职务之便牟取私利的故意行为，使用人单位的财产或人员遭受重大损失，但尚未达到刑事处罚的程度，用人单位可以解除劳动合同，例如：因玩忽职守而造成事故的；因工作不负责任而经常产生废品、损坏设备、浪费材料等。

应用案例8-9

一家大型中外合资企业一位流水线上的员工，因为要求增加过节补贴的问题和单位领导发生争议。由于一时情绪难以控制，该员工将流水线上的关键生产设备拆下并藏匿起来，致整条生产线停工一天，单位无法按时交货，不得不承担延迟交货的违约金5万元。企业当即决定解除与该名员工的劳动合同关系，员工不服，提起了劳动争议仲裁申请。

案例评析：

劳动争议仲裁委员会仲裁过程中，单位提供了经员工签字认可的《员工手册》，在违纪行为这一章，包括了破坏生产设备等情形。《员工手册》同时明确规定了关于"严重"违反劳动纪律或规章制度的标准，即对公司造成直接经济损失达到3万元及以上者为"严重"，由此，企业为其解除劳动合同的行为提供了充分合法的依据，履行了完整的举证义务，员工的诉请被劳动争议仲裁委员会依法驳回。

第四，劳动者同时与其他用人单位建立劳动关系，对完成本单位的工作任务造成严重影响，或者经用人单位提出，拒不改正的。

劳动合同必须由劳动合同当事人亲自履行。对于兼职的人员一定要经原单位同意，如员工在外兼职未经单位同意且对本职工作产生严重影响，用人单位可以依据该条解除劳动合同。《劳动合同法》第九十一条规定："用人单位招用与其他用人单位尚未解除或者终止劳动合同的劳动者，给其他用人单位造成损失的，应当承担连带赔偿责任。"

第五，以欺诈、胁迫的手段或者乘人之危，使对方在违背真实意思的情况下订立或者变更劳动合同的。

第六，被依法追究刑事责任的。

(2) 预告解除。用人单位预告解除是指具备《劳动合同法》第四十条规定的三种情形，用人单位可以解除合同但应当提前三十日以书面形式通知劳动者本人或者额外支付劳动者一个月的工资。一般限于在劳动者无过错的情况下由于主客观情况变化而导致劳动合同无法履行的情形。

第一，劳动者患病或非因工负伤，医疗期满后，不能从事原工作，也不能从事由用人单位另行安排的工作的。

小提示

医疗期是指劳动者因患病或非因工负伤，停止工作治病休息，不得解除劳动合同的时限。这里的"患病"是指患职业病以外的疾病。劳动者因患病或非因工负伤，需要停止工作治病休息的，根据本人实际参加工作年限和在本单位工作年限，给予3个月到24个月的医疗期：①实际工作年限10年以下的，在本单位工作年限5年以下的为3个月，5年以上的为6个月。②实际工作年限10年以上的，在本单位工作年限5年以下的为6个月，5年以上10年以下的为9个月，10年以上15年以下的为12个月；15年以上20年以下的为18个月；20年以上的为24个月。(见《企业职工患病或非因工负伤医疗期规定》)

第二，劳动者不能胜任工作，经过培训或调整工作岗位，仍不能胜任工作。

劳动者在试用期满后不能胜任劳动合同所约定的工作，用人单位应对其进行培训或者为其调整工作岗位，如果劳动者经过一定期间的培训仍不能胜任原约定的工作，或者对重新安排的工作也不胜任，就意味着劳动者缺乏履行劳动合同的劳动能力，用人单位可以解除劳动合同。

应用案例 8-10

林先生在A私营公司已经工作六年多了，月工资为2500元。因为公司改变了经营范围，有几个岗位均不适合林先生，林先生在公司没有具体事情干，哪里需要人手就去哪帮忙。公司出钱对林先生进行业务培训，可是林先生仍然不能适应工作的需要。公司要求与林先生协商解除劳动合同，林先生认为公司的提议有道理，故而同意与公司协议解除劳动合同。赵经理认为林先生是个好人，对公司有过贡献，觉得解除合同后有些过意不去，决定给林先生2000元作为慰问金，林先生表示感谢公司的厚爱，非常满意地离开了公司。后来，林先生听朋友说根据国家的有关规定，可以得到公司补助三个月的工资7500元，林先生找赵经理协商不成，便一纸诉状将公司告上了劳动仲裁委员会。

问题：

林先生的申请能否得到法律的支持？

案例评析：

根据《劳动合同法》的规定，劳动者不能胜任工作，经过培训或者调整工作岗位，仍不能胜任工作的，用人单位与劳动者协商一致，可以解除劳动合同。同时，用人单位需要按照本法第四十七条的标准向劳动者支付经济补偿金。按每满一年支付一个月工资的标准向劳动者支付。六个月以上不满一年的，按一年计算；不满六个月的，向劳动者支付半个月工资的经济补偿。林先生在该公司工作六年多了，用人单位并不能以慰问金简单了事，而应当按照法律规定，至少给予林先生相当于六个月工资的经济补偿金。

第三，劳动合同订立时所依据的客观情况发生重大变化，致使原劳动合同无法履行，经当事人协商不能就变更劳动合同达成协议。

这里的"客观情况发生重大变化"一般是指劳动合同在履行过程中，发生了诸如企业被兼并、合并、分立，企业进行转产或进行重大技术改造，使员工的原工作岗位不复存在等情况。

(3) 经济性裁员。经济性裁员是用人单位濒临破产进行法定整顿期间或者用人单位生产经营状况发生严重困难而辞退部分劳动者。

根据《劳动合同法》第四十一条规定，用人单位需要裁减二十人以上或裁减人员不足二十人但占企业职工总数百分之十以上的，必须符合以下条件。

① 必须发生以下法定情形：依照企业破产法规定进行重整的；生产经营发生严重困难的；企业转产、重大技术革新或者经营方式调整，经变更劳动合同后，仍需裁减人员的；其他因劳动合同订立时所依据的客观经济情况发生重大变化，致使劳动合同无法履行的。

② 必须履行法定程序：用人单位应提前30日向工会或全体职工说明情况，听取工会或职工的意见后，裁减人员方案经向劳动行政部门报告，方可裁减人员。

③ 裁减人员时应优先留用下列劳动者：与本单位订立较长期限的固定期限劳动合同的；与本单位订立无固定期限劳动合同的；家庭无其他就业人员，有需要抚养的老人或者未成年人的。

④ 用人单位在裁员后六个月内重新招用人员的，应当通知被裁减人员，并在同等条件下优先招用被裁减的人员。

(4) 用人单位不得单方解除劳动合同的情形。

劳动者有下列情形之一的，用人单位不得依据《劳动合同法》第四十条、第四十一条的规定解除劳动合同。

① 从事接触职业病危害作业的劳动者未进行离岗前职业健康检查，或者疑似职业病病人在诊断或者医学观察期间的；

② 在本单位患职业病或者因工负伤并被确认为丧失或者部分丧失劳动能力的；

③ 患病或者非因工负伤，在规定的医疗期内的；

④ 女职工在孕期、产期、哺乳期的；

⑤ 在本单位连续工作满十五年，且距法定退休年龄不足五年的；

⑥ 法律和行政法规规定的其他情形。

应用案例8-11

56岁的张先生在一家公司已经任职17年，他的劳动合同于2018年1月31日到期。由于他工龄太长，所以公司不愿意再与他续签劳动合同。于是公司在2018年1月1日正式通知他合同到期后，终止双方之间的劳动合同。张先生认为自己已经工作17年，而且马上就快退休，现在单位提出终止，是不应该而且也没有人情味的一种做法。

问题：

单位是否有权终止与张先生的劳动合同？张先生应该怎样保护自己的权利？

案例评析：

《劳动合同法》第四十二条规定"劳动者有下列情形之一的，用人单位不得依照本法第四十条、第四十一条的规定解除劳动合同：……(五)在本单位连续工作满十五年，且距法定退休年龄不足五年的"，以及第四十五条"劳动合同期满，有本法第四十二条规定情形之一的，劳动合同应当续延至相应的情形消失时终止"之规定。一般情况下，劳动合同到期后，单位和个人都是有权单方面终止劳动合同关系的。但是针对工龄比较长且将要达到法定退休年龄的老职工，《劳动合同法》做出了特殊的保护。张先生在公司已经工作了17年，他现在56岁，正好距法定退休年龄不足5年，所以公司是无权终止与他的劳动关系的，直至达到法定退休年龄。

8.4.2 劳动合同的终止

1. 劳动合同终止的概念及条件

1) 劳动合同终止的概念

劳动合同期满或者当事人约定的劳动合同终止条件出现,劳动合同即行终止。劳动合同终止,意味着劳动合同当事人协商确定的劳动权利和义务关系已经结束。

2) 劳动合同终止的条件

《劳动合同法》第四十四条规定,有下列情形之一的,劳动合同终止。

(1) 劳动合同期满。

劳动合同期满是劳动合同终止的最主要形式,适用于固定期限劳动合同和以完成一定工作任务为期限的劳动合同。一旦约定的期限届满或工作任务完成,除非双方依法续订或依法延期,否则合同即行终止。

(2) 劳动者开始依法享受基本养老保险待遇。

根据法律、行政法规的规定,我国劳动者开始依法享受基本养老保险待遇的条件主要有两个:一是劳动者已退休;二是个人缴费年限累计满15年或者个人缴费和视同缴费年限累计满15年。劳动者退出劳动力市场,不再具备劳动合同意义上的主体资格,基本生活已经通过养老保险制度得到保障,因此劳动合同自然终止。

(3) 劳动者死亡,或者被人民法院宣告死亡或者宣告失踪。

死亡,意味着劳动者作为自然人从主体上的消灭;宣告死亡,是公民下落不明达到法定期限,经利害关系人申请,由人民法院宣告该公民死亡的民事法律制度;宣告失踪,是公民下落不明满法定期限,经利害关系人申请,由法院宣告其失踪并对其财产实行代管的法律制度。在劳动领域中,公民死亡、被人民法院宣告失踪或者宣告死亡的,劳动合同签订一方主体资格消灭,客观上丧失劳动能力,之前签订的劳动合同因为缺乏一方主体而归于消灭。

(4) 用人单位被依法宣告破产。

根据《企业破产法》规定,用人单位一旦被依法宣告破产,就进入破产清算程序,用人单位的主体资格即将归于消灭,劳动合同归于终止。

(5) 用人单位被吊销营业执照、责令关闭、撤销或者用人单位决定提前解散。

吊销营业执照是登记主管机关依照法律、法规的规定,对企业法人违反规定实施的行政处罚,对企业法人而言,吊销营业执照就意味着其法人资格被强行剥夺,法人资格也就随之消亡。根据《公司法》规定,因公司章程规定的解散事由出现、股东会或者股东大会决议等原因,用人单位提前解散,其法人资格不复存在,必须终止一切经营和与经营有关的活动,原有的债权债务包括与劳动者的劳动合同关系,也随主体资格的消亡而消灭。

(6) 法律、行政法规规定的其他情形。

《劳动合同法实施条例》增加了劳动合同终止的三种法定情形,具体如下。

① 自用工之日起一个月内,经用人单位书面通知后,劳动者不与用人单位订立书面劳动合同的,用人单位应当书面通知劳动者终止劳动关系,无须向劳动者支付经济补偿,但是应当依法向劳动者支付其实际工作时间的劳动报酬。

② 劳动者达到法定退休年龄的，劳动合同终止。

③ 以完成一定工作任务为期限的劳动合同因任务完成而终止的，用人单位应当依照《劳动合同法》第四十七条的规定向劳动者支付经济补偿。

在劳动合同期满时，有《劳动合同法》第四十二条规定的不得解除劳动合同情形之一的，劳动合同应当继续延续至相应的情形消失时才能终止。在本单位患有职业病或者因工负伤并被确认丧失或者部分丧失劳动能力的劳动者的劳动合同的终止，按照国家有关工伤保险的规定执行。

📖 应用案例 8-12

张某毕业后应聘到某证券公司担任销售员，双方签订了为期两年的劳动合同，合同中明确规定：公司实行业绩考核制度，业绩考核列末位的，单位可以终止劳动合同。但签合同时张某心想，公司那么多人，自己肯定不会排到最后一名，于是就签了字。到了年底，单位根据制定的《业绩考核末位淘汰办法》对全体员工进行了绩效考核，经职工互评、班组考评和考评组考评，张某的考评总分排在最后一名。尽管两年的合同期还没有到，单位还是以"绩效考核末位"为由向张某发出了离职通知。张某认为，自己在签劳动合同时迫于就业的压力，没有与公司讨价还价的余地，单位约定"末位淘汰"是不公平的。自己在工作期间业绩逐月上升，仅仅因为考核的结果就被辞退，令人心寒，而自己的劳动合同尚未到期，单位单方面违法辞退，应支付解除劳动合同的赔偿金。

案例评析：

仲裁委员会受理了张某的申请，根据《劳动合同法实施条例》第十三条规定，"用人单位与劳动者不得在《劳动合同法》第四十四条规定的劳动合同终止情形之外约定其他的劳动合同终止条件"，而本案例中劳动合同中约定的"业绩考核末位的，单位可以终止劳动合同"并不在《劳动合同法》第四十四条规定的范围内。因此，本案例中用人单位与劳动者之间关于合同终止条件的约定是不具有法律约束力的。《劳动合同法》第四十八条规定用人单位违反本法解除或终止劳动合同的法律后果，如果张某不要求继续履行劳动合同或者劳动合同已经不能继续履行的，证券公司应当依照劳动合同法第八十七条向张某支付赔偿金。因此，仲裁委员会裁决支持了张某要求证券公司支付赔偿金的要求。《劳动合同法》第四十条规定劳动者不能胜任工作，经过培训或者调整工作岗位，仍不能胜任工作的，用人单位可以提前30日以书面形式通知劳动者或者额外支付劳动者一个月工资后解除劳动合同。我们可以看到，如果"绩效考核末位"代表着"不能胜任工作"，那么用人单位需要对劳动者进行培训或岗位的调整，如果之后仍然不能胜任，用人单位可以与劳动者解除劳动合同，这里是解除劳动合同而不是终止劳动合同，需要根据规定支付经济补偿金。用人单位负有劳动者"不胜任工作"的举证责任。而本案例中用人单位没有证明出张某不能胜任工作，也没有对其进行培训或调岗，因此属于违法解除合同。

2. 经济补偿

1) 用人单位需向劳动者支付经济补偿金的情形

(1) 劳动者依照《劳动合同法》第三十八条规定终止劳动合同的；

(2) 用人单位依照《劳动合同法》第三十六条规定向劳动者提出终止劳动合同并与劳

动者协商一致终止劳动合同的;

(3) 用人单位依照《劳动合同法》第四十条规定终止劳动合同的;

(4) 用人单位依照《劳动合同法》第四十一条规定终止劳动合同的(即以裁员方式解除劳动合同);

(5) 除用人单位维持或者提高劳动合同约定条件续订劳动合同,劳动者不同意续订的情形外,依照《劳动合同法》第四十四条规定终止固定期限劳动合同的(即在劳动合同期满时,用人单位以低于原合同约定的条件与劳动者续订劳动合同,而劳动者不同意续订);

(6) 依照《劳动合同法》第四十四条规定终止劳动合同的(即用人单位因被依法宣告破产、被吊销营业执照、责令关闭、撤销或者用人单位决定提前解散而终止劳动合同);

(7) 法律、行政法规规定的其他情形。

应用案例 8-13

2017年5月,小赵大学毕业后,通过人才市场被一家公司聘用。小赵所从事的工作技术含量较高,经过一段时间的工作后仍不能胜任所从事的工作,于是公司决定解除与小赵的劳动合同。但是,小赵不同意解除合同。公司不再给小赵安排任何工作,也停发了小赵的工资,单方解除了与小赵的劳动合同。

问题:

(1) 该公司是否违反了《劳动合同法》的有关规定?

(2) 该公司应当承担哪些责任?

案例评析:

(1) 该公司违反了《劳动合同法》第四十条的规定:"有下列情形之一的,用人单位提前三十日以书面形式通知劳动者本人或者额外支付劳动者一个月工资后,可以解除劳动合同:……(二)劳动者不能胜任工作,经过培训或者调整工作岗位,仍不能胜任工作的;……"据此,该公司认为小赵不能胜任本职工作,应当对他进行培训或者调整工作岗位,如还不能胜任工作的,方可在提前30日以书面形式通知小赵本人或者额外支付一个月工资后,才能解除劳动合同。此外,该公司单方解除劳动合同,还应当按照《劳动合同法》第四十三条的规定,事先将理由通知工会。

(2) 该公司应当向小赵支付经济补偿。《劳动合同法》规定,用人单位依照《劳动合同法》第四十条的规定解除劳动合同的,用人单位应当向劳动者支付经济补偿。经济补偿按劳动者在本单位工作的年限,每满一年支付一个月工资的标准向劳动者支付。六个月以上不满一年的,按一年计算;不满六个月的,向劳动者支付半个月工资的经济补偿。

2) 用人单位不必向劳动者支付解约经济补偿金的情形

(1) 用人单位未出现违法情形,劳动者自愿提出解除劳动合同。

(2) 由于劳动者自身出现过失或违法行为,用人单位可以即时解除合同并不必支付经济补偿金。此类情形包括:劳动者在试用期间被证明不符合录用条件的;严重违反用人单位的规章制度的;劳动者严重失职,营私舞弊,给用人单位造成重大损害的;劳动者同时与其他用人单位建立劳动关系,对完成本单位的工作任务造成严重影响,或者经用人单位提出,拒不改正的;劳动者以欺诈、胁迫的手段或者乘人之危,使用人单位在违背真实意思的情况下订立或者变更劳动合同，致使劳动合同无效的；劳动者被依法追究刑事责任的。

(3) 劳动者达到退休年龄，劳动合同终止的，或劳动者已开始依法享受基本养老保险待遇的，劳动合同解除时，用人单位无须支付经济补偿金。

(4) 劳动者死亡，或者被人民法院宣告死亡或者宣告失踪的，劳动合同终止，用人单位无须因此支付经济补偿金。

3) 经济补偿金的计算标准

经济补偿的标准，按劳动者在本单位工作的年限，每满 1 年支付 1 个月工资的标准向劳动者支付。6 个月以上不满 1 年的，按 1 年计算；不满 6 个月的，向劳动者支付半个月工资的经济补偿。劳动者月工资高于用人单位所在直辖市、设区的市级人民政府公布的本地区上年度职工月平均工资 3 倍的，向其支付经济补偿的标准按职工月平均工资 3 倍的数额支付，向其支付经济补偿的年限最高不超过 12 年。月工资是指劳动者在劳动合同解除或者终止前 12 个月的平均工资。

8.5 劳动争议的解决

劳动争议(又称劳动纠纷)，是指劳动关系当事人之间因劳动的权利与义务发生分歧而引起的争议。劳动合同纠纷是劳动争议的一种。根据《劳动争议调解仲裁法》的规定，在中国境内的用人单位与劳动者因订立、履行、变更、解除和终止劳动合同发生的争议都属于劳动合同纠纷。

8.5.1 劳动争议的范围

根据《劳动争议仲裁法》和《最高人民法院关于审理劳动争议案件适用法律若干问题的解释》的规定，劳动争议的范围主要如下。

(1) 因确认劳动关系发生的争议；
(2) 因订立、履行、变更、解除和终止劳动合同发生的争议；
(3) 因除名、辞退和辞职、离职发生的争议；
(4) 因工作时间、休息休假、社会保险、福利、培训以及劳动保护发生的争议；
(5) 因劳动报酬、工伤医疗费、经济补偿或者赔偿金等发生的争议；
(6) 劳动者与用人单位在履行劳动合同过程中发生的纠纷；
(7) 劳动者与用人单位之间没有订立书面劳动合同，但已形成劳动关系后发生的纠纷；
(8) 劳动者退休后，与尚未参加社会保险统筹的原用人单位因追索养老金、医疗费、工伤保险待遇和其他社会保险而发生的纠纷；
(9) 法律、法规规定的其他劳动争议。

8.5.2 劳动争议的解决方式

《劳动法》规定，用人单位与劳动者发生劳动争议，当事人可以协商解决，也可以依法申请调解、仲裁、提起诉讼。

1. 和解

和解是指劳动合同纠纷当事人在自愿友好的基础上，互相沟通、互相谅解，从而解决纠纷的一种方式。劳动合同纠纷发生后，当事人应首先考虑通过和解解决纠纷，因为和解简便易行，有利于维护劳动合同双方的合作关系，使劳动合同能更好地得到履行。

2. 调解

劳动争议发生后，当事人可以向本单位劳动争议调解委员会申请调解。

用人单位可以设立劳动争议调解委员会。劳动争议调解委员会由职工代表、用人单位代表和工会代表组成。劳动争议调解委员会主任由工会代表担任。劳动争议经调解达成协议的，当事人应当履行。

3. 仲裁

对于调解不成，当事人一方要求仲裁的，可以向劳动争议仲裁委员会申请仲裁。当事人一方也可以直接向劳动争议仲裁委员会申请仲裁。

劳动争议仲裁委员会由劳动行政部门代表、同级工会代表、用人单位方面的代表组成。劳动争议仲裁委员会主任由劳动行政部门代表担任。

提出仲裁要求的一方应当自劳动争议发生之日起60日内向劳动争议仲裁委员会提出书面申请。仲裁裁决一般应在收到仲裁申请的60日内作出。对仲裁裁决无异议的，当事人必须履行。

按照《劳动争议调解仲裁法》的规定，劳动争议申请仲裁的时效期间为1年。仲裁时效期间从当事人知道或者应当知道其权利被侵害之日起计算。劳动关系存续期间因拖欠劳动报酬发生争议的，劳动者申请仲裁不受仲裁时效期间的限制；但是，劳动关系终止的，应当自劳动关系终止之日起1年内提出。

《国务院办公厅关于全面治理拖欠农民工工资问题的意见》中规定，充分发挥基层劳动争议调解等组织的作用，引导农民工就地就近解决工资争议。劳动人事争议仲裁机构对农民工因拖欠工资申请仲裁的争议案件优先受理、优先开庭、及时裁决、快速结案。对集体欠薪争议或涉及金额较大的欠薪争议案件要挂牌督办。

4. 诉讼

《劳动法》规定，劳动争议当事人对仲裁裁决不服的，可以自收到仲裁裁决书之日起15日内向人民法院提起诉讼。一方当事人在法定期限内不起诉又不履行仲裁裁决的，另一方当事人可以申请人民法院强制执行。

《人力资源和社会保障部最高人民法院关于加强劳动人事争议仲裁与诉讼衔接机制建设的意见》规定，对未经仲裁程序直接起诉到人民法院的劳动人事争议案件，人民法院应裁定不予受理；对已受理的，应驳回起诉，并告知当事人向有管辖权的仲裁委员会申请仲裁。

习题与思考题

一、单选题

1. 订立劳动合同，应当遵守合法、(   )、平等自愿、协商一致、诚实信用原则。
   A. 公道　　　B. 公认　　　C. 公开　　　D. 公平
2. 用人单位自(   )起即与劳动者建立劳动关系。
   A. 用工之日　　　　　　　　B. 签订合同之日
   C. 上级批准设立之日　　　　D. 劳动者领取工资之日
3. 已经建立劳动关系，未同时订立书面劳动合同的，应当自用工之日起(   )内订立书面劳动合同。
   A. 15 日　　　B. 1 个月　　　C. 2 个月　　　D. 3 个月
4. 无固定期限劳动合同，是指用人单位与劳动者约定无确定(   )时间的劳动合同。
   A. 解除　　　B. 续订　　　C. 终止　　　D. 中止
5. 劳动合同期限 1 年以上不满 3 年的，试用期不得超过(   )。
   A. 1 个月　　　B. 2 个月　　　C. 半个月　　　D. 1 个半月
6. 劳动者在试用期的工资不得低于本单位相同岗位最低档工资或者劳动合同约定工资的(   )，并不得低于用人单位所在地的最低工资标准。
   A. 30%　　　B. 50%　　　C. 60%　　　D. 80%
7. 劳动者违反竞业限制约定的，应当按照约定向用人单位支付(   )。
   A. 违约金　　　B. 赔偿金　　　C. 补偿金　　　D. 损失费
8. 用人单位(   )，劳动者可以立即解除劳动合同，无须事先告知用人单位。
   A. 未按照劳动合同约定提供劳动保护或者劳动条件的
   B. 未及时足额支付劳动报酬的
   C. 以暴力、威胁或者非法限制人身自由的手段强迫劳动者劳动的
   D. 规章制度违反法律、法规的规定，损害劳动者权益的
9. 用人单位拖欠或者未足额支付劳动报酬的，劳动者可以依法向当地人民法院申请(   )。
   A. 法律援助　　　B. 支付令　　　C. 社会救济　　　D. 依法制裁用人单位
10. 致使劳动合同终止的情形包括：(   )。
    ①劳动合同期满；②用人单位法定代表人死亡；③劳动者被人民法院宣告失踪；④劳动者死亡或者被人民法院宣告死亡；⑤用人单位被依法宣告破产；⑥用人单位发生严重经营困难；⑦劳动者开始依法享受基本养老保险待遇；⑧法律、行政法规规定的其他情形。
    A. ①②④⑥⑦⑧　　B. ①③④⑤⑥⑧　　C. ②③④⑤⑦⑧　　D. ①③④⑤⑦⑧

二、多选题

1. 按照劳动合同期限的不同，劳动合同可分为(   )。
   A. 有固定期限的劳动合同
   B. 无固定限期的劳动合同

C. 长期劳动合同

D. 以完成一定工作为期限的劳动合同

E. 临时劳动合同

2. 根据《劳动合同法》第十七条的规定，以下条款不是劳动合同必备条款的是(   )。

A. 试用期　　　　　　　　B. 用人单位的法定代表人或者主要负责人

C. 保密约定　　　　D. 劳动报酬　　　　E. 服务期

3. 根据我国《劳动合同法》及其实施条例的规定，下列情形中，能够引起劳动合同终止的是(   )。

A. 劳动合同期满　　　　　　B. 劳动者被人民法院宣告死亡

C. 用人单位被依法宣告破产　　D. 劳动者达到退休年龄

E. 用人单位被吊销营业执照

4. 某公司的招聘广告中不符合《劳动合同法》规定的有(   )。

A. 年龄在15~20周岁　　　　B. 试用期9个月

C. 必须签订5年的劳动合同

D. 一经录用，女性不能结婚，否则将解除合同

E. 签订劳动合同须出示本人身份证件

5. 依据《劳动合同法》的有关规定，经济性裁员的法定情形是(   )。

A. 依照企业破产法规定进行重整的

B. 生产经营发生重大困难的

C. 企业转产、重大技术革新或者经营方式调整

D. 其他因劳动合同订立时所依据的客观经济情况发生重大变化

E. 变更法定代表人的

三、简答题

1. 劳动合同订立的条件是什么？
2. 劳动者单方解除劳动合同有哪几种形式？
3. 用人单位单方解除劳动合同有哪几种形式？
4. 劳动合同的终止的情形有哪些？
5. 解决劳动争议的方式有哪些？

第 9 章 与建筑工程相关的法律法规

【学习要点及目标】

- 熟悉环境保护法律制度。
- 熟悉标准化法律制度。
- 了解节约能源法律制度。
- 了解档案法律制度。
- 熟悉保险法律制度。

【核心概念】

环境保护　工程建设标准　节约能源　档案　保险

【引导案例】

2017年8月13日在××区××庄附近有建筑渣土车倾倒建筑垃圾。经核查，现场5辆正在倾倒建筑垃圾的车辆属于××市××建筑垃圾清运有限公司，车辆从东三环×××翡翠湾项目工地内外运建筑渣土，倾倒建筑垃圾超过50吨，该公司未办理建筑垃圾处置许可证。

请思考：该建筑垃圾清运有限公司违反了哪些法律规定？应当对其作如何处罚？

9.1 环境保护法律制度

保护环境是我国的基本国策，一切单位和个人都有保护环境的义务。建筑施工企业应当遵守有关环境保护和安全生产的法律、法规的规定，采取控制和处理施工现场的各种粉尘、废气、废水、固体废物以及噪声、振动对环境的污染和危害的措施。

9.1.1 环境保护法的概念和目的

1. 环境保护法的概念

环境保护法是调整因保护和改善生活环境和生态环境，防治污染和其他公害而产生的各种社会关系的法律规范的总称。这些社会关系可以分为：因保护和改善生活环境和生态环境与合理开发和利用自然资源而产生的社会关系；因防治污染和其他公害而产生的社会关系。

2. 环境保护法的目的

环境保护法的立法目的是保护和改善环境，防治污染和其他公害，保障公众健康，推进生态文明建设，促进经济社会可持续发展。

小提示

环境是指影响人类生存和发展的各种天然的和经过人工改造的自然因素的总体，包括大气、水、海洋、土地、矿藏、森林、草原、湿地、野生生物、自然遗迹、人文遗迹、自然保护区、风景名胜区、城市和乡村等。

污染的种类按污染物的形态，可分为废气污染、废水污染和固体废弃物污染；按污染危害的对象，可分为大气污染、水污染、土壤污染等。其他公害是指环境污染以外的其他危害环境的现象，如噪声、恶臭、振动、地面沉降、电磁辐射等。

9.1.2 环境保护法的基本制度

环境保护法的基本制度，是环境保护法基本原则的规范化，是为保证实现环境保护法的目的制定的。

我国环境保护法的基本制度有：环境影响评价制度、"三同时"制度、排污许可证制度、排污收费制度、现场检查制度及信息公开和公众参与制度等。

1. 环境影响评价制度

环境影响评价是指对规划和建设项目实施后可能造成的环境影响进行分析、预测和评估，提出预防或者减轻不良环境影响的对策和措施，进行跟踪监测的方法与制度。通俗地说，就是分析项目建成投产后可能对环境产生的影响，并提出污染防治对策和措施。

《环境保护法》第十九条规定："编制有关开发利用规划，建设对环境有影响的项目，应当依法进行环境影响评价。未依法进行环境影响评价的开发利用规划，不得组织实施；未依法进行环境影响评价的建设项目，不得开工建设。"

2. "三同时"制度

"三同时"是指建设项目中防治污染的设施必须与主体工程同时设计、同时施工、同时投产使用。

实行"三同时"制度是防止环境质量恶化的重要保证，它与环境影响评价制度相互配合，使环境保护措施落到实处，这样既发展了生产，又防止了危害环境，体现了预防为主和协调发展的原则。

3. 排污许可证制度

排污许可证制度是指排污单位按照有关规定向环境保护行政主管部门申请领取排污许可证，经审查批准，领取许可证方可排放污染物的制度。实行排污许可管理的企业事业单位和其他生产经营者应当按照排污许可证的要求排放污染物；未取得排污许可证的，不得排放污染物。

4. 排污收费制度

排污收费制度又称征收排污费制度，是指向环境中排放污染物或超过规定的标准排放污染物的排污者，依照国家法律和有关规定按标准缴纳费用的制度。

《环境保护法》第四十三条规定："排放污染物的企业事业单位和其他生产经营者，应当按照国家有关规定缴纳排污费。排污费应当全部专项用于环境污染防治，任何单位和个人不得截留、挤占或者挪作他用。依照法律规定征收环境保护税的，不再征收排污费。"

排污收费的目的是促进企业事业单位加强经营管理，节约和综合利用资源，治理污染，改善环境。缴纳排污费，并不能免除其应承担的治理任务等法律规定的责任。

5. 现场检查制度

现场检查制度是环境保护行政主管部门或其他依法行使环境监督管理权的部门对管辖范围内的排污单位进行现场检查的法律规定。其目的在于检查和督促排污单位执行环境保护法律的要求，及时发现环境违法行为，以便采取相应的措施。规范的现场检查包括：检查准备、检查实施、检查报告、检查处理和检查档案整理。

《环境保护法》第二十四条规定："县级以上人民政府环境保护主管部门及其委托的环境监察机构和其他负有环境保护监督管理职责的部门，有权对排放污染物的企业事业单位和其他生产经营者进行现场检查。被检查者应当如实反映情况，提供必要的资料。实施现场检查的部门、机构及其工作人员应当为被检查者保守商业秘密。"

6. 信息公开和公众参与制度

信息公开和公众参与制度保障了公民、法人和其他组织依法享有获取环境信息、参与和监督环境保护的权利。

《环境保护法》第五十四条规定："国务院环境保护主管部门统一发布国家环境质量、重点污染源监测信息及其他重大环境信息。省级以上人民政府环境保护主管部门定期发布环境状况公报。县级以上人民政府环境保护主管部门和其他负有环境保护监督管理职责的部门，应当依法公开环境质量、环境监测、突发环境事件以及环境行政许可、行政处罚、排污费的征收和使用情况等信息。县级以上地方人民政府环境保护主管部门和其他负有环境保护监督管理职责的部门，应当将企业事业单位和其他生产经营者的环境违法信息记入社会诚信档案，及时向社会公布违法者名单。"

《环境保护法》第五十五条规定："重点排污单位应当如实向社会公开其主要污染物的名称、排放方式、排放浓度和总量、超标排放情况，以及防治污染设施的建设和运行情况，接受社会监督。"

《环境保护法》第五十六条规定："对依法应当编制环境影响报告书的建设项目，建设单位应当在编制时向可能受影响的公众说明情况，充分征求意见。负责审批建设项目环境影响评价文件的部门在收到建设项目环境影响报告书后，除涉及国家秘密和商业秘密的事项外，应当全文公开；发现建设项目未充分征求公众意见的，应当责成建设单位征求公众意见。"

9.1.3 环境噪声污染防治的规定

环境噪声，是指在工业生产、建筑施工、交通运输和社会生活中所产生的干扰周围生活环境的声音。环境噪声污染，则是指产生的环境噪声超过国家规定的环境噪声排放标准，并干扰他人正常生活、工作和学习的现象。

在工程建设领域，环境噪声污染主要包括两个方面：一是建设项目环境噪声污染，二是施工现场环境噪声污染。

1. 建设项目环境噪声污染的防治

城市道桥、铁路(包括轻轨)、工业厂房等建设项目，在建成后的使用过程中可能会对周围环境产生噪声污染，因此，建设单位在建设前期就须依法规定防治措施，并同步建设环境噪声污染防治设施。

《环境噪声污染防治法》规定，新建、改建、扩建的建设项目，必须遵守国家有关建设项目环境保护管理的规定。

根据《环境影响评价法》的规定，建设单位应当按照《建设项目环境影响评价分类管理名录》规定组织编制环境影响报告书、环境影响报告表或者填报环境影响登记表(统称环境影响评价文件)。

(1) 可能造成重大环境影响的，应当编制环境影响报告书，对产生的环境影响进行全面评价；

(2) 可能造成轻度环境影响的，应当编制环境影响报告表，对产生的环境影响进行分析或者专项评价；

(3) 对环境影响很小、不需要进行环境影响评价的，应当填报环境影响登记表。

建设项目可能产生环境噪声污染的，建设单位必须提出环境影响报告书，规定环境噪声污染的防治措施，并按照国家规定的程序报生态环境主管部门批准。环境影响报告书中，应当有该建设项目所在地单位和居民的意见。

小提示

建设项目的环境影响报告书应当包括下列内容：①建设项目概况；②建设项目周围环境现状；③建设项目对环境可能造成影响的分析、预测和评估；④建设项目环境保护措施及其技术、经济论证；⑤建设项目对环境影响的经济损益分析；⑥对建设项目实施环境监测的建议；⑦环境影响评价的结论。

环境影响报告表和环境影响登记表的内容和格式，由国务院生态环境主管部门制定。

建设项目在投入生产或者使用之前，其环境噪声污染防治设施必须按照国家规定的标准和程序进行验收；达不到国家规定要求的，该建设项目不得投入生产或者使用。

2. 施工现场环境噪声污染的防治

施工噪声，是指在建筑工程施工过程中产生的干扰周围生活环境的声音。随着城市化的持续发展和大规模的工程建设，尤其是在城市中心地区施工所产生的噪声污染，影响周围居民的正常生活。

1) 建筑施工场界环境噪声排放标准的规定

《中华人民共和国环境噪声污染防治法》(以下简称《环境噪声污染防治法》)规定，在城市市区范围内向周围生活环境排放建筑施工噪声的，应当符合国家规定的建筑施工场界环境噪声排放标准。

建筑施工场界，是指由有关主管部门批准的建筑施工场地边界或建筑施工过程中实际使用的施工场地边界。《建筑施工场界环境噪声排放标准》(GB 12523—2011)中规定，建筑施工过程中场界环境噪声不得超过规定的排放限值。建筑施工场界环境噪声排放限值，昼间 70 dB(A)，夜间 55 dB(A)。夜间噪声最大声级超过限值的幅度不得高于 15 dB(A)。"昼间"是指 6:00 至 22:00 之间的时段；"夜间"是指 22:00 至次日 6:00 之间的时段。县级以上人民政府为环境噪声污染防治的需要(如考虑时差、作息习惯差异等)而对昼间、夜间的划分另有规定的，应按其规定执行。

小提示

dB 是英文 Decibel (分贝)的缩写，是噪声强度的单位。(A)是指频率加权特性为 A，A 计权声级是目前世界上噪声测量中应用最广泛的一种。

2) 使用机械设备可能产生环境噪声污染须申报的规定

《环境噪声污染防治法》规定，在城市市区范围内，建筑施工过程中使用机械设备，可能产生环境噪声污染的，施工单位必须在工程开工 15 日以前向工程所在地县级以上地方人民政府生态环境主管部门申报该工程的项目名称、施工场所和期限、可能产生的环境噪声值以及所采取的环境噪声污染防治措施的情况。

3) 禁止夜间进行产生环境噪声污染施工作业的规定

《环境噪声污染防治法》规定，在城市市区噪声敏感建筑物集中区域内，禁止夜间进行产生环境噪声污染的建筑施工作业，但抢修、抢险作业和因生产工艺上要求或者特殊需要必须连续作业的除外。因特殊需要必须连续作业的，必须有县级以上人民政府或者其有关主管部门的证明。以上规定的夜间作业，必须公告附近居民。

小提示

所谓噪声敏感建筑物集中区域，是指医疗区、文教科研区和以机关或者居民住宅为主的区域。所谓噪声敏感建筑物，是指医院、学校、机关、科研单位、住宅等需要保持安静的建筑物。

3. 施工现场环境噪声污染违法行为应承担的法律责任

《环境噪声污染防治法》规定，未经生态环境主管部门批准，擅自拆除或者闲置环境噪声污染防治设施，致使环境噪声排放超过规定标准的，由县级以上地方人民政府生态环境主管部门责令改正，并处罚款。

建筑施工单位违反规定，在城市市区噪声敏感建筑物的集中区域内，夜间进行禁止进行的产生环境噪声污染的建筑施工作业的，由工程所在地县级以上地方人民政府生态环境主管部门责令改正，可以并处罚款。

受到环境噪声污染危害的单位和个人，有权要求加害人排除危害；造成损失的，依法赔偿损失。赔偿责任和赔偿金额的纠纷，可以根据当事人的请求，由生态环境主管部门或者其他环境噪声污染防治工作的监督管理部门、机构调解处理；调解不成的，当事人可以向人民法院起诉。当事人也可以直接向人民法院起诉。

应用案例 9-1

某日 22:30 以后，某市城管执法队员接到举报，在某工地内正在进行产生噪声污染的建筑施工作业，严重影响了周围居民的休息。城管执法队员经现场调查取证后发现，噪声源为混凝土施工，施工场界噪声经测试为 73.5 dB，该施工单位没有办理过夜间施工手续并公告附近居民，也不是抢险、抢修等特殊作业。

问题：

(1) 施工单位的夜间施工作业是否违法？
(2) 施工单位应当接受哪些行政处罚？

案例评析：

(1) 施工单位违反了有关夜间施工作业的法律规定。《环境噪声污染防治法》第三十条规定："在城市市区噪声敏感建筑物集中区域内，禁止夜间进行产生环境噪声污染的建筑施工作业，但抢修、抢险作业和因生产工艺上要求或者特殊需要必须连续作业的除外。因特殊需要必须连续作业的，必须有县级以上人民政府或有关主管部门的证明。前款规定的夜间作业，必须公告附近居民。"该施工单位的夜间作业不属于抢险、抢修作业，也没有县级以上人民政府或有关主管部门出具的因生产工艺上要求或特殊需要而必须连续作业的证明，并且未向附近居民公告。《环境噪声污染防治法》第二十八条规定："在城市市区范围内向周围生活环境排放建筑施工噪声的，应当符合国家规定的建筑施工场界环境噪声排放标准。"经检测，该施工场界噪声为 73.5 dB，超过了《建筑施工场界环境噪声排放标准》(GB 12523—2011)关于建筑施工场界环境噪声排放限值夜间 55 dB，且夜间噪声最大声级超过限值的幅度不得高于 15 dB 的规定。因此，其夜间施工作业属于环境噪声污染的违法行为。

(2)《环境噪声污染防治法》第五十六条规定："在城市市区噪声敏感建筑物的集中区域内，夜间进行禁止进行的产生环境噪声污染的建筑施工作业的，由工程所在地县级以上地方人民政府生态环境主管部门责令改正，可以并处罚款。"因此，该施工单位应当接受市生态环境主管部门责令改正，可以并处罚款的行政处罚。

9.1.4 大气污染防治的规定

大气污染通常是指由于人类活动或自然过程引起某些物质进入大气中，呈现出足够的浓度，达到足够的时间，并因此危害了人体、健康和自然环境的现象。大气污染物已知的约有 100 多种。在工程建设领域，对于大气污染的防治，主要包括建设项目和施工现场两大方面。

1. 建设项目大气污染的防治

《大气污染防治法》规定，新建、扩建、改建向大气排放污染物的项目，必须遵守国家有关建设项目环境保护管理的规定。建设项目的环境影响报告书，必须对建设项目可能产生的大气污染和对生态环境的影响作出评价，规定防治措施，并按照规定的程序报生态环境主管部门审查批准。

建设项目投入生产或者使用之前，其大气污染防治设施必须经过生态环境主管部门验收，达不到国家有关建设项目环境保护管理规定的要求的建设项目，不得投入生产或者使用。

2. 施工现场大气污染的防治

《大气污染防治法》规定，企业事业单位和其他生产经营者应当采取有效措施，防止、减少大气污染，对所造成的损害依法承担责任。

建设单位应当将防治扬尘污染的费用列入工程造价，并在施工承包合同中明确施工单位扬尘污染防治责任。

施工单位应当制定施工扬尘污染防治实施方案。施工现场设置封闭围挡，并采取覆盖、分段作业、撒水抑尘等有效防尘降尘措施。建筑材料、构件、料具应按总平面布局进行码放。水泥和其他易飞扬的细颗粒建筑材料应密闭存放或采取覆盖等措施。在规定区域内的施工现场应使用预拌混凝土及预拌砂浆；采用现场搅拌混凝土或砂浆的场所应采取封闭、降尘、降噪措施。

小提示

城市范围内主要路段的施工工地应设置高度不小于 2.5 m 的封闭围挡，一般路段的施工工地应设置高度不小于 1.8 m 的封闭围挡。施工工地的封闭围挡应坚固、稳定、整洁、美观。

施工现场土方作业应采取防止扬尘措施，主要道路应定期清扫、洒水。拆除建筑物或构筑物时，应采用隔离、撒水等降噪、降尘措施，并应及时清理废弃物。施工进行饨刨、切割等作业时，应采取有效防扬尘措施；灰土和无机料应采用预拌进场，碾压过程中应撒水降尘。

施工现场的主要道路及材料加工区地面应进行硬化处理，道路应畅通，路面应平整坚实。裸露的场地和堆放的土方应采取覆盖、固化或绿化等措施。施工现场出入口应设置车辆冲洗设施，并对驶出车辆进行清洗。

禁止在人口集中地区和其他依法需要特殊保护的区域内焚烧沥青、油毡、橡胶、塑料、皮革、垃圾以及其他产生有毒有害烟尘和恶臭气体的物质。

建筑土方、工程渣土、建筑垃圾应当及时清运。运输渣土、砂石、土方、灰浆等散装、流体物料的车辆应当采取密闭或者其他措施防止物料遗撒造成扬尘污染，并按照规定路线行驶。装卸物料应当采取密闭或者喷淋等方式防治扬尘污染。

3. 施工现场大气污染违法行为应承担的法律责任

1) 施工单位应承担的法律责任

《大气污染防治法》规定，违反本法规定，以拒绝进入现场等方式拒不接受生态环境主管部门及其委托的环境监察机构或者其他负有大气环境保护监督管理职责的部门的监督检查，或者在接受监督检查时弄虚作假的，由县级以上人民政府生态环境主管部门或者其他负有大气环境保护监督管理职责的部门责令改正，处2万元以上20万元以下的罚款；构成违反治安管理行为的，由公安机关依法予以处罚。

在人口集中地区和其他依法需要特殊保护的区域内，焚烧沥青、油毡、橡胶、塑料、皮革、垃圾以及其他产生有毒有害烟尘和恶臭气体的物质的，由县级人民政府确定的监督管理部门责令改正，对单位处1万元以上10万元以下的罚款，对个人处500元以上2000元以下的罚款。

拒不执行停止工地土石方作业或者建筑物拆除施工等重污染天气应急措施的，由县级以上地方人民政府确定的监督管理部门处1万元以上10万元以下的罚款。

2) 建设单位应承担的法律责任

建设单位未对暂时不能开工的建设用地的裸露地面进行覆盖，或者未对超过3个月不能开工的建设用地的裸露地面进行绿化、铺装或者遮盖的，由县级以上人民政府住房和城乡建设等主管部门依照前款规定予以处罚。

📖 应用案例9-2

某市建设集团公司承接了市中心地段的住宅楼工程。施工期间，施工现场临时道路没有进行硬化处理，大量尘土、泥浆被带到场外，直接进行撒水，使现场进出口附近道路泥泞，污水排到了场外主要街道上。土方车辆和清运垃圾车辆出场时，尽管采取了封闭措施，但仍有少量遗撒，给过往居民带来很多不良影响。

问题：

(1) 什么是环境保护？
(2) 建筑工程施工对环境常见影响表现为哪几方面？

案例评析：

(1) 环境保护是按照法律法规、各级主管部门和企业的要求，保护和改善作业现场的环境，控制现场的各种粉尘、废水、废气、固体废弃物、噪声、振动等对环境的污染和危害。

(2) 建筑工程施工对环境的常见影响有：①施工机械作业、模板支拆等噪声排放；②施工场地平整作业、混凝土搅拌作业等产生的粉尘排放；③现场渣土、商品混凝土、生活垃圾、建筑垃圾等产生的遗撒；④现场油品、化学品库房、作业点产生的油品、化学品泄漏；⑤现场废弃的涂料桶、油桶等产生的有毒有害废弃物排放；⑥城区施工现场夜间照明造成的光污染；⑦现场生活区、库房、作业点等发生的火灾、爆炸；⑧现场食堂、厕所、搅拌站等产生的污水排放；⑨现场钢材、木材等主要建筑材料的消耗；⑩现场用水、用电等的消耗。

9.1.5 固体废物污染环境防治的规定

1. 固体废物污染的概念

固体废物是指在生产、生活和其他活动中产生的丧失原有利用价值或者虽未丧失利用价值但被抛弃或者放弃的固态、半固态和置于容器中的气态的物品、物质以及法律、行政法规规定纳入固体废物管理的物品、物质。在工程建设领域，对于固体废物污染的防治，主要包括建设项目和施工现场两大方面。

2. 建设项目固体废物污染环境的防治

《固体废物污染环境防治法》规定，建设产生固体废物的项目以及建设贮存、利用、处置固体废物的项目，必须依法进行环境影响评价，并遵守国家有关建设项目环境保护管理的规定。

在国务院和国务院有关主管部门及省、自治区、直辖市人民政府划定的自然保护区、风景名胜区、饮用水水源保护区、基本农田保护区和其他需要特别保护的区域内，禁止建设工业固体废物集中贮存、处置的设施、场所和生活垃圾填埋场。

3. 施工现场固体废物污染环境的防治

施工现场的固体废物主要是建筑垃圾和生活垃圾。固体废物又分为一般固体废物和危险废物。所谓危险废物，是指列入国家危险废物名录或者根据国家规定的危险废物鉴别标准和鉴别方法认定的具有危险特性的固体废物。《固体废物污染环境防治法》规定，产生固体废物的单位和个人，应当采取措施，防止或者减少固体废物对环境的污染。

收集、贮存、运输、利用、处置固体废物的单位和个人，必须采取防扬散、防流失、防渗漏或者其他防止污染环境的措施；不得擅自倾倒、堆放、丢弃、遗撒固体废物。禁止任何单位或者个人向江河、湖泊、运河、渠道、水库及其最高水位线以下的滩地和岸坡等法律、法规规定禁止倾倒、堆放废弃物的地点倾倒、堆放固体废物。

小提示

工程施工单位应当及时清运工程施工过程中产生的固体废物，并按照环境卫生行政主管部门的规定进行利用或者处置。加强建筑垃圾的回收再利用，力争建筑垃圾的再利用和回收率达到 30%，建筑物拆除产生的废弃物的再利用和回收率大于 40%。对于碎石类、土石方类建筑垃圾，可采用地基填埋、铺路等方式提高再利用率，力争再利用率大于 50%。

施工现场生活区设置封闭式垃圾容器，施工场地生活垃圾实行袋装化，及时清运。对建筑垃圾进行分类，并收集到现场封闭式垃圾站，集中运出。

4. 施工现场危险废物污染环境的防治

对危险废物的容器和包装物以及收集、贮存、运输、处置危险废物的设施、场所，必须设置危险废物识别标志。以填埋方式处置危险废物不符合国务院环境保护行政主管部门规定的，应当缴纳危险废物排污费。危险废物排污费用于污染环境的防治，不得挪作他用。

禁止将危险废物提供或者委托给无经营许可证的单位从事收集、贮存、利用、处置的经营活动。运输危险废物，必须采取防止污染环境的措施，并遵守国家有关危险废物运输管理的规定。禁止将危险废物与旅客在同一运输工具上载运。

收集、贮存、运输、处置危险废物的场所、设施、设备和容器、包装物及其他物品转作他用时，必须经过消除污染的处理，方可使用。

产生、收集、贮存、运输、利用、处置危险废物的单位，应当制定意外事故的防范措施和应急预案，并向所在地县级以上地方人民政府环境保护行政主管部门备案；环境保护行政主管部门应当进行检查。因发生事故或者其他突发性事件，造成危险废物严重污染环境的单位，必须立即采取措施消除或者减轻对环境的污染危害，及时通报可能受到污染危害的单位和居民，并向所在地县级以上地方人民政府环境保护行政主管部门和有关部门报告，接受调查处理。

任何单位和个人不得将建筑垃圾混入生活垃圾，不得将危险废物混入建筑垃圾，不得擅自设立弃置场受纳建筑垃圾。任何单位和个人不得在街道两侧和公共场地堆放物料，因建设等特殊需要，确需临时占用街道两侧和公共场地堆放物料的，应当征得城市人民政府市容环境卫生主管部门同意后，按照有关规定办理审批手续。任何单位和个人不得随意倾倒、抛撒或者堆放建筑垃圾。

9.1.6 水污染防治的规定

水污染是指水体因某种物质的介入，而导致其化学、物理、生物或者放射性等方面特性的改变，从而影响水的有效利用，危害人体健康或者破坏生态环境，造成水质恶化的现象。水污染防治包括江河、湖泊、运河、渠道、水库等地表水体以及地下水体的污染防治。

1. 建设项目水污染的防治

《水污染防治法》规定，新建、改建、扩建直接或者间接向水体排放污染物的建设项目和其他水上设施，应当依法进行环境影响评价。

禁止在饮用水水源一级保护区内新建、改建、扩建与供水设施和保护水源无关的建设项目；已建成的与供水设施和保护水源无关的建设项目，由县级以上人民政府责令拆除或者关闭。禁止在饮用水水源二级保护区内新建、改建、扩建排放污染物的建设项目；已建成的排放污染物的建设项目，由县级以上人民政府责令拆除或者关闭。

禁止在饮用水水源准保护区内新建、扩建对水体污染严重的建设项目；改建建设项目，不得增加排污量。

2. 施工现场水污染的防治

《水污染防治法》规定，排放水污染物，不得超过国家或者地方规定的水污染物排放标准和重点水污染物排放总量控制指标。

(1) 禁止向水体排放油类、酸液、碱液或者剧毒废液。

(2) 禁止在水体清洗装贮过油类或者有毒污染物的车辆和容器。

(3) 禁止向水体排放、倾倒放射性固体废物或者含有高放射性和中放射性物质的废水，向水体排放含低放射性物质的废水，应当符合国家有关放射性污染防治的规定和标准。

(4) 向水体排放含热废水，应当采取措施，保证水体的水温符合水环境质量标准。

(5) 含病原体的污水应当经过消毒处理，符合国家有关标准后，方可排放。

(6) 禁止向水体排放、倾倒工业废渣、城镇垃圾和其他废弃物。

(7) 禁止将含有汞、镉、砷、铬、铅、氰化物、黄磷等的可溶性剧毒废渣向水体排放、倾倒或者直接埋入地下。

(8) 存放可溶性剧毒废渣的场所，应当采取防水、防渗漏、防流失的措施。

(9) 禁止在江河、湖泊、运河、渠道、水库最高水位线以下的滩地和岸坡堆放、存贮固体废弃物和其他污染物。

(10) 禁止利用渗井、渗坑、裂隙和溶洞排放、倾倒含有毒污染物的废水、含病原体的污水和其他废弃物。

(11) 禁止利用无防渗漏措施的沟渠、坑塘等输送或者存贮含有毒污染物的废水、含病原体的污水和其他废弃物。

(12) 多层地下水的含水层水质差异大的，应当分层开采。对已受污染的潜水和承压水，不得混合开采。

(13) 兴建地下工程设施或者进行地下勘探、采矿等活动，应当采取防护性措施，防止地下水污染。

(14) 人工回灌补给地下水，不得恶化地下水质。

《城镇排水与污水处理条例》规定，建设工程开工前，建设单位应当查明工程建设范围内地下城镇排水与污水处理设施的相关情况。城镇排水主管部门及其他相关部门和单位应当及时提供相关资料。建设工程施工范围内有排水管网等城镇排水与污水处理设施的，建设单位应当与施工单位、设施维护运营单位共同制定设施保护方案，并采取相应的安全保护措施。因工程建设需要拆除、改动城镇排水与污水处理设施的，建设单位应当制定拆除、改动方案，报城镇排水主管部门审核，并承担重建、改建和采取临时措施的费用。

应用案例 9-3

2018 年 11 月，某建委执法人员在检查中发现，某房地产公司开发建设的某小区安置房项目，在施工过程中未办理施工临时排水许可手续，擅自将施工废水排放到市政排水设施。

问题：

(1) 本例中房地产公司违反了哪些规定？
(2) 市建委应当对房地产公司做哪些处罚？

案例评析：

(1) 本案例中，房地产公司在施工过程中所产生的大量施工废水，未向城镇排水主管部门申请污水排入排水管网许可，就擅自将施工废水排放到市政排水设施，违反了《城镇排水与污水处理条例》的规定：从事工业、建筑、餐饮、医疗等活动的企业事业单位、个体工商户向城镇排水设施排放污水的，应当向城镇排水主管部门申请领取污水排入排水管网许可证。

(2) 依据《城镇排水与污水处理条例》的规定：排水户未取得污水排入排水管网许可证向城镇排水设施排放污水的，由城镇排水主管部门责令其停止违法行为，限期采取治理措施，补办污水排入排水管网许可证，并可以对其处50万元以下罚款；造成损失的，依法承担赔偿责任；构成犯罪的，依法追究刑事责任。市建委应对该房地产公司的违法行为进行立案查处，下达行政处罚决定书，处以50万元以下罚款，同时责令补办排水许可证。

9.2 标准化法律制度

9.2.1 工程建设标准概述

工程建设标准是指为在工程建设领域内获得最佳秩序，对建筑工程的勘察、设计、施工、安装、验收、运营维护及管理等活动和结果需要协调统一的事项所制定的共同的、重复使用的技术依据和准则。

工程建设标准通过行之有效的标准规范，特别是工程建设强制性标准，为建筑工程实施安全防范措施、消除安全隐患提供统一的技术要求，以确保在现有的技术、管理条件下尽可能地保障建筑工程质量安全，从而最大限度地保障建筑工程的建造者、使用者和所有者的生命财产安全以及人身健康安全。

标准、规范、规程都是标准的表现方式，习惯上统称为标准。当针对产品、方法、符号、概念等基础标准时，一般采用"标准"，如《道路工程标准》《建筑抗震鉴定标准》等；当针对工程勘察、规划、设计、施工等通用的技术事项作出规定时，一般采用"规范"，如《混凝土结构设计规范》《住宅建筑设计规范》《建筑设计防火规范》等；当针对操作、工艺、管理等专用技术要求时，一般采用"规程"，如《建筑安装工程工艺及操作规程》《建筑机械使用安全操作规程》等。

9.2.2 工程建设标准分类

《标准化法》规定，我国标准分为国家标准、行业标准、地方标准和团体标准、企业标准。国家标准分为强制性标准、推荐性标准，行业标准、地方标准是推荐性标准。强制性标准必须执行。国家鼓励采用推荐性标准。

1. 工程建设国家标准

《标准化法》规定：对保障人身健康和生命财产安全、国家安全、生态环境安全以及满足经济社会管理基本需要的技术要求，应当制定强制性国家标准。对满足基础通用、与强制性国家标准配套、对各有关行业起引领作用等需要的技术要求，可以制定推荐性国家标准。

《工程建设国家标准管理办法》规定，对需要在全国范围内统一的下列技术要求，应当制定国家标准：①工程建设勘察、规划、设计、施工(包括安装)及验收等通用的质量要求；②工程建设通用的有关安全、卫生和环境保护的技术要求；③工程建设通用的术语、符号、代号、量与单位、建筑模数和制图方法；④工程建设通用的试验、检验和评定等方法；⑤工程建设通用的信息技术要求；⑥国家需要控制的其他工程建设通用的技术要求。法律另有规定的，依照法律的规定执行。

下列标准属于强制性标准。

(1) 工程建设勘察、规划、设计、施工(包括安装)及验收等通用的综合标准和重要的通用的质量标准；
(2) 工程建设通用的有关安全、卫生和环境保护的标准；
(3) 工程建设重要的通用的术语、符号、代号、量与单位、建筑模数和制图方法标准；
(4) 工程建设重要的通用的试验、检验和评定方法等标准；
(5) 工程建设重要的通用的信息技术标准；
(6) 国家需要控制的其他工程建设通用的标准。

2. 工程建设行业标准

对没有国家标准而又需要在全国某个行业范围内统一的技术要求，可以制定行业标准。行业标准由国务院有关行政主管部门制定，并报国务院标准化行政主管部门备案。

《工程建设行业标准管理办法》规定，下列技术要求可以制定行业标准。

(1) 工程建设勘察、规划、设计、施工 (包括安装)及验收等行业专用的质量要求；
(2) 工程建设行业专用的有关安全、卫生和环境保护的技术要求；
(3) 工程建设行业专用的术语、符号、代号、量与单位和制图方法；
(4) 工程建设行业专用的试验、检验和评定等方法；
(5) 工程建设行业专用的信息技术要求；
(6) 其他工程建设行业专用的技术要求。

行业标准不得与国家标准相抵触。行业标准的某些规定与国家标准不一致时，必须有充分的科学依据和理由，并经国家标准的审批部门批准。行业标准在相应的国家标准实施后，应当及时修订或废止。

3. 工程建设地方标准

工程建设地方标准是指对没有国家标准和行业标准而又需要在该地区范围内统一的技术要求所制定的标准。

《标准化法》规定，为满足地方自然条件、风俗习惯等特殊技术要求，可以制定地方标准。

地方标准由省、自治区、直辖市人民政府标准化行政主管部门制定；设区的市级人民政府标准化行政主管部门根据本行政区域的特殊需要，经所在地省、自治区、直辖市人民政府标准化行政主管部门批准，可以制定本行政区域的地方标准。

小提示

《工程建设地方标准化工作管理规定》规定，工程建设地方标准项目的确定，应当从本行政区域工程建设的需要出发，并应体现本行政区域的气候、地理、技术等特点。制定工程建设地方标准，应当严格遵守国家的有关法律、法规，贯彻执行国家的技术经济政策，密切结合自然条件，合理利用资源，积极采用新技术、新材料、新工艺、新设备，做到技术先进、经济合理、安全适用。工程建设地方标准不得与国家标准和行业标准相抵触。对与国家标准或行业标准相抵触的工程建设地方标准的规定，应当自行废止。

4. 工程建设团体标准

团体标准是指依法成立的社会团体为满足市场和创新需要，协调相关市场主体共同制定的标准。

《标准化法》规定，国家鼓励学会、协会、商会、联合会、产业技术联盟等社会团体协调相关市场主体共同制定满足市场和创新需要的团体标准，由本团体成员约定采用或者按照本团体的规定供社会自愿采用。

制定团体标准，应当遵循开放、透明、公平的原则，保证各参与主体获取相关信息，反映各参与主体的共同需求，并应当组织对标准相关事项进行调查分析、实验、论证。国家支持在重要行业、战略性新兴产业、关键共性技术等领域利用自主创新技术制定团体标准、企业标准。

《团体标准管理规定》进一步规定，禁止利用团体标准实施妨碍商品、服务自由流通等排除、限制市场竞争的行为。团体标准应当符合相关法律法规的要求，不得与国家有关产业政策相抵触。团体标准的技术要求不得低于强制性标准的相关技术要求。

国家鼓励社会团体制定高于推荐性标准相关技术要求的团体标准，鼓励制定具有国际领先水平的团体标准。

5. 工程建设企业标准

《标准化法》规定，企业可以根据需要自行制定企业标准，或者与其他企业联合制定企业标准。

推荐性国家标准、行业标准、地方标准、团体标准、企业标准的技术要求不得低于强制性国家标准的相关技术要求。国家鼓励社会团体、企业制定高于推荐性标准相关技术要求的团体标准、企业标准。

国家实行团体标准、企业标准自我声明公开和监督制度。企业应当公开其执行的强制性标准、推荐性标准、团体标准或者企业标准的编号和名称；企业执行自行制定的企业标准的，还应当公开产品、服务的功能指标和产品的性能指标。国家鼓励团体标准、企业标准通过标准信息公共服务平台向社会公开。

企业应当按照标准组织生产经营活动，其生产的产品、提供的服务应当符合企业公开标准的技术要求。

9.3 节约能源法律制度

节约资源是我国的基本国策。国家实施节约与开发并举、把节约放在首位的能源发展战略。《中华人民共和国节约能源法》在总则中阐述了我国节约能源的目的是推动全社会节约能源，提高能源利用效率，保护和改善环境，促进经济社会全面协调可持续发展。

9.3.1 能源的概念

能源是指煤炭、石油、天然气、生物质能和电力、热力以及其他直接或者通过加工、转换而取得有用能的各种资源。

节约能源(以下简称节能)是指加强用能管理，采取技术上可行、经济上合理以及环境和社会可以承受的措施，从能源生产到消费的各个环节，降低消耗、减少损失和污染物排放、制止浪费，有效、合理地利用能源。

在工程建设领域，节约能源主要包括建筑节能和施工节能两个方面。

建筑节能是解决建设项目建成后使用过程中的节能问题，《民用建筑节能条例》规定："民用建筑节能，是指在保证民用建筑使用功能和室内热环境质量的前提下，降低其使用过程中能源消耗的活动。"

施工节能则是解决施工过程中的节约能源问题，《绿色施工导则》规定："绿色施工是指工程建设中，在保证质量、安全等基本要求的前提下，通过科学管理和技术进步，最大限度地节约资源与减少对环境负面影响的施工活动，实现四节一环保(节能、节地、节水、节材和环境保护)。"

9.3.2 建筑节能规定

《节约能源法》规定，国家实行固定资产投资项目节能评估和审查制度。不符合强制性节能标准的项目，建设单位不得开工建设；已经建成的，不得投入生产、使用。政府投资项目不符合强制性节能标准的，依法负责项目审批的机关不得批准建设。

国家鼓励在新建建筑和既有建筑节能改造中使用新型墙体材料等节能建筑材料和节能设备，安装和使用太阳能、地热能等可再生能源利用系统。

小提示

既有建筑节能改造，是指对不符合民用建筑节能强制性标准的既有建筑的围护结构、供热系统、采暖制冷系统、照明设备和热水供应设施等实施节能改造的活动。

在具备太阳能利用条件的地区，有关地方人民政府及其部门应当采取有效措施，鼓励和扶持单位、个人安装使用太阳能热水系统、照明系统、供热系统、采暖制冷系统等太阳能利用系统。

国家推广使用民用建筑节能的新技术、新工艺、新材料和新设备，限制使用或者禁止使用能源消耗高的技术、工艺、材料和设备。国家限制进口或者禁止进口能源消耗高的技术、材料和设备。

建筑工程的建设、设计、施工和监理单位应当遵守建筑节能标准。

9.3.3　施工节能规定

《循环经济促进法》规定，建筑设计、建设、施工等单位应当按照国家有关规定和标准，对其设计、建设、施工的建筑物及构筑物采用节能、节水、节地、节材的技术工艺和小型、轻型、再生产品。有条件的地区，应当充分利用太阳能、地热能、风能等可再生能源。

国家鼓励利用无毒无害的固体废物生产建筑材料，鼓励使用散装水泥，推广使用预拌混凝土和预拌砂浆。禁止损毁耕地烧砖。在国务院或者省、自治区、直辖市人民政府规定的期限和区域内，禁止生产、销售和使用黏土砖。

国家鼓励和支持使用再生水。企业应当发展串联用水系统和循环用水系统，提高水的重复利用率。企业应当采用先进技术、工艺和设备，对生产过程中产生的废水进行再生利用。

《节约能源法》规定，国家鼓励、支持节能科学技术的研究、开发、示范和推广，促进节能技术创新与进步。

应用案例 9-4

某小区 1 号、2 号楼工程完成设计并开始施工。在施工过程中，建设单位按设计图纸规定的规格、数量要求采购了墙体材料、保温材料、采暖制冷系统等，并声称是优质产品；施工单位在以上材料设备进入施工现场后，便直接用于该项目的施工并形成工程实体，导致 1 号、2 号楼工程验收不合格。经有关部门检验，建设单位购买的墙体材料、保温材料、采暖制冷系统存在严重质量问题，用保温材料所做的墙体出现了结露、发霉等现象，不符合该项目设计图纸规定的质量要求。

问题：

(1) 施工单位有何违法行为？
(2) 施工单位应承担哪些法律责任？

案例评析：

(1)《民用建筑节能条例》第十六条规定："施工单位应当对进入施工现场的墙体材料、保温材料、门窗、采暖制冷系统和照明设备进行查验；不符合施工图设计文件要求的，不得使用。"本案例中，施工单位未对进入施工现场的墙体材料、保温材料、采暖制冷系统等进行查验，导致不符合施工图设计文件要求的墙体材料等用于该项目的施工，构成了违法行为。此外，建设单位也有违法行为。《民用建筑节能条例》第十四条规定："按照合同约定由建设单位采购墙体材料、保温材料、门窗、采暖制冷系统和照明设备的，建设单位应当保证其符合施工图设计文件要求。"

(2)《民用建筑节能条例》第四十一条规定，"施工单位有下列行为之一的，由县级以上地方人民政府建设主管部门责令改正，处 10 万元以上 20 万元以下的罚款；情节严重的，由颁发资质证书的部门责令停业整顿，降低资质等级或者吊销资质证书；造成损失的，依法承担赔偿责任：(一)未对进入施工现场的墙体材料、保温材料、门窗、采暖制冷系统和照明设备进行查验的；(二)使用不符合施工图设计文件要求的墙体材料、保温材料、门窗、采暖制冷系统和照明设备的；……"据此，当地建设主管部门应当依法责令该施工单位改正，处10万元以上20万元以下的罚款。

9.4 档案法律制度

9.4.1 档案的概念

档案指组织或个人在以往的社会实践活动中直接形成的清晰的、确定的、具有完整记录作用的固化信息。

9.4.2 建筑工程档案的种类

建筑工程档案指在工程建设活动中直接形成的具有归档保存价值的文字、图表、声像等各种形式的历史记录。

1. 工程准备阶段文件

工程准备阶段文件包括：立项文件；建设用地、规划、拆迁文件；勘察、测绘、设计文件；招投标及合同文件；开工审批文件；财务文件；建设、施工、监理机构及负责人资料。

2. 监理文件

1) 监理规划、监理实施细则

由监理单位的项目监理部在建筑工程施工前期形成并收集汇编，是指导监理工作的重要文件。

2) 监理月报

监理月报中的有关质量问题；监理会议纪要中的有关质量问题；有关的例会和专题会议记录中的内容。

3) 进度控制

包括：工程开工/复工报审表；工程延期报审与批复；工程暂停令。

4) 质量控制

包括：施工组织设计(方案)报审表；工程质量报验申请表；工程材料/构配件/设备报审表；工程竣工报验单；不合格项目处置记录；质量事故报告及处理结果。

5) 造价控制

包括：工程款支付申请表；工程款支付证书；工程变更费用报审与签认。

6) 分包资质

包括：分包单位资质报审表；供货单位资质材料；试验等单位资质材料。

7) 监理通知及回复

包括：有关进度控制、质量控制、造价控制的监理通知及回复等。

8) 合同及其他事项管理

包括：费用索赔报告及审批；工程及合同变更；合同争议；违约报告及处理意见。

9) 监理工作总结

包括：专题总结；月报总结；工程竣工总结；质量评估报告。

3. 施工文件

建筑安装工程包括土建工程(建筑与结构)、机电工程(电气、给排水、消防、采暖、通风、空调、燃气、建筑智能化、电梯)和室外工程(室外安装、室外建筑环境)等专业工程。各专业工程的施工文件包括：施工技术准备、施工现场准备、工程变更、洽商记录，原材料、成品、半成品、构配件设备出厂质量合格证及试验报告，施工试验记录，施工记录，预检记录，隐蔽工程检查(验收)记录，工程质量检查验收记录，功能性试验记录，质量事故及处理记录，竣工测量资料等 12 类文件。

4. 竣工图和竣工验收文件

竣工图是指工程竣工验收后，真实反映建筑工程项目施工结果的图样。竣工验收文件是指建筑工程项目竣工验收活动中形成的文件，包括：工程竣工总结、竣工验收记录、财务文件、声像电子档案等。

9.5 保险法律制度

9.5.1 保险概述

1. 保险的概念

《保险法》规定："保险是指投保人根据合同约定，向保险人支付保险费，保险人对于合同约定的可能发生的事故因其发生所造成的财产损失承担赔偿保险金责任，或者当被保险人死亡、伤残、疾病或者达到合同约定的年龄、期限时承担给付保险金责任的商业保险行为。"

保险是一种受法律保护的分散危险、消化损失的法律制度。因此，危险的存在是保险产生的前提。但保险制度上的危险具有损失发生的不确定性，包括发生与否的不确定性、发生时间的不确定性和发生后果的不确定性。

2. 保险合同

保险合同是指投保人与保险人约定保险权利义务关系的协议。投保人是指与保险人订立保险合同，并按照保险合同负有支付保险费义务的人。保险人是指与投保人订立保险合同，并承担赔偿或者给付保险金责任的保险公司。

保险合同在履行中还会涉及被保险人和受益人。被保险人是指其财产或者人身受保险合同保障，享有保险金请求权的人，投保人可以为被保险人。受益人是指人身保险合同中由被保险人或者投保人指定的享有保险金请求权的人，投保人、被保险人可以为受益人。

保险合同一般是以保险单的形式订立的。

保险合同分为财产保险合同、人身保险合同。其中人身保险是以人的寿命和身体为保险标的的保险；财产保险是以财产及其有关利益为保险标的的保险。

9.5.2 工程保险的种类

建筑工程活动涉及的法律关系较为复杂，风险较为多样。因此，建筑工程活动涉及的险种也较多，主要包括：建筑工程一切险(及第三者责任险)、安装工程一切险(及第三者责任险)、机器损坏险、机动车辆险、建筑职工意外伤害险、勘察设计责任保险、工程监理责任保险等。

1. 建筑工程一切险(及第三者责任险)

建筑工程一切险是对工程项目提供全面保险的险种。它承保各类民用、工业和公用事业建筑工程项目，包括道路、桥梁、水坝、港口等，在建造过程中因自然灾害或意外事故而引起的一切损失的险种。因在建工程抗灾能力差，危险程度高，一旦发生损失，不仅会对工程本身造成巨大的物质财富损失，甚至可能殃及邻近人员与财物。因此，随着各种新建、扩建、改建的建设工程项目日渐增多，许多保险公司已经开设这一险种。

建筑工程一切险还加保第三者责任险。第三者责任险是指在保险有效期内因在施工工地上发生意外事故造成在施工工地及邻近地区的第三者人身伤亡或财产损失，依法应由被保险人承担的经济赔偿责任。

建筑工程一切险的保险责任自保险工程在工地动工或用于保险工程的材料、设备运抵工地之时起始，至工程所有人对部分或全部工程签发完工验收证书或验收合格，或工程所有人实际占用或使用或接收该部分或全部工程之时终止，以先发生者为准。但在任何情况下，保险期限的起始或终止不得超出保险单明细表中列明的保险生效日或终止日。

2. 安装工程一切险(及第三者责任险)

安装工程一切险是指针对各种设备、装置的安装工程(包括电气、通风、给排水以及设备安装等工作内容，工业设备及管道等往往也涵盖在安装工程的范围内。安装工程一般是介于土建工程和装潢工程之间的工作。土建工程包括：地基与基础，主体结构，建筑装饰、装修，建筑屋面等分部工程。建筑安装工程包括：建筑给水、排水及采暖，建筑电气，智能建筑，通风与空调，电梯安装等分部工程)的保险。主要保险责任为自然灾害及意外事故。

安装工程一切险往往还加保第三者责任险。安装工程一切险的第三者责任险，负责被保险人在保险期限内，因发生意外事故，造成在工地及邻近地区的第三者人身伤亡、疾病或财产损失，依法应由被保险人赔偿的经济损失，以及因此而支付的诉讼费用和经保险人书面同意支付的其他费用。

安装工程一切险的保险责任自保险工程在工地动工或用于保险工程的材料、设备运抵工地之时起始，至工程所有人对部分或全部工程签发完工验收证书或验收合格，或工程所有人实际占有或使用接收该部分或全部工程之时终止，以先发生者为准。但在任何情况下，安装期保险期限的起始或终止不得超出保险单明细表中列明的安装期保险生效日或终止日。

安装工程一切险的保险期内，一般应包括一个试车考核期。试车考核期的长短一般根据安装工程合同中的约定确定，但不得超出安装工程保险单明细表中列明的试车和考核期限。安装工程一切险对考核期的保险责任一般不超过 3 个月，若超过 3 个月，应另行加收保险费。安装工程一切险对于旧机器设备不负考核期的保险责任，也不承担其维修期的保险责任。

应用案例 9-5

某建筑工程集团公司(简称建筑公司)2017 年 5 月因承建钢管混凝土中承式拱桥工程，在某保险公司处购买了"建筑工程一切险"，保险期限为两年，保单金额为 8768 万元。次年 8 月，因夏季洪水灾害，使得建筑公司为承建该工程而搭建的一处临时工程——便桥、工作平台被洪水冲走，围堰模板被冲走，造成围堰渗漏，建筑公司重新修复，加上因施救的人工费和材料费等共计财产损失 250 余万元，建筑工程集团公司据此向保险公司发出了出险通知，要求保险公司就该损失进行赔偿。但保险公司经派人实际到现场查勘，认为建筑公司主张的损失是为施工工程而搭建的便桥被冲毁的损失，而该便桥是为完成项目工程的施工而搭建的临时施工，属于工程施工中的措施，不属于保险公司承保的保险范围，因此保险公司拒绝赔偿。建筑公司不服，向法院提起诉讼。

建筑公司的理由是：建筑公司向保险公司提起投保申请书，保险公司确定承保后向建筑公司出具保险单，注明了是"建筑工程一切险"，投保申请书及保单上均明确注明了"投保项目：物质损失的项目是建筑工程(包括永久和临时工程及所用材料)"。而且洪水发生后，建筑公司已采取了紧急措施，组织施工队伍对所有工程进行加固，但终因洪水过大过猛，导致临时工程——便桥、工作台被冲毁，事后又及时通知了保险公司进行查勘，为此根据双方保险合同约定，保险公司应当赔偿建筑公司为此而遭受的财产，包括便桥损失、围堰修复费、施救费用、重新搭建施工便桥与工作平台费用共计为 250 万余元。

保险公司辩称，保险公司不应当承担财产赔偿责任，理由是：首先建筑公司承建的总工程是通过公开招投标而进行的，根据建筑公司与项目业主签订的《建设工程施工合同》，约定工程内容为新建钢管混凝土中承式拱桥 1 座，标价的工程量清单为合同的组成部分，工程造价为 8768 万元，与保单金额一致。而工程量清单中并没有包括建筑公司所主张的临时工程及用工材料等，因此建筑公司投保的范围仅限于工程量清单所列细目(工程内容)，而并未对所承建工程修的便桥(临时工程)进行投保，其保险金额 8768 万元也不包括其主张的便桥之费用，因此，建筑公司的主张不属于保险合同的保险范围，其索赔无法律依据。

另外，根据保险公司提供的建设工程一切险及第三者责任险条款内容，本公司不负责赔偿桩基所需所有机械设备的损失，各种打捞费用、措施费用，以及为恢复设备状态而进行修正案、修理作业、研究检查等所发生的费用，本公司对每一保险项目的赔偿责任均不得超过本保险单明细表中对应列明的分项保险金额以及保险单特别条款或批单中规定的其他适用的赔偿限额，建筑公司主张的相关费用也不应由保险公司来进行赔偿。

问题：

建筑公司的索赔请求能否得到支持？说明理由。

案例评析：

建筑公司的索赔请求应当得到支持，理由如下：

第一，《保险法》第十三条规定："投保人提出保险要求，经保险人同意承保，保合同成立。保险人应当及时向投保人签发保险单或者其他保险凭证。保险单或者其他保险凭证应当载明当事人双方约定的合同内容。……依法成立的保险合同，自成立时生效。"由此可见，保险单是保险合同的一种合法有效的形式。本案例中，建筑公司、保险公司对保险合同成立均无异议，对保险单所载明的内容也不持异议，因此，保险单上注明的"建筑投保项目：物质损失的项目是建筑工程(包括永久和临时工程及所用材料)"中已经明确了包括永久和临时工程，尽管未完全明确临时工程及所用材料有哪些，但本案例中为承建工程而搭建的便桥属于临时工程的性质无异。因此，便桥、工作平台被洪水冲毁为此造成的财产损失应当都属于建筑公司、保险公司双方在保险合同中确定的保险范围，应当予以赔偿。

第二，保险公司认为根据建筑公司向项目业主单位编制的投标文件以及签订的建设工程施工合同，建筑公司编制的工程量清单中不包括临时工程及所用材料，工程造价是工程量清单的细目单价之和，工程造价8768万元中不包括临时工程及所用材料费用。但保险公司提供的证据投标文件以及建设工程施工合同等，都是建筑公司为了投标所承建的工程而编制的文件资料，这些都是确定建筑公司与项目业主单位之间的权利义务关系的有效依据，但并不能由此断定建筑公司与保险公司之间的权利义务关系也必须受这些招投标文件及施工合同的约束。尤其是在有书面保险单的前提下，建筑公司、保险公司之间的权利义务关系应当以保险单为依据，而不应以建筑公司方与第三方之间签署的文件合同为依据。本案例中，因保险单中已经明确了投保项目是建筑工程(包括永久和临时工程及所用材料)，不管建筑公司与第三方(项目业主单位)签订的施工合同及投标文件如何，就足以说明保险公司已经确认了自己承保的范围是包含了永久和临时工程及所用材料，保险金额8768万元也确认了保险公司愿以此金额来进行对永久和临时工程及所用工程材料的承保，因此保险公司应当对本案例发生的保险事故承担财产赔偿责任。

第三，保险公司认为其提供的建设工程一切险及第三者责任险条款内容，已经说明了其不应当承担有关的费用赔偿责任。《保险法》第十七条规定："订立保险合同，采用保险人提供的格式条款的，保险人向投保人提供的投保单应当附格式条款，保险人应当向投保人说明合同的内容。对保险合同中免除保险人责任的条款，保险人在订立合同时应当在投保单、保险单或者其他保险凭证上作出足以引起投保人注意的提示，并对该条款的内容以书面或者口头形式向投保人作出明确说明；未作提示或者明确说明的，该条款不产生效力。"第十九条规定，"采用保险人提供的格式条款订立的保险合同中的下列条款无效：(一)免除保险人依法应承担的义务或者加重投保人、被保险人责任的；(二)排除投保人、被保险人或者受益人依法享有的权利的。"因此，新保险法对格式条款保险合同作了明确规定，即保险人必须对投保人就这些免除保险人责任的条款有明确的说明，且是否予以明确说明的举证责任在保险人一方，否则该格式条款对投保人不产生法律效力。

习题与思考题

一、单选题

1. (　　)是指向环境中排放污染物或超过规定的标准排放污染物的排污者，依照国家法律和有关规定按标准缴纳费用的制度。

A. 排污收费制度 B. 排污许可证制度
C. 环境影响评价制度 D. 现场检查制度

2. 根据《中华人民共和国环境影响评价法》的规定，可能造成重大环境影响的，建设单位应当(　　)。

   A. 编制环境影响申请书 B. 编制环境影响报告表
   C. 填报环境影响登记表 D. 编制环境影响报告书

3. 处置建筑垃圾的单位，应当向城市人民政府市容环境卫生主管部门提出申请，获得城市建筑垃圾处置核准后，方可处置。城市人民政府市容环境卫生主管部门应当在接到申请后的(　　)内作出是否核准的决定。

   A. 10日 B. 15日 C. 20日 D. 30日

4. 为了加强对城镇排水与污水处理的管理，保障城镇排水与污水处理设施安全运行，防治城镇水污染和内涝灾害，保障公民生命、财产安全和公共安全，保护环境，国务院制定了(　　)。

   A. 《中华人民共和国环境影响评价法》 B. 《城镇排水与污水处理条例》
   C. 《城市建筑垃圾管理规定》 D. 《中华人民共和国环境保护法》

5. 建设工程档案指在(　　)中直接形成的具有归档保存价值的文字、图表、声像等各种形式的历史记录。

   A. 设备安装 B. 工程使用 C. 工程准备阶段 D. 工程建设活动

6. 建筑工程一切险的保险期是从(　　)到完工的全过程，由投保人根据需要确定。

   A. 工程开工 B. 工程立项 C. 工程勘察 D. 工程设计

二、多选题

1. 环境保护法的立法目的是(　　)，促进经济社会可持续发展。

   A. 保护和改善环境 B. 防治污染和其他公害 C. 保障公众健康
   D. 推进生态文明建设 E. 保障城市市容和环境卫生

2. 环境保护"三同时"是指建设项目中防治污染的设施，必须与主体工程(　　)。

   A. 同时设计 B. 同时规划 C. 同时施工
   D. 同时投产使用 E. 同时竣工

3. 按照《中华人民共和国标准化法》的规定，我国的标准分为(　　)。

   A. 国家标准 B. 行业标准 C. 地方标准
   D. 团体标准 E. 企业标准

4. 建筑工程的建设、设计、施工和监理单位应当遵守建筑节能标准，不符合建筑节能标准的建筑工程，(　　)。

   A. 建设行政主管部门不得批准开工建设
   B. 已经开工建设的，不予追究
   C. 已经建成的，不得销售或者使用
   D. 已经开工建设的，应当责令停止施工、限期改正
   E. 已经建成的，不得销售，但可以使用

三、简答题

1. 环境污染的类型有哪些？
2. 简述工程建设的标准。
3. 简述节约能源的相关规定。
4. 简述建设工程档案的类型。
5. 简述工程保险的种类。

参 考 文 献

[1] 朱宏亮. 建设法规[M]. 武汉：武汉理工大学出版社，2018.
[2] 代春泉. 建设法规[M]. 北京：清华大学出版社，2018.
[3] 陈东佐. 建筑法规概论[M]. 5版. 北京：中国建筑工业出版社，2018.
[4] 住房和城乡建设部高等学校土建学科教学指导委员会. 建设法规教程[M]. 北京：中国建筑工业出版社，2018.
[5] 徐雷. 建设法规与案例分析[M]. 北京：科学出版社，2018.
[6] 皇甫婧琪. 建设工程法规[M]. 北京：北京大学出版社，2018.
[7] 常丽莎，洪艳，邓小军，等. 建筑法规[M]. 2版. 杭州：浙江大学出版社，2020.
[8] 全国二级建造师执业资格考试用书编写委员会. 建设工程法规及相关知识[M]. 北京：中国建筑工业出版社，2021.